巴利學引論

早期印度佛典語言與佛教文獻之研究

蔡奇林 著

國立編譯館◎主編

臺灣學生書局印行

二〇〇八年九月出版

自　序

一

佛教肇始於釋迦牟尼佛的覺悟和說法。佛滅之後，弟子們將佛住世時的法教，以口誦方式結集起來。其後，這些口傳「聖典」逐漸由各地的僧團受持，而流傳於印度的不同地區。由於地方不同，就用各地不同的方言轉譯，因此就有了不同印度語本的聖典。後來，這些聖典傳布到鄰近的亞洲國家，則又有不同國族語言的翻譯本，如漢譯本、藏譯本等都是。這是佛典流傳的一般狀況。

在大量的佛典當中，現存的、用「印度語言」記錄的最早期佛典，主要有巴利語本、佛教梵語本、和犍陀羅語本等。其中又以巴利語本數量最龐大，部帙最完整，因此是所有可供研究考察的佛教古典文獻當中，最重要的一部。本書的文章，主要就是圍繞在巴利語和巴利文獻的。

二

本書總共收錄 13 篇文章。這些文章從巴利學的現況介紹，巴利語和巴利文獻的評介，到巴利經典的翻譯和研究，構成了一個巴利學研究的概貌，因此主標題就名之為「巴利學引論」。而副標題

「早期印度佛典語言與佛教文獻之研究」，則是進一步解釋巴利語和巴利文獻的屬性。雖然一般說法認為，巴利語和巴利文獻是屬於「上座部佛教」或「南傳佛教」，但這裡則特別強調它作為「早期佛教」或「原始佛教」一支的地位和角色。因此，冠上「印度」，表明巴利語屬於「印度雅利安語」（Indo-Aryan）的一種；並且強調，以經（Sutta）和律（Vinaya）為主的巴利文獻，主要屬於「早期印度佛教」的文獻。雖說後來巴利聖典傳到錫蘭、緬甸、泰國、高棉等南亞國家之後，在這些地區，也開始有了甚多以巴利語撰述的論著和註疏，但這些「藏外典籍」還是圍繞著原來巴利三藏而作的。

書中所收文章的時間跨度頗長，從 1994 年到 2007 年，計達 14 年。這些文章的順序和架構安排，並未照著原先寫作發表的時序，而是依照佛教學研究的一般流程，從「語言」到「文獻」到「教義」的次第，由淺及深，從巨觀到微觀，重新編排，以利讀者的閱讀。

在這個架構下，上篇：「巴利語與巴利文獻評介」，共收錄 6 篇文章，包括一篇譯自英國巴利學者 K. R. Norman 論文集的譯稿。這些文章主要從巨觀的角度，介紹巴利語和巴利文獻的概況。通過這些介紹，讀者對於巴利語的語言性質、巴利文獻（包括紙本、網路資源、和巴利光碟）的出版狀況，以及巴利語言文獻學的相關知識，可以得到基礎且廣泛的了解。其中【陸】〈《漢譯南傳大藏經》譯文問題舉示・評析——兼為巴利三藏的新譯催生〉，是評析元亨寺譯《漢譯南傳大藏經》譯文的相關問題。個人以為，總體而言，這些問題的重要性（或嚴重性），似乎還未得到讀者大眾乃至學界的充分體認。因此，這篇文字做了比較具體、詳細的評論。

下篇：「語言研究與文本校勘」，收錄 4 篇文章，這些文章都是屬於語言文獻學的微觀研究。其中【柒】〈巴利語與異教語言〉，也是譯自 K. R. Norman 論文集的譯稿。此文探討巴利文獻中一些異教的語言成分，以及這些語形的來源。此文告訴我們，目前經典中看到的所謂「巴利語」，其實已經混入了多種不同的語言成分，而非單一的語言形式。

論文【捌】〈「大名聲」與「離覆障」──兼談注釋家與文法家對巴利文獻的影響〉，討論「巴利文本」本身的問題。此文提醒我們，巴利文本和其他語本及譯本文獻一樣，也是歷經轉譯和輾轉傳抄的過程，其中同樣潛藏著各種各樣的問題，因此使用時不可不慎。

論文【玖】〈《雜阿含》「無我相經」勘正──「文獻學」vs.「教義學」的解決方案〉，是通過巴、梵、漢等不同語本的比對研究，勘正漢譯《雜阿含》「無我相經」譯本的錯誤，並討論肇因於此種錯誤而產生的教理詮釋的問題。這種不同語本的對勘研究，是國際學界長久以來普遍使用並十分重視的研究方法。

論文【拾】〈「六群比丘」、「六眾苾芻」與「十二眾青衣小道童兒」──論佛典中「數·（群/眾）·名」仿譯式及其對漢語的影響〉，是書中比較特別的一篇。它運用巴利語和巴利文獻的知識，探討佛經翻譯對於漢語的影響，嚴格說來，是屬於非自己本業的「漢語歷史語言學」的研究。2001-03 年間，個人在中正大學中文系所和語言學研究所聽習了不少有關漢語和語言學研究的相關課程，當時適逢中正大學中文系主辦第一屆「漢文佛典語言學國際學術研討會」，在竺家寧教授的鼓勵之下，而有這篇跨學科的嘗試之作。它也記錄了個人在研究興趣上的一個小小轉折。

上、下兩篇的 10 篇文章是本書的主體，涵蓋了巴利語言文獻的巨觀研究和微觀研究。最後，附篇：「教理及其他」，收錄 3 篇文章，其中【拾壹】〈生命的洞見──於五蘊七處善巧〉，是本書所有文章中最早的一篇（1994 年），也是唯一一篇和法義有關的撰述。1995 年起，我開始擔任巴利語的教學工作，因著教學的需要，把大部分時間和精神用在編寫課堂教材──文法書《實用巴利語文法》和讀本《巴利語輕鬆上路》──之上，其後也就把注意力放在語言文獻學的領域，而擱下了自己最感興趣也最想從事的法義研究。

【拾貳】〈《中部》「正見經」新譯〉，是一篇經文翻譯。這是應《香光莊嚴》雜誌之邀，重譯巴利經文，做為該刊「正見經專題」的基礎文獻。這也多少表示，經過這些年不斷的討論，巴利藏經重新翻譯的重要性和必要性，已經逐漸受到教界和學界的注意了。

最後，【拾參】〈談「巴利學」與「南傳佛教研究」〉，是一篇訪談文字，概要介紹目前國內外巴利學發展的狀況，以及國內巴利學界當前的主要任務、挑戰、可能的解決方案，還有未來的願景。初入門的讀者可以通過此文，對於這個領域的情況，很快得到全貌的了解。

三

在結集本書的同時，自己如此反思：在這些文章當中，對於這一學科領域，是否想要傳達什麼樣的看法？又試圖回答什麼樣的疑問？我想至少有以下幾點：

首先是關於「巴利藏」在佛教的地位和價值。許多人一提起巴利聖典，就直覺以為，這不過就是「南傳佛教」或「上座部佛教」的典籍。但根據目前學界的研究，從巴利經、律內容與意趣的一貫性，以及它與其他部派所傳早期經、律——包括梵語本、犍陀羅語本、漢譯阿含經、律藏諸譯本——的高度一致性來看，可以確信，這是現存佛教文獻中，最古層的資料，也是最接近佛陀本人教導的一部教言集。因此，它決非只是南傳或上座部一宗一系的典籍，而是整個佛教共同的源頭和根本聖典。想探求佛法的原初樣貌，想追尋了解歷史的佛陀當年覺悟及施教的鮮活實況，莫不需要通過此藏，對於佛法，對於佛教，其重要性和價值實是莫可言喻！❶

其次是關於「巴利語」在佛經語言中的地位和價值。誠如著名的巴利經典翻譯家菩提比丘（Bhikkhu Bodhi），在其新作《佛陀的話語：巴利經典選集》一書的導論中所言，❷儘管巴利語也混雜有中古印度俗語（Prakrit），且也有稍許梵語化（Sanskritization）的情況；但這種印度方言和佛說法所用的語言同屬一個語系（印度雅利安語），其間具有很接近的「語言結構」，且來源於同樣的「概念結

❶ 此處只是就佛教發展的歷史源流進行陳述，並沒有因此而否定或貶抑後期佛典之價值的意思。至於後期佛典的價值，則是另一個課題，須就個別佛典的實質內容、以及其流行傳播的時空人事等種種因緣，進行個別的考察與評價。

❷ Bhikkhu Bodhi (ed. & intro.), *In the Buddha's Words: An Anthology of Discourses from the Pāli Canon*, Wisdom Publications, 2005, pp.9-10.

構」（conceptual matrix）。這個語言可以反映佛陀所繼承的廣義印度文化的思想世界（thought-world），通過它，可以捕捉到這個思想世界的細微之處，而免除掉使用不同語言進行翻譯時所無可避免的異文化的干擾。這是其他語言譯本——不管是古代的漢譯、藏譯，還是近代的英譯、日譯等，所無法取代的。❸

第三是關於「巴利學」這個研究領域的發展前景。儘管有不少學者認為，過去百多年間，巴利學領域該做的、可做的，幾乎已經研究殆盡，這個學科領域的發展，近乎已經走到了無可作為的窮途之境。可是，從近一、二十年的研究成果來看，不論是在巴利原典的校訂、翻譯，巴利辭典、文法書的編纂，還是巴利文獻史研究、聖典成立史研究，或者是法義思想研究、禪觀修道論的探求等各方面，都不斷有更新、更精審的成果出現。與此相較，先前百多年的大量研究出版，可謂只是兒童、少年期的迅速勃發罷了。而此時的巴利學研究，正當邁入「青壯年」的另一個嶄新階段。這一嶄新階段的主要特徵是：從低精審（lower criticism）邁向高精審（higher criticism）——也就是盡可能透過各種可資利用的文獻，運用各種可資利用的方法，實質提升經典研究——從文本校刊、原文翻譯，到內容解釋等——各種方面的「精審度」。誠如英國學者 K.R.

❸ 儘管此處特別強調巴利語作為印度語言的特殊地位與價值，但並沒有因此而否定或貶抑譯典語言的意思。譯典語言在佛法的傳播史上，自古以來就扮演著最為關鍵的角色。尤其在許多原典已經逸失的情況下，這些譯典就佔有了「準原典」的地位。而即便是原典還存留的情況，這些譯典也依舊扮演著文化橋樑的角色，並具有傳本對照研究、佛教（佛典）傳播史、翻譯學、翻譯史、乃至語言史等多方面的研究價值。

Norman 基於學術精益求精的角度，對此學科的未來所做的期許：「假如要我簡單總結一下巴利學的現況與未來必要的工作，我要說：尚未做的，必須要做；已經做的，還要再做。」❹而如果吾人肯定，巴利文獻中所承載的佛陀的覺悟與教導，是人類心靈經驗的一個極度高峰的話，那麼，站在「永續傳承」與「無盡傳播」此一「覺之文化」的立場，巴利學研究將具有「永遠的價值」。

第四是關於國內巴利學領域當前的任務和挑戰。這些諸如巴利語和巴利文獻入門工具書（文法書、辭典、讀本、文獻史專書等）的編纂，巴利經典選讀／導讀教材的編輯，巴利三藏的重譯，乃至「初期佛教聖典多語多本平行語料庫」的建構等等，工程極為龐大艱鉅，凡此等等都有賴眾多有志者的投入，才能將這一學科的基礎扎根下來。

四

上來林林總總交代了本書的旨趣、內容，以及個人對此一學科領域的一點淺見。十幾年來，支持著個人在這一條人跡鮮至的荒陬古徑上摸索尋行的，除了一絲對佛法的好樂之情和求知之欲外，就是許多教學因緣的成就了。因此，也要藉此機會感謝如此多佛教機構對於佛學教育的支持，❺同時也感謝所有一路上伴著我摸索前行

---

❹ 參見本書【貳】〈巴利學的現況與未來任務〉一文「結語」。

❺ 從 1995 年起，個人除了在台北法光佛教文化研究所、嘉義南華大學佛學研究所、宗教學研究所任課之外，其間也曾在嘉義香光寺、法雨道場；高雄正信佛青會、佛光山叢林學院；屏東慈恩佛教學院；台北中華佛學研究所、靈鷲山三乘佛學院、慧命成長學院等單位，擔任過相關課程。

的同學們！雖說南北奔忙的教學行程，偶也頗感負荷，但這些課堂內外相互激盪的美好時光，回想起來，總讓人感覺到無比的充實、喜悅呢！讀者將不難發現，書中有不少文章的寫作動機和旨趣，就是應著課堂上同學的實際需要而作的。

巴利學在國際學界已經是相當成熟的一個學門，但在台灣以及廣大的華文地區，則尚屬有待大力墾拓的「新興學科」。如果本書的出版能給這個學科的發展，起一點打樁鋪路的作用，或是作為對此學門有興趣者的一塊敲門磚或踏腳石，我就感到心滿意足了！

最後，要感謝讓本書得以順利出版的所有因緣。感謝台灣學生書局本著支持學術研究的用心，慷慨承擔這種較專業冷門書籍的出版工作。也感謝該局編輯部陳蕙文和吳若蘭小姐在本書編輯出版過程中的許多建議和細心處理相關事宜。還要感謝國立編譯館長期推動學術發展的努力，讓本書有機會獲選為該館「2008 年學術著作獎掖計畫」的著作之一。感謝兩位不具名的審查委員提供的寶貴意見，讓我有機會改進書中的許多缺失，尤其是全書的篇章順序和結構，做了更合理的調整。本書是這些年來個人摸索學習的些許所得，其中必定有很多不成熟的地方，我誠心期待學界先進和讀者的指正。

2008 年 8 月 20 日 蔡奇林 序於民雄寓所

目 次

下篇：語言研究與文本校勘

附篇：教理及其他

縮略語

1.巴利原典除非特別說明，皆為 PTS 版。

2.藏經、辭典、索引等之出版資訊，詳參書末「引用書目」。

<	「衍生自」，例如 A < B 表示「A 衍生自 B」
>	「衍生到」，例如 A > B 表示「A 衍生到 B」
√	巴利語（或梵語）字根
A	*Aṅguttara-nikāya*（增支部）
ad	to, toward. 對~的說明、注解；如：A (ad B)＝A (是對 B 的說明、注解)
AMg	Ardha-Māgadhī（半摩揭陀語）
Ap	*Apadāna*（譬喻經）
Ap-a	*Apadāna-aṭṭhakathā*, *Visuddhajanavilāsinī*（譬喻經注釋）
Be	Burmese edition（緬甸刊本）
BEFEO	*Bulletin de l'École Française d'Extrême-Orient*, Paris.（法國遠東研究院學報）
BHS	Buddhist Hybrid Sanskrit（佛教混合梵語）
BHSG	*Buddhist Hybrid Sanskrit Grammar and Dictionary, Vol. 1: Grammar*, by Franklin Edgerton, New Haven 1953.（佛教混合梵語文法）
BJT	*Buddha Jayanti Tipitaka Series*（錫蘭版巴利三藏）

BPA	Burma Piṭaka Association（緬甸藏經協會）
BPS	Buddhist Publication Society（錫蘭佛教出版社）
BSOAS	*Bulletin of the School of the Oriental and African Studies*, University of London, London.（倫敦大學亞非學院學報）
BUDSIR	*The Buddhist Scriptures Information Retrieval*（泰國版巴利光碟）
CDIAL	*A Comparative Dictionary of the Indo-Aryan Languages*, by R. L. Turner, London 1973.（印度雅利安語言對照辭典）
Ce	Ceylonese edition（錫蘭刊本）
CII	*Corpus Inscriptionum Indicarum*, Calcutta 1877ff.（印度碑銘集成）
CP	*Collected Papers*（K.R. Norman 論文集）
CPD	*A Critical Pāli Dictionary*（精審巴利語辭典）
CPED	*Concise Pāli-English Dictionary*（簡明巴英辭典）
CPS	*Das Catuṣpariṣatsūtra*, by Ernst Waldschmidt, Berlin 1952-62.（四部眾經）
CS	《漢譯南傳大藏經・相應部》（元亨寺版）
CSCD	*Chaṭṭha Saṅgāyana CD-ROM*（緬甸第六結集版巴利藏光碟）
D	*Dīgha-nikāya*（長部）
DOP	*A Dictionary of Pāli (Part I,a-kh)*（巴利語辭典＝NPED）

DPPN	*Dictionary of the Pāli Proper Names*（巴利佛教專有名詞辭典）
DPPS	Department for the Promotion and Propagation of the Sāsanā（緬甸弘法部）
EFEO	École Française d'Extrême-Orient, Hanoi, Saigon, Paris.（法國遠東研究院）
GV	*Gaṇḍavyūhasūtra*, ed. P.L. Vaidya, Darbhanga 1960.（華嚴經‧入法界品）
Gv	Nandapañña, "The Gandhavaṁsa", ed. Ivan P. Minayeff, *JPTS* 1886, pp.54-80.（書史）
IIJ	*Indo-Iranian Journal*, Den Haag, Dordrecht.（印度伊朗學報）
Ja	*Jātaka, together with its Commentary*（本生經及注釋）
JAS	*Journal of Asian Studies*（亞洲研究學報）
JPTS	*Journal of the Pali Text Society*（巴利聖典學會學報）
JSS	*Journal of the Siam Society*, Bangkok.（暹邏學會學報）
Kv	*Kathāvatthu*（論事）
Lal	*Lalitavistara*, ed. Rājendralāla Mitra, Calcutta, 1877.（廣大遊戲經）
M	*Majjhima-nikāya*（中部）
MAV	*Das Mahāvadānasūtra*, by Ernst Waldschmidt, Berlin 1953,1956.（大本緣經）
MIA	Middle Indo-Aryan（中古印度雅利安語）
Mp	*Manorathapāraṇī, Aṅguttaranikāya-aṭṭhakathā*（增支

	部注釋：滿足希求）
Mvu	*Mahāvastu-Avadāna*, ed. Émile Senart, 3 vols., Paris 1882-97.（大事）
NAWG	*Nachrichten der Akademie der Wissenschaften in Göttingen*（德國哥廷根科學院集刊）（語言學歷史學類）
Nidd II	*Cullaniddesa*（小義釋）
NPED	*A Dictionary of Pāli*（=DOP）（New Pali-English Dictionary）
OIA	Old Indo-Aryan（古代印度雅利安語）
Paṇh.	*Paṇhāvāgaraṇāiṁ*（此為半摩揭陀語，對應梵語為 *Praśnāvyākaraṇa*）（耆那教聖典第十分：問答）
PED	*The Pali Text Society's Pali-English Dictionary*（PTS 版巴英辭典）
Pj I	*Paramatthajotikā I, Khuddakapāṭha-aṭṭhakathā*（小誦經注釋：勝義光明(一)）
Pj II	*Paramatthajotikā II, Suttanipātaṭṭhakathā*（經集注釋：勝義光明(二)）
Pj	＝ Pj II
Pkt	Prakrit（俗語）
Ps	*Papañcasūdanī, Majjhimanikāya-aṭṭhakathā*（中部注釋：破除疑障）
PTC	*Pāḷi Tipiṭakaṁ Concordance*（巴利三藏詞語索引）
PTS	Pali Text Society（巴利聖典學會）
S	*Saṁyutta-nikāya*（相應部）

Sadd	*Saddanīti*（語法論）
Sās	*Sāsanavaṁsa*（教史）
SBB	*Sacred Books of the Buddhists Series*, London.（佛教聖典叢刊）
SHB	*Simon Hewavitarne Bequest edition*（錫蘭版巴利藏）
Skt	Sanskrit（梵語）
SLTP	Sri Lanka Tripitaka Project（斯里蘭卡巴利三藏數位化計畫）
Sn	*Suttanipāta*（經集）
Somaratne	*The Saṁyutta-nikāya vol. I, The Sagāthavagga, with critical apparatus*（相應部新校版第一冊）
Sp	*Samantapāsādikā, Vinaya-aṭṭhakathā*（律藏注釋：一切歡喜）
Sutt.	*Suttāgame*（此為半摩揭陀語，對應梵語為 *Sūtrāgama*）（耆那教聖典總集：阿含經）（共編成兩大冊）。
Sūyag.	*Sūyagaḍaṁga-sutta*（此為半摩揭陀語，對應梵語為 Sūcākṛtāṅgasūtra）（耆那教聖典第二分：分別分經）（分別法與非法）
Sv	*Sumaṅgalavilāsinī, Dīghanikāya-aṭṭhakathā*（長部注釋：吉祥悅意，善吉祥光）
Sv-pṭ	*Sumaṅgalavilāsinīpurānaṭīkā, Līnatthapakāsinī I*（長部解疏：吉祥悅意古疏，顯明隱義）（＝《古疏》）
T	《大正新脩大藏經》
Vin	*Vinaya-piṭaka*（律藏）

VRI	Vipassana Research Institute（印度內觀研究所）
WZKSO	*Wiener Zeitschrift für die Kunde Süd- und Ost-asiens*, Wien.（維也那南亞東亞研究學報）
〈紀要〉	〈巴利學研究紀要：1995-2001〉（＝本書【參】）
《中》(金)	《中華大藏經》（金藏廣勝寺本）
《古疏》	《長部解疏：吉祥悅意古疏》（＝Sv-pṭ）
《石》	《房山石經》
《漢譯南傳》	《漢譯南傳大藏經》（元亨寺版）
《館訊》	《佛教圖書館館訊》
《魔新譯》	《《相應部·魔相應》譯註與研究》（黃慧禎撰）
台大佛圖	台灣大學「佛學數位圖書館暨博物館」網站

上　篇

巴利語與巴利文獻評介

【壹】、略談巴利語*

一、前　言

台灣近年來，原始佛教、南傳佛教有逐漸受到重視的趨勢。一方面，北傳《阿含經》不再被視為小乘經典，而廣為流行。另一方面，南傳佛教禪修成就者（如泰國的佛使比丘、阿姜查，緬甸的馬哈西等高僧）的相關著作陸續被譯介出來。而以「四念處」為主的（內觀）禪修法門也受到廣泛而持續的重視。當然，在文化界最重要的大事，莫過於《漢譯南傳大藏經》的出版了。由於這種種因素的相互

* 本文原載《法光》第 92 期，台北：財團法人法光文教基金會，1997 年 5 月，第 2-4 版。原刊文稿未做任何注解，今在必要處附加少數注解，以補充說明並提供相關參考資料。又，本文內容多處參考了水野弘元著，《パーリ語文法》，第 1-3 章。關於「巴利語」的簡要介紹，另參 K.R. Norman, “The Pāli language and the Theravādin tradition”, *Pāli Literature*, chapter 1, 1983. 以及 R. Gombrich, “What is Pāli ?”, 收在 W. Geiger, *A Pāli Grammar* 一書的 Introduction，PTS 1994。

激盪，使得南傳佛教的聖典語「巴利語」，❶也逐漸受到重視。因此，以下我們就揀幾個要點來談談它。

二、什麼是「巴利語」？

巴利語（Pāli-Bhāsā）是記錄南傳佛教「三藏聖典」所用的語言。「南傳佛教」是指現在流行於斯里蘭卡（錫蘭）、緬甸、泰國、高棉、寮國等南亞國家的佛教。Pāli 一詞，本來並不指「語言」，而是指南傳佛教的「聖典」（經律論三藏），❷是用來跟聖典的「注釋」（Aṭṭha-kathā）相對的。這種語言叫做「巴利語」，是 12 世紀以後的事。此前，依上座部傳統，它一直稱為「摩揭陀語」（Māgadhī），或「根本語」（Mūla-Bhāsā）。後來由於南傳佛教各國間常進行文化交流，不同語系的各國比丘間，自然而然以這種記錄聖典的語言來溝通，於是就稱它作「巴利（Pāli）語」。❸

---

❶ 此處將巴利語說為「南傳佛教的聖典語」，是依佛教傳承的「現況」而說。後文將會界定，巴利語就佛教經典語言的歷史定位而言，應屬「早期印度佛教」（原始佛教）經典語言的一種。

❷ 此處將巴利三藏說為「南傳佛教的聖典」，也是依佛教傳承的「現況」而說。就佛教經典的傳承史而言，巴利的經和律應屬（上座部所傳承的）「早期印度佛教」（原始佛教）的聖典。

❸ 關於「巴利語」這個語言名稱的由來，另參本書【貳】〈巴利學的現況與未來任務〉，第一節；以及 O. von Hinüber, “On the history of the name of the Pāli language”, *Selected Papers on Pāli Studies*, Oxford, PTS 1994, pp.76-90.

三、巴利語在印度語中的位置

從語言系統來看，巴利語是屬於印歐語系，印伊（印度伊朗）語族，中古印度亞利安語的一種方言。印度亞利安語由時間可區分為：古代（如吠陀語、古典梵語）、中古（紀元前 6 世紀～紀元後 11 世紀頃）、與現代（11 世紀後）三期。其中巴利語所屬的「中古印度亞利安語」（Middle Indo-Aryan）總稱 Prākrit 語。Prākrit 語的意義，根據最通常的主張，是與 Sanskrit（古典梵語）相對的語言。亦即古典梵語是根據「巴你尼（Pāṇini）文法」人為規定完成的人工語、雅語、標準語，而巴利語則是沒有人為成份的自然語、俗語、民眾語。❹二者同樣淵源於古代印度的吠陀語及其他日常用語，因此有著非常親近的近親關係。

四、巴利語的起源

巴利語在印度本土早已消失，它的語音系統與現存印度的任何一種語言都不一樣。關於它的起源，從 19 世紀起，東西方學者就

❹ 此處說「巴利語則是沒有人為成份的自然語、俗語、民眾語」，是指巴利語在當時印度社會作為一個「活的語言」的情況。但當巴利語被用作佛典語言，記載佛典語料，而歷經口誦傳承，乃至後來筆諸文字，又經過歷代的輾轉抄寫，其間就漸漸摻入了「人工化」（artificial）的語言成分，而逐漸改變了原初的語言樣貌。這種人工化的成分，最主要的就是「梵語化」（Sanskritization）的語詞型態。參見 O. von Hinüber, "Pāli as an artificial language", *Indologica Taurinensia*, Vol. X, Torino 1982, pp.133-40.

提出了種種不同說法。其中最具代表性的，是以下二說：

㈠摩揭陀語說

依照上座部的傳統，認為巴利語就是佛陀用以說法的古摩揭陀語。因為世尊一生遊行布教的足跡，多半在摩揭陀國（Magadha，約當現今印度的比哈爾省 Bihar）一帶，而他的弟子也大多是東部人。因此他所用的語言，極可能就是東部方言摩揭陀語。

再則，佛般涅槃後不久（B.C. 486），大迦葉尊者召開的經典編輯會議「第一結集」，便是在摩揭陀國首都王舍城（Rājagaha）郊舉行的。佛滅 110 年頃（B.C. 370）「第二結集」的所在地毘舍離（Vesālī），也在摩揭陀國北部不遠。阿育王時代（Asoka, B.C. 269-231）舉行的「第三結集」，地點在首都華氏城（Pāṭali-putta，即今印度比哈爾省首都巴特那（Patna）），還是在古摩揭陀國王舍城北部附近，當時通行的行政語言便是摩揭陀語（或半摩揭陀語）。

第三結集在佛教史上有一件重要大事，那就是阿育王採納了當時會議召集人帝沙目犍連子長老（Tissa Moggaliputta）的建議，組成了一個弘法使節團，四出宣揚佛教。其中，阿育王的兒子摩哂陀長老（Mahinda）等一行七人，前往楞迦島（Lanka，即錫蘭）弘法，同時還攜去了這次結集的三藏聖典。因此，上座部相信，傳持聖典的巴利語就是摩揭陀語，也就是佛陀說法以及歷來結集三藏的用語，而巴利語三藏自然就是佛教一脈相承的正統經典。

㈡西部印度語說

由於巴利語與摩揭陀語，在語言本身的特質上，存在若干明顯的差異。因此，也有不少學者主張，巴利語應是源於「西部印度語」。其主要理由是：⑴印度地方現存的 30 多件阿育王法敕文中，屬於西部群的基爾納爾（Gīrnār）刻文，最接近巴利語。⑵巴利佛教所屬的上座部，其根據地即是西部印度優禪尼（Ujjenī）為主的地方，且其附近地區發現的刻文也與巴利語相近。並且，把上座部佛教傳入錫蘭的摩哂陀長老，據說生於優禪尼，並在這裡出家。這樣，認為他以西部印度語為母語，將上座部經典傳入錫蘭，也是十分合理的推論。❺

五、巴利藏的寫定與流傳

佛陀時代並沒有書寫的經典，教法是靠師弟間口傳心受的辦法保存流傳的。這種口誦傳承的方式，是古代印度社會普遍的習慣，婆羅門教的聖典《吠陀》、《奧義書》便是如此。那麼，這口耳相傳的巴利聖典，直到什麼時候才用文字記錄下來呢？確實的時間，目前並不清楚。但是，一般有兩個說法：

第一個說法是，在阿育王派遣摩哂陀長老到錫蘭弘法的時候，

---

❺ 關於巴利語的起源和語言屬性，以及佛說法使用什麼語言的問題，學界有諸多討論。參見 K.R. Norman, “The language in which the Buddha taught”, *Collected Papers*, Vol. II, pp.84-98；“The dialects in which the Buddha preached”, 同書，Vol. II, pp.128-47；“The origin of Pāli and its place among the Indo-European languages”, 同書，Vol. III, pp.225-43；“The languages of early Buddhism”, 同書，Vol. V, pp.146-68。另參季羨林，〈原始佛教的語言問題〉、〈再論原始佛教的語言問題〉、〈三論原始佛教的語言問題〉，《季羨林佛教學術論文集》，東初出版社，1995 年。

同時帶去了第三次結集的三藏。這樣，很可能當時就有文字記錄的典籍。而書寫經典的文字，可能就是阿育王時代通行的「婆羅米文」或「驢唇體」字母。而在錫蘭也發現到紀元前 2 世紀左右「古僧伽羅字母」的山洞石刻，字母形體與驢唇體頗為相近。這樣，巴利三藏寫定的年代，也許可以算做紀元前 3 世紀中葉以後，即第三結集之後，地點在印度本土。

另一個說法是，巴利三藏寫定的工作，是在錫蘭島婆吒伽摩尼王（Vaṭṭa-gāmaṇī, B.C.43-17）時代的第四次結集才完成的。這次結集以勒棄多長老（Rakkhita Thera）為首，召集大寺派（Mahāvihāra）長老 500 人，於紀元前 26 年前後，在錫蘭中部瑪達雷（Mātale）的灰寺（Alu-vihāra）誦出上座部的三藏及注疏，並決定把經典用「僧伽羅字母」（錫蘭文）音譯，寫在貝葉保存。

這次（第四）結集，為什麼決定把三藏寫定下來呢？據說，當時錫蘭島上的佛教有「大寺」（Mahāvihāra）及「無畏山寺」（Abhayagirivihāra）二派，保守而嚴持戒律的大寺派，與前進開放的無畏山寺派意見不和，紛爭迭起。大寺的比丘唯恐其眼中的異端無畏山寺派歪曲教法，因此才決意書寫，以永存正法。❻

從三藏的流傳來看，這次結集包含兩項重要事件：一、它是

---

❻ 巴利聖典從口誦而筆諸文字的另一個說法（或另一個原因）是，在婆吒伽摩尼王（Vaṭṭa-gāmaṇī）時候（B.C. 43），錫蘭島上遭逢戰亂，飢荒連年，僧院毀棄，僧人流離凋零。此時口傳聖典的存續面臨危急之秋，於是僧團決定在瑪達雷（Mātale）的灰寺（Alu-vihāra）召開結集大會，寫下聖典。參見 W. Rahula, *History of Buddhism in Ceylon*, 1966 (2nd ed.), pp.81-82.

「整部三藏文字化」的開始。（之前，第三結集記錄的經典，可能只是三藏中的重要部份，其餘內容依然以口誦流傳）二、這種文字記錄是以當地字母（錫蘭文）「音譯」的方式來保存的。從此以後，用自己國家的文字字母音譯保存巴利聖典，就成了上座部佛教通行的不成文制度。所以後來緬甸（用緬文）、泰國（用泰文）、高棉（用柬埔寨文）、印度（用天城體），還有中國雲南傣族地區（用傣文），乃至近代國際通行的「羅馬拼音」，都是沿用這個辦法。❼

六、巴利語的發展階段

巴利語從發生到現在兩千多年間，事實上也歷經了幾個發展變遷的階段：⑴第一階段是，聖典「古偈頌」中的巴利語，約至紀元前 3 世紀止。這些偈頌保留了許多與吠陀語共通的語形，由於音韻或省略的關係，許多地方艱澀難懂。⑵第二階段是，聖典「散文」中的巴利語，約至紀元前 100 為止。此階段內容合於文法，文章舒暢自然，優美而深刻，可謂極其難得的珍品。⑶第三階段包括聖典的注釋書、教理綱要書、史書等，以 5、6 世紀為中心，前後數百年間。此階段文章也相當簡練暢達。⑷第四階段為後世各種文獻的巴利語，約從 10 世紀到現在。此一階段的巴利語以錫蘭為中心，而後發展於緬甸、泰國等地。由於時代、地域與早期巴利語已有隔

---

❼ 關於巴利聖典的結集與流傳，參見 K.R. Norman, “The Pāli language and scriptures”, *Collected Papers*, Vol. IV, pp.92-123.

閡，再加上梵文化的影響，文章顯得造作彆扭，極不自然。❽

另外，巴利語從 12、13 世紀起，也一直是南方各國僧侶間溝通佛法的「交談用語」。因此，隨著時代的變遷，也新造了許多現代生活中的語彙，如 ākāsa-yāna（飛機）、ayo-yāna（火車）等。總之，巴利語正如許多語言一樣，一直不斷在使用，也一直不斷在變遷發展中。這不正是佛法所謂的「諸行無常，諸法無我」嗎？

七、巴利三藏

在所有現存的印度語佛經中，巴利三藏是時間最早，數量最多，而內容也最完整的一套。以下略舉其要：一、律藏：包括「經分別」（Sutta-vibhaṅga）、「犍度」（Khandhaka）、「附隨」（Parivāra）三部分。二、經藏：包括五部（尼柯耶，Nikāya）：(1)長部（Dīgha-nikāya），相當於北傳《長阿含》。(2)中部（Majjhima-nikāya），相當於北傳《中阿含》。(3)相應部（Saṁyutta-nikāya），相當於北傳《雜阿含》。(4)增支部（Aṅguttara-nikāya），相當於北傳《增一阿含》。(5)小部（Khuddaka-nikāya），包括《法句經》（Dhammapada）、《本生經》（Jātaka）、《無礙解道經》（Paṭisambhidā-magga）等共 15 部經典。三、論藏：有《法集論》（Dhamma-saṅgaṇi）等七部。

此外，還有藏外典籍，包括覺音（Buddhaghosa）、覺授

❽ 參見水野弘元著，《パーリ語文法》，第 2 章，山喜房佛書林，1985 年，第五版。

（Buddhadatta）等人的三藏注釋（Aṭṭha-kathā），及後世對注釋的解疏（Ṭīkā），還有教理綱要書如《攝阿毘達摩義論》（Abhidhammattha-saṅgaha），史書如《島史》（Dīpa-vaṁsa）、《大史》（Mahā-vaṁsa），以及其他著名的典籍如《彌蘭陀王問經》（Milinda-pañha）、《清淨道論》（Visuddhi-magga）等。

巴利三藏除貝葉本、紙本之外，目前還有二套含「全文檢索」功能的（羅馬化字體）光碟版：一是泰國 Mahidol 大學出版的暹邏版，另一套是泰國法身寺出版的「巴利聖典協會」（英國 PTS）版。❾另外，巴利藏除南傳各國語譯本外，還有英、日、德、漢及部份法、義等各國譯本。其中台灣元亨寺出版的《漢譯南傳大藏經》，總 70 冊，目前已出版至第 56 冊論藏的《發趣論》。❿這個譯本是由日譯版《南傳大藏經》轉譯過來的。由於「日譯」本身並非精本，又經第二手轉譯，可靠度略嫌不足（語意含糊及翻譯錯誤的地方不少）。儘管如此，它的出版實有著重要的意義。終於彌補了這一頁漢譯史上的缺憾，讓華文地區的學者得以初步了解《巴利藏》的大體內容。當然，如果因此方便，能夠激起另一波真正深入原典的研究，乃至直接本於原典的譯注，則其意義就更大了！在台灣這樣急求短效的宗教生態下，能夠投注如此龐大心力、資源，從事艱鉅的「基礎文化工程」（譯經事業），真是令人歡喜讚嘆！

---

❾ 1997 年又有第三套巴利光碟 CSCD（緬甸第六結集版）問世。更多有關巴利光碟及巴利數位文獻資源的介紹和評論，參見本書【參】、【肆】、【伍】諸篇。

❿ 此藏已於 1998 年出版完成。

八、佛陀對語言的態度

無論對教法的傳播者或學習者來說，「語言」都是重要的。——它是成就「聞慧、思慧」的基本憑藉。那麼，佛陀對於「語言」究竟抱持怎樣的態度呢？關於此點，巴利語《律藏》「小品」有個著名的故事，⓫大意是：「有二位比丘，是兄弟倆，出身婆羅門，音聲優美，擅於言詞。他們一起到世尊那兒，向世尊說：『尊師！現在的比丘，種種名、種種姓、種種種姓、種種家族，都來出家。他們使用各自的方言俗語，汙損了佛陀的教言。尊師！請讓我們用雅語（Chandaso 指梵語、吠陀語）表達佛說吧！』佛世尊訶責他們說：『無知的人啊！怎麼可以這樣說呢？這樣並不能引導不信佛的人信佛……』接著又做了簡短的開示，並向所有比丘說：『比丘們！不許用雅語表達佛說！違者得突吉羅（dukkaṭa，即犯輕過）。比丘們！我應允你們，用自己的方言（Sakāya niruttiyā）來學習佛所說的道理。』」

從這段記錄可以清楚看出，佛陀是個「講求實際效益而反對權威迷信」的平民教育家。他不認為語言有高下貴賤之別，怎樣能讓學習者「容易聞思教法」才是最關鍵要緊的！畢竟，覺悟與解脫是來自對教法的「正確理解」與「精勤實踐」，而無關乎「語言音聲」的是否「尊貴優美」。因此，佛陀反對採用上層婆羅門階級的雅語，他說：「吾佛法中不與美言（Saṁskṛta 雅語、梵語）為是，但使義理不失，是吾意也。隨諸眾生應與何音而得受悟，應為說

⓫ Culla-vagga,Vin II 139.

之。」⓬這便是佛陀平等、務實、開放的語言態度。

這個故事，也是極富啟發性的：一則，在這種務實的態度下，隨著佛法的輾轉流布，經典自然以不同地區的不同語言翻譯記錄了下來。這些「翻譯的典籍」（如漢譯、藏譯等）保留了各時期各地區流行的教法內容，是十分珍貴的資料！因此，我們對它與對「印度語（如巴利語、梵語）記錄的典籍」應當「平等重視」才是。其次，若要實現世尊「隨諸眾生應與何音而得受悟，應為說之」的悲願，則教界應當嚴肅面對「如何培養訓練各種語文翻譯人才」的重要課題！再則，學習「經典語言」不過是增進教法理解的可能途徑之一。我們切勿「偏信」（迷信）它，以為懂得它才能（或就能）懂得佛法。尤其，對大多數沒有充裕時間研究語言的修學者而言，如果能把更多的時間、心力投注在以自己熟悉的語言所記錄的經典、書籍上，反而可以獲得更大的「聞思效益」。最後，如果我們學習這些語言的目的，是希求透過它（標準的語音），「持誦咒語」以得「感應」的話，那就去佛教誠太遠了！

九、結　語

巴利語與巴利聖典流傳至今，已經兩千多年了。它的存在，表達了佛弟子精誠為法的堅毅心行，這是值得深深尊重的！當然，它所傳持的教法，既不必是——如北傳、藏傳所卑視的——「小乘佛教」；也不必是——如南傳自己所尊仰的——「嫡傳、正統的佛

⓬ T24, 822a.

教」。回歸事實，他不過是全體佛教諸多傳承中「謹守早期佛教樸實深刻教風」的一系罷了！然而，由於它是印度語，並且是比較接近佛陀時代用語的一種，加上其教法內容「素樸純淨」的特色；因此，拿它來與其他傳承、或後期發展、或又經翻譯的經典對比，自然可以從「語言文獻」乃至「教法內容」的比較研究中，相互發明，更加切當的把握佛法的根本正義。畢竟，現代的佛法研究，不是宗派主義的，而該當積極吸收各部派傳承中深刻精華的特質，並且勇於捨去不契正理的異方便，使佛法的傳持歷久彌新、行健不息！這樣，才是研究巴利語與巴利佛教的積極意義！

【貳】、
巴利學的現況與未來任務*

K.R. Norman 原著

【翻譯說明】：本文原名"The present state of Pāli studies, and future tasks"，刊於日本《中央學術研究所紀要》（*Memoirs of the Chūō Academic Research Institute*）第 23 號，1994 年 12 月，第 1-19 頁。其後收於巴利聖典協會（PTS）1996 年為 K.R. Norman 出版之《論文集》（*Collected Papers*）第 6 冊，頁 68-87。本文即由該《論文集》譯出並補注。

又，本文之中譯承巴利聖典協會來函慨允授權，其間更蒙該會會長 Richard F. Gombrich 教授的關心，尤其是該會 Dr. William Pruitt 長期以來熱誠的給予譯者各方面協助，特此深致謝意。與 Norman 一樣，William Pruitt 也是一位巴利學者，最近（2001 年）才與 Norman 一起出版《波羅提木叉》（*The Pātimokkha*）原典與英

---

* 原載《正觀》第 18 期，南投：正觀雜誌社，2001 年 9 月，頁 171-209。

譯。此外，文中部分拉丁文、法文、德文則承徐真友先生（Mr. Richard Spahr）協助解讀，特此致謝。另外，更要感謝正觀出版社的編審委員，他們給譯者提供了許多寶貴意見。

有關譯文補注，主要是針對後期編於東南亞的藏外典籍略加說明，這部分一般讀者比較陌生。另外 Norman 此文發表於 1994 年，至今已經七年，因此譯者也隨文補充一些新的出版訊息。至於 1995-2001 七年之間巴利學的研究出版情形，因內容較多，譯者將另草一文，略作介紹。（參見本書【參】）

【作者介紹】：Prof. K.R. Norman 是英國劍橋大學（University of Cambridge）「印度學研究專業」（Indian Studies）的榮退教授。他於 1978-1991 年間擔任**《精審巴利語辭典》**（*A Critical Pāli Dictionary*）的主編工作，其間並接下 I.B. Horner 的棒子，擔任巴利聖典協會會長達十四年之久（1981-1994）。其任內積極的建樹之一便是讓已經停刊 54 年的協會學報（*Journal of the Pāli Text Society*）復刊。目前他還是該會的副會長。

K.R. Norman 的主要專長是巴利語言文獻學（Pāli philology），並及於整個中古印度雅利安語（Middle Indo-Aryan）的研究，也是一位阿育王碑文（Aśokan inscriptions）專家。他是縝密又頗多產的研究者，曾與 O. von Hinüber 一起出版 Dhammapada（《法句經》）新校本（PTS 1994），並有多部巴利原典的英譯問世，如 *Elders' Verses I*（《長老偈經》，PTS 1969）、*Elders' Verses II*（《長老尼偈經》，PTS 1971）、*The Word of the Doctrine*（《法句經》，PTS 1997）、*The Group of Discourses II*（《經集》，PTS 2001, 2ed.）、以及上面提到的

與 William Pruitt 一起出版的 *The Pātimokkha*（《波羅提木叉》，PTS 2001）原典英譯對照版。這些英譯都是所謂「新譯」，在文本與語言等相關方面的考究更為精實，除最後一部外，都附有豐富詳密的注釋。

除了編纂辭書、校訂原典、迻譯巴利典籍之外，他也寫過一部講述巴利文獻的專著 *Pāli Literature*（《巴利文獻》，Wiesbaden 1983），是了解上座部佛教文獻的重要參考書。1994 年初，Norman 曾受邀訪日，進行短期講學，其後講習內容並結集成書，由倫敦大學出版，即 *A Philological Approach to Buddhism*（《佛教研究的語言學進路》，School of Oriental and African Studies, University of London 1997）。此外，他的研究論文產量也極豐富，目前結集出版的已有 8 冊之多（*Collected Papers I-VIII*, PTS Oxford 1990-2007）。他不愧是巴利學這一方園地深耕勤耘的工作者！

——譯者記　2001.9.1

一、「巴利」語[1]

長久以來，一般都認為第一個提到「巴利」（Pāli）這個語言的西方人是 Simon de La Loubère，❶他在 1687-88 年擔任法王路易十四的使節出使泰國，後來寫了一份報告描述該國情形，1691 年於法國出版。兩年之後（1693 年），當該書的英譯本問世時，英文讀者也得知了這個語言名稱。❷ La Loubère 對泰國與泰國文化的各方面做了極精采的報導，同時也談到泰國的宗教——佛教，以及泰國宗教上的語言。他特別提到這個稱為“Balie”的語言和泰語之間的不同，並正確的說，這個語言與梵語有關，書中還提供許多法文翻譯的佛教經文。

可是新近的研究顯示，甚至在 La Loubère 之前，泰國的法國傳教士已經提到這個宗教語言的名字——泰國人管它叫“Balie”或“Balye”。就目前所知，❸第一個研究巴利語的西方人叫 Laneau，他是法國傳教士。根據一份 1680 年的報告，他於 1672 年研究巴利語，並編了一部巴利語與泰語的文法和辭典，但現在已經逸失了。他也給聖路加福音（St Luke's Gospel）的泰文譯本附上一篇巴利語的

---

[1] 文中各節標題的編號是譯者補上的。又，標[1]、[2]……的注皆譯者所加。

❶ 見 K.R. Norman, *Pāli Literature*（《巴利文獻》）, Wiesbaden 1983, p.1, 其中引到 Burnouf 與 Lassen 之論著（見注❿）。

❷ Simon de La Loubère, *The Kingdom of Siam*（《暹邏王國記》）, London, 1693 (reprinted 1969).

❸ 見 W. Pruitt, “References to Pāli in 17th-century French books”（〈十七世紀法國文書中有關巴利語的記載〉）, *JPTS* XI, 1987, pp.121-31.

序和跋。此書成於 1685 年，目前仍保存在巴黎「對外宣教」（Missions étrangères）檔案中。

1680 年以來的法國檔案保存了許多有關巴利語的資料。1686 年，Tachard 提醒人們，想正確了解佛教，重要的關鍵便是了解巴利語。Chaumont 說，巴利語又有趣又吸引人，而且有動詞變化，就像拉丁語。Gervaise 提到，泰皇憂心巴利語的研究學習後繼乏人，下令那些不能背誦巴利經典的僧人強制去工作；他並提到加強巴利語學習成效的辦法：由飽學的僧人教導初學者巴利語字母和文法。Gervaise 還說，巴利語是東方語言中唯一具有名詞變化、動詞變化和動詞時態的。

經常有人指出，"pāli"一詞，正如早期佛教文獻中的用法，並非語言名稱。在文獻中，pāli 意謂「經典」，特別是指「被注釋的經典」，是與 aṭṭhakathā——經典的「注釋」——相對的。上座部經典被稱為 pāli（因此它的意思跟我們的"canon"「聖典」一詞很近），❹而這經典的語言就被稱為 pāli-bhāsa（「經典或聖典的語言」）。可是，也有例子顯示，pāli 一詞被拿來指非聖典文獻，這表示 pāli 一詞與「聖典」（canon）並非完全等義。❺這個詞有時用來指任何一

---

❹ "pāli"一詞之意謂「經典、聖典」，可從它有時與"tanti"（經典、聖典）一詞交互使用的事實得知，例如，pālinayānurūpaṁ (Sp 2,11-12) / tantinayānucchavikaṁ (Sv 1,19-20)。於是此詞就得到了「（經典的）本文」之義，而與注解它的「注釋」（aṭṭhakathā）相對。

❺ S. Collins 指出，《指導論》（Netti-ppakaraṇa）的注釋稱《指導論》為"pāli"，並且《書史》（Gv 60,5）稱《指導論》的注釋為"aṭṭhakathā"。（見 S. Collins, "On the very idea of the Pali canon"（〈「巴利聖典」的確切義涵〉), *JPTS* XV, 1990, pp.89-126 [p.108]）

段「本文」（text）。❻

此詞的現代用法是做為語言名稱，這似乎起源於對 pāli-bhāsa 這個複合詞的誤解——把它解作「巴利－語」（Pāli-language）（譯者按：請留意此處小寫 pāli 與大寫 Pāli 之間的區別）。La Loubère 以及他同時代人的作品中顯示，十七世紀末葉，泰國已經使用"Pāli"一名稱呼上座部的經典語言。因此似乎當時這種誤解已經遍及泰國民眾。可是這項錯誤也可能是法國傳教士自己造成的，或許他們錯解了別人告知的訊息。

Childers 在他的《巴利語辭典》中說，❼"Pāli"一名的英文用法取自錫蘭，❽他也照樣沿用。這個錫蘭用法可能肇始於傳教士

---

❻ 參照此處用法：catasso gāthā bandhitvā pālim eva uggaṇhāpetvā uyyojesi, Ja VI 353,11-12「他編好四個偈頌，令他們憶持頌文（pālim），而後遣之離去」，轉引自 O. von Hinüber, "Zur Geschichte des Sprachnamens Pāli"（〈巴利語其名之歷史〉）, 於 Härtel (ed.), *Beiträge zur Indienforschung Ernst Waldschmidt zum 80. Geburtstag gewidmet*（《瓦爾德斯密特教授八十華誕紀念——印度學研究論文集》）, Berlin 1977, pp.237-46 [p.244]. 譯者按：Hinüber 此文後來譯成了英文，題為"On the History of the Name of the Pāli Language"，收在 *Selected Papers on Pāli Studies*（《巴利學論文選集》）, Oxford, PTS 1994 , pp.76-90. 此書收錄了 1967-87 年間氏作有關巴利學研究的部分論文，悉數英譯。

❼ R.C Childers, *A Dictionary of the Pāli Language*, London 1875, p.vii, note 1.

❽ 根據 C.H.B. Reynolds，最早的例子似乎來自 Saṅgharājasādhucariyāva（Śaka 1701 = A.D. 1779），轉引自 H. Bechert, *Buddhism in Ceylon and Studies on Religious Syncretism*（《錫蘭佛教暨宗教融合研究》）, Göttingen 1978, p.16.

Benjamin Clough，他在 1824 年出版文法書時採用此名。❾ Burnouf 與 Lassen 在 1826 年發表其著述討論巴利語時也用此稱呼。❿

1861 年成於緬甸的著作《教史》（Sāsanavaṁsa），在一段文脈中用到 pāli 一詞，該處似乎用作語言名稱。⓫《教史》是根據早期緬甸典籍寫成的，⓬因此這一名稱的此種用法在緬甸出現的時間可能更早。把 pāli-bhāsa 這個複合詞理解做「巴利－語」（譯者按：同位語持業釋）而非「聖典的－語言」（譯者按：屬格依主釋），這種錯誤似乎不太可能在三個國家各別發生而毫無牽連。因此，將上座部一系的語言稱作 Pāli 的這種現代用法，至少似乎有幾個世紀之久了。可是目前的證據卻還不足以讓我們判斷，到底這種誤解最初源自何處。

二、西方的巴利學

早期法國傳教士的引介使西方認識到巴利語，並且早在 1739 年法國圖書館已經有了巴利語寫本，⓭但沒有任何證據顯示它被研

❾ B. Clough, *A Compendious Pāli Grammar with a Copious Vocabulary in the Same Language*（《簡明巴利語文法·附豐富詞彙》）, Colombo 1824.

❿ E. Burnouf et Chr. Lassen, *Essai sur le Pali ou langue sacrée de la presqu'île au-delà du Gange*（《試論印度半島恆河流域之聖言巴利語》）, Paris 1826.

⓫ Sās 31,31.

⓬ 見 V.B. Liebermann, "A new look at the Sāsanavaṁsa"（〈《教史》新論〉）, *BSOAS* 39, 1976, pp.137-49.

⓭ 此項訊息來自一篇論文摘要，這是 Jacqueline Filliozat 為「國際佛教研究學會」（International Association of Buddhist Studies）1985 年 7 月在義大

究到什麼程度。就像法國傳教士在泰國開始研究巴利語的情形一樣，將近一個半世紀後，英國傳教士也發現，了解錫蘭佛教徒的宗教語言是根本而重要的，這使得 Clough 在 1824 年寫就了一部巴利語文法。⓮若不是十九世紀初學者們對於「印歐比較語言學」這門嶄新學科興趣日隆的話，恐怕巴利語的研究依舊要局限在傳教士的圈子裡。丹麥的語言學家 Rasmus Rask 在 1823 年訪問南亞，他從錫蘭帶回極好的巴利寫本，將之藏放於哥本哈根皇家圖書館。⓯此後，巴利語的研究開始有了進展。1841 年，Spiegel 出版了《羯磨儀軌》（kammavākyaṁ），⓰ 1845 年又出版《巴利逸話》（*Anecdota Pâlica*）。⓱ Fausbøll 於 1855 年以 Rask 的寫本為基礎，出版了一個《法句經》（Dhammapada）的本子，⓲其中還包含從注釋書廣泛摘引的材料。截至 1870 年，已經有足夠的巴利經典出版，這使得 Childers 在 1875 年能出版《巴利語辭典》（*A Dictionary of the Pāli Language*）。⓳而這股對於巴利語日益增昇的興趣，終於促使曾在錫蘭擔任公職的 T.W. Rhys Davids 於 1881 年創立「巴利聖典協

利布隆那（Bologna）舉行的會議所發。

⓮ 見注❾。

⓯ 見 C.E. Godakumbura, *Catalogue of Ceylonese Manuscripts*（《錫蘭抄本目錄》，藏於皇家圖書館), Copenhagen, 1980, p.27.

⓰ F. Spiegel (ed.), *Kammavākyaṁ: Liber de officiis sacerdotum buddhicorum*, Bonn, 1841.

⓱ F. Spiegel (ed.), *Anecdota Pâlica*, Leipzig, 1845.

⓲ V. Fausbøll (ed.), Dhammapadam, Copenhagen, 1855.

⓳ R.C. Childers, *A Dictionary of the Pāli Language*, London 1875.

會」（Pali Text Society）。⑳

三、巴利聖典協會 1881–1981

協會於其成立的第一個一百年，以羅馬拼音出版了整個巴利經典，並且大部分都譯成了英文。所有主要的注釋書（aṭṭhakathās）也都出版了，而且少部份有了翻譯。解疏（ṭīkās）——對注釋書的再注釋——的出版工作也有了開始。「長部注釋」《吉祥悅意》（Sumaṅgalavilāsinī）的解疏《顯明隱義》（Līnatthavaṇṇanā）問世了。㉑而除了那些經典和注釋書之外，也編輯、翻譯了許多其他「後聖典」（post-canonical，藏外）的典籍。協會還出版一本《巴英辭典》（*Pali-English Dictionary*），㉒一本《英巴辭典》（*English-Pali Dictionary*），㉓大約一半的《巴利三藏詞語索引》（*Pāḷi-Tipiṭakaṁ Concordance*），㉔還有多本其他工具書，包括一本《巴利語入門》

---

⑳ 協會的成立是「為了幫助學者容易取得那些尚未校定，並且實際上也尚未被使用的豐富的最早期佛教文獻」（*JPTS* 1882, p.vii）。

㉑ L. de Silva (ed.), Dīghanikāyaṭṭhakathāṭīkā Līnatthavaṇṇanā, 3 volumes, London, PTS 1970.

㉒ T.W. Rhys Davids & W. Stede, *Pali-English Dictionary*, London, PTS 1925.

㉓ A.P. Buddhadatta, *English-Pali Dictionary*, London, PTS 1955.

㉔ *Pāḷi-Tipiṭakaṁ Concordance*, Volume I (ed. E.M. Hare), London, PTS 1952-56; Volume II (ed. E.M. Hare & K.R. Norman), London, PTS 1956-73; Volume III, Part 1-6 (ed. A.K. Warder [et al.]), London, PTS 1963-84. 譯者按：此書至 1984 年為止，出版到第三冊第六分冊（puragaṇa-bārāṇaseyyaka），已經中止計劃。

(*Introduction to Pali*)，㉕它可給有意自修此一語言的人作為巴利語語法入門書，也可充當讀本，因為其中收錄不少摘自聖典的長篇經文。

四、巴利聖典協會 1981–1994

從 1981 年的百年紀念之後，協會繼續進行其當初創立時所要從事的工作。U Nārada 的《發趣論》（Paṭṭhāna）譯本第二冊出版了。㉖此外，一直未被翻譯的《無礙解道經》（Paṭisambhidāmagga），也由 Ñāṇamoli 比丘迻譯出版。㉗《經集》（Sutta-nipāta）有了新的譯本，㉘取代早期 E.M. Hare 的譯本，㉙這個新譯最近又出了修訂版，當中附有廣泛豐富的註解。㉚ E.A.A.

㉕ A.K. Warder, *Introduction to Pali*, London, PTS 1963.

㉖ U Nārada (tr.), *Conditional Relations*, Volume I, London, PTS 1969; Volume II, London, PTS 1979.

㉗ Bhikkhu Ñāṇamoli (tr.), *The Path of Discrimination*, London, PTS 1982.

㉘ K.R. Norman (tr.), *The Group of Discourses*, Volume I, London, PTS 1984. 此書的平裝版題為：*The Rhinoceros Horn and other early Buddhist poems* (《犀牛角經及其他早期佛教詩頌》), London, PTS 1985. 譯者按：此平裝本在 Norman 的譯文之下附了 I.B. Horner 與 W. Rahula 的參照異譯。相較之下，Norman 之譯特別著意於語言學知識及不同語本文獻間的參照取擇，而 Horner 與 Rahula 則更尊重奉守上座部傳統（注釋書）的看法，二者分別代表了兩種不同側重的翻譯取向。

㉙ E.M. Hare (tr.), *Woven Cadences* (《詩頌集》), London, SBB 1945.

㉚ K.R. Norman (tr.), *The Group of Discourses*, Volume II, Oxford, PTS 1992.

Hazelwood 夫人翻譯了《色曼德峰讚》（Samantakūṭavaṇṇanā）。㉛協會又出版一個由 Dr. H. Saddhātissa 法師校訂，含有解疏（ṭīkā）的新版《攝阿毗達摩義論》（Abhidhammatthasaṅgaha）。㉜ Genjun H. Sasaki 也校訂出版了《心義攝要》（Sārasaṅgaha）一書。㉝

此外，在百週年紀念時（1981 年）協會的學報復刊了，其中也刊載一些篇幅較小的巴利典籍。A.P. Buddhadatta 校訂的《第一義

㉛ E.A.A. Hazelwood (tr.), *In Praise of Mount Samanta*, London, SBB 1986. 譯者按：此部原典是錫蘭毘提訶長老（Vedeha Thera）所作，他大約是 13 或 14 世紀的人。書中以詩頌形式記述佛傳故事，特別是記載傳說中佛三次造訪錫蘭的事蹟。在他第三次到訪時，曾於色曼德峰的峰頂上留下了左足的尊貴足跡（Srīpada）。此峰今名亞當斯峰（Adam's peak），是錫蘭佛教徒最崇敬的聖峰。（這個洋名兒是西方人叫的，錫蘭人一般稱它 Srīpada）又，此類補注說明，譯者主要參考各書相關內容，或書前引論，並參考 Geiger 的《巴利文獻及語言》（B. Ghosh (tr.), *Pāli Literature and Language*, Calcutta University 1943），Norman 的《巴利文獻》（參注㊵），Hinüber 的《巴利文獻要覽》（參注㊵）等有關巴利文獻的導覽書，不另注出處。

㉜ Hammalawa Saddhātissa (ed.), Abhidhammatthasaṅgaha and Abhidhammattha-vibhāvinī-ṭīkā, Oxford, PTS 1989. 譯者按：這是一部總攝上座部阿毘達摩的綱要書，是上座部佛教最重要的入門教本之一，攝論作者阿耨樓陀（Anurudha）可能是 10 或 11 世紀人，解疏作者可能是 12 世紀的妙吉祥（Sumaṅgala）。

㉝ Genjun H. Sasaki (ed.), Sārasaṅgaha, Oxford, PTS 1992. 譯者按：此書又稱 Sāratthasaṅgaha，長行偈頌兼行，以故事形式敘述採自經典與注釋的諸多主題，如菩薩之發願成佛、如來之不思議事、法滅、戒、業處、涅槃等。約成於 13 或 14 世紀，作者悉達多（Siddhattha）。

抉擇》（Paramatthavinicchaya）[2]刊載於 1985 年學報第十卷（*JPTS* X），頁 155-226。F. Lottermoser 校訂的《語法一滴》（Saddabindu）與《語法一滴抉擇》（Saddabinduvinicchaya），[3]刊載於 1987 年 *JPTS* XI，頁 79-109。H. Saddhātissa 校訂的《名行燈》（Nāmacāradīpaka），[4]刊載於 1990 年 *JPTS* XV，頁 1-28。H. Saddhātissa 的《名色略論》（Nāmarūpasamāsa）英譯，刊登在 1987 年 *JPTS* XI，頁 5-31。[5] E.A.A. Hazlewood 的《五趣解說》（Pañcagatidīpanī）[6]與《正法獻禮》（Saddhammopāyana）[7]的翻譯，

---

[2] 此書是阿毘達摩綱要書，討論的主題包括心、識、色、涅槃等。據說是南印度人阿耨樓陀（Anurudha）在錫蘭（?）寫成的，與《攝阿毘達摩義論》（Abhidhammatthasaṅgaha）的作者阿耨樓陀可能不是同一人。

[3] 《語法一滴》是緬甸蒲甘王朝國王迦沙瓦（Kya-cvā，1234-50 A.D.）為宮中女眷編寫的，總 20 頌，極為簡略的提示《迦旃延文法》（Kaccāyana）的一些主題，如連音、名詞、格、複合詞等等。其解疏《語法一滴抉擇》真正的題名是 Gantha-sāra（《語法精解》），作者薩曇吉・摩訶弗沙提婆（Saddhammakitti Mahāphussadeva），是十五世紀末泰國北部的人。

[4] 此書亦作 Nāmacāradīpikā，也是阿毘達摩綱要書，闡釋心理活動（即名行）的種種，12 世紀緬甸人薩達摩憍帝波羅（Saddhammajotipāla）作。一說他是 15 世紀人（12 世紀則是另一位同名者）。

[5] 英譯題作：*The Summary of Mind and Matter.* 原典又名 Khemappakaraṇa（《安穩論》或《開曼論》），為一散文短論，簡要討論心、善不善心所等。《書史》（Gv）說是錫蘭開曼（Khema）長老所作，可能是 10 或 11 世紀作品。又，原文誤作刊於 1986 年，今改。

[6] 此書為詩頌體，共有 114 個偈頌，描述人、天等五趣之間輪迴轉生的情形，併及轉生各趣的相應行業。作者與成書時間不詳（也有認為是 14 世紀作品）。英譯題為：*Illumination of the five Realms of Existence.*

[7] 此書為詩頌體，討論佛教基本教義，包括八無暇（八難）、十不善之苦報、善行之福報、不放逸等。其注釋書說作者是阿難陀（Ānanda）長

分別刊登在 1987 年 *JPTS* XI，頁 133-59，以及 1988 年 *JPTS* XII，頁 65-168。R. Exell 的《色無色分別論》（Rūpārūpavibhāga）[8]英譯修訂本《色法無色法分類》（*The Classification of forms and formless things*）刊登在 1992 年 *JPTS* XVI，頁 1-12。

此外，注釋書（aṭṭhakathās）的翻譯出版也有所進展。Peter Masefield 的《天宮事經注釋》（Vimānavatthu-aṭṭhakathā）英譯《天宮故事》（*Vimāna Stories*）出版了。[34]此書與他先前和 U Ba Kyaw 一同翻譯的《餓鬼事經注釋》（Petavatthu-aṭṭhakathā）英譯本《餓鬼故事》（*Peta Stories*）可謂姊妹之作，並且其《自說經注釋》（Udāna-aṭṭhakathā）英譯本也正準備出版。[35] 1960 年，Bhikkhu Ñāṇamoli 去世之後，其遺稿中除了上面提到的《無礙解道經》（Paṭisambhidāmagga）英譯之外，還有一個《分別論注釋》（Vibhaṅga-aṭṭhakathā）的譯稿，在斯里蘭卡及英國多位編輯同仁的努力下，終於輯成兩冊出版了。[36]

老，一般認為可能屬無畏山寺派（Abhayagirivāsins）作品，成書時間不詳，可能在 13 世紀之後。英譯題為：*The Gift-offering of the True Dhamma.*

[8] 此書是阿毘達摩綱要書，詩頌體，五世紀佛授（Buddhadatta）的作品，可能為應教學之需而編。

[34] P. Masefield (tr.), *Vimāna Stories*, Oxford, SBB 1989.

[35] Peter Masefield (tr.), *The Udāna Commentary*, Volume I, Oxford, SBB 1994; Volume II, Oxford, SBB 1995.

[36] Bhikkhu Ñāṇamoli (tr.), *The Dispeller of Delusion*（《遣除迷妄》）, Volume I, London, SBB 1987; Volume II, Oxford, SBB 1991.

五、其它出版事業

一般人可能受誤導而有一種錯誤印象，認為從 1881 年以來巴利方面的所有工作都是協會做的。其實，所有巴利出版品中最重要的，莫過於《精審巴利語辭典》（*A Critical Pāli Dictionary, CPD*），它是由 Dines Andersen 和 Helmer Smith 主編，1924 年起在哥本哈根以分冊方式開始陸續出版。㊲

像《律藏》（Vinaya）、㊳《本生經》（Jātaka）、㊴《彌蘭王問經》（Milindapañha）㊵以及《大史擴編》（Extended Mahāvaṁsa）的校訂，㊶還有《本生經》（Jātaka）、㊷《法句經注釋》（Dhammapada-

---

㊲ *A Critical Pāli Dictionary*, Volume I, Copenhagen, 1924-48; Volume II, Copenhagen, 1960-90. 譯者按：此部辭典 1992 年以後又出了第三冊的幾個分冊，詳參注㊆及其後的注⑬。

㊳ Hermann Oldenberg (ed.), The Vinaya Piṭakaṁ, London, 5 volumes, Williams & Norgate 1879-83.

㊴ V. Fausbøll (ed.), Jātakatthavaṇṇanā, London, 6 volumes, Trübner & Co. 1877-96.

㊵ V. Trenckner (ed.), The Milindapañho, London, Williams & Norgate 1880.

㊶ G.P. Malalasekera (ed.), Extended Mahāvaṁsa, Colombo, 1937. 譯者按：此書有時稱作《柬埔寨（高棉）本大史》（Cambodian Mahāvaṁsa），因為目前所有寫本皆是高棉文字。但為避免讀者誤解，編校者改稱之《大史擴編》。它是在《大史》的基礎上補入《佛種姓經》（Buddhavaṁsa）、《舍利塔史》（Thūpavaṁsa）、《大史解疏》（Mahāvaṁsa-ṭīkā），以及《律藏·大品》（Vinaya: Mahāvagga）、《本生經注釋》（Jātaka-aṭṭhakathā）等許多相關材料而成，份量約有《大史》兩倍，成書地點與年代尚不能確定。

aṭṭhakathā）、❸《法集論》（Dhammasaṅgaṇī）的翻譯，❹以及《巴利專有名詞辭典》（*Dictionary of Pāli Proper Names*）的編輯，❺凡此等等篇幅巨大、價值非凡的著作，最初都在其他地方出版，只是由於需要重印，而原出版商或者不願、或者不能承擔此一工作，才轉由協會出版的。

近年出版的書籍有 Helmer Smith 校訂的巨冊《語法論》（Saddanīti），❻以及 Denis 校訂翻譯的《世間施設》（Lokapaññatti）。❼而 Jacqueline Ver Eecke（Filliozat）也出版了《錫蘭故事集》

---

❷ E.B. Cowell (et al. [trs]), *The Jātaka or Stories of the Buddha's Former Births*, 6 volumes, Cambridge University Press 1895-1907.

❸ E.W. Burlingame (tr.), *Buddhist Legends*（《佛教故事》）, Cambridge Mass., 3 volumes, Harvard Oriental Series 1921.

❹ Caroline A.F. Rhys Davids (tr.), *A Buddhist Manual of Psychological Ethics*（《佛教心理倫理學指南》）, London, Royal Asiatic Society 1900.

❺ G.P. Malalasekera, *Dictionary of Pāli Proper Names*, Volume I, London, 1937; Volume II, London, 1938.

❻ H. Smith (ed.), Saddanīti, Lund, 5 volumes, 1928-66. 譯者按：這是現存篇幅最大的巴利文法，緬甸大文法家勝種（Aggavaṁsa）1154 年的作品，主要取材自諸聖典文獻，並根據《迦旃延文法》（Kaccāyana），也參及《巴你尼文法》（Pāṇini）。

❼ E. Denis (ed. and tr.), *La loka-paññatti et les idées cosmologiques du Buddhisme ancien*（《世間施設及古代佛教宇宙觀》）, Lille, 2 volumes, 1977. 譯者按：此書可能 11 或 12 世紀於緬甸編成，作者不詳。是現存巴利文獻中處理佛教宇宙論最古老的一部，但它並非系統的論述，而是隨意從經典及其他文獻採集編成的。

（Sīhaḷavatthuppakaraṇa）㊽及《十施事故事集》（Dasavatthuppakaraṇa）的原典及法譯。㊾ Carter 與 Palihawadana 也出版了一個《法句經注釋》（Dhammapada-aṭṭhakathā）的部份翻譯（主要是語法部份），㊿這部份我曾提過，是先前 Burlingame 譯本所略過未譯的。還有一些篇幅小的巴利原典與翻譯出版，例如 Jinadasa Liyanaratne 校訂的《眾勝者與菩提樹》（Jinabodhāvalī）[9]。這是天護（Devarakkhita）、勝臂（Jayabāhu）[10]、法稱（Dhammakitti）十四世紀的作品。這部原典與法譯刊載於 1983 年 *BEFEO 72*，頁 49-90。

六、未來任務

巴利學研究的未來計畫有三方面：(1)儘管先前已經做了許多工作，但還有未盡完善之處，因此我們必須訂正過去的錯誤。(2)我們必須擴充研究出版的領域，填補迄今仍被忽視的空缺。(3)我們必須

㊽ Jacqueline Ver Eecke (ed. and tr.), Sīhaḷavatthuppakaraṇa, Paris, EFEO 1980. 譯者按：此書編於錫蘭，主體由 77 個故事構成，讚揚布施的功德利益。確定成書時間不詳，但不晚於 15 世紀。

㊾ Jacqueline Ver Eecke (ed. and tr.), Dasavatthuppakaraṇa, Paris, EFEO 1976. 譯者按：此書又名 Dasadānavatthuppakaraṇa，收有 37 個故事，其中 36 個採自注釋書與《大史》（Mahāvaṁsa），與前書同屬教化故事一類的作品，歌頌布施功德。確實成書年代不詳，但不晚於 15 世紀。

㊿ John Ross Carter & Mahinda Palihawadana (trs), *The Dhammapada*, Oxford University Press, 1987.

[9] 此書成於錫蘭，另名 Abhinīhāradīpanī（《決意燈》——闡揚立願成佛的事行），拿 34 個頌文歌讚 28 位佛陀和他們的菩提樹。

[10] “Jayabāhu” 原文誤作 “Jayabhāhu”，今改。

修改及提昇現有的工具書，並且開發目前欠缺的，使我們的工作更加順利。這三方面有相當程度的關連性，填補空缺領域將有助於修正過去錯誤，反之亦然。而輔助性書籍，如文法書與辭典，也必然要根據以往出版而經訂正的材料，以及未來可供運用的新材料。

(一)訂正舊版錯誤⑪

在其他文章，❺❶我曾就巴利原典如何被編輯出來，提供了一些訊息。有時，編輯者只是把一個或數個東方本子的讀法（readings）再版就滿足了，絲毫不想考察這些本子的根據。比如，巴利聖典協會版的《佛種姓經注釋》（Buddhavaṁsa-aṭṭhakathā）❺❷實際上只根據一個刊印本轉寫而成，就是錫蘭字體刊印的《西蒙·赫瓦威達尼遺贈叢刊》（Simon Hewavitarne Bequest Series）。有時它就直接從這個底本抄刊異讀（variant readings）。PTS 版「中部注釋」《破除疑障》（Papañcasūdanī）❺❸第一冊是根據二個錫蘭寫本，二個錫蘭刊本，還

---

⑪ 這個小節標題，以及以下(二)、(三)兩個小節標題都是譯者冠上的。

❺❶ K.R. Norman, "Pāli philology and the study of Buddhism"（〈巴利語言學與佛教研究〉), *The Buddhist Forum*（《佛教論壇》), Volume I, 1990, pp.31-39 (= *CP* IV, pp.80-91).

❺❷ I.B. Horner (ed.), Madhuratthavilāsinī nāma Buddhavaṁsaṭṭhakathā（《顯明妙義——佛種姓經注釋》), London, PTS 1978. 譯者按："Madhuratthavilāsinī" 原文誤作 "Madhuravilāsinī"。

❺❸ J.H. Woods & D. Kosambi (eds), Papañcasūdanī Majjhimanikāyaṭṭhakathā, Volume I, London, PTS 1922; Volume II, London, PTS 1928; I.B. Horner (ed.), Volume III, London, PTS 1933; Volume IV, London, PTS 1937; Volume V, London, PTS 1938.

有一個《破除疑障解疏》的緬甸寫本。解疏的最大優點是，它所括引的「被釋語」（lemmata）可以幫助我們確認釋文內容。第二冊開始，根據的是三個刊本，一個是第一冊用到的一個錫蘭刊本，另兩個則是緬甸文及泰文字體刊印的本子。至於那些東方本子所據為何，則隻字未提，而且也未從中引出任何異讀資料。此外，也未說明此校訂本是根據什麼原則建立起來的。我們只能假定，遇到那些東方本子讀法互異時，各冊編者就任取一個最合他（她）意的。

另外有些刊本，在刊印時有部份甚至全部尚未經過校對，這種情況再版時總要設法修訂。在經費短缺或人手不足時，PTS 的編者有時還要親自上陣，提著墨水筆和修正液，增增減減的修訂那些標音符號和標點符號。我個人就花過不少時間做這些事。有時好端端一個計劃，卻被好心過頭的人搞砸了！有一回，我費了一番功夫好不容易把一個本子訂正好準備重印，未料收到重印本時，赫然發現：有位熱心腸的副主編，他被那份準備照相製版的稿子給嚇壞了——上頭竟布滿了手寫的訂正字跡，於是他字裏行間、上上下下努力搜尋，終於把整個稿子弄得「乾乾淨淨」——回復到先前尚未訂正的模樣，就拿這個「乾淨的」本子換走了我辛辛苦苦弄好的本子，送到印刷廠去！

我們很懷疑，許多從事上座部佛教相關著述的人，以及根據此種校訂本從事翻譯或研究的人，是否了解到這種事實。而即使對這種缺陷有所了解的人，也未能對它做出任何改善——或者因為時間不足，或者是對巴利語的掌握還不到足以訂正錯誤的地步。我們有理由這樣問：那些巴利典籍中可能存在的錯誤是否確實關係重大？還有，它們是否會給佛教許多根本而重要的內容帶來誤解？我的答案很簡單，就是，我不知道。不過原則上，身為巴利聖典協會會長，我會對於任何無論多麼微細的錯誤感到遺憾——不管這是有關文獻所記錄的事實本身，或是因此而造成的對於那些事實的錯誤闡釋——只要這個錯誤是由 PTS 所出版的書籍造成的。

我必須澄清，巴利聖典協會對於它所出版的原典的疏缺，以及不可避免的，由此而造成的翻譯上的錯誤，知之甚詳，並且急於謀求改善。然而不幸的，錯誤的本子並不會只因想要改善的願望與念頭就自動改善，而有能力又有意願對前人校本進行訂正的人才實在難以尋得。經常是舊本須要訂正之處過多，結果是需要出版一全新的校訂本，而非單只舊本的修訂。可是巴利學領域年輕一輩的新進研究者，通常不甘於從事前人校訂過的典籍，而更樂於校訂尚未出版過的原典，即使這些新東西價值並不高。

儘管如此，這個問題已經開始有了解決，許多不完善的版本被更換了。N.A. Jayawickrama 教授在這方面特別活躍，他校訂出版了《佛種姓經與所行藏經》（Buddhavaṁsa and Cariyā-piṭaka）、[54]《天宮事經與餓鬼事經》（Vimānavatthu and Petavatthu）[55]以及《論事》（Kathāvatthu）的注釋[56]等原典。此外，還出版《律藏注釋》（Vinayapiṭaka-aṭṭhakathā）開頭的引論部份、[57]以及《舍利塔史》

---

[54] N.A. Jayawickrama (ed.), Buddhavaṁsa and Cariyāpiṭaka, London, PTS 1974.

[55] N.A. Jayawickrama (ed.), Vimānavatthu and Petavatthu, London, PTS 1977.

[56] N.A. Jayawickrama (ed.), Kathāvatthuppakaraṇa-aṭṭhakathā, London, PTS 1979.

[57] N.A. Jayawickrama (ed. and tr.), *The Inception of Discipline and the Vinaya Nidāna*, London, SBB 1962. 譯者按：這個引論原典題作 Bāhira-nidāna（外

（Thūpavaṁsa），[58]二者都含有原典及英譯。Horner 小姐出版了《佛種姓經與所行藏經》（Buddhavaṁsa and Cariyā-piṭaka）[59]及《天宮事經》（Vimānavatthu）新譯本。[60] Peter Masefield 也出版了《自說經》（Udāna）新譯。[61]還有，前面提到的，我個人也出版了《經集》（Sutta-nipāta）新譯本。[62]

整體而言，要改善此種情況，就必須採取一些行動，使從事巴利語——或者更恰當的說，中古印度雅利安語——研究的語言學者人數能夠增加。目前我們所擁有的巴利原典，數量並不比小乘方面

部因緣），主要是注釋者（或注釋的編譯者，覺音）講說他所注釋的那個「律藏」的來源：敘述三次結集之事，以及阿育王派遣弘法使節團四出弘傳佛法的偉大事蹟，而至摩哂陀（Mahinda）長老攜帶三藏及注釋來到錫蘭，建立佛教，並將律法傳給錫蘭的摩訶阿梨吒長老（Mahā-ariṭṭhatthera），再由長老的承繼者一路傳到「現在」（覺音當時）。整個引論旨在注釋之前先行建立該律藏的「正統性」，啟發後人信心。

[58] N.A. Jayawickrama (ed. and tr.), *The Chronicle of the Thūpa and the Thūpavaṁsa*, London, SBB 1971. 譯者按：此書成於 13 世紀後半，編者婆支沙羅（Vācissara），主要敘述紀元前一世紀錫蘭王度吒伽摩尼（Duṭṭhagāmaṇī, 101-77 B.C.）在阿耨樓陀城（Anurādhapura）起造「大塔」（Mahāthūpa）的經過，並溯及佛般涅槃及舍利八分之事。材料皆取自此前文獻，如《長部》（Dīghanikāya）及注釋、《本生經・因緣》（Jātaka-nidāna）、《律藏注釋》（Samantapāsādikā）、《島史》（Dīpavaṁsa）、《大史》（Mahāvaṁsa）等。

[59] I.B. Horner (tr.), *The Chronicle of Buddhas and Basket of Conduct*, London, SBB 1975.

[60] I.B. Horner (tr.), *Vimānavatthu: Stories of the Mansions*, London, SBB 1974.

[61] Peter Masefield (tr.), *The Udāna*, Oxford, SBB 1994.

[62] 見注[30]。

的梵語典籍少。這些原典是從其他中古印度雅利安方言轉譯過來的，若想了解巴利語及梵語佛典如何轉變成現今的樣貌，我們必須儘可能了解其他那些方言。因此，想精通小乘佛教的人不只必須熟悉梵語，還要熟悉「中古印度雅利安語」（MIA－Middle Indo-Aryan），這裡指的不只巴利語，而且是此一名目下的所有方言，包括耆那教經典與注釋書的語言，以及碑銘刻文的語言。除非我們能吸引新人進入中古印度雅利安語的研究領域，否則這方面的必要知識將很快枯竭。如此一來，有關上座部佛教的文章和書籍，依舊還要由那些不能自己掌握巴利語的人來從事，並且，未來的著述也勢必還要仰賴那些目前我們所擁有的不完善的原典及翻譯（除了極少數精審本之外）。為了吸引新人投入此一領域，協會提供了獎學金，使研究生能繼續從事巴利學研究，以便其工作最終能完成某些原典的校訂或翻譯，提供協會出版。

㈡拓展新領域

在協會的出版目錄中，除了經藏的《義釋》（Niddesa）、《譬喻經》（Apadāna）、論藏的《雙論》（Yamaka）尚未翻譯，以及論藏的《發趣論》（Paṭṭhāna）尚未譯全之外，其他所有三藏都迻譯完成了。可是西方所有出版品中最欠缺的，要算解疏（ṭīkā）的校訂本，以及在東南亞編著的巴利原典。前一類中，協會只出版過前面提到的《吉祥悅意解疏》（Sumaṅgalavilāsinī-ṭīkā），其他解疏的校訂工作已經開始，並且我們希望有一些能儘快出版。後面一類，協會出版了《緬甸巴利格言集》（*Pāli Nīti Texts of Burma*），是 Heinz

Bechert 和 Heinz Braun 校訂的。[63]此外還有 P.S. Jaini 校訂的，緬甸的《五十本生》（Paññasa-Jātaka）。[64] 1981 年 Horner 小姐去世前，正努力從事此書第一冊的翻譯。這項工作後來由 P.S. Jaini 完成，[65]並且接著又譯了第二冊。[66]他還校訂另一部東南亞的巴利原典《化導世間論》（Lokaneyyappakaraṇa）。[67]協會最近在期刊上刊出

---

[63] Heinz Bechert & Heinz Braun (eds), *Pāli Nīti Texts of Burma*, London, PTS 1981. 譯者按：此書收錄四部流傳於緬甸的格言集：「正法箴言」(Dhammanīti)，「世間箴言」（Lokanīti），「大阿羅漢箴言」（Mahārahanīti），以及「國王箴言」（Rājanīti）。它們與印度古來的格言傳統（subhāṣita）有密切關係，並非緬甸的創作。緬甸作者事實上只是從現成的巴利文獻（如《本生經》、《法句經》）以及梵文的「旃那迦（Cāṇakya）格言集」採錄輯成，特別是「國王箴言」，所有詩偈都直接翻自梵文。四部中最早的可能是「正法箴言」，成書時間約在 14 世紀末或 15 世紀初，最晚的是「國王箴言」，可能晚到 18 世紀才編成。

[64] P.S. Jaini (ed.), Paññāsa-Jātaka, Volume I, London, PTS 1981; Volume II, London, PTS 1983. 譯者按：《五十本生》目前有緬甸、高棉、泰國三個版本，內容大同，Jaini 這個校訂本是緬甸版。此書輯錄 50 個流傳於東南亞的本生故事，有些來自巴利本生故事，有些來自梵語文獻，如《大事》(Mahāvastu)，有些則可能採自民間文學，但總有一些改變新創。年代作者不詳。

[65] I.B. Horner & P.S. Jaini (trs), *Apocryphal Birth Stories*（《藏外本生故事》）, Volume I, London, SBB 1985.

[66] P.S. Jaini (tr.), *Apocryphal Birth-Stories*（《藏外本生故事》）, Volume II, London, SBB 1986.

[67] P.S. Jaini (ed.), Lokaneyyappakaraṇa, London, PTS 1986. 譯者按：此書可能編於 14 世紀，包含 41 個帶有偈頌的導世化俗的故事，形式、內容與《本生經》都極類似，不過也有一些材料來自藏外文獻。又，出版年"1986"，原文誤作"1984"。

一種新類型的南亞及東南亞原典，有不同稱呼，或謂「非聖典」（non-canonical），或謂「準聖典」（quasi-canonical）。❻❽此外還刊載 Denis 校訂的《馬烈雅提婆長老事》（Māleyyadevattheravatthu）。❻❾其他出版社也出版了 Martini 夫婦校訂的、❼⓿以及 Jaini 校訂的原典。❼❶然而泰國❼❷及其他地區❼❸圖書館的一些抄本目錄卻顯示，仍有許

---

❻❽ C. Hallisey, "Tuṇḍilovāda: an allegedly non-canonical sutta"（〈「教授惇底羅經」——所謂的非聖典經文〉）, *JPTS* XV, 1990, pp.155-95; "Nibbānasutta: an allegedly non-canonical sutta on Nibbāna as a great city"（〈「涅槃經」——將涅槃比之大城的所謂非聖典經文〉）, *JPTS* XVIII, 1993, pp.97-130.

❻❾ E. Danis, "Braḥ Māleyyadevattheravatthuṁ", *JPTS* XVIII, 1993, pp.1-64. 還有 S. Collins 的英譯也一起發表（同期 pp.65-96）。譯者按：此文講述馬烈雅長老遊訪地獄與天界之事，成於泰國，年代不詳，但目前有兩個泰北寫本，可能抄於公元 1500 年前後。

❼⓿ F. Martini, "Dasabodhisattuddesa"（《十菩薩教示》）, *BEFEO* 36:2, 1936, pp.287-390; G. Terral(-Martini), "Samuddaghosajātaka: conte pali tiré du Paññāsajātaka"（〈「海音本生」——取自《五十本生》的巴利故事〉）, *BEFEO* 48, 1956, pp.249-351; G. Martini, "Un jātaka concernant le dernier repas de Buddha"（〈有關佛陀最後一餐的本生故事〉）, *BEFEO* 59 ,1972, pp.251-55; G. Martini, "Brapaṁsukūlānisaṁsaṁ"（《施糞掃衣功德》）, *BEFEO* 60 ,1973, pp.55-78.

❼❶ P.S. Jaini, "Ākāravattārasutta: an 'apocryphal' sutta from Thailand"（〈說示行相經——泰國藏外經典〉）, *IIJ* 35:2/3, 1992, pp.193-233.

❼❷ 根據最近的訊息顯示，曼谷的國家圖書館至少存有十數個手抄本尚未見於他處的抄本目錄。

❼❸ 見 K.D. Somadasa, *Catalogue of the Hugh Nevill collection of Sinhalese manuscripts in the British Library*（《大英圖書館藏 Hugh Nevill 所集錫蘭寫本目錄》）, Vol. I, London 1987.

多巴利原典尚未出版。

從泰國北部圖書館得到的訊息清楚顯示，許多西方過去出版的版本，必須重新證諸泰國寫本再行審訂，因為那些寫本有時似乎比我們原來採用的本子保存了更好的讀法。[74]因此我們可以預想，未來將會出現採用更好讀法的新版本或修訂本，取代過去編成的那些三藏及注釋書。如此一來，就必要並且可能依據新版本做出新翻譯。

我們所知的許多有關泰國寫本的訊息，都是 Oskar von Hinüber 教授提供的。他已經發表多篇文章，舉列那些寫本，並指出一些其中包含的更好的讀法，學者們也已經著手運用這些新材料了。Oskar von Hinüber 和我最近出版《法句經》（Dhammapada）新校本，[75]取代協會 1914 年出版的不完善的版本。其中我們納入《犍陀羅語法句經》（Gāndhārī Dhammapada）、及所謂《巴特那法句經》（Patna Dhammapada）、以及一些新發現的泰國寫本的讀法，希望這樣可以得出一個比較好的成品。我們更希望，當這項材料逐漸廣為人知，且更加容易取得之時，其他學者會仿效這種做法。

我們不只必須運用這項新材料，並且還要嘗試解決其中顯示的

---

[74] 見 Oskar von Hinüber, "Pāli manuscripts of canonical texts from North Thailand – a preliminary report"（〈泰北巴利經典寫本初步報告〉）, *JSS* 71, 1983, pp.75-88; "The oldest dated manuscript of the Milindapañha"（〈年代最早的彌蘭王問經寫本〉）, *JPTS* XI, 1987, pp.111-19; "An additional note on the oldest dated manuscript of the Milinpañha"（〈年代最早的彌蘭王問經寫本補說〉）, *JPTS* XII, 1988, pp.173-74.

[75] O. von Hinüber & K.R. Norman (eds): Dhammapada, PTS Oxford, 1994.

問題：當緬甸與錫蘭二大傳統的讀法都有問題時，何以泰國（及其他地方）會保存那些無疑是正確的讀法？對於那些比較符合詩頌韻律的情況，我們可以理解為：也許因為抄寫者擁有韻律知識，因此能對抄本做出訂正。可是這遠不能解釋所有情況。我想，我們必須假定有個傳統，可能來自印度本土（經過孟加拉[76]）而繞過了錫蘭和緬甸，這樣它就不會受到[錫蘭][12]結集的影響（也許其中的誦讀含有一些錯誤讀法），也不會受到其處編成的注釋書的影響（既然它是解釋那個[有誤讀的]三藏）。

(三)更好的工具書

如果我們一方面有新修訂的版本，另方面又出版了迄今尚未出版的原典，那麼我們就可能做出新的翻譯——此種翻譯包含廣泛的附註說明，討論譯文所採據的原文，以及之所以採取某原文做為翻譯底據的理由。當修訂改進的校訂本、新的典籍、以及附帶討論原文的譯本陸續出現之後，就能促成一些更新、更好的辭典、文法書、以及有關詩律研究等各類書籍的出版。特別是，當更多有關東南亞巴利原典的成果出現之後，我們勢必重寫，或至少增補現有的辭典和文法書，以便充分反應該地區巴利典籍中——在詞彙和語法層面——不同於三藏與注釋書的一些語言形式。

《精審巴利語辭典》（*A Critical Pāli Dictionary*）第三冊第一分冊

[76] 這或許可以解釋何以《巴特那法句經》（Patna Dhammapada）會保留一些比較好的讀法——根據字體判斷此經是在孟加拉（Bengal）抄寫的。

[12] [ ]中的文字是譯者添上的。

[及二、三分冊]出版了，❼我們可以期待後續分冊定期出版。⑬當然，當它出版時會將這種新而正確的材料收納進去。可是我們很難期待已經出版的分冊能夠修訂，儘管第一冊書末的「附錄」（Epilegomena）顯示大概可以採取什麼辦法進行訂正與增補。

巴利聖典協會的《巴英辭典》（*Pāli-English Dictionary*）修訂版正在進行中，❽大約五年內可以出版，將取名《新巴英辭典》（*New Pāli-English Dictionary*）。（譯者按：新書名是《巴利語辭典》（*A Dictionary of Pāli*），已於今年（2001）出版一分冊，詞目範圍 A-Kh）它是在文字處理機上編纂的，這就意味，未來我們可以在任何時候刊行新版本。並且事實上我們預知到一種情況，就是即便第二版已經送印，我們還可以把最新改進、訂正、擴充的部份立刻輸出成可供照相製版的完稿，替換印刷廠的舊稿。

Geiger 的《巴利文獻及語言》（*Pāli Literature and Language*）修訂本最近出版了，❾新書名是《巴利語文法》（*A Pāli Grammar*）。取這個新名是因為它實際只包含原書處理巴利語的後一部分。自從 Geiger 在 1916 年出版其書之後，已經有許多討論巴利文獻的書籍

---

❼ Oskar von Hinüber & Ole Holten Pind (eds), *A Critical Pāli Dictionary*, Volume III, fascicle 1, Copenhagen, 1992; fascicle 2, Copenhagen, 1993; fascicle 3, Copenhagen, 1994.

⑬ 截至 1999 年，又出了第四、五、六 3 個分冊，收到詞目 kasāvacuṇṇa。

❽ 正由 Margaret Cone 博士負責編纂中，她服務於劍橋大學東方所（Faculty of Oriental Studies）巴利語辭典的編纂研究部門。

❾ Wilhelm Geiger, *A Pāli Grammar*, 由 Batakrishna Ghosh 英譯，K.R. Norman 修訂重編，Oxford, PTS 1994.

陸續出現，⑳這些和該書的前一部分有甚多重複，因此新版將之刪除（譯者按：換上 Gombrich 的一篇短論“What is Pāli?”〈巴利語是什麼？〉）。為了不讓讀者因原書排版過密而造成閱讀上負擔，我們在編排上做了大幅調整。除此之外，我們也加入一些 Geiger 未處理的主題，例如，重複型過去式（reduplicated aorist）、未來主動分詞（future active participles）等。這個改訂版也是在文字處理機編輯的，這樣我們未來即可依需要出版新的修訂版。（譯者按：Geiger 此書 2000 年又出了修訂版，訂正 1994 年那個改訂版的一些疏誤）

協會最近出版一部很有用的工具書——《巴利注釋書對照表》（*Pāli Aṭṭhakathā Correspondence Table*）。㉑這是一部各種不同刊本巴利注釋書之間頁與頁的對照表，是為了幫助那些需要比對不同刊本注釋書，卻又對各刊本的東方字體不太熟悉的人，讓他們毫無困難的找到「被釋語」（lemmata）。只要能確定某被釋語在任一刊本的位置，即可從表中找到它在其他刊本的相應頁碼。

七、OCR 與 CD-ROM 計畫

巴利聖典協會接到越來越多詢問，打聽能否取得相關出版品的

---

⑳ 其中最新出版的是 K.R. Norman, *Pāli Literature*（《巴利文獻》）, Wiesbaden, 1983. 譯者按：更新的一部是：Oskar von Hinüber, *A Handbook of Pāli Literature*（《巴利文獻要覽》）, Walter de Gruyter, Berlin · New York 1996.

㉑ Sodo Mori (et al.): *The Pāli Aṭṭhakathā Correspondence Table*, Oxford, PTS 1994.

光碟版（Compact Disk -- Read Only Memory, CD-ROM）——這正象徵我們生活在電子時代。協會早在 20 年前就開始研究能否將巴利原典置入電腦，可是當時人工輸入成本實在太高。後來發明了光學字體辨識系統（Optical Character Recognition, OCR），我們也做過幾次嘗試，評估其成效。可是截至目前，能達到的最高辨識率約僅95%，還不夠好，因為還需大量的校對與訂正工作。不過即便此種困難獲得解決，讀者也不一定很方便使用到光碟機，而且最終還要在電腦螢幕上閱讀原典，這必然就要前前後後的切換，核對「交互參照」（cross-references）與「平行段落」（parallel passages）。這表示，此種操作巴利經文的方式對許多人而言不甚實際。儘管協會計畫出版某些出版品的光碟版，我們依舊相信，書籍的時代仍未過去，而印刷本的需求也依然存在。（譯者按：巴利光碟的出版目前已有極豐碩的成果，參本書【參】，第七節；本書【伍】，第二之(一)節）

依慣例，協會的書都會附上索引，若初版有缺編或編不完善之處，再版時就會補上。例如《殊勝義》（Atthasālinī）、[82]《所行藏經注釋》（Cariyā-piṭaka-aṭṭhakathā）、[83]《三藏指導》（Peṭakopadesa）[84]便是如此。在後二書再版之時，H. Kopp 給它們添上了索引。而且他也給其他 PTS 出版的書編了索引，例如《滿足希求》

[82] Edward Müller (ed.), The Atthasālinī, London, PTS 1897; 修訂版附索引：L.S. Cousins, London, PTS 1979.

[83] D.L. Barua (ed.): Paramatthadīpanī, 為《所行藏經》（Cariyā-piṭaka）的注釋，其第二版經過訂正並附索引：London, PTS 1979.

[84] Arabinda Barua (ed.), The Peṭakopadesa, London, PTS 1949; 修訂版附索引：H. Kopp, London, PTS 1982.

（Manoratthapūraṇī）以及《長老偈經注釋》（Theragāthā-aṭṭhakathā），這就大大提高了這些書的價值。協會也另外出版《論事》（Kathāvatthu）㉕與《法集論》（Dhammasaṅgaṇī）索引（別冊），㉖這是日本學者編就的。此外尚有《一切歡喜》（Samantapāsādikā）㉗與《如是語經注釋》（Itivuttaka-aṭṭhakathā）的索引。㉘電腦在「產生」⑭詞彙表列及詞語索引方面用處甚多。此刻我們正計畫利用電腦給先前出版而未附索引的書籍產生範圍更大的詞彙表列和詞語索引。一部由電腦產生的《大義釋》（Mahāniddesa）索引，正在編輯中。㉙（譯者按：此部索引已於 1995 年出版）

1952 年，協會開始出版《巴利三藏詞語索引》（*Pāli Tipiṭaka Concordence*），可是到 1984 年，刊行到字母"B"的一部分就中止了（譯者按：即 bārāṇaseyyaka）。因為當時發覺許多"B"開頭的字都漏掉了——或者[各原典索引中有編而此書]失收，或者[各原典索引中]根本未曾編入。我們希望這只是暫時中止，我們尚在評估是否使用 OCR 系統可以很容易填補這個空缺。很清楚的是，當三藏光碟版出現時，用電腦來編三藏索引會更可行，可是我們還不確定該用何種形式發行。我們曾計畫以書籍形式出版，採用目前出版那部份的

㉕ Tetsuya Tabata (et al.), *Index to the Kathāvatthu*, London, PTS 1982.

㉖ Tetsuya Tabata (et al.), *Index to the Dhammasaṅgaṇī*, London, PTS 1987.

㉗ Hermann Kopp, Samantapāsādikā, Volume VIII, Indexes, London, PTS 1977.

㉘ Hermann Kopp, *Itivuttaka-aṭṭhakathā: Indexes*, London, PTS 1980.

⑭ 「產生」（produce 或 generate）是個電腦用語，意指「由特定電腦軟體處理並自動完成，產生輸出」（即由電腦編成），而非人工編好再輸入電腦的。

㉙ L.S. Cousins, *An Index to the Mahāniddesa*, Oxford, PTS 1995.

形式。可是，所有使用過《巴利三藏詞語索引》的人會發現，目前刊行的部份有很嚴重的錯誤和遺漏，也許最好將過去做的部份丟棄不用，重新產生一部全新的三藏詞語索引。可是，如此巨大的成品，結果不免要印成許多巨冊，而不太方便學者在一般桌上使用，並且無可避免的，價錢也會很貴。因此協會目前正考慮以光碟形式來發行詞語索引，儘管我們也了解到這樣會使那些沒有相關硬體的人無法使用它。

八、結　語⑮

假如要我簡單總結一下巴利學的現況與未來必要的工作，我要說，「尚未做的，必須要做；已經做的，還要再做。」（“What has not been done needs to be done, and what has been done needs to be done again”）此處寫到的內容清楚顯示，儘管我們在此一領域已經進行大量工作，可是仍有甚多工作尚待完成。當我們能夠取得更多更好的寫本，並且有更好的文法書與辭典的幫助，那就意味我們現在可以對以往出版的原典及翻譯進行大幅改善。而如果任何上來所寫的，促使學者決心從事巴利學研究，以填補某些我概廓提到的需求，那麼我會感到無比欣慰！

---

⑮ 這個標題也是譯者添上的。

【參】、巴利學研究紀要：1995-2001*

一、序　言

1994 年英國學者 K.R. Norman 在日本《中央學術研究所紀要》發表了一篇文章，題作 "The present state of Pāli studies, and future tasks"，❶概要回顧百多年來以至當時西方巴利學的研究出版情形，並提出未來發展的展望。自從其文發表以來，至今已經七年。七年之間巴利學領域又有一些新的進展，新的業績，值得加以報導。另外，該篇文字主要介紹巴利聖典協會（PTS）為主的歐西研究出版情形，本文則除了將介紹 PTS 的新近出版情況外，也打算補充一些協會之外的其他重要英文出版品，此外也將介紹日文與

* 原載《正觀》第 20 期，南投：正觀雜誌社，2002 年 3 月，頁 227-83。

❶ 刊在《中央學術研究所紀要》第 23 號，1994 年 12 月，第 1-19 頁。其後收於其《論文集》（*Collected Papers*）第 6 冊，頁 68-87，PTS 1996。筆者曾譯出此文並補注，即本書【貳】〈巴利學的現況與未來任務〉。

中文方面的資料（這些部分將不限於 1995-2001）。只是由於筆者能夠接觸到的文獻資料十分有限，此處只能管窺一二，淺嚐而止，盼望未來能見到更加周全深入的報導。還有，這裡所謂「巴利學」，和 Norman 該文一樣，我們取其狹義的意思，就是「巴利語言文獻學」（Pāli philology），包括巴利原典的校訂、翻譯（注釋），以及協助原典解讀的相關工具書——如辭典、文法書、文獻導覽、讀本、索引、詩頌韻律學專書等等——的編纂。❷

二、原典校訂

首先，在三藏聖典（pāli）方面，⑴有 G.A. Somaratne 重新校訂的 Saṁyutta Nikāya, I（《相應部》第一冊，有偈篇）。❸這個本子的起校距 M. Léon Feer 1884 年的舊本足足有 110 年之久。比起 Feer 當年相當貧弱的工作環境與資源，如今情況已然大大改觀。❹可是儘管如此，Somaratne 的工作也絕不輕易。他使用了大量的刊本、

---

❷ 廣義的巴利學（Pāli studies）則可包含巴利佛教學，諸如教理、教史、教派、律制、佛傳、僧傳、佛教文學等種種方面的研究。

❸ G.A. Somaratne (ed.), Saṁyutta Nikāya, Volume I, Oxford, PTS 1998. 這是 Somaratne 1994-95 年間在牛津大學追隨 Richard F. Gombrich 教授進行博士後研究的業績。

❹ 今日我們坐擁數量龐大、版本眾多的聖典刊本，更有比較當年更加精密審當的辭典、文法書，以及詩律研究的專書。此外，各種寫本的取得也更容易，再加上現代科技（如微縮攝影、電腦）的輔助、專業學者的交流等。這一切的便利，使得 Somaratne 不由得說，今日他之校訂此書是：此其時也！（Somaratne 同上書，p.xii）

寫本，並參校注釋書，❺此外還運用詩律（metre）知識，以及散布在經典各處的平行讀法（parallel readings），並及於其他語本的資料，❻協助取得更加精當的校讀，使得這個本子可以號稱「精校本」（a critical apparatus）。⑵久未再版的 Apadāna（《譬喻經》），❼ 2000 年又重新印行了（兩冊合成一冊）。由於 M.E. Lilley 當年使用的寫本數目既少品質也不佳，因此這個校訂本問題極多。但因短時之間沒有新校本可供使用，PTS 便暫時再行刊印。❽

在注釋書（aṭṭhakathā）方面，⑴有 W. Pruitt 重新校訂的 Therīgāthā Commentary（《長老尼偈經注釋》），❾因為 1893 年 E. Müller 的舊本錯誤甚多，並且早已不再版了。⑵此外，解疏（ṭīkā）的出版一直是 PTS 比較欠缺的，如今又有 P. Pecenko 的

---

❺ 他總共用了 6 個寫本（錫蘭（字體）本、泰北本、緬甸本各二），4 個刊本（錫蘭、泰國、緬甸本各一，加上 Feer 的舊本），以及 2 個注釋書的本子（一個泰北寫本，一個 PTS 刊本）。

❻ 就是《犍陀羅語法句經》（Gāndhāri Dhammapada）和梵語記錄的《優陀那集》（或優陀那品，Udānavarga）。

❼ M.E. Lilley (ed.), The Apadāna, Vol. I, 1925; Vol. II, 1927; reprinted as one, Oxford, PTS 2000.

❽ 據該會 Dr. William Pruitt 告訴筆者，目前 Dr. Sally Mellick Cutler 正從事新版 Therī-Apadāna（《長老尼譬喻》）的校訂及翻譯，近期可望出版。這是 Apadāna（《譬喻經》）四個部分之一。並且 Cutler 也將進行 Apadāna 其他部分的新校，但不知何時能夠完成。

❾ William Pruitt (ed.), Therīgāthā Commentary, Oxford, PTS 1997. 即 Paramatthadīpanī VI（《勝義燈六》），是護法（Dhammapāla）之作，他可能是六世紀中期的人。又，Pruitt 這個校訂本是以緬甸第六結集版為底本，另參考錫蘭本，此外還參考許多《譬喻經》（Apadāna）的本子，因為這部注釋書有不少偈頌引自《譬喻經》。

Aṅguttara-nikāya Subcommentary（《增支部解疏》）前三冊校訂本問世，⑩這是全疏的前七品。

除了三藏、注釋、解疏之外，藏外典籍的出版也有相當成果。PTS 近年又重印了多本重要卻絕版多時的藏外原典：(1) H. Oldenberg 1879 年校訂及翻譯的錫蘭古代編年史詩 Dīpa-vaṁsa（《島史》）⑪，(2) S.A. Strong 1891 年校訂的史書類文獻 Mahābodhivaṁsa（《大菩提樹史》）⑫，(3) J. Gray 1892 年校訂翻譯的傳記書 Buddhaghosuppatti（《覺音傳》）⑬，以及(4) H. Smith 1928-66 年校訂出版的巴利語語法巨著 Saddanīti（《語法論》）。⑭ (5)此外 2000 年 P.S. Jaini 也出版 Subodhālaṅkāra（《善覺莊嚴》）的

---

⑩ P. Pecenko (ed.), Aṅguttara-nikāya Subcommentary, Vol. I, Oxford, PTS 1996; Vol. II, PTS 1997 (1998); Vol. III, PTS 1999. 即 Sāratthamañjūsā（《心義寶函》或譯《真實義筐》），成於錫蘭，12 世紀舍利弗（Sāriputta）的作品。

⑪ Hermann Oldenberg (ed. and tr. 1879), Dīpa-vaṁsa, Oxford, PTS 2000. 此書目前另有印度版，是新德里 Asian Educational Services 1992 年出版的。

⑫ S.A. Strong (ed. 1891), Mahābodhivaṁsa, Oxford, PTS 2000. 此書又名 Bodhivaṁsa，主要是散文。從燃燈佛（Dīpaṅkara）授記說起，到喬達摩（Gotama）於菩提樹（Mahābodhi）下成等正覺，以至三次結集、摩哂陀（Mahinda）長老將佛教傳入錫蘭，而到菩提樹分支遠涉重洋根植蘭卡的事蹟。可能是 10 世紀末優波帝須（Upatissa）的作品。

⑬ James Gray (ed. and tr. 1892), Buddhaghosuppatti, Oxford, PTS 2001. 此書一般認為是緬甸大吉祥（Mahāmaṅgala）所作，他大概是 14 世紀人。

⑭ Helmer Smith (ed. 1928-66), Saddanīti, Oxford, PTS 2001. 原本五冊，PTS 此版印成三冊。此書是現存最巨大的巴利語語法，緬甸大文法家勝種（Aggavaṁsa）公元 1154 年的作品。

新校本，⓯之前的舊本是 1875 年 G.E. Fryer 發表在 *JAS 44*，頁 91-125（含翻譯）的本子。Jaini 的新校本還附了二個解疏：Porāṇa-ṭīkā（《古疏》）及 Abhinava-ṭīkā（《新疏》）。

三、原典英譯

㈠巴利聖典協會（PTS）

在原典英譯方面，PTS 近年又有許多新成果。三藏部分，⑴首先是 1997 年 K.R. Norman 的《法句經》（Dhammapada）新譯：*The Word of the Doctrine*。⓰這個新譯本是根據 1994（1995）年他與 O von Hinüber 的《法句經》新校本⓱所作。該校本的主要特色是採入了晚近從泰國北部取得的精良寫本，以及比對其他語本⓲平行頌

⓯ P.S. Jaini (ed.), Subodhālaṅkāra (Porāṇa-ṭīkā, Abhinava-ṭīkā), Oxford, PTS 2000. 這是一部討論詩學與修辭學的作品，12 世紀後期僧護（Saṅgharakkhita）長老寫於錫蘭。

⓰ K.R. Norman (tr.), *The Word of the Doctrine*, Oxford, PTS 1997; PTS 2000 (with corrections). 此書 2000 年出了修訂版，訂正 1997 年初印版的錯誤。PTS 目前許多書籍都在文字處理機上編輯，因此這種修訂版便直接改正內文錯誤，而不是附加刊誤表。又，PTS 版《法句經》舊譯是 1931 年 Mrs C.A.F. Rhys Davids 之作，收在 *Minor Anthologies*, Vol. I.

⓱ O. von Hinüber & K.R. Norman (eds), Dhammapada, Oxford, PTS 1994; PTS 1995 (with corrections). 又，PTS 版《法句經》舊校本是 1914 年 Ven. Suriyagoda Sumangala 所作，目前已不再版。

⓲ 包括《犍陀羅語法句經》（Gāndhāri Dhammapada），以及佛教混合梵語記錄的《巴特那法句經》（Patna Dhammapada）和梵語記錄的《優陀那

文（parallel verses）的讀法。因此 Norman 此譯便具有更加堅實的語言文獻學底據，這是歷來譯本所無法望其項背的。此外，Norman 在翻譯過程也特別著意於詩律（metre）的考察，藉此協助詞形、詞義，乃至句法、句義的判讀；當然，他也沒有忽視注釋書的意見。這些研究考察的成果就集成了該書的「序論」（Introduction）以及譯文之後厚厚的「附註」（Notes）。

⑵此外，K.R. Norman 早年出版的《長老偈經》（Theragāthā）英譯⓳，1997 年又出了改訂版，題為：*Poems of Early Buddhist Monks*，⓴這是一個精簡的平裝本，引論部分做了濃縮改寫，並拿掉了注釋。

⑶ K.R. Norman 1992 年出版的《經集》（Suttanipāta）英譯：*The Group of Discourses*, Volume II，㉑ 2001 年出了第二版，訂正前版翻譯上的錯誤，並於參考文獻、附註、及索引做了一些增補。為了避免讀者困擾，此版書名改作 *The Group of Discourses*，拿掉

集》（Udāna-varga）。按，《巴特那法句經》的語言與巴利語較接近，也有人（如 Perter Skilling）稱之佛教俗語（Buddhist Prākrit）或佛教中古印度語（Buddhist Middle Indic）。

⓳ K.R. Norman (tr.), *Elders' Verses I*, London, PTS 1969.

⓴ K.R. Norman (tr.), *Poems of Early Buddhist Monks*, Oxford, PTS 1997.

㉑ K.R. Norman (tr.), *The Group of Discourses*, Volume II, Oxford, PTS 1992; Reprinted PTS 1995. 此書第一冊（*The Group of Discourses*, Volume I）出版於 1984 年，只有經文翻譯。原計劃第二冊為「附註」（Notes）。但 8 年後（1992 年）出版第二冊時，經文翻譯又有了訂正。因此第二冊便包括第一冊經文翻譯的修訂版、以及附註，是有經有註的完整版。（1995 年只是重印，未修訂）

了“Volume II”。㉒

(4) 2001 年 Norman 與 Pruitt 共同出版了一部《波羅提木叉》巴英雙語逐頁對照版：*The Pātimokkha*，㉓巴利原文由 Pruitt 校訂，英譯則由 Norman 執筆。這個本子提供了比丘與比丘尼波羅提木叉的完整校本與譯本，先前協會出版的《律藏》的「比丘尼分別」（Bhikkhunī-Vibhaṅga）戒條並不完整。現存的「波羅提木叉」（Pātimokkha）巴利原文並非獨立的一部戒經，而是附屬在其注釋書《超脫疑惑》（Kaṅkhā-vitaraṇī）之前的，這部注釋書 Norman 正著手翻譯準備出版。

(5)還有，Masefield 繼 1994、1995 年出版《自說經》新譯、《自說經注釋》英譯之後，㉔ 2000 年又出版了《如是語經》新譯：*The Itivuttaka*。㉕這個譯本是譯者努力消化了 6 世紀護法（Dhammapāla）注釋書《勝義燈二》（Paramatthadīpanī II）的釋義之後所得出的成果，㉖可以表達錫蘭傳統大寺派（Mahāvihāravāsins）的看

㉒ K.R. Norman (tr.), *The Group of Discourses*, Oxford, PTS 2001 (2nd ed. with corrections). 參上注，既然第二冊內容已經涵蓋第一冊，因此 PTS 便趁此回修訂改版的機會將之正名，拿掉一、二冊的區分。

㉓ W. Pruitt (ed.) & K.R. Norman (tr.), *The Pātimokkha*, Oxford, PTS 2001.

㉔ P. Masefield, *The Udāna*, Oxford, PTS 1994; P. Masefield, *Udāna Commentary*, Vol. I, Oxford, PTS 1994; Vol. II, Oxford, PTS 1995.

㉕ P. Masefield, *The Itivuttaka*, Oxford, PTS 2000. 又，PTS《如是語經》的舊譯是：F.L. Woodward (tr.), *As It Was Said*, 1935.

㉖ 《如是語經》的英譯，之前至少已有 3 個譯本：一是 J.H. Moore (tr.), *Sayings of the Buddha*, New York, 1908；二是上注 1935 年 Woodward 的舊譯；三是 J.D. Ireland (tr.), *The Itivuttaka: The Buddha's Sayings*, Kandy, BPS 1991. 但這些譯本都不是嚴格根據注釋書的意見而作。反之，Masefield 因

法。此外，由於 E. Windisch 的 PTS 版《如是語經》校訂本品質不佳，Masefield 翻譯時也謹慎參考其他版本的異讀。㉗

在注釋書方面，有 W. Pruitt 的《長老尼偈經注釋》英譯：*The Commentary on the Verses of the Therīs*。㉘這個譯本在偈頌翻譯上相當程度參考了 K.R. Norman 的《長老尼偈經》譯注，㉙但也有部分採取不同譯法。這主要是因為注釋書有些讀法迥異於原典，另外也為了順從於注釋者護法（Dhammapāla）的解釋（儘管有些段落護法的解釋明顯有誤）。

㈡智慧出版社（Wisdom）

除了 PTS 之外，美國波斯頓（Boston）及英國倫敦（London）的「智慧出版社」（Wisdom Publications）這些年也出版了幾部大部頭且重要的巴利原典英譯。主要是尼柯耶（Nikāya）部分。首先是 1987 年 Maurice Walshe 的《長部》（Dīgha Nikāya）新譯：*Thus Have I Heard: The Long Discourses of the Buddha*。㉚ Rhys Davids 及

為計劃將經文與注釋書的翻譯一起出版，因此譯文便謹守注釋書的看法。但由於目前這部注釋還有一些難題需要處理，所以先出版經文部分。

㉗ 此外，譯者在書末還舉列了此經當中 *PED* 與 *CPD* 未收的語詞、以及他認為此二辭典釋義不確的語詞，這就很方便未來辭典的修訂或重編。

㉘ W. Pruitt (tr.), *The Commentary on the Verses of the Therīs*, Oxford, PTS 1998.

㉙ K.R. Norman (tr.), *Elders' Verses II*, London, PTS 1971.

㉚ Maurice Walshe (tr.), *Thus Have I Heard: The Long Discourses of the Buddha*, London, Wisdom Publications 1987. 此版為平裝本。1995 年 Wisdom 又出了此書的精裝本，1996 年斯里蘭卡 BPS（參看第三之㈢節）也出了亞洲版。

其夫人在 1899-1921 年的譯本㉛至今已近百年，當時的文體如今已經顯得古奧，並且當年的理解也有一些問題，這促使 Walshe 著手新譯。這個新譯本還是根據 PTS 的校訂本，此外也參考泰譯本與 Franke 的德譯，並採入一些學者的意見（如 Ven. Buddhadatta, Ñāṇamoli 等）以及注釋書的解釋。

其次是 Bhikkhu Ñāṇamoli 與 Bhikkhu Bodhi 1995 年的《中部》（Majjhima Nikāya）新譯：*The Middle Length Discourses of the Buddha*。㉜這個譯本是 Bodhi 根據 Ñāṇamoli（1905-1960）的遺稿修訂編輯而成的。Ñāṇamoli 的手稿大約成於 1953-56 年間，雖然包含有完整的 152 經，但只是初稿，還有許多問題。1976 年 Bhikkhu Khantipālo 選了此稿其中 90 經，稍作修改，而後依主題重編成三冊，在泰國出版，題為：*A Treasury of the Buddha's Words*，㉝這個選本譯文一致，清晰可讀。今日的新譯本便是 Bodhi 在這個 90 經本的基礎上再補入 Ñāṇamoli 的其他譯稿而成的。儘管有本可據，但 Bodhi 還是費了相當力氣做修訂與編輯工作。整個譯文 Bodhi 又

㉛ *Dialogues of the Buddha*, Vol. I, tr. T.W. Rhys Davids, PTS 1899; Vol. II, tr. T.W. & Mrs C.A.F. Rhys Davids, PTS 1910; Vol. III, tr. Mrs C.A.F. Rhys Davids, PTS 1921.

㉜ Bhikkhu Ñāṇamoli (tr.), Bhikkhu Bodhi (ed. & rev.), *The Middle Length Discourses of the Buddha*, Boston, Wisdom Publications 1995. 同年 BPS 也出了亞洲版。

㉝ Bhikkhu Ñāṇamoli (tr.), *A Treasury of the Buddha's Words*, Bangkok, Mahāmakutarājavidyālaya, 1980.

重新核對巴利原文，㉞訂正譯文錯誤，並對教義相關的名相進行改譯，力求譯文更加精確、明白。此外，並參考注釋及解疏的解釋，做成了豐富的附註，協助讀者釐清經中困難之處的意義。㉟

第三部是 Bhikkhu Bodhi 2000 年的《相應部》（Saṁyutta Nikāya）新譯：*The Connected Discourses of the Buddha*。㊱ PTS 早年的譯本㊲距今已有七、八十年，不但文體風格已經顯得陳舊過時，且以當年的研究水平，對於名相教理、甚至巴利語的掌握理解都顯得有些隔閡，因此新譯就應著新時代的要求而誕生。㊳這個新

㉞ 包括 Ñāṇamoli 原來主要根據的 PTS 本，有問題的地方再參考緬甸版（第六結集版）及錫蘭版（Buddha Jayanti edition）。

㉟ L.S. Cousins 曾質疑：能否將這個譯本稱作「新譯」而將 I.B. Horner 早先出版的譯本（*Middle Length Sayings*, London, PTS 1954-59）稱為「舊譯」？（見 Cousins 對此書的書評：*Journal of Buddhist Ethics*, Vol. 4, 1997）因為誠如上來所說，這個本子雖然遲至 1995 年才出版，但它真正翻譯的時間（1953-56）其實與 Horner 的譯本大致相仿。不過若從 Bodhi 後來又參考了 Horner 的譯本，並對 Ñāṇamoli 的初稿進行後續大量的「加工改造」來看，稱之「新譯」似乎也未嘗不可。

㊱ Bhikkhu Bodhi (tr.), *The Connected Discourses of the Buddha*, Boston, Wisdom Publications 2000.

㊲ *The Book of the Kindred Sayings*, Vol. I (1917), Vol. II (1922), tr. Mrs C.A.F. Rhys Davids; Vol. III (1925), Vol. IV (1927), Vol. V (1930), tr. F.L. Woodward, London, PTS.

㊳ 隨著巴利語言學、文獻學、教義學的進展，舊譯不只文體過時，更重要的是不能反映今天的研究成果。因此早在 1980 年代初期，Bhikkhu Khantipālo 便請求 Bodhi 從事新譯；之後在 1985 年，Richard Gombrich（PTS 現任會長）又鼓勵 Bodhi 擔負此一工作，以便新成果可以取代 PTS 早年的譯本。於是 Bodhi 在前述《中部》新譯改訂編輯工作告一段落之後，於 1989 年夏著手進行，歷經了十數寒暑，終於譯就。

譯根據的巴利原文「混用」了多個不同版本。Bodhi 雖以緬甸版為基礎，但同時比對了錫蘭版、以及 PTS 的羅馬字版，㊴在遇到「異讀」時，則採用他認為最好的一個，㊵不偏好任一傳統。翻譯上，Bodhi 依舊信守他一貫的兩條原則，一是「準確」（信）：盡最大可能忠實於原典本身所要表達的意義；二是「明白」（達）：盡最大努力將該意義用明白、清楚、上口的現代語言傳達給想了解佛陀之教的非專業的現代讀者。除了譯文之外，相當重要的是「附註」（Notes）。主要有兩大類。一類是偏重語言文獻的，討論他在面對紛繁多樣的異讀時，怎樣取擇。這部分他得力於 K.R. Norman 的許多研究成果。㊶另一類是偏重教理的，主要參考注釋書（包括注釋和解疏）的解釋，㊷釐清經中困難處的意思並發揮簡奧的經義。但是 Bodhi 這個譯本已經不再像《中部》新譯那樣幾乎完全遵循注釋書的解釋，而能開始洞悉注釋書的問題，提出更加切合原文的看

㊴ 緬甸版指緬甸字體的第六結集版，錫蘭版指錫蘭字體的 Buddha Jayanti edition，PTS 的羅馬字版則是編自更早的錫蘭版及緬甸版。此外，在 1998 年末，當他拿到 PTS《相應部》第一冊的新校本（見注❸）時，又重行比對了有問題的字句，並納入部分新校本的讀法。

㊵ 經常不是作為基礎的緬甸第六結集版，而是 PTS 版中所保留的更早的錫蘭讀法。

㊶ 例如《長老偈經》與《長老尼偈經》（*Elders' Verses*, I, II）、《經集》（*The Group of Discourses*, II）等的附註。

㊷ 《相應部注釋》(Saṁyutta Nikāya-aṭṭhakathā)即五世紀覺音(Buddhaghosa)的《顯揚心義》(Sāratthappakāsinī, PTS 1929-37)。《相應部解疏》(Saṁyutta Nikāya-ṭīkā)即 6 世紀護法(Dhammapala)的《顯揚心義古疏》(Sāratthappakāsinī-pūraṇa-ṭīkā)，或稱《顯明隱義》(Līnatthappakāsanā III, PTS 未出版)。

法。㊸此外，Bodhi 還寫了兩類「引論」（Introduction），引領讀者進入《相應部》的堂奧。㊹書末更附有多種「對照索引」（Concordances）及一般「索引」（Indexes），㊺給《相應部》的相關研究提供甚多方便。

㈢佛教出版社（BPS）

斯里蘭卡坎底（Kandy）的「佛教出版社」（Buddhist Publication Society, BPS）也出版過不少巴利原典英譯。在尼柯耶方面，上面提到的 Wisdom 出版的 Maurice Walshe 的《長部》新譯、以及 Bhikkhu Ñāṇamoli 與 Bhikkhu Bodhi 的《中部》新譯，BPS 分別於 1996 及 1995 年出版了亞洲版。㊻此外，1997 年還出版 John D.

㊸ 比起先前編訂的《中部》新譯，Bodhi 此番納入了新的研究成果，更加仔細的考察譯文的語言文獻學底據，並且已能擺脫部分注釋書的錯解，這是他此譯的一大突破。

㊹ 一是一般性引論（General Introduction），置於全書之前，討論整個《相應部》的組織結構、文體特點、在經藏中的角色地位、以及和其他尼柯耶的關係等等；並說明他在面對一些難題、難詞時，翻譯上的處理方式。二是各篇（Vaggas）之前的引論（《相應部》有 5 篇），簡要說明該篇的結構、主要論題，並提示該篇各「相應」（Saṁyutta）的核心內容與思想（《相應部》共有 56 相應）。

㊺ 所附「對照索引」有四種：(1)平行偈頌（Verse Parallels，等同或類同的偈），(2)平行經文（Exact Sutta Parallels，等同之經），(3)平行結構（Template Parallels，運用同一結構框架的經），(4)場合差異（Auditor-Setting Variants，內容大同，唯人物、地點等場景有異的經文）。一般「索引」也有四種：(1)主題索引，(2)專名索引，(3)譬喻索引，(4)引論及附註中討論到的巴利詞（Pāli Terms）索引。

㊻ 參見注㉚及㉜。

Ireland 的《自說經與如是語經》英譯。[47]

其次，雖然前四部尼柯耶的注釋、解疏至今仍未有整部完整的英譯，但 BPS 已經先行出版其中幾個重要單經相關注釋材料的英譯。這對注釋文獻的解讀研究而言，無疑是重要的一步。以下舉出幾部：

⑴ 1941 年 Soma Thera 的 *The Way of Mindfulness*。[48]這是《中部》第 10 經「念處經」（Satipaṭṭhāna Sutta）與其注釋和部份解疏的英譯。

⑵ 1952 年 Bhikkhu Ñāṇamoli 的 *Mindfulness of Breathing*。[49]這是《中部》第 118 經「入出息（安那般那）念經」（Ānāpānasati Sutta）以及相關注釋材料的譯注——包括取自《清淨道論》（Visuddhi-magga）及「中部注釋」《破除疑障》（Papañcasūdanī）的解釋，以及《無礙解道經》（Paṭisambhidā-magga）大品「入出息論」（Ānāpāna-kathā）所述的修習安那般那念三昧所現起的二百「三昧智」（samādhika ñāṇa），還有取自《律藏》、《中部》、《相應部》、《增支部》的相關段落。

⑶ 1965 年 Bhikkhu Ñāṇamoli 的 *The Greater Discourse on*

---

[47] John D. Ireland (tr.), *The Udāna: Inspired Utterances of the Buddha & The Itivuttaka: The Buddha's Sayings*, Kandy, BPS 1997. 其中 *The Itivuttaka: The Buddha's Sayings* 曾單獨出版（BPS 1991）。

[48] Soma Thera (tr.), *The Way of Mindfulness*, (3rd ed.) Kandy, BPS 1967. (1st ed. 1941)

[49] Bhikkhu Ñāṇamoli (tr.), *Mindfulness of Breathing*, (5th ed.) Kandy, BPS 1982. (1st ed. 1952)

Voidness: Mahā-Suññatā Sutta。㊿這是《中部》第 122 經「大空經」及其注釋的翻譯。除了譯出原注之外，Ñāṇamoli 在部分段落也補入了《中部》其他經的注釋。

(4) Bhikkhu Bodhi 1978 年出版的 *The Discourse on the All-Embracing Net of View: The Brahmajāla Sutta and its Commentaries*。51這是《長部》第 1 經「梵網（六十二見）經」及其注釋、解疏的翻譯。解疏有兩部，一是 6 世紀護法（Dhammapāla）的舊疏（Sīlakkhandhavagga-ṭīkā），二是 18 世紀末緬甸僧王智種（Ñāṇābhivaṁsa）的新疏（Sīlakkhandhavagga-abhinavaṭīkā）。注與疏 Bodhi 都採選譯，主要擷取教理相關的部分，尤其集中的針對六十二見。此外，書中還譯出注釋材料中與經文沒有直接相關的幾項主題。52

(5) Bhikkhu Bodhi 1980 年出版的 *The Discourse on the Root of Existence: The Mūlapariyāya Sutta and its Commentaries*。53這是

㊿ Bhikkhu Ñāṇamoli (tr.), *The Greater Discourse on Voidness: Mahā-Suññatā Sutta, Kandy*, BPS 1965. (The Wheel Publication No. 87)

51 Bhikkhu Bodhi (tr.), *The Discourse on the All-Embracing Net of View: The Brahmajāla Sutta and its Commentaries*, Kandy, BPS 1978.

52 一是有關注釋書的「注釋方法」（pakaraṇanaya），此處指的是《藏釋》（Peṭakopadesa）與《指導論》（Nettippakaraṇa）析解經典的方法；另一項是談論上座部的「十波羅蜜」（dasapāramī）；三是詳細解釋「如來」（Tathāgata）一詞的含義。

53 Bhikkhu Bodhi (tr.), *The Discourse on the Root of Existence: The Mūlapariyāya Sutta and its Commentaries*, Kandy, BPS 1980. 此書 1992 年又出了第二版（修訂版）。

《中部》第 1 經「根本法門經」及其注釋、解疏的翻譯。注釋幾乎全譯了（除了講語法與詞源的之外），解疏則只選譯其中有關教理的部分。

(6) Bhikkhu Bodhi 1984 年出版的 *The Great Discourse on Causation: The Mahānidāna Sutta and its Commentaries*。[54]這是《長部》第 15 經「大緣經」及其注釋、解疏的翻譯。與前面幾部一樣，也是選譯教理相關的部分。

(7) Bhikkhu Bodhi 1989 年出版的 *The Discourse on the Fruits of Recluseship: The Sāmaññaphala Sutta and its Commentaries*。[55]這是《長部》第 2 經「沙門果經」及其注釋、解疏的翻譯。跟前述「梵網經」一樣，解疏有護法（Dhammapāla）的舊疏與智種（Ñāṇābhivaṁsa）的新疏，同樣只選譯教理相關的部分。舊疏除了對覺音注的困難隱晦處進行廣釋之外，也補釋覺音注漏掉未釋的經文；新疏納入了舊疏的內容，但解釋得更為明白，並針對舊疏略過未釋的許多釋文（aṭṭhakathā）進行疏解。

(8) Bhikkhu Ñāṇamoli 的 *The Discourse on Right View: The Sammādiṭṭhi Sutta and its Commentary*。[56]這是《中部》第 9 經「正

---

[54] Bhikkhu Bodhi (tr.), *The Great Discourse on Causation: The Mahānidāna Sutta and its Commentaries*, Kandy, BPS 1984.

[55] Bhikkhu Bodhi (tr.), *The Discourse on the Fruits of Recluseship: The Sāmañña-phala Sutta and its Commentaries*, Kandy, BPS 1989.

[56] Bhikkhu Ñāṇamoli (tr.), Bhikkhu Bodhi (ed. & rev.), *The Discourse on Right View: The Sammādiṭṭhi Sutta and its Commentary*, Kandy, BPS 1991. (Wheel Pub. No. 377/379)

見經」及其注釋（與少部分解疏）的翻譯，同樣略去了講述語法的部分。這是 Ñāṇamoli 的遺稿之一，Bhikkhu Bodhi 後來將它修訂（改譯了部分名相及生硬難懂之處）並補注，於 1991 年出版。

藏外典籍方面，⑴有 1956 年 Bhikkhu Ñāṇamoli 的 *The Path of Purification: Visuddhi Magga*。57這是《清淨道論》英譯的第二譯，之前的譯本是 1923-31 年 PTS 出版的 Pe Maung Tin 的初譯。58 Ñāṇamoli 的譯本以明白精確見稱，並且在晦澀難解之處，引用（譯出）此論的注釋書《第一義篋》（Paramattha-mañjūsā 即 Mahā-ṭīkā 大疏）加注說明。⑵此外，1993 年 BPS 出版了《攝阿毗達摩義論》（Abhidhammatthasaṅgaha）的英譯及詳解：*A Comprehensive Manual of Abhidhamma*。59「攝論」本身是學習上座部阿毗達摩重要的入門教本，但因過於簡要，而有「詳解」之作。

---

57 Bhikkhu Ñāṇamoli (tr.), *The Path of Purification: Visuddhi Magga*, Kandy, 1956; BPS 1976 (3rd ed.).

58 Pe Maung Tin (tr.), *The Path of Purity (Parts I, II, III)*, London, PTS 1923, 1929, 1931.

59 Bhikkhu Bodhi (ed.), *A Comprehensive Manual of Abhidhamma*, Kandy, BPS 1993. 此書是根據那羅陀長老（Nārada Mahāthera）早年的校訂譯注本修訂改編的。英譯由 Bodhi 負責改訂，「詳解」則由精通此論的旅英緬甸學僧 U Rewatadhamma 進行大幅改寫，他仔細參考了此論的兩部主要解疏《阿毗達摩義廣疏》（Abhidhammatthavibhāvinī-ṭīkā）以及《第一義燈疏》（Paramattha-dīpanī-ṭīkā），並參考《清淨道論》的相關章節。又，此書 1999 年有了中譯本，題為《阿毗達摩概要精解》，由尋法比丘（Bhikkhu Dhamma-gavesaka）翻譯，高雄派色文化出版社出版。

㈣緬甸藏經協會（BPA）與弘法部（DPPS）

1980年8月緬甸前總理宇努（U Nu）創立了「緬甸藏經協會」（Burma Piṭaka Association, BPA），積極推動巴利三藏及注釋、解疏的英譯事業。在尼柯耶（Nikāya）及論書方面已經取得了不少成果，目前出版的有：(1) *Ten Suttas from Dīgha Nikāya*（《長部選集：10經》），⑥⓪(2) *Twenty-five Suttas from Mūlapaṇṇāsa*（《中部初五十經選集：25經》），⑥①(3) *Twenty-five Suttas from Majjhimapaṇṇāsa*（《中部中五十經選集：25經》），⑥②(4) *Twenty-five Suttas from Uparipaṇṇāsa*（《中部後五十經選集：25 經》），⑥③(5) *Nidāna Saṁyutta*（《相應部：因緣相應》），⑥④(6) *Khandha Saṁyutta*（《相應部：蘊相應》），⑥⑤(7) *The Dhammapada: Verses and Stories*（《法句經：偈頌與故事》），⑥⑥

---

⑥⓪ *Ten Suttas from Dīgha Nikāya*, Rangoon, BPA 1984. 隔年，又出了一部這個選譯本各經的現代注解：*Ten Suttas from Dīgha Nikāya: Three Fundamental Concepts and Comments on Salient Points in each Sutta*, Rangoon, BPA 1985.

⑥① *Twenty-five Suttas from Mūlapaṇṇāsa*, Rangoon, BPA 1989.

⑥② *Twenty-five Suttas from Majjhimapaṇṇāsa*, Rangoon, BPA 1990.

⑥③ *Twenty-five Suttas from Uparipaṇṇāsa*, Rangoon, BPA 1990.

⑥④ *Nidāna Saṁyutta*, Rangoon, DPPS 1992. 按，BPA於1991年6月結束運作，其編審委員會併入新成立的「弘法部」（Department for the Promotion and Propagation of the Sāsanā, DPPS），此後三藏的英譯與出版事業就由DPPS接棒負責。

⑥⑤ *Khandha Saṁyutta*, Rangoon, DPPS 1993.

⑥⑥ Daw Mya Tin (tr.), *The Dhammapada: Verses and Stories*, Yangon, BPA 1985. 其中故事部分是由覺音的《法句經注釋》（Dhammapadaṭṭhakathā）摘出改寫的。

(8) *The Dhammasaṅgaṇī*（《法集論》）。[67] BPA 及 DPPS 的三藏英譯，除了少數為個人譯作之外，多數是將個別譯者的初譯稿提到「編審委員會」（Editorial Committee）進行後續的審核、修訂、加注說明、編輯索引等細部工作，特別是教理上的難題，都經過會中碩學大德徵諸相關注釋、解疏的解釋詳加討論，才做最後決定。

除了三藏英譯之外，BPA 及 DPPS 也編輯出版了數本導讀類的書籍：(1) *Guide to Tipiṭaka*（《三藏導讀》），(2) *A Guide to the Maṅgala Sutta*（《吉祥經導讀》），(3) *Introduction to Dhammasaṅgaṇī*（《法集論導讀》）。[68]

四、原典日譯

巴利三藏的日譯早在昭和 10-16 年間（1935-41）就完成了。當時日本佛學界動員了 50 多位專家學者在短短幾年之內迻譯出版了總 65 卷（70 冊）的《南傳大藏經》。60 年後的今天，又陸續出現了一些新譯本以及當年未譯的典籍。(1)在尼柯耶方面，駒沢大學片山一良（與津田直子）自 1989 年起在《原始仏教》上陸續發表《長

[67] U Kyaw Khine, *The Dhammasaṅgaṇī*, Yangon, DPPS 1996.

[68] (1) U Ko Lay (comp.), *Guide to Tipiṭaka*, Rangoon, BPA 1985. (2) U Kyaw Htut, *A Guide to the Maṅgala Sutta*, Daw Mya Tin (tr. to English), Yangon, DPPS 1994. (3) *Introduction to Dhammasaṅgaṇī*, Yangon, DPPS 1995. 另外，據聞目前 DPPS 又出版了三部原典英譯：*Sagāthāvagga Saṁyutta*（《相應部：有偈篇》），*Salāyatana Saṁyutta*（《相應部：入處相應》），以及 *Mahāvagga Saṁyutta*（《相應部：大篇》），可惜筆者在台灣還未能見到。

部》（Dīghanikāya）新譯。截至目前，已出版 11 期，刊載到第 23 經（Pāyāsi suttanta 弊宿經），⑭佔《長部》34 經的三分之二。⑵此外，片山一良還有《中部》（Majjhimanikāya）新譯 6 冊。1997 及 1998 年相繼出版其中的「根本五十經篇」I 及 II。⑰片山一良的新譯比舊譯核校了更多不同版本的巴利原文，⑱並且附有甚多從注釋、解疏摘出的解釋，⑲其譯文口語化，分段分節更加細膩，這些都大大提高了可讀性。⑳

---

⑭ 《原始仏教》（中山書房仏書林）為年刊，筆者只見到第 3-7 期，出版年分別是 1991,92,93,93,94。又，根據 2001 年日本「仏教書総目錄」的訊息，此雜誌目前刊到第 11 期（大念處經、ハーヤー），但未註明各期的出版年份。就此推算，第一期應為 1989 年。（按，片山一良《長部》新譯共 6 冊，已由大蔵出版株式会社於 2003-06 年出版完成。）

⑰ 片山一良（訳），《中部根本五十經篇 I》，大蔵出版株式会社，1997 年；《中部根本五十經篇 II》，大蔵出版株式会社，1998 年。其他四冊筆者尚未見到。（按，其他四冊即「中分五十經篇」I 及 II，「後分五十經篇」I 及 II，已分別於 1999、2000、2001、2002 年出版。）

⑱ 舊譯絕大多數以 PTS 版為底本，另參考暹羅版。新譯則以緬甸（第六結集）版為底本，另參考 PTS 版、錫蘭 Buddha Jayanti 版、泰國王室版、印度那爛陀版等。

⑲ 舊譯參考覺音注釋的極少，並且完全沒有參考解疏。

⑳ 此外，在片山一良《中部根本五十經篇 I》書末「訳者略歷」提到他還有《ジャータカ全集》第 8 卷之譯（春秋社），即《本生經》（Jātaka）的翻譯，可惜筆者未能見到。另外，中村元也有多部小部經典（Khuddakanīkāya）及其他經典的新譯。例如，《仏弟子の告白―テーラガーター―》（岩波書店，1980，《長老偈經》（Theragāthā）之譯）；《尼僧の告白―テーリーガーター―》（岩波書店，1982，《長老尼偈經》（Therīgāthā）之譯）；《ブッダのことば―スッタニパーター》（岩波書店，1991，《經集》（Suttanipāta）之譯，附有詳註）等等。

除了尼柯耶之外，注釋書的翻譯也有部分成果。1985-89 年村上真完與及川真介出版了「經集注釋」（Suttanipātatthakathā）《勝義光明二》（Paramatthajotikā II）的日譯四冊：《仏のことば註—パラマッタ・ジョティカー—》(一)～(四)，[74]其中第四冊並包括《小誦經》（Khuddakapāṭha）及其注釋的翻譯。這是繼 1935-41 年間立花俊道、長井真琴等人的《本生經（及註釋）》[75]、山崎良順的《大發趣論註》（Mahāpaṭṭhāna-aṭṭhakathā）[76]以及長井真琴的《一切善見律註序》（Samantapāsādikā: Bāhiranidāna）[77]之後，首次大部頭的注釋書翻譯。

五、原典漢譯

巴利三藏的漢譯，雖然還沒有系統的、大規模的成果，[78]但是

---

[74] 村上真完、及川真介（訳），《仏のことば註—パラマッタ・ジョティカー—》(一)，春秋社，1985；同書(二)，1986；同書(三)，1988；同書(四)，1989。

[75] 日譯《南傳大藏經》，第 28-39 卷，大正新修大藏經刊行會，昭和 10-14 年（1935-39）。

[76] 日譯《南傳大藏經》，第 50-56 卷，大正新修大藏經刊行會，昭和 11-14 年（1936-39）。

[77] 日譯《南傳大藏經》，第 65 卷（第一部份），大正新修大藏經刊行會，昭和 16 年（1941）。

[78] 元亨寺從 1990 年起到 1998 年完成了 70 冊《漢譯南傳大藏經》的翻譯工作。雖說依其「凡例」所言，曾參考 PTS 版及暹羅版的巴利原文，可是主要是根據日譯《南傳大藏經》轉譯的，因此還不能算是嚴格意義的「原典漢譯」。其實，在更早的年代（1944 年），已經有不少從日文、泰文

個別的成果還是有的。在經藏的前面四部尼柯耶中，比較大部的翻譯似乎只有(1)巴宙 1971 年⑲譯出的《南傳大般涅槃經》（Mahāparinibbānasuttanta），⑳這是《長部》第 16 經。㉑《小部》

轉譯漢文的南傳經典。這些成果收在藍吉富編《大藏經補編》第六冊（台北縣中和市，華宇出版社，1985 年）。其中從日譯本《南傳大藏經》轉譯的有：(1)江百鍊譯《南傳長部經典》，從「梵網經」到「弊宿經」共 23 經，佔長部 34 經的三分之二。(2)芝峰譯《南傳中部經典》，從「根本法門經」到「呵魔經」共 50 經，佔中部 152 經的三分之一。(3)夏丏尊譯《南傳小部經典：本生經》，包括因緣總序以及前面 150 篇本生故事，佔總數 547 篇本生故事的三分之一弱。(4)范寄東譯論藏的《發趣論》以及《大發趣論註》。還有黃謹良從泰國大藏經譯出的《小部》經典，包括《小誦經》、《法句經》、《自說經》、《如是語經》等四部。這些經典中，江百鍊譯《長部經典》、芝峰譯《中部經典》、以及夏丏尊譯《小部經典——本生經》等三部，台北新文豐出版公司 1987 年也各出了單行本。

⑲ 由於海峽兩地的隔閡，使得一些早年在大陸出版的譯本不容易見到，因此不能知道最初的出版年。這裡以及下文所記的年份主要是根據各譯作譯者在其序言、或後記所說到的完譯年份。

⑳ 巴宙（譯），《南傳大般涅槃經》，台北：慧炬出版社，1972 年元月初版，1993 年 11 月四版。按，許多早年大陸學者的譯著，經常有大陸及台灣幾個不同出版社印行的多個版本，筆者無法一一搜羅，只列出手邊看到的版本。

㉑ 除此之外，《大藏經補編》（見注⑱）第七冊也收有一些由前四部尼柯耶譯出的巴利短經：(1)湯用彤（譯），《南傳念安般經》，譯年不詳，但不晚於 1965 年。這是《中部》第 118 經 Ānāpānasatisuttaṁ 的翻譯。(2)丘寶光、徐鄂雲（同譯），《南傳羯臘摩經》，譯年不詳。巴利原文為《增支部》3 集，第 65 經 Kālāmasutta，在 PTS 版 A I 188-93。(3)丘朓博（譯），《南傳轉法輪經》；岫廬（譯），《轉法輪經》（Dhammacakkapavattanasutta），譯年不詳。巴利原文為《相應部》56 相應，第 11 經 Tathāgatena vutta，在 PTS 版 S V 420-24。

（Khuddakanikāya）的成果比較多。㉜《法句經》（Dhammapada）有兩個譯本，一是(2)了參法師 1953 年的《南傳法句經》，㉝二是(3)淨海法師 1973 年的《真理的語言——法句經》，㉞前者譯成五言為主的詩偈，後者則是不拘形式的白話。(4) 1985 年季羨林的二位高足郭良鋆與黃寶生合譯了《佛本生故事精選》。㉟這是《本生經》（Jātaka）及其注釋㊱的一個選譯及節譯本，㊲著重選擇其中文學色彩鮮明的部分。(5) 1988 年郭良鋆又譯出了《經集》

㉜ 《小部》除了下文要說的比較大部頭的翻譯之外，還有早年法舫法師（1904-1951）譯出的幾篇零星經文，包括：《小誦經》（Khuddakapāṭha）的《三寶經》（Ratanasutta）、《吉祥經》（Maṅgalasutta）、《南傳大悲經》（Mettasutta），以及《經集》（Suttanipāta）的《婆羅門正法經》（Brāhmaṇadhammikasutta），收在《大藏經補編》（見注㉘）第七冊，譯年不詳（可能在 1946-51 年間）。按，法舫法師曾於 1943 年赴印度留學，在國際大學修學梵語、巴利語等。3 年後，轉往錫蘭，研習巴利語及上座部佛教教理，1947 年太虛大師示寂，法師返國處理相關事務，後因戰事轉赴錫蘭，在錫蘭大學擔任教席，1951 年病逝錫蘭，世壽四十八。

㉝ 了參法師（譯），《南傳法句經》，新店：圓明出版社，1991 年。

㉞ 淨海法師（中譯），《真理的語言——法句經》；Nārada Thera (tr.), *The Dhammapada or the Way of Truth*, 合訂本，台北，正聞出版社，1989 年元月三版。

㉟ 郭良鋆、黃寶生（編譯），《佛本生故事精選》，人民文學出版社，1985 年；新店，漢欣文化，2000 年。以下簡稱《精選》。

㊱ 巴利本《本生經》只有偈頌，「本生故事」是注釋書對那些偈頌詩相關因緣的敘述說明。

㊲ 巴利的本生故事共 547 則，郭、黃二氏的《精選》本只選譯其中 154 則，不及總數三分之一。另外，每則本生故事包括有今生事緣、前生故事、偈頌、偈頌詞義解釋、今生前生對應等五個部分，《精選》只節譯出前生故事及譯出該故事中的偈頌。

（Suttanipāta），[88]這是譯者在斯里蘭卡進修巴利語的一個成果，詩偈部分採取形式自由的散文詩傳譯。(6) 1992 年北京外語學院僧伽羅語（Sinhalese）專家鄧殿臣和留學北大中文系的斯里蘭卡法師威馬萊拉但尼（Vimalaratana）合譯出版了《長老尼偈》（Therīgāthā）；(7)四年之後，鄧殿臣又譯出《長老偈》（Theragāthā）。[89]翻譯過程他們參考了注釋書《勝義燈》（Paramattha-dīpanī）對詩偈的解釋，並且從中譯出詩偈作者（也就是長老及長老尼）的生平事蹟傳略以及誦出該偈的具體因緣，將之置入各相關偈頌之前，使得簡短的詩文更加明白易解，也大大提高了這部譯著的價值。鄧氏的譯偈主要採取五言四句、形式一致且大抵押韻的詩體，如其前言所說，「信、達之外，力求高雅」。(8)律藏方面，有李鳳媚 1999 年的《巴利律比丘戒研究》，[90]其中主要有律藏「經分別」（Suttavibhaṅga）227 條比丘戒的譯注，此外並收錄漢譯五部廣律的相應戒文、以及巴利本 I.B. Horner 的英譯，相當方便讀者參照。

三藏之外，藏外典籍的漢譯也有一些成果。(1)首先是法舫法師

---

[88] 郭良鋆（譯），《經集》，北京：中國社會科學院，1990 年；台北：博遠出版有限公司，1994 年。

[89] 鄧殿臣、威馬萊拉但尼（合譯），《長老尼偈》；鄧殿臣（譯），《長老偈》，合訂本，北京：中國社會科學出版社，1997 年；新店：圓明出版社，1999 年。

[90] 李鳳媚，《巴利律比丘戒研究》，嘉義：嘉義新雨雜誌社，1999 年。作者另有一個別冊，《巴利律比丘戒譯注》，提供該 227 條戒文的翻譯和詳細的語法分析，是初習巴利語的讀者可以參考的材料。

譯出的《阿毗達摩攝義論》（Abhidhammatthasaṅgaha）。[91]這是上座部甚為重要的阿毗達摩綱要書，10 或 11 世紀阿耨羅陀（Anuruddha）的傑作。(2)其次，葉均[92]在 1980 年譯出了覺音（Buddhaghosa）的巨著《清淨道論》（Visuddhimagga）。[93]這是講述上座部教理最系統、最詳盡的一部作品。這部譯著的出版迭經波折，得之不易。[94](3) 1985 年又譯出了上述《攝阿毗達摩義論》（Abhidhammatthasaṅgaha）的第二譯，這也是葉均居士（1916-1985）春蠶吐絲的最後的遺作。[95](4)史書方面，有韓廷傑 1971 年翻譯的

---

[91] 法舫法師（譯），《阿毗達摩攝義論》，收在《大藏經補編》（見注[78]）第七冊。譯年不詳，可能在 1946-51 年間。

[92] 即早年譯出《南傳法句經》的了參法師。

[93] 葉均（譯），《清淨道論》，高雄：正覺學會，2000 年。在漢譯簡體字版中，原來附有巴利底本（PTS 版）的相應頁碼，可是台灣幾個出版社印行的版本卻都把它拿掉了。這樣在「附註」引到底本頁碼時就無法查閱，而且也不方便比對 PTS 原本、以及各種其他語言的譯本。可喜的是，正覺學會這個版本把這些頁碼都重新附上了，並將各品之後的附註改成隨頁附註，更方便讀者參閱。

[94] 葉均早在 1953-56 年間就在斯里蘭卡跟隨巴利語學者般若難陀（Paññānanda）專研此論，並把每日所學譯成漢文（其中尚有許多錯誤），但後來這個手稿與謄印本在一次火災中付之一炬。二十多年後（1978 年）才從別處找到一部倖存的油印本，才能據之重新校對修改，終於成書出版。

[95] 葉均（譯），《攝阿毗達摩義論》，台北：大千出版社，1997 年；嘉義：嘉義新雨雜誌社，1999 年。為了紀念葉均居士，中國佛教協會在編輯此書的同時，也將他生前在佛教刊物上發表的與此論有關的文章、以及介紹斯里蘭卡上座部佛教的文章共 10 篇收入此書「附錄」。

《島史》（Dīpavaṁsa）。⑯這是斯里蘭卡最古的編年史詩，從公元前 5 世紀佛陀三訪錫蘭島敘述到公元 4 世紀的摩訶舍那王（Mahāsena）為止。(5) 1991 年韓廷傑又譯出斯里蘭卡最重要的史書《大史》（Mahāvaṁsa），⑰這是以佛教發展史為主軸的王朝史。這部漫長的歷史著作由多位作者分段撰寫，從公元前 5 世紀寫到 18 世紀英國入侵，是研究佛教史上很多重大問題⑱的寶貴材料。(6) 1996 年巴宙以其近 80 之齡，前後費了 7 年之力，「以譯經為日課」，終於完成了《南傳彌蘭王問經》（Milindapañha）的翻譯。⑲

除了出版的譯著之外，還有一些畢業論文值得一提。⑳(1) 1993 年泰國比丘釋祥智的《〈吉祥悅意〉《梵網經》的「六十二見」譯註》。㉑(2) 1995 年泰國比丘 Varavaṁso（釋祥代）的《巴利語《梵網經》「小戒」及其註疏之譯注》。㉒這兩冊論文在原典部

---

⑯ 韓廷傑（譯），《島史》，台北：慧炬出版社，1971 年 8 月初版。

⑰ 韓廷傑（譯），《大史——斯里蘭卡佛教史》，台北：佛光出版社，1996 年。

⑱ 例如，佛滅年代、佛教結集、部派演變、佛教傳播、上座部聖典的形成、斯里蘭卡佛教史以及它與緬甸、泰國等國佛教的關係等。

⑲ 巴宙（譯），《南傳彌蘭王問經》，北京：中國社會科學出版社，1997 年。

⑳ 這些畢業論文雖未出版，但其中不乏審慎用心之作，並且也代表台灣巴利學研究開拓階段的一些耕耘成果，值得介紹。

㉑ 釋祥智撰，楊郁文指導，《〈吉祥悅意〉《梵網經》的「六十二見」譯註》，台北：中華佛學研究所畢業論文，1993 年。

㉒ Varavaṁso Bhikkhu（釋祥代）撰，楊郁文指導，《巴利語《梵網經》「小戒」及其註疏之譯注》，台北：中華佛學研究所畢業論文，1995 年。

分都做了校勘，且除了本文的譯注之外，還附有一章概略歸納覺音注文的一些常用文句。(3) 1996 年何俊泰的《見微知著——巴利文《小誦》譯注》。[103]譯者配合《小誦》的偈頌體特點，以七言的格律形式譯出頌文（另附解釋頌義的白話翻譯），並參考注釋書、相關經典及各譯本，做了詳細附注。(4) 2000 年謝美霜的《巴利《分別論・諦分別》譯注》。[104]譯者花了許多功夫參考相關經論及注釋書，在難解之處詳注說明。

六、工具書

(一)文法書

文法書方面，這幾年又有了一些新成果：(1) 1997 年 PTS 出版一部新文法書：*Pali Grammar*，[105]這是 Vito Perniola 在 1955-65 十年間研究教學的成果，主要反應律藏與尼柯耶的語言現象。相較於早年 A.K. Warder 的 *Introduction to Pali*，[106] Perniola 的文法大大增強了音韻（phonology）方面的內容，並且費了甚多篇幅描述梵語

[103] 何俊泰撰，楊郁文指導，《見微知著——巴利文《小誦》譯注》，台北：中華佛學研究所畢業論文，1996 年。此文第二部分為英譯、巴利原文語法解析，相當方便參考對照。

[104] 謝美霜撰，穆克紀、楊郁文指導，《巴利《分別論・諦分別》譯注》，台北：中華佛學研究所畢業論文，2000 年。

[105] Vito Perniola S.J., *Pali Grammar*, Oxford, PTS 1997.

[106] A.K. Warder, *Introduction to Pali*, Oxford, PTS 1991 (3rd ed.). (1st ed.,1963; 2nd ed. 1974)

（OIA，古代印度雅利安語）到巴利語（MIA，中古印度雅利安語）的演變關係，包括音韻、名詞變格（declensions）、代名詞、數詞、以及動詞系統的演變等，對學習者會通兼習此二語言助益甚大。此外，句法（syntax）方面也更加充實，頗為詳細的論述搭配關係（agreement）、格的用法、動詞用法、句型（肯定句、否定句、命令句、疑問句、條件句、比較句、選擇句……）等，並附有甚多採自原典的實際用例。⑵ PTS 2000 年又出版了 Geiger, *A Pāli Grammar* 修訂版，訂正 1994 年那個改訂版的許多錯誤。[107]

此外，2001 年德國學者 Thomas Oberlies 也出版了一部巴利文法：*Pāli: A Grammar of the Language of the Theravāda Tipiṭaka*。這部文法的語料主要來自三藏，它是繼 Geiger 1916 年那部標誌巴利語研究里程碑的巨著[108]之後的另一力作，其架構承繼 Geiger，著重的談音韻（phonology）與型態（morphology）兩部分，並未及於句法（syntax）。Geiger 之書雖在 1994 年由 K.R. Norman 略作修訂增補，但基本內容並未更動，僅僅加注提供相關問題新研究之出處。Oberlies 則吸收 80 多年來巴利語研究的新成果，重新改寫，因此

---

[107] Wilhelm Geiger, *A Pāli Grammar*，由 Batakrishna Ghosh 英譯，K.R. Norman 修訂重編，Oxford, PTS 1994; Oxford, PTS 2000 (with corrections). 筆者雖尚未拿到新書，不能知道實際訂正情形，但在披讀 1994 年版的過程中，隨手發現並記下的錯誤就達 69 處之多，其中有些是 Ghosh 原來英譯版（*Pāli Literature and Language*, University of Calcutta, 1943）舊的錯誤，但絕大多數是 1994 年 PTS 改訂過程的誤植（65 處）。可以推想這個版本或者沒有經過校對，或者校對不精。

[108] Wilhelm Geiger, *Pāli, Literatur und Sprache*, Strassburg 1916. 此書英譯見上注。

稱得上 Geiger 的提昇增補版。書末附有此書與 Geiger 文法及 Hinüber 文法[109]各節的對照索引（Concordance）。另有一個與 Pischel 文法[110]的對照索引，當中對該文法作了扼要的「增補與訂正」（addenda et corrigenda）說明，讓此書的新成果也貢獻到俗語語法的研究領域。

台灣近年也有一些巴利語語法研究與編纂方面的嘗試。⑴其一是張雲凱的畢業論文《巴利語文法教材之比較研究》。[111]此本論文針對現代的 13 本巴利文法書進行比較整理，從而描述巴利語各個語言單位的基本規則，是一本基於二手文獻歸納比較的「描述語法」。⑵筆者個人在教學過程中也隨手編寫了一冊文法教材：《實用巴利語文法》。[112]此書主要以 A.K. Warder: *Introduction to Pali* [113]為基礎，配合水野弘元《巴利文法》[114]的部分內容，進行改編。鑒於 Warder 文法書例句太短以致語感不足的缺憾，此書特別從 Nikāya 中廣引較為完整的經文例句，通過「語境」具體呈現各種

---

[109] Oskar von Hinüber, *Das ältere Mittelindisch im Überblic*, Wien: Verlag der Österreichischen Akademie der Wissenschaften, 2001 (Second revised edition).

[110] Richard Pischel, *Grammatik der Prākrit-Sprachen*, Strassburg, 1900.

[111] 張雲凱撰，釋惠敏指導，《巴利語文法教材之比較研究》，台北：中華佛學研究所畢業論文，1997 年。

[112] 蔡奇林編，《實用巴利語文法》，課堂教本，1997 年初版，2000 年修訂第二版。（影印本）

[113] Warder 之書見注[106]。

[114] 水野弘元著，《パーリ語文法》，山喜房佛書林，1955 年。漢譯版為許洋主譯，《巴利文法》，華宇出版社，世界佛學名著譯叢 5，佛曆 2530 年（1986 年）。

用法及它們表達的意義，此外也特別強調「句型」的教導，是一部實用導向的「教學語法」。⓯

㈡辭典

(1) CPD：巴利語辭典的編纂工作近幾年又有不少進展。首先，*A Critical Pāli Dictionary*（*CPD*，《精審巴利語辭典》）繼 1992-94 年間出版第三冊的三個分冊之後，1997 年又出版第四、五分冊，1999 年接著出版第六分冊，收到詞目 kasāvacuṇṇa。⓰比起前

⓯ 此書「附錄」收有多種實用的參考資料，例如 Warder 文法習題參考解答、巴利語格變速記法、PTS 版巴利藏及英譯對照目錄（附中文名）、PTS 版巴利藏與元亨寺漢譯對照表、巴利聖典法數集等等。

⓰ *A Critical Pāli Dictionary*, Volume I, Copenhagen, 1926-48（按，"1926"是對的，這個出版年一般都誤作"1924"，見注⓲ Hinüber 該文注 8 的考證）; Volume II, Copenhagen, 1960-90; Volume III, fascicle 1, 1992; fascicle 2, 1993; fascicle 3, 1994; fascicle 4-5, 1997; fascicle 6, Copenhagen, 1999.按，此部辭典最早由丹麥學者 V. Trenckner (1824-1891)開始先期的準備工作，可惜壯志未酬便溘然辭世了。Trenckner 留下長期工作的大量材料（手稿），存放在哥本哈根大學圖書館，包括親自精校轉寫的大量巴利文獻、初步編寫的詞目內文、動詞字根及各種變化形、音韻語法句法的資料、還有仔細紀錄的各寫本拼讀差異及錯誤情況等等。1916 年丹麥學者 Dines Andersen 與瑞典學者 Helmer Smith 利用 Trenckner 的材料（以及 R.C. Childers 辭典的詞彙）繼續其偉大志業，歷經 28 年（1916-48）陸續刊完第一冊的 11 個分冊及一個附冊「後編」（Epilegomena），只完成第一個字母 a 開頭的詞。在此期間，一位重要的助編 Elof Olesen（1877-1939）以及這部辭典的主要推動者與編纂者 Dines Andersen（1861-1940）相繼去世，而由 Hans Hendriksen 接替其工作。第一冊完成之後，新出版的巴利文獻越來越多，*CPD* 的編纂工作已超出丹麥學者的能力，加上主力戰將 Helmer Smith（1882-1956）也在幾年後過世，Hans Hendriksen 又在 1957

兩冊速度快了不少，⑪⑦照此進度估計，100 年內應可完編，頁數可達 5500 頁。⑪⑧這部詞典收詞範圍甚廣，從三藏（tipiṭaka）、注釋（aṭṭhakathā）、藏外典籍，到 12 世紀的解疏（ṭīkā）。除一般詞彙之外，還收有專有名詞（人名、地名、植物名等）、書名（及相應名、品名、經名等），此外更收有古代文法書──從《迦旃延文法》（Kaccāyanavyākaraṇa）到勝種（Aggavaṁsa）的《語法論》（Saddanīti）──的文法用語。⑪⑨詞目內文對義項有詳細歸納分類、以及豐富的引用例，皆為其特色。這部辭典之號稱「精審」（critical），指的主要是它所根據的本文（text）經過了精細校訂。⑫⓪並且編者很有識

年去職，編纂工作最後停擺。於是第二冊開始便決定通過國際學者的合作繼續進行。在中斷 12 年之後，從 1960 年起繼續出版。經 30 年，直到 1990 年，共刊出 17 分冊，編完全部母音開頭的詞（ā,i,ī,u,ū,e,o）。兩冊總計頁數達 1362 頁，估計約佔全編四分之一。值得一提的是，在國際合作的規模下，第二冊在 1960 年得到皇家丹麥研究院（Royal Danish Academy）與 H. Bechert 的同意，納入德國學者 W. Geiger（1856-1943）留下的大量材料，彌補了 *CPD* 在錫蘭史書文獻上詞彙的不足。

⑪⑦ 若照前兩冊的速度，也就是由 1916 年開始準備工作到 1990 年第二冊完成為止，74 年編完母音部分（約佔全編四分之一），則全部完編大概還需 200 年。

⑪⑧ 此項估計參看 O. von Hinüber, "The Critical Pāli Dictionary: History and prospects", 頁 68。收在 *Lexicography in the Indian and Buddhist Cultural Field* (Proceedings of the Conference at the University of Strasbourg, 25 to 27 April 1996), Boris Oguibénine (ed.), München 1998, pp.65-73.

⑪⑨ 例如，ākhyāta : a（finite）verb（謂語動詞），upasagga : prefix（接頭詞）等。

⑫⓪ 這種精校除了比對不同寫本、刊本之外，更對照注釋、解疏的讀法，以及不同經文的平行段落，偈誦部分則再通過詩律（metre）的分析考察，求取最好的讀法。

見的只將目標定在「低精審」（lower criticism）——也就是只以巴利文獻本身為範圍進行內部考察，求得最好的讀法，而將「高精審」（higher criticism）——亦即附帶考察其他傳統，如佛教混合梵語、耆那教文獻語言等——的龐大工作留給其他研究者逐步研究。[121]否則，這部辭典的完編將更遙遙無期。

(2) <u>*DOP*</u>：期待已久的 PTS 新版巴英辭典 *A Dictionary of Pāli*（*DOP* 或 *NPED*）終於在 2001 年出版了一個分冊（778 頁），詞目範圍 a-kh。[122]未來計劃再出兩冊即可完編（各冊份量約同第一冊）。這部辭典是 Margaret Cone 在 K.R. Norman 的指導下獨力進行的，她從 1984 年起專職從事此一工作，至今已經超過 17 年。[123] PTS 最

---

[121] 參看 *CPD* 第一冊，頁 X 的說明。

[122] Margaret Cone, *A Dictionary of Pāli* (Part I, a-kh), Oxford, PTS 2001. 此辭典最初準備取名 *New Pali-English Dictionary*，因此歷來都簡稱作 *NPED*，如今換了名字，簡稱也隨之改為 *DOP*（見 *Buddhist Studies Review* 18, 2 (2001), pp.252-53. K.R. Norman 對此辭典的書評）。

[123] 編纂辭典的經費由 PTS 全額支持（由舊版巴英辭典 *PED* 的賣書所得、以及 I.B. Horner 捐贈的遺產支應），在劍橋大學東方所（Faculty of Oriental Studies, University of Cambridge）設置一個專責巴利語辭典編纂的研究助理職務（Research Assistantship），由 Margaret Cone 擔任。她絕大部分時間都獨立進行，只在遇到特別困難的問題以及需要變動編纂體例時才找 Norman 商量。（參看 K.R. Norman, "A report on Pāli dictionaries", pp.145-48, 刊在 *Buddhist Studies*, Vol. XV, Dec. 1985, pp.145-52. 以及 Margaret Cone, "The New Pali-English Dictionary", 收在 *Lexicography in the Indian and Buddhist Cultural Field* (Proceedings of the Conference at the University of Strasbourg, 25 to 27 April 1996), Boris Oguibénine (ed.), München 1998, pp.39-46.）

初計劃只是對早年的 *Pali-English Dictionary*（*PED*，1921-25）[124]進行修訂（即訂正錯誤與增補新詞），但 Cone 著手不久便發覺「不需修改的地方太少了」，最後只能重新來過。與之前的 *PED* 相較，這部辭典有幾項特色與不同點：一是材料的質、量更為提高。雖說兩部辭典主要的材料來源同是 PTS 出版的巴利原典，但 Cone 使用了大量 *PED* 時代（1925 年以前）尚未出版的大部分的注釋書、藏外典籍、以及解疏，收錄了許多先前 *PED* 未收的語詞，這是量的擴充。再則，由於許多早年的本子可靠度不足，Cone 同時校讀緬甸版、錫蘭版、與泰國版，取得更加精良的讀法，做為辭典取用及引證的依據，這是質的提昇。第二項特點是減少了冗長而益處不大的詞源探討，只簡明舉列對應的梵語（字根）、混合梵語、或俗語（如半摩揭陀語）語形。三是更加強調「語言」而不只是「詞彙」。*PED* 大多只有詞義解釋與出處，例句不多。此部辭典一詞的每個義項都有引自經典文獻的廣泛用例，既做例證，又通過具體實際的語境與用法教導詞義。四是比較詳盡的舉列語詞的相關型態變化，例如代名詞的各種格變化、動詞的不同時態與分詞形等，補充了部分文法書的不足。[125]

(3)在日本方面，1997 年出版了一部新的巴利辭典，即雲井昭

---

[124] T.W. Rhys Davids, W. Stede (eds), *The Pali Text Society's Pali-English Dictionary*, London, PTS 1921-25.

[125] 儘管費了大量力氣，Cone 承認這部辭典還有許多難題尚待克服。這主要是兩方面問題：一是有些詞由於詞源與語境訊息不足，因此詞義還不能明朗。二是文本本身的問題，許多讀法頗為可疑，在不同版本的異讀之間經常難以決定孰是孰非。（見該辭典 p.ix）

善的《パーリ語佛教辞典》。[126]早在 1961 年他便出版過一部《巴和小辞典》。[127] 1986 年間，雲井從大谷大學退休後，轉到佛教大學執教，帶領一群研究生研讀巴利佛典，就在這群學生的協助下，兢兢業業致力於辭典的編纂工作。新辭典是在《巴和小辞典》與水野弘元《パーリ語辞典》[128]的基礎上修訂與增補的，主要文獻來源是 PTS 版尼柯耶、律藏、與注釋書，也引用少量耆那教文獻。這部辭典的主要特色是：一、更加強調「語言」而不只是「詞彙」，這一點跟 PTS 新版巴英辭典（*DOP*, *NPED*）一樣，立意在於通過語境教導詞彙。但這部辭典更附有例句譯文，以及漢譯《阿含經》的相應經文（如果對得上的話），十分方便學習。這是此辭典的一大特色，也是未來編纂巴漢辭典可以取法之處。二、具備教理辭典的性質。尤其對於佛教教理上特別重要的語詞（例如 kamma, tathāgata, nibbāna 等等），多方引用經文，說明與之相關的各方面教說。三、具備專有名詞辭典的性質，並多少具有研究資源書的性質。對於重要的人名、地名、經名、本生名等，提供該人物主要或特別的生平事蹟，該地的地理位置及相關事蹟，該經或該本生的核心內容、特色、以及重要的文獻資料，例如相當的漢譯本、現代譯本、對應的梵本、以及與之有關的研究資料期刊等。以上特色都恰恰是水野辭典所欠缺或不及的，因為水野之作基本上是「簡明辭典」的性質，「簡單明瞭」正是其特色。

---

[126] 雲井昭善著，《パーリ語佛教辞典》，山喜房佛書林，1997。

[127] 雲井昭善著，《巴和小辞典》，全六分冊，法蔵館，1955-61。

[128] 水野弘元，《パーリ語辞典》，春秋社，1968（二訂版）。

(4)除了上述辭典之外，1994 年 BPS 出版了 Bhikkhu Ñāṇamoli 一部名相譯詞彙編：*A Pali-English Glossary of Buddhist Technical Terms*（《巴英佛教名相譯詞詞典》）。[129] Ñāṇamoli（1905-1960）從 1949 年在錫蘭出家直到 1960 年去世為止，翻譯了包括《中部》、《清淨道論》等多部重要的巴利原典。[130]為了翻譯的方便，他不斷彙整（並且一再修訂）自己所擬定的相關名相的對譯詞，同時也隨手記下 PTS《巴英辭典》（*PED*）未收的語詞或義項，還附帶收集其他相關用語，例如文法用語、植物名等。後來 Bhikkhu Bodhi 將之彙整出版。這部小詞典除了主要收集佛教名相的英文對譯詞之外，還包含許多有價值的材料。其一是上述 *PED* 未收的語詞或義項。即便 *CPD* 及 *DOP*（*NPED*）收詞更廣，但目前都只出版一部份（四分之一及三分之一），因此這項材料依舊有其價值。二是名相譯語之下附有該名相的「定義出處」以及「種類區分出處」，很方便相關

---

[129] Bhikkhu Ñāṇamoli (comp.), Bhikkhu Bodhi (ed.), *A Pali-English Glossary of Buddhist Technical Terms*, Kandy, BPS 1994.

[130] Ñāṇamoli 在短短不到十年之中譯出了許多重要原典，包括：(1) *The Path of Purification*, BPS 1956（Visuddhimagga《清淨道論》）; (2) *The Minor Readings and The Illustrator of Ultimate Meaning*, PTS 1960（Khuddakapāṭha and Commentary《小誦經及注釋》）; (3) *The Guide*, PTS 1962（Nettippakaraṇa《指導論》）; (4) *The Piṭaka Discourse*, PTS 1964（Peṭakopadesa《藏釋》）; (5) *The Path of Discrimination*, PTS 1982（Paṭisambhidāmagga《無礙解道經》）; (6) *The Dispeller of Delusion*, 2 vols. PTS 1987, 1991（Sammohavinodanī《分別論注釋：遣除迷妄》）; (7) *The Middle Length Discourses of the Buddha*, Wisdom Publications 1995（Majjhima Nikāya《中部》）. 此外還有一些短經及注釋的英譯，可謂產量甚豐。

內容的進一步查索。⑬三是詞典第二部分收錄了數類特定用語，包括文法用語、植物名與花名、月份與季節名、數詞與量詞、梵語因明用語等，相當方便讀者查照與學習。

㈢文獻導覽、讀本

(1)文獻導覽：德國學者 Oskar von Hinüber 1996 年出版了一部講述巴利文獻的導覽書：*A Handbook of Pāli Literature*（《巴利文獻要覽》）。⑬ Hinüber 曾於 1992-94 年間，在德國布萊斯高（Breisgau）弗來堡大學（University of Freiburg）進行連續四學期一系列有關巴利文獻的講授課程，這部導覽便是其講稿的節縮本（大約原稿三分之一）。書中大體遵循 *CPD* 第一冊「後編」（Epilegomena）文獻目錄的分類及順序來處理巴利文獻。⑬ Hinüber 在有限的篇幅

---

⑬ 例如，Vedana（受）的「定義出處」，舉了《中部》、《相應部》等六部原典的 20 個出處。受的「種類區分」有：二種受、三種受、四種受、五種受、六種受、……等等，亦各舉其出處。

⑬ Oskar von Hinüber, *A Handbook of Pāli Literature*, Berlin-New York, Walter de Gruyter 1996.

⑬ *CPD* 這個「後編」（Epilegomena）是 Helmer Smith 經過大約四年時間於 1948 年編成出版的（見注⑯）。在 1926 年 *CPD* 出版第一冊第一分冊時，開頭有一「序文」（Prolegomena），其中收有巴利辭典開拓者 V. Trenckner 的傳記，以及序言、縮略語（包括書名、作者、文法用語、符號等）、對照索引、轉寫字母表等。其後一直到 1944 年的第 11 分冊之間，隨著巴利文獻及相關書籍的不斷出版，便陸續對各冊所用到的新的書名、作者、文法用語等縮略語進行增補。「後編」便是將這前前後後的所有的縮略語、參考文獻、對照索引、轉寫字母表等重新整編，特別是對參考文獻進行細部分類，賦予各類及各書一數字編號，成為一確定的巴利文

中，除了「醫藥」（Medicine）、「律法」（Law）、以及「語言學」（Philology）三類之外，盡可能涵蓋所有巴利文獻。⓭⓸其中談到近 50 部 *CPD*「後編」未提到的巴利典籍。尤其闢有專章講述後期編於東南亞（錫蘭、緬甸、泰國）的巴利原典，這是 K.R. Norman 1983 年 *Pāli Literature* 一書最欠缺的部分。⓭⓹對於每一原典，書中都羅列提供其校訂本、西文譯本、以及注釋、解疏等資訊，並概要敘述此一原典的年代、作者（編者）、成書地點、文體、組織、核心內容等各方面的相關訊息。此外，特別值得一提的，書末附有一個對 *CPD*「後編」編號系統的訂正與增補，這個「補訂」（Additions and Corrections）所羅列的文獻配上原先 *CPD*「後編」的參考文獻，大致就涵蓋了目前所知的絕大部分巴利原典，因此是極重要的巴利文獻資源錄。

獻資源目錄。Hinüber 此書基本架構主要便是根據這個資源目錄（包括其中各書的數字編號），當然，他也做了部分調整，例如將注釋書、解疏等獨立成章。

⓭⓸ Hinüber 略去未談的醫藥、律法、以及語言學三類，分別是 *CPD*「後編」分類編號的“2.9.22”、“2.9.23”、以及“5”，可參考該處所列資料。其中有關醫藥及語言學二類文獻的說明，可參考 K.R. Norman: *Pāli Literature*（見下注）第四章第七節（Medical texts）、以及同章第八節（Grammatical and lexicographical works）、第九節（Poetics and prosody）。

⓭⓹ K.R. Norman, *Pāli Literature*, Otto Harrassowitz, Wiesbaden 1983. 在此書出版 10 年後，K.R. Norman 在日本《パーリ学仏教文化学》（1994 年，第七期，頁 1-22）刊出其「增補與訂正」：“Pāli Literature: Appendix I: Additions & Corrections”（= *CP*, Vol. V, pp.262-83）。其中對這個欠缺做了一些補充。此外，在同年的另一篇文章（見注❶）也有所補充。

⑵讀本：為了巴利語的教學需要，1998 年護法法師與筆者合編了一冊巴利讀本：《巴利語輕鬆上路》。[136]內容包括發音練習、教語花鬘（偈頌選）、以及故事短文選讀，是逐頁逐句對讀的巴漢對照版，書末並附有詩偈、選文的語法解析，以方便初學者參考。

㈣索引

PTS 近年出版了多部電腦產生的索引書。⑴ *Index to the Vinaya-piṭaka*（《律藏索引》），[137]是 Oldenberg 校訂的 Vinaya-piṭaka（五冊）的索引。Oldenberg 的本子原來只附幾類特定語詞的索引（例如專名，佛、法、僧相關的語詞等）。⑵ *Index to the Dīgha-nikāya*（《長部索引》），[138]是 PTS 版 Dīgha-nikāya（三冊）的索引。Dīgha-nikāya 原來書末只附少量索引。⑶ *Index to the Mahāniddesa*（《大義釋索引》），[139]是 PTS 版 Mahāniddesa（二冊合訂）的索引。Mahāniddesa 原本書末只附主題索引及專名索引。⑷ *Index to the*

---

[136] 護法法師、蔡奇林（合編），《巴利語輕鬆上路》，課堂教本，1998 年。（影印本，尚未出版）此書由護法法師負責選文，原文取自泰國版光碟，少部分長篇做了濃縮改寫。筆者負責巴利原文的校訂（對校 PTS 版及緬甸版，取其適當的），以及翻譯、語法解析等。

[137] Y. Ousaka, M. Yamazaki, K.R. Norman (comp.), *Index to the Vinaya-piṭaka*, Oxford, PTS 1996.

[138] M. Yamazaki, Y. Ousaka, K.R. Norman, M. Cone (comp.), *Index to the Dīgha-nikāya*, Oxford, PTS 1997.

[139] L.S. Cousins (comp.), *Index to the Mahāniddesa*, Oxford, PTS 1995.

Dhammapada（《法句經索引》），[140]是 Hinüber 與 Norman 的 Dhammapada 新校本的索引。[141]編者在製作這些索引時，也順便訂正了原校本中印錯的字詞。此外，因為由電腦產生，因此很容易做到「窮舉索引」，也就是窮盡舉列文本中每個詞語的每個出處（並且可以列到行號，極方便引用與查檢），人工索引一般只能有限舉列（而且通常只列到頁碼，實用性大打折扣）。[142]總的來說，索引對於語言研究（音韻、構詞、型態、詞義、句法等各方面）、辭典編纂、文獻比對、乃至教義探討都是有力的工具。

此外，1990 年 L. Grey 編著的重要資源書 *A Concordance of Buddhist Birth Stories*（《佛教本生故事參照索引》），自從 1994 年大幅修訂擴增改版之後，2000 年又出了第三版。[143]此版基本架構不

---

[140] M. Yamazaki, Y. Ousaka, M. Miyao (comp.), *Index to the Dhammapada*, Oxford, PTS 1997.

[141] 這部索引書比較特別，除了「詞語索引」（Word Index）之外，還另有三個索引：「逆序詞語索引」（Reverse Word Index）、「詩句索引」（Pāda Index）、「逆序詩句索引」（Reverse Pāda Index）。因為在不同語本或不同典籍之間，經常有些詞語及詩句，或者殘缺不全、或者只有部分相同，因此需要正反兩種順序的索引才更易於查對。

[142] 但是由於程式的限制，電腦索引也有一些不及人工索引聰明之處：例如，做了一些不必要的字詞區分（如 bhāsitaṁ 與 bhāsitam 視為兩詞）。還有，不容易進行比較有意義的索引分類（如分成主題索引、專名索引等特定用途的類別）。並且，由於連音而合成的詞，切不開來。例如詞項 kāyānaṁ 之下的出處索引未能列入 devakāyānaṁ 的出處；同樣的，詞項 upapanno 底下也未列 idhūpapanno 的出處。

[143] L. Grey, *A Concordance of Buddhist Birth Stories*, Oxford, PTS 1990 (1st ed.), 1994 (2nd ed.修訂擴增版), 2000 (3rd ed.). 在「簡便實用」的原則下，第二版做了許多改變增添：不再分列 Jātakas（本生）與 Avadānas（譬喻、

變，但又增加許多相關文獻及研究的參考項，內容更加充實。[144]這是研究佛教本生與譬喻（寓言）故事不可缺少的資源書。

七、巴利光碟

㈠巴利聖典協會版（PTS 版）

早在 30 年前的 70 年代，PTS 就開始嘗試將巴利原典置入電腦。[145]可是由於當時技術條件還不成熟，加上經費、人力的限制，最後只能放棄計劃。1989 年 9 月，泰國法身寺法身基金會（Dhammakaya Foundation）為了讓全世界學者更容易取得及使用巴利原典，並鑒於 PTS 版是國際學術界最為通行的版本，於是開始了

寓言）；「參考項」（references）——即與這些故事相關的文獻及研究——增為三倍之多（由 4000 項增加到 12000 多項）；羅列參考資料時不再使用「書名代碼」（codes），直接採用「作者、年份」；每個故事的敘述也更加詳細；並增列一項「故事類型」（folktale types），讓這些故事與世界文學關連在一塊。

[144] 第三版增加的資料也不少，其中有一些已經於 1998 年刊在 *JPTS* 第 24 期，頁 103-47（"Supplement to The Concordance of the Buddhist Birth Stories"），主要是猶太資料，是 Grey 後來在耶路撒冷希伯來大學（Hebrew University of Jerusalem）及海弗大學（University of Haifa）的研究所得。

[145] 參見本書【貳】，第七節。

此版本巴利光碟的建構計劃。⑭⁶經過長期努力，克服各方面困難，終於在 1996 年 4 月與 PTS 簽訂合約，正式發行此版光碟：Palitext version 1.0（MS-DOS 版）。[147]

這片光碟收錄了 PTS 版巴利三藏共 53 冊原典（律藏 5 冊，經藏即五尼柯耶 37 冊，論藏七部論 11 冊），但尚未收入注釋、解疏、與藏外典籍。在版面上，光碟採「原貌重現」的形式，原原本本呈現原來刊印本的內容與編排形式，這大大有利於資料的參照引用。此外也做了一些提昇，例如訂正原版打字上的錯誤（以紅色字表示）、標示原文行號等。在功能方面，光碟提供關鍵字詞（含詞組、句子）、冊號頁號、文脈段落、以及詞彙序列等四種搜尋模式，並具備萬用字元（*）的強大搜尋功能，很容易搜尋字詞的前接（prefix）或後接（suffix）情況。搜尋結果列有清單，顯示該字詞或段落在各冊典籍的出現狀況及統計。此外為方便比對原文，光碟提供切割視窗、多重查詢、多段比對的功能。另外，也提供列印功能，可惜只限於點陣印表機（dot-matrix printer）的單頁列印模式。另一項缺憾是未提供經文擷取功能。[148]

---

[146] 法身基金會最早的巴利藏電腦化工作始於 1984 年，當時輸入的是泰國版三藏。由於工作環境極為簡陋（只有一部電腦），進展緩慢。後來一方面基於國際化的考量，而另一方面（可能是更重要的原因）也因為 Mahidol 大學得到泰王支持，於 1987 年開始泰國版巴利藏的電腦化工作，並在隔年完成了三藏部分（參看七之(二)節），使得法身寺不得不改弦易轍，把版本改為 PTS 版。

[147] Palitext version 1.0 (Pali-CD), Bangkok, Dhammakaya Fundation 1996.

[148] 這片光碟原本還有一系列的後續發展計劃：預計 1997 年出版第二版 MS-Windows 版，收錄主要的注釋書；接著發展第三版麥金塔（Macintosh）

㈡泰國版

1987 年泰國 Mahidol 大學奉命擬定一個特別的研究計劃，以慶祝泰王 Bhumibol 隔年的登基紀念大典。⑭⁹ Mahidol 大學接受 Dr. Praves Wasee 教授建議，打算將泰國版巴利三藏放入電腦，以呈給泰王一個別具時代意義的獻禮。1988 年這項計劃有了初步成果，完成了泰國字版⑮⁰巴利三藏 45 冊原典的電子版 BUDSIR I。⑮¹其後計劃持續進行，並不斷擴充改良，⑮²到 1994 年終於有了一個更加完善的版本 BUDSIR IV on CD-ROM（MS-DOS 版）。⑮³這片光碟收

相容版，納入所有注釋書及解疏，以及地圖、圖像、交談式巴英辭典等。但據筆者所知，目前計劃似乎已停止，至少最近 3 年未聽到第二版的相關消息。

[149] 此年的登基紀念大典是慶祝 Bhumibol 國王（拉瑪九世）統治泰國的時間跟 Chulalongkorn 國王（拉瑪五世）一樣，是曼谷王朝（Ratanakosin Era）所有王中最長的。

[150] 此處的泰國字版（或緬甸字版、錫蘭字版、高棉字版等）的「字」指的是「字母或字形字體」（scripts）之意，而不是「字詞」（words）。字體是「書寫」形式，字詞或語詞則是「語言」單位。用泰國字（泰文字母）作為拼音符號拼寫巴利語，就像是用羅馬字作拼音符號拼寫漢語（中文）一樣。

[151] BUDSIR I 即 BUDdhist Scriptures Information Retrieval, Release 1.0（佛典資料擷取系統第一版）的簡稱。

[152] 1989 年有了羅馬字版 BUDSIR II；1990 年完成 BUDSIR III，提昇搜尋功能；1991 年底，在泰王要求下加入了注釋書，並完成羅馬化，成為第一代的 BUDSIR IV，是硬碟版（儲存在硬碟的）。

[153] BUDSIR IV on CD-ROM (The Buddhist Scriptures Information Retrieval Release 4.0), Bangkok, Mahidol University Computing Center (MUCC) 1994. 此版為第二代的 BUDSIR IV，是 MS-DOS 的光碟版，有泰國字與羅馬字

錄了泰國版⑮巴利原典共115冊，包括三藏45冊、注釋書55冊、以及其他典籍如 Milindapañhā（《彌蘭王問經》）、Visuddhimagga（《清淨道論》）、Abhidhammatthasaṅgaha（《攝阿毗達摩義論》）等15冊。這一版提供「關鍵字詞」（包括詞組、句子）與「冊號頁號段號」兩種搜尋模式，並具備萬用字元（*）的搜尋功能。搜尋結果列有清單，顯示該字詞在各冊典籍的出現狀況及統計。BUDSIR IV 還提供切割視窗、經注合查的功能，可以經與經比對、注與注比對、或經與注比對。此外，也提供資料擷取功能（擷取的經文須另行轉碼才能使用）。另提供點陣印表機與噴墨印表機的列印功能。比較可惜的是未提供與 PTS 版的頁碼對照，大大減低了版本比對的方便，也降低了國際性。

1996 年 Mahidol 大學又開發了新版本：BUDSIR IV for Windows。⑮這個版本工作環境從 DOS 轉到了 Windows，收錄原

兩種版本。

⑭ 這裡所謂的「泰國版」，並不是收錄一個單獨、完整的版本，因為當時泰國除了三藏有標準版（即 Syāmaraṭṭha version 泰國版）之外，注釋、解疏及藏外典籍等並沒有一個完整精良的版本。因此 Mahidol 大學便四處張羅，三藏採用 Syāmaraṭṭha 版，注釋等則來源多方：律藏注釋以及法句、本生的注釋採用摩訶瑪谷德佛教大學（Mahāmakuta Buddhist University）的本子，經藏注釋（法句、本生除外）與論藏注釋則採用摩訶朱拉隆功佛教大學（Mahachulalongkorn Buddhist University）的版本，其他少數注釋則又來自另外的兩個版本。因為來源多途，所以原始資料有許多不一致的情況，例如頁面安排、分段方式、主標題、副標題、甚至字詞拼法等都有些差異，但這些不一致的情況 Mahidol 大學都已盡力改善了。

⑮ BUDSIR IV for Windows, Bangkok, Mahidol University Computing Center (MUCC) 1997. 這個 Windows 版可算是第三代的 BUDSIR IV。這一版光

典同前版，基本功能也大致相同，但可以同時開到 8 個視窗進行經、注的種種比對，並且是一片會「讀誦」的光碟，可以標示經文請求誦讀。

1997 年 BUDSIR IV 又有了新版本：BUDSIR IV / TT（for Thai Translation）。這個版本有幾項提昇：除了先前原典 115 冊之外，又收錄了三藏的泰譯本 45 冊，總數達 160 冊。此外，具備多字體（Multi-scripts）顯示功能，可以顯示泰國字、羅馬字、緬甸字、錫蘭字、高棉字、以及天城體等 6 種字體的巴利原文。另外，也收進一部《巴泰辭典》，未來還計劃收入《巴英辭典》。

㈢緬甸版

自從 1954-56 年緬甸完成巴利三藏第六次結集之後，[156]印度政府也決定以天城體（Devanagari）刊行失傳已久的巴利聖典，並委由新那爛陀大寺（Nava Nālandā Mahāvihāra）負責進行。那爛陀寺於是糾集學者積極進行這項任務，並先行刊出三藏部份。可是後來工作延緩下來，不久之後整套三藏竟已絕版，甚至一些單冊也無法取得。有鑑於此，內觀研究所（Vipassana Research Institute, VRI）成立之

碟只有羅馬字版，並且須在英文版 Windows 環境下執行，無法搭配中文 Windows。

[156] 前三次結集在印度舉行，即五百結集、七百結集、以及阿育王時代的第三結集。依上座部傳統，第四結集是 B.C.29 年在錫蘭瑪德壘（Mātale）灰寺（Alu-vihāra）舉行，第五結集是 A.D.1871 年在緬甸曼德勒（Mandalay）舉行，第六結集是 A.D.1954-56 年在緬甸仰光（Yangon 或 Rangoon）舉行。

後，⑰便積極進行天城體版（Devanagari）巴利三藏、注釋、解疏等的刊行工作，以讓佛陀的教典重新流行在他的母土。這個版本（VRI 版）採用緬甸第六結集版為底本，將緬甸字體轉寫成天城體，而後輸入電腦處理，並作了一些編輯上的更動。⑱之後，為了提昇研究效能以及長久保存三藏，又製成光碟，於 1997 年發行第一版：Chaṭṭha Saṅgāyana CD-ROM（CSCD），隔年又出第二版，1999 年出了第三版。⑲

這片光碟（CSCD Version 3）收錄三藏、注釋、解疏、補疏（anuṭīkā）以及藏外典籍如阿毗達摩綱要書、史書、文法書、詩律學等各種巴利原典共 216 冊，並收有一部現代的巴利文法書（及習

---

⑰ 此研究所是 S.N. Goenka 在 1985 年創立的。其創設宗旨除了研究內觀的經教理論基礎與日常實際應用之外，便是翻譯及刊行巴利聖典。按，"1985"這個創立年是根據內觀中心介紹 VRI 的網頁（"Vipassana Research Institute"）所說。另在其介紹 Goenka 夫婦的網頁（"Mr. & Mrs. S.N. Goenka"）則作"1981"，而在 Chaṭṭha Saṅgāyana CD-ROM（Version 3）中有關 VRI 的介紹則作"1986"。

⑱ 內觀這個刊本（VRI 版）的改變，例如：一些與內觀法門（Vipassanā）有關的段落都用粗體印刷，以便提醒讀者留意；此外一些原來省略（peyyālas）的重複段落，如果跟內觀法門有關，也都重新收印，以便讀者可以更加完整的思維觀察；還有，經藏每冊都附有一篇以印地文（Hindi）撰寫的經典摘要介紹，以便向印度回頭宣傳佛陀教法。

⑲ Chaṭṭha Saṅgāyana CD-ROM (Version 3), Dhammagiri, Igatpuri, Vipassana Research Institute (VRI) 1999. 此光碟先前的 1.1 版收錄原典 146 冊，提供羅馬字、緬甸字、天城體等三種字體，附有巴印辭典。2.0 版收錄原典 183 冊，有七種字體（參見注⑯），附有巴英辭典。這兩版都須在英文版 Windows 下執行。

題解答）⓰以及一部簡明巴英辭典，還有阿育王碑文（Ashok ke Abhilekh）。功能上，此版具有七種文字⓱的顯示功能，可以提供字詞（或詞組）、文脈段落等搜尋方式（有萬用字元*功能），並具有「標示查詢」功能，也可直接翻查某經某品某頁。搜尋結果列有出處清單及出處文句摘要，可以存檔或列印。光碟可同時開啟多部典籍（最多六部），並具備三藏、注釋、解疏的段落關連功能，很方便進行經文之間或經、注、疏之間的比較或對讀。尤其是提供與其他版本（如 PTS 版、泰國版、錫蘭版）的對應頁碼，更有利於不同版本間的參照比對。光碟也提供經文擷取與列印功能，並且是配合中文版 Windows 環境，很方便擷取之後配合中文進行後續的編輯利用。這是一片版本優良、⓲收藏豐富、功能強大、方便實用的光

⓰ Lily de Silva, *Pāli Primer, Dhammagiri*, Igatpuri, VRI 1994. 同作者：*Key to Pāli Primer*, Dhammagiri, Igatpuri, VRI 1998; VRI 1999.

⓱ 羅馬字（Roman）、緬甸字（Myanmar）、天城體（Devanagari）、泰國字（Thai）、錫蘭字（Sinhalese）、高棉字（Khmer）、蒙古字（Mangol）等七種字體。

⓲ 緬甸第六結集據稱動員了來自 8 個國家（緬甸、泰國、高棉、寮國、越南、錫蘭、印度、尼泊爾）的 2500 位碩學比丘，耗時兩年，對照多個版本，經大眾審定才完成的，因此內觀研究所視之為精本。後來內觀在電子化過程，三藏部分輸入兩遍，而後由電腦比對除錯（約可除去 98%的錯誤），最後再由內觀與緬甸的學者進行人工審校，以確保其正確性。但屬於「其他巴利典籍」（añña pāli gantha）部分，則大多只經機器校對，而未經過人工仔細核校，可靠度比較不足。（當然，就實際研究的角度而言，許多問題的確認或解決並非單靠大量人力短時之間便能成辦，而須積累相當多方面的材料、發現及知識才能逐漸達成。）

碟。羅馬字版已經上網。[163]

八、結語：迎向巴利學的新時代

上來我們重點介紹了巴利學近些年來的主要業績。自然，這些新成果不是幾年之間突然出現的，也不是少數個人所成就，而是建立在前此數十年間相關領域眾多工作者直接間接點點滴滴的辛勤耕耘上。綜觀這些新成果，可以清楚看出，巴利學已經從少年青年的蓬勃發展期，逐漸邁向中壯年的凝鍊成熟的階段。這一階段研究成果的主要特色，一方面是「領域的擴大」——校訂及翻譯了許多先前未曾校出或譯出的典籍，這主要是注釋與解疏部分。而另一方面，更重要的是「質量的提昇」。運用新的材料、新的方法、新的工具、新的想法，許多更加精良的新校本、新譯本、新辭典、新文法書、新索引等一一誕生，真正開啟了巴利學研究學習的新時代。並且，這種質的提昇已經逐漸從「低精審」（lower criticism）邁向「高精審」（higher criticism）——不但考察巴利內部的各種材料，更擴大考察與之相關的梵語、佛教混合梵語、犍陀羅語、乃至耆那教半摩揭陀語等相關文獻。此外，由於電腦科技與網路科技的進步，各種典籍也隨之有了光碟版與網路版，不但取得容易，效能提高，更開啟了許多新的研究潛能，這也是這一階段的一大特色。

西方的巴利學研究已有近 200 年歷史，東洋的日本也有百多年歷史，都已步入成熟階段。與此相較，台灣與中國大陸等華語地區

---

[163] 可由 http://www.tipitaka.org/tipitaka/booklistframe2.html 進入。

則還處在有待大力開拓的起步階段。雖說學術無國界，所有資源與成果都可彼此共享，但由於語言文化的隔閡，除了少數專業人士之外，大部分成果都無法直接取用替代。因此這一領域的大量工作——例如龐大的三藏、注釋、解疏、補疏、藏外典籍的翻譯，各種不同層次、不同性質、不同特色、不同目標的文法書的編寫，各式不同類型、不同性質、不同功能的辭典的編纂，各種文獻導覽書、資源書、索引書、讀本等種種方面的工作——都有待我們逐步去完成。可以想見，這不是少數人能夠擔負的工作，也絕非短時之間所能成辦的事業。因此眼前不但有一大片廣闊的土地等待我們去投入、去開發，並且今天我們擁有較之前人更加優渥的工作環境——我們有眾多新校本、新譯本、新文法書、新辭典可供取用參考，以及各種索引、光碟等有力工具可供查索、比對、研究，這對台灣與中國大陸等華語世界，是極好的契機。可以說，巴利學對我們而言，雖然只像個剛剛學步的孩童，還十分稚嫩，可是它卻充滿了前景、充滿了潛能、充滿了希望！

【肆】、網海一滴：網路上的巴利教學與研究資源舉隅*

一、前　言

關於巴利學近幾年的研究出版資訊，筆者曾寫過一篇文字介紹，即〈巴利學研究紀要：1995-2001〉（以下簡稱〈紀要〉），❶但這篇文字報導的主要是紙本文獻的情形（兼及光碟版）。由於近十數年來電腦科技與網路科技的蓬勃發展，使得許多佛教文獻紛紛有了電子版及網路版。隨之，巴利學的網路資源也日益豐富，並且網路資料具有取用方便、傳播快速、檢索容易、能再製利用、以及可以構成交織緊密的「文獻（知識）網絡」等多樣特性，這些在在都是紙本文獻所難以匹敵的。因此，本文打算針對目前網路上的巴利教學與研究資源，擇其重要的加以介紹。

---

* 原載《佛教圖書館館訊》第 40 期，台北：財團法人伽耶山基金會，2004 年 12 月，頁 21-35。今稿對其中部分資訊做了更新。

❶ 參見本書【參】。

本文和〈紀要〉一樣，將以「巴利語言文獻學」的資源為主，包括巴利原典、原典翻譯、以及工具書——如辭典、文法書、讀本等，另外也將介紹有助於語言學習的有聲資源。讀者將會發現，這些資源絕大部分在〈紀要〉一文中還未介紹過（因該文以「新近」資料為主），因此，本文與〈紀要〉有很大的互補性。

二、網路上的巴利原典

目前網路上比較完整的巴利藏原典有錫蘭版、緬甸版、以及泰國版三個版本，下面分別介紹。

㈠網路上的錫蘭版（BJT 版）

錫蘭版巴利三藏（BJT 版，Buddha Jayanti Tipitaka Series）是 1960-1970 年代由錫蘭政府贊助出版的。這是錫蘭政府紀念佛滅 2500 年（A.D.1956 年）系列活動中重要的一項。此版內容包括「三藏」：律藏、經藏（五尼柯耶）、七部論；還有「藏外典籍」（38 冊），諸如：⑴古代巴利文法：如迦旃延文法（Kaccāyana）、目犍連文法（Moggallāna）等。⑵史書：如島史（Dīpa-vaṁsa）、大史（Mahā-vaṁsa）等。⑶後期經論：如彌蘭王問經（Milinda-pañha）、清淨道論（Visuddhi-magga）等。⑷古代巴利辭書（如 Abhidhāna-ppadīpikā），以及詩學與修辭學方面的巴利典籍（如 Subodhālaṅkāra）。

錫蘭版三藏從 1991 年開始輸入電腦，到 1994 年全部完成。之後，在 1996 年 3、4 月正式上網，接著，進行後續的校讀工作。根據 L.S. Cousins 的附記，從 1996 年 10 月起，到 1999 年 1 月，共經過 4 次更新，這些更新版反應最新校讀除錯之後的成果。目前律藏及經藏都已經做過初步校讀（一次），但仍不保證完全無誤，這是使用者須要注意的。

這個版本的優點之一是，所有律藏和經藏都附有 PTS 版（Pali Text Society，巴利聖典學會版）頁碼，對照查索方便；但缺點是，目前還未提供線上瀏覽及檢索功能，必須下載之後，另以檢索器（如 Windows Grep）檢索。

【BJT 錫蘭版巴利藏】網址：

⑴http://jbe.gold.ac.uk/palicanon.html

⑵也可到 http://www.buddhist-canon.com/PALI/SIRI/indexsri.html 網站下載。

㈡網路上的緬甸版（VRI 版）

緬甸版（VRI 版）是印度 Vipassana Research Institute（內觀研究所）根據緬甸第六結集版進行電子化的成果。目前網路版主要是三藏、注釋、解疏，以及藏外典籍——如阿毗達摩綱要書、史書、文法書、詩律學等各種巴利原典。這是目前文獻收錄最豐富的巴利藏電子版。

這個版本提供線上瀏覽功能，並且提供與 PTS 版的頁碼對照（可直接點選瀏覽）。可惜的是並未提供線上檢索功能，因此建議讀者使用其光碟版 CSCD（Chaṭṭha Saṅgāyana CD-ROM），效能較佳。（光碟版詳見第二之㈣節的說明）

【VRI 緬甸版巴利藏】網址：

http://www.tipitaka.org/tipitaka/booklistframe2.html

㈢網路上的泰國版（BUDSIR on Internet）

"BUDSIR on Internet"是泰國 Mahidol 大學所製作的泰國版巴利藏光碟 BUDSIR IV 的網路版。此版內容包括：三藏 45 冊，三藏泰譯 45 冊，注釋書 70 冊。網路版具有羅馬化、天城體、以及泰文、錫蘭文等四種字體的顯示功能。這個版本具有線上瀏覽及方便的全文檢索功能，並且提供與 PTS 版頁碼對照功能。這是本文介紹的三個網路版巴利藏中，功能最齊全的。

【BUDSIR 泰國版巴利藏】網址：

http://budsir.mahidol.ac.th/（須先輸入姓、名登錄註冊）

㈣補充說明

為了讓三藏原文的搜尋與擷取更加順利，讀者有必要對巴利藏全體的組織結構，以及各藏、各部、各經的名目及基本內容，先有個概覽性的了解。這部分資訊，可參考美國"Access to Insight"（內觀之道）的三藏網頁（網址參三之㈡節），或馬來西亞"Mahindarama"（瑪辛達寺）的佛教聖典網頁（網址參三之㈢節），其中有相當簡要清晰的概介，對於初入門者將有很大的助益。中文方面的概覽，可參考台灣大學「佛學數位圖書館暨博物館」（以下簡稱「台大佛圖」）的「語言教學・巴利文教學・4.實用巴利語文法」

（網址參五之㈣節），其中的「附錄 G」及「附錄 H」有巴利藏的「目錄」及「漢譯對照表」。❷

上面介紹的三個版本當中，緬甸版（VRI 版）與泰國版（BUDSIR IV）另有光碟版流通，相關訊息可參考上述 VRI 與 BUDSIR 網站。這兩版光碟的緣起、文獻底本資訊、製作過程、以及相關功能，筆者曾在〈紀要〉一文中介紹過（該文第七節），讀者可以參考。對於長期使用或較專業的使用者，筆者仍建議使用光碟版，不但功能較齊全（例如搜尋、經注對照、資料擷取等），也可避免字型衝突的問題。

三、網路上的巴利原典英譯

㈠斯里蘭卡 MettaNet

MettaNet（慈網）是斯里蘭卡「慈網基金會」（MettaNet Foundation）建構的，收有巴利三藏原典、英譯、以及僧伽羅語（錫蘭語）譯本。原典即前面介紹過的錫蘭版三藏（BJT 版），僧伽羅語譯本是 A.P. de Soyza 之作；英譯則來源多方，譯者眾多，包括 PTS 的英譯（T.W. Rhys Davis 的《長部》第一冊翻譯），以及眾多擷取自網路的譯本。目前已經上網的英譯只有經、律二藏的一部分，論

❷ 這份目錄只列出三藏（以及注釋書、藏外典籍）的經目，至於有關巴利三藏內容概介的中文材料，網路上似乎還未見到，紙本資料則可參考郭良鋆著，《佛陀和原始佛教思想》（中國社會科學出版社，1997 年）一書的第一章「巴利語文獻概述」，以及同書附錄〈巴利語三藏提要〉的說明。

藏尚缺；其中的收錄情形，請參考文末【附表】的說明。

【MettaNet 慈網】網址：

⑴可由http://www.metta.lk/進入MettaNet首頁，再點選“Tipitaka”。

⑵或直接由 http://www.metta.lk/tipitaka/index.html 進入巴利三藏網頁。

㈡美國 Access to Insight

Access to Insight（內觀之道）是美國居士 John Bullitt 的個人網站，主要是為了提供各方人士研修（practice and study）上座部佛教而設。Bullitt 從 1993 年起，逐步收羅巴利三藏的翻譯（英譯，最主要的譯者是 Thanissaro 比丘）以及有關內觀禪修的相關著作，到 1998、1999 年，累計已得經文超過 800 篇，文章及專書也達數百部（篇）。當時曾製成光碟（名為 *A Handful of Leaves*，一掌樹葉）❸免費流通，但目前已經絕版，預計 2005 年中將再發行新版。不過目前此站提供「全網下載」功能（Downloading the Entire Website），可以下載所有資料，自製光碟使用。

Access to Insight 和 MettaNet 一樣，目前只選收經、律二藏的

---

❸ 「一掌樹葉」是編者借用「相應部」的故事，喻指其選取眾多經文當中，最「核心、重要、關鍵、而有實益」的部分。按，佛陀曾在申恕林中，手持「一掌樹葉」，教示弟子，他所覺悟的法就像「大林樹葉」，而所說的法只如手中的「一掌樹葉」——亦即以四聖諦、八正道為主的「滅苦之道」。見《相應部・56 相應・31 經》或《雜阿含・404 經》（大正藏本）。

部分譯文，並沒有收入論藏翻譯；其中的收錄情形，請參考文末【附表】的說明。根據 Bullitt 所說，目前網站已經收錄超過 900 篇（部）重要經文。

與 MettaNet 相較，Access to Insight 有幾項特點：⑴ Bullitt 對三藏翻譯只做「選擇性」收集（精選），並未打算收錄全藏（所以稱之「一掌樹葉」）。❹⑵在各藏、各部、各經之前都附有該藏、該部、該經的相關介紹，例如組織結構，目前的譯本資訊、經文內容概要等，對讀者很有幫助。⑶許多譯文收有二種（或二種以上）譯本，提供讀者更多參考。⑷相關經文（包括譯文附注）若有專文或專書討論到，則進行「連結」，讀者很容易取得更深入廣泛的了解。⑸此站編有多種有益的「索引目錄」（Index），可協助讀者進行相關研究，並大大提昇了站內資料的使用效益，下面略作介紹。

⑴【Author】（作者索引）：是站內所收各文章、專書、以及經典譯文的「作者」的索引目錄。在每位作者項目之下，列有其「相關著作」，並作分類歸納，提供點選連結。

⑵【Proper Names】（專名索引）：是站內所收錄的經藏、律藏譯文中出現的「專有名詞」的索引目錄——例如人名、天神名、夜叉名、地名、山名、河名、植物名等。

⑶【Number】（法數索引）：是經、律譯文當中「帶有數目的教法」的索引目錄。從一法（如「食」，一切眾生皆依食住）、二法

---

❹ Bullitt 提到，他選錄經典和譯文的標準是：⑴譯文好的；⑵經文內容具有實益的（useful，也就是和內觀修習有關的）；⑶作者或出版者允許流通的。

（如二種愚人）、到十一法（如修習慈心的十一種利益），乃至一百零八法（百八種受）等，依次集錄。

⑷【Similes】（譬喻索引）：是選經當中「與法有關的譬喻」（純粹文學性或敘事性的未收）的索引目錄，並且對相關譬喻進行歸納與分項。例如，在“Lake”（湖（池）譬）之下，再分“deep and calm”（深靜，喻智者聞法之後，心境如「寧靜的深湖」）與“dried-up”（枯竭，喻不修行者年老之時，如老鷺之守於「枯池」）等。

⑸【Suttas】（經名索引）：主要是「經藏」選經的「巴利經名」的索引目錄。關於「經名」檢索，在各版巴利藏中，《長》、《中》、《相應》三部的經都附有經名，因此檢索上沒有問題。但PTS 版的《增支部》經文，只有「經號」而沒有「經名」，這時可利用「經號」進行檢索。例如，想找「增支部·第 3 集·第 51 經」的譯文，可鍵入“AN III. 51”查詢，即可找到。❺（AN＝Aṅguttara Nikāya 增支部）

⑹【Subject】（主題索引）：這是站內收錄的文章、專書、和經典譯文等材料所談論到的各種主題——例如 Dāna（布施）、Diṭṭhi（見解）、Lay Buddhist practice（居士法、居士行）等——的匯集與索引。在各主題之下，列有「相關主題」（See also），就是與這個「主題」有關的「其他主題」；另外還列有談到這個主題的相關經文、論文、專書。例如，在“anatta”（無我）條目下，「相關主

---

❺ 有關《增支部》各經的「經名」，可參考：⑴緬甸版《增支部》相同之經的經題；⑵赤沼智善著，《漢巴四部四阿含互照錄》，頁 267-342 所列；⑶水野弘元著，《南傳大藏經總索引》，書末所附「パーリ原典の總目次」的“Aṅguttara-nikāya”部分。

題」為“Tilakkhaṇa”（三相，無常、苦、無我）；另外列有 9 筆經文索引（各筆經文都有要點略述），以及 4 筆談論到「無我」的專書（論文）。讀者可善用這項索引功能，研讀、研究各種有興趣的主題。

(7)【Title】（標題索引）：主要是站內所收錄的專書、文章的「標題」（即書名、文章篇名）的索引目錄。至於譯經，則只收入大部頭的經名，如 Dīgha（長部）、Udāna（自說）等，短篇經文的經名收錄在第(5)項“Suttas”（經名索引）中。

【Access to Insight 內觀之道】網址：

(1)可先進入 http://www.accesstoinsight.org/（首頁），再點選“Tipitaka”，即可進入三藏英譯。

(2)或直接由 http://www.accesstoinsight.org/canon/index.html 進入。

(3)要使用上面介紹的「索引」（Index）功能，可在首頁的“Tipitaka”一項，點選右方說明文字中“sutta name”、“subject”、“proper names”、“similes”之任一項。

(4)此網站的譯經、索引、以及說明文字當中，經常會見到各種「縮略語」（如 DN, CDB）、「符號」（如{}, »），以及「引用格式」（如 SN LVI.11, Khp 6）等。這些縮略語的用法和意義，可參考其“Help”功能的“Abbreviations and symbols”一項的說明，網址為：http://www.accesstoinsight.org/abbrev.html。

(三)馬來西亞 Mahindarama

Mahindarama（瑪辛達寺）位於馬來西亞北部的檳城（Penang）。此寺是來自錫蘭的 Sumanasara 長老於 1930 年創建的。該寺網站提供了規劃頗為完善的「網路函授課程」（e-Correspondence Course），「常用巴利詞辭典」（e-Pali Dictionary），數十部的電子書（e-Library），以及收羅甚豐的巴利藏英譯。以下就其中的巴利藏英譯略作介紹。

Mahindarama 和 MettaNet、Access to Insight 一樣，目前只提供經、律二藏的部分譯文，並沒有提供論藏翻譯；其中的收錄情形，請參考文末【附表】的說明。根據筆者概略比對，此站所收錄的英譯有許多與 MettaNet、Access to Insight 的譯文一樣，顯然是來自同一譯者之作。（但此網站並沒有提供譯者資訊）

【Mahindarama 瑪辛達寺】網址：

由 http://www.mahindarama.com/進入 Mahindarama 首頁，在“e-Service”選項欄中，點選“e-Tipitaka”即可進入三藏英譯網頁。

四、網路上的巴英辭典

㈠ PTS 版巴英辭典（PED）

PTS 版巴英辭典，即 1921-25 年，由 T.W. Rhys Davids 與 W. Stede 所編著的 *The Pali Text Society's Pali-English Dictionary*（*PED*），這是目前「完整版」巴英辭典中比較好的一部。❻這部

---

❻ 這部辭典仍有許多問題，因此 PTS 正編纂新版巴英辭典，目前已出版一個分冊，收錄開頭字母 a-kh 的語詞，約佔全編三分之一。詳參本書

辭典的網路版是由美國教育部支持，芝加哥大學、哥倫比亞大學等單位負責執行的「南亞語數位辭典計劃」（Digital Dictionaries of South Asia Projet）當中的一部。計劃內容還包括梵語辭典（Sanskrit）以及中古印度雅利安俗語辭典（Prakrit），但目前尚未完成。

這部網路辭典的主要特色是，提供了多重方便的檢索功能。包括詞目檢索（entry words）、全文檢索（entire dictionary）、多詞檢索（multiple words）、翻頁檢索（specific page）。其中前兩項還可細分「全字」（Words that match，如 buddha）、「字頭」（Words starting with，如 buddh）、「字尾」（Words ending with，如 ddha）、「字中」（Words containing，如 ddh）四種檢索方式。善用這些檢索功能，將可達到紙本所達不到的強大應用效能。下面簡單舉示幾項：

⑴進行「字根衍生詞」檢索。巴利辭典的詞目編排不像梵文辭典按照字根排列，而是按照衍生之後各單詞的字母順序排列。因此，同一字根的各衍生詞便散落各方，不易找尋。在網路版則可以克服這項困難。例如，在「全文檢索」中鍵入字根“pad”（去），點選「全字」，便可找出與“pad”相關的衍生詞（如 Ajjhāpajjati, Ajjhāpanna, Anupajjati, Āpatti 等）。

⑵進行「前接複合詞」檢索。辭典中，複合詞一般都採用「後接式」列法，例如在詞目“kaṇha”（黑）之下列有“-kamma”（黑-業）、“-vipāka”（黑-報）等。但在網路版，便可以反過來，進行「前接式」複合詞檢索。例如，在「全文檢索」中鍵入“vipāka”

【參】〈巴利學研究紀要〉，第六之㈡節的介紹。按，PTS 是巴利學研究領域極重要的一個出版社，網址為：http://www.palitext.com/。

（報、異熟），點選「全字」，便可以找到“Kaṭuka-”（苦澀之-報）、“kaṇha-”（黑-報）、“Kamma-”（業-報）、“Kusala-”（善-報）、“Dukkha-”（苦-報）等前接複合詞。

⑶進行「經文例句」檢索。遇到經文中的慣用句或難句，可在「多詞檢索」中鍵入該句的幾個關鍵詞，點選「全字」，查看辭典中是否有該句的相關用法或解釋。

⑷可作為「英巴辭典」使用。在「全文檢索」中鍵入某英文字，點選「全字」，即可找到相關意義的巴利詞（但檢索結果還要經過一番篩選）。

【PED，PTS 版巴英辭典】網址：

http://dsal.uchicago.edu/dictionaries/pali/

㈡簡明巴英辭典

斯里蘭卡 MettaNet（慈網）的“Pali Utilities”（巴利學習工具）網頁，收有一部「簡明巴英及英巴辭典」。這部辭典主要以錫蘭學者 A.P. Buddhadatta（佛授）長老的 *Concise Pāli-English Dictionary*（*CPED*）為基礎，而進行電子化。❼

CPED 是一部提供學生使用的「簡明辭典」，Buddhadatta 長老在編寫這部辭典時曾參考 PTS 版巴英辭典（*PED*），但在許多地

❼ *CPED* 由錫蘭 Buddhist Publication Society（BPS）出版，1949 年初版，1952 年二版。按，BPS 是巴利佛教學領域相當重要的一個出版社，網址為：http://www.bps.lk。

方，對於語詞的解析以及詞義的判定，他更傾向於根據巴利注釋書的解釋，而不同意 *PED* 的看法。此外，有關動詞的字根，此辭典一律採用巴利字根形式，不像 *PED* 採用梵語字根。

這部辭典的電子版是由一群在斯里蘭卡留學的外籍比丘所製作。該計劃從 1998 年 8 月開始進行，到 1999 年 1 月完成（第一版），提供巴英、英巴雙向檢索功能，但並未像上述 *PED* 網路版一樣，提供「全文檢索」功能。這部辭典須先下載，然後安裝使用，目前還沒有線上檢索功能。❽

【CPED 簡明巴英辭典】網址：

http://www.metta.lk/pali-utils/index.html

㈢巴利佛教專有名詞辭典

MettaNet 的"Pali Utilities"網頁還收有一部「巴利佛教專有名詞辭典」，就是 1937-38 年錫蘭（留英）學者 G.P. Malalasekera 的巨著：*Dictionary of the Pāli Proper Names*（*DPPN*），❾這是「早期佛教」專有名詞辭典的雙璧之一。❿儘管作者限於計劃時程，只能在短短 4 年之內完成其任務（1933 年開始進行），但此辭典依然可謂質

❽ 筆者曾下載這部辭典，但安裝之後，不知哪裡出了問題，只能見到檢索功能畫面，卻無法檢索。因此，這裡只能做概要的說明。

❾ *DPPN* 於 1960 年由 PTS 重印出版。

❿ 另一部是赤沼智善（Chizen Akanuma）的《印度佛教固有名詞辭典》（*A Dictionary of Buddhist Proper Names*），1931 年（印度版 1994 年）。

量俱精。作者處理的材料範圍涵蓋了所有巴利三藏，以及當時出版的所有注釋書，還有 18 世紀以前印度、緬甸、錫蘭編著的重要巴利典籍（特別是史書，如大史、島史、小史、大菩提樹史、教史、書史等），此外還包括部分佛教梵語（Buddhist Sanskrit）文獻，例如 Mahāvastu（大事）、Divyāvadāna（天譬喻）、Jātakamālā（本生鬘）、Avadānaśataka（撰集百緣經）等。

DPPN 所收錄的專名涵蓋甚廣，諸如人物（包括人、天神、夜叉、龍王等），地點（涵括人間、天上、地獄等），山川湖泊，建築（如宮殿、講堂、寺院等），以及典籍名（如 Kathāvatthu 論事、Dīpavaṁsa 島史）、經名（sutta）、篇名或誦名（vagga）、品名（vagga）、相應名（saṁyutta）、本生名（jātaka）、故事名（vatthu）等。對於各個專名詞目，辭典中除了精簡又不失完整的內容概述之外，並附有相關出處，有利於讀者進行更深入的研究。除了「專有名詞」，此辭典也收入一些重要的「一般名詞」，例如 Asura（阿修羅）、Buddha（佛）、Māra（魔）、Mahāpurisa（大丈夫、大士）等。

這部辭典的網路版，將原來紙本中不易閱讀的長篇段落，適切地進行細部分段，並重新編排，標出要點，大大提高了可讀性，這是優於紙本的地方。

【DPPN 巴利佛教專有名詞辭典】網址：

(1) http://www.metta.lk/pali-utils/Pali-Proper-Names/index.html

(2)或由 http://www.palikanon.com/english/pali_names/dic_idx.html 進入。

㈣佛教教理辭典

上面介紹的辭典，主要收錄一般詞彙及專有名詞。除此之外，佛學或佛教教理的「名相」（術語），也是學習者及研究者隨時需要查覽的。澳洲 BuddhaNet（佛網）收有一部「佛教教理辭典」，即著名的德籍比丘 Nynatiloka（三界智）長老 1952 年在錫蘭出版的 *Buddhist Dictionary*（由 BPS 出版）。Nynatiloka 長老精研巴利三藏及注釋書，曾有《增支部》、《人施設論》、《彌蘭王問經》、《清淨道論》、《攝阿毗達摩義論》等多部譯著（德譯）問世，此外並著有多部講述佛教教理的專書。

這部辭典是 Nynatiloka 長老基於廣泛而深入的一手研究所得的成果，可靠度較高。由於文獻依據主要為巴利三藏，不包括後來大乘諸經論，因此就其性格而言，不妨稱之「巴利佛教（或早期佛教）教理辭典」。這部辭典具有多方面優異的特色，以下略作介紹。

⑴辭典中對於相關名相的「譯語」相當用心斟酌，改正、釐清了不少當時西方誤解或模糊的譯詞。

⑵此辭典採用交互參照的方式，同時收錄巴利、英譯名相，讀者可直接將之作為「巴英」及「英巴」教理辭典使用。

⑶辭典對於詞目名相不僅止於審慎的對譯，並且對其內涵意義進行精要而清晰的解說。

⑷除了作者本身的解說之外，更重要的是時時引用一手文獻（經文內容），呈現該名相在經典中所指涉的具體內容，以及脈絡意義。

⑸內文說明中所引用到的經論，都注明出處，利於讀者進一步

考察。

(6)說明中的關鍵用語多附有巴利原文，一方面大大提高讀者理解的精確度，以減少混淆、模糊；再則利於讀者進一步查索該關鍵語的相關意義。

(7)對於相關詞目或主題，若有二手資料討論到的，則注明出處，有助於讀者進一步研讀。

(8)嚴格區分「早期」（經典）與「後期」（論書、注釋書）的用詞和意義，並另編有一份「附錄」（APPENDIX），收羅「後期」出現的語詞及詞義，具有教理史研究的價值。

這部辭典編成之時（1946 年），Nyanatiloka 長老就打算進行後續的增訂計劃，可惜因為病苦纏身，遲遲無法完成。因此，1956 年的第二版，只做了些微修訂。後來，長老於 1957 年辭世，⓫增訂此辭典的遺願，就由他的學生，另一位著名的德籍比丘 Nyanaponika 承擔。Nyanaponika 增訂的第三版（1972 年），基本上仍維持原書的範圍和性格，新增的詞目很少，但對一些詞目（超過 70 條）的內文進行擴充和改寫，並增補經據出處，以及有關的二手文獻資訊，讓辭典的質量更加提昇。⓬

目前此辭典的網路版有英文版及德文版。英文版是 pdf 檔，跟

⓫ Nyanatiloka 長老（1878-1957）一生 80 年的歲月中，在錫蘭度過了 54 年，他德學俱隆，極受錫蘭佛教徒的敬愛。過世時，錫蘭政府為了感念他對佛法的貢獻，特地為他舉行國葬，數十萬僧俗大眾參加其葬禮，備極哀榮。

⓬ 此辭典 1980 年又有第四版（即目前網路上見到的版本），但內容只做極少的修訂。

原書形式一樣，提供下載；德文版則是 html 檔，提供線上查詢、詞目之間的交互參照、以及經典引文的連結。

【Buddhist Dictionary 佛教教理辭典】網址：

⑴英文版：http://www.buddhanet.net/pdf_file/palidict.pdf

⑵德文版：http://www.palikanon.com/wtb/wtb_idx.html

㈤巴利佛教名相彙編

除了上述教理辭典之外，Access to Insight 也提供了一部簡明而實用的「巴利佛教名相彙編」，*A Glossary of Pali and Buddhist Terms*。

這部「彙編」提供名相本身的「釋義」、釋文用語的「交互參照」（cross reference）、「相關名相」的連結（see~, compare~）、以及「進階閱讀」（more）等內容和功能，很能將網站中所收錄的經文、文章、專書等豐富資訊交織結合，彙整成重重無盡的知識網絡。舉例而言，從詞目“ācariya”（阿闍梨、老師），可連結到「相關名相」“kalyāṇamitta”（善知識、善友），從“kalyāṇamitta”又可連結到《增支部》經文對此詞的定義及說明。除了巴利名相之外，這部辭典也收有少數泰語（Thai）名相，例如：Ajaan（阿闍梨、老師，義同巴利 ācariya）、Phra（師父，冠於比丘名字前面的敬稱語）等。

【A Glossary of Pali and Buddhist Terms 巴利佛教名相彙編】網址：

http://www.accesstoinsight.org/glossary.html

五、網路上的巴利文法

(一) Pāli Primer

印度 Vipassana Research Institute（VRI，內觀研究所）網站，收有一部適合初學者入門學習的巴利文法，即 Lily de Silva 1991 年在斯里蘭卡出版的 *Pāli Primer*（巴利語入門）。⓭此書採用由簡而繁、逐步擴充建構的方式，循序漸進地介紹巴利語最基本的構件——名詞、動詞、分詞、代名詞等，包括其詞形與用法，並配合大量的習作練習，讓初學者可以很快掌握巴利語最基本而常用的用法。

這部文法除了紙本及網路版之外，另有 CD 版，收錄在 VRI 發行的緬甸第六結集巴利光碟 CSCD 中。CD 版的優點是，收錄了 Lily de Silva 教授 1998 年親自為此書 VRI 版所寫的「習題解答」（包括巴翻英及英翻巴全部），對於自修學習者將有莫大幫助。讀者可執行 CSCD 光碟，於"Help"「下拉功能表」中，點選"Books"的"Key to Paliprimer"即可找到這份習題解答。在這份解答的最後，還附有此書的「勘誤表」（Errata in Pāli Primer），這也是目前紙本與網路版都還未收入的。

【The Pāli Primer 巴利語入門】網址：

http://www.vri.dhamma.org/publications/pali/primer/index.html

---

⓭ *Pāli Primer*，1994 年又由 VRI 在印度重新出版。

㈡ An Elementary Pāḷi Course

MettaNet 的“Pali Utility”（巴利學習工具）網頁中，收錄了兩部巴利文法，一部是 Nārada 長老 1953 年修訂擴編的 *An Elementary Pāḷi Course*（基礎巴利語教程）。⓮這部文法與 *Pāli Primer* 一樣，採用逐步建構的方式，循序介紹巴利語各種詞類的內容、詞形、意義與用法。但是它所含括的廣度及深度都超過 *Pāli Primer*，例如 *Pāli Primer* 所沒有提到的接頭詞、不變化詞、數詞、複合詞、連音、完成式、被動語態等單元，這部書都介紹了。此書可作為 *Pāli Primer* 之上的進階教材，具備此書所介紹的文法知識，閱讀巴利經典將會比較順利。

【An Elementary Pāḷi Course 基礎巴利語教程】網址：

⑴ MettaNet 網站：http://www.metta.lk/pali-utils/ele-pali.doc

⑵ BuddhaNet 網站：http://www.buddhanet.net/pdf_file/ele_pali.pdf

㈢ A Practical Grammar of the Pāli Language

MettaNet 收錄的另一部巴利文法是 *A Practical Grammar of the Pāli Language*（巴利語實用文法），這是 100 年前（1906 年）Charles Duroiselle 在緬甸仰光出版的。當時 Chas. Duroiselle 由於「仰光學院」（Rangoon Collage）教學的迫切需要，在短短 3 個月中就完成此書，因此留下一些錯誤未及訂正。9 年後（1915 年），此書第二版

⓮ *An Elementary Pāli Course*，1941 年在錫蘭可倫坡（Colombo）初版，1953 年二版。

時，做了全面修訂。Chas. Duroiselle 編著此書時，參考了當時歐洲出版的所有現代文法書，並且參考多部古代巴利文法，例如 Kaccāyana（迦旃延文法）、Moggallāna（目犍連文法）、Saddanīti（語法論）等，因此儘管年代較早，依然有一定的參考價值。但現在這部「古書」早已絕版了。目前的網路版（即 1997 年，第三版），是 U. Dhamminda 根據手頭影印本，輸入電腦，並校正其中少許錯誤所得的成品。此書由於距今已 100 年，因此書中存在一些古奧的英文語形（例如，第 2 人稱單數未來式：thou wilt ~ = you will ~；第二人稱單數受格：thee = you，屬格：thy = your）。

與前面兩部文法書編法不同的，這部文法將巴利語的各個語法單元（如字母、連音、名詞、形容詞、數詞、代名詞、動詞、不變化詞、複合詞、句法、詩律等），以獨立的章節，系統而完整地分章介紹。此外，本書的寫作方式，基本上是純就語法規則進行條列說明，極少例句，因此對於初學者來說，難免比較枯燥艱澀。可是它卻很適合已經具有初階巴利語基礎的學習者，作為有系統的複習之用；同時也可作為閱讀經文時，方便翻查的文法手冊。

【A Practical Grammar of the Pāli Language 巴利語實用文法】網址：

⑴ MettaNet 網站：http://www.metta.lk/pali-utils/index.html

⑵ BuddhaNet 網站：http://www.buddhanet.net/pdf_file/paligram.pdf

㈣實用巴利語文法

「台大佛圖」網站的「語言教學・巴利文教學」網頁，收有一部中文編寫的巴利文法，即筆者編著的《實用巴利語文法》。這部文法的初稿，是編者 1995 年，應教學之需，隨編隨用的上課講義。1997 年進行大幅擴編改版，形成目前上下兩冊的教材。隨後幾年之間，陸續訂正，並收入多份補充資料作為附錄。⓯

這部文法主要以 A.K. Warder 的 *Introduction to Pali*（PTS, 1963, 1974）為基礎，配合水野弘元《巴利文法》⓰的部分內容，進行改編。此書上冊為語法的入門與核心內容，採用由簡而繁的逐步建構式編法，引導初學者；下冊為語法進階，對於各個語法單元，採用獨立分章的系統式說明。

為了利於課堂使用，此書做了幾項不同於前述語法書的安排。首先，全書採取簡單明瞭的「講義書」編法——以綱目、圖示、及簡潔的說明，取代繁複的文字敘述。其次，此書強調「句型」的教導，透過簡單的結構觀念，幫助學習者清楚明瞭地把握基本句構。再者，此書特別強調「語感」及「語境」的學習，因此從 Nikāya（巴利經藏）中廣引文義及情境完整的「長例句」，讓抽象枯燥的文法規則及其用法、意義，能具體鮮活地在情境中呈現。此外，為了讓學習者直接接觸、領受此一古典語言的「本來樣貌」（包括言談的口氣、習慣等），書中例句儘可能地引自原典，而不自行編造，這也是與前述幾部語法書頗異其趣的地方。

此書的網路版因為轉檔問題，版面格式變了樣子，不但降低了

⓯ 如習題解答，巴利三藏（及注釋書、藏外典籍）與英譯、漢譯的對照表，法數集，複合詞概說等。

⓰ 水野弘元著，《パーリ語文法》，山喜房佛書林，1955 年。漢譯版為許洋主譯，《巴利文法》，華宇出版社，「世界佛學名著譯叢」冊 5，1986 年。

可讀性，甚至有些地方未能正確對位，造成理解上的困難，這是急待改善之處。筆者建議使用紙本。⓱

【實用巴利語文法】網址：

由 http://ccbs.ntu.edu.tw/BDLM/index.htm 進入「佛學數位圖書館暨博物館」網站，點選「語言教學」的「巴利文教學」，點選「4.實用巴利語文法」。

六、網路上的巴利讀本

這裡「巴利讀本」指的是，可以加強學習者對這個語言的嫻熟度，並有效提昇閱讀能力的「巴利文章選集」——除了文選之外，為了有效幫助學習者，通常還須附上翻譯、註解、或單字表，乃至詞法與句法的分析。⓲就筆者所見，目前網路上這類材料似乎不多，以下僅就所知略作介紹。

「台大佛圖」網站的「語言教學・巴利文教學」網頁，有一項「經文選讀」的學習網頁，其中的“Vandanā”（禮敬偈）與“Dhammapada”（法句經）便具備上述「巴利讀本」的功能與要求。“Vandanā”收有禮敬頌、三皈依等 6 篇頌文；“Dhammapada”則是整

⓱ 這本文法書尚未正式出版，但國內部分佛教研究單位圖書館，例如，法光佛教文化研究所、中華佛學研究所、香光尼眾佛學院圖書館等，收有影印本。

⓲ 護法法師與筆者曾合編過這樣的一冊小書（讀本），《巴利語輕鬆上路》，1998 年。（課堂教材）

部《法句經》26 品 423 頌的全部內容。這部「經文選讀」對於各個頌文，除了列出巴利原文之外，還包括翻譯、句構圖示、單詞詞義與語法分析、句法說明、頌文意義及相關事緣解釋、頌文朗讀等，可以說相當完整而詳細，是一部非常適合學習者自修學習的教材。

【巴利讀本】網址：

由 http://ccbs.ntu.edu.tw/BDLM/index.htm 進入「佛學數位圖書館暨博物館」網站，點選「語言教學」的「巴利文教學」，點選「3.經文選讀」。

七、網路上的巴利有聲資源

這裡的「有聲資源」，主要是針對有助於「語言」學習的材料。因此以下將選介有關巴利字母發音，以及單詞、句子、偈頌、經文的讀誦，乃至於現代改編的經文唱誦等有聲材料。至於網路上相當豐富的有關上座部佛教的禪修指導、經教講述之類有聲材料，便不在此處的介紹之列。

㈠字母、單詞、句子的讀誦

「台大佛圖」的「巴利文教學·字母與發音」網頁，收有一篇「巴利語簡介」，介紹巴利語所屬的語系、起源、使用地區等。之後，並介紹、舉列多種用來拼寫這個語言的字母（例如印度的婆羅米文、佉盧虱吒文、天城體，以及錫蘭、緬甸、泰國、寮國、高棉等各國文字）。在所有用來拼寫巴利語的文字當中，目前國際間比較通行的是，以歐洲為主的西方國家所採用的「羅馬拼音」。在該網頁下方，便收有以羅馬拼音所例示的「字母、單詞、句子的發音」，讀者只要點選相應位置，即可聽到該字母、或該語詞、語句的發音。同一網站的「經文選讀」（即第六節介紹過的「巴利讀本」）也有單詞及句子讀誦的功能，讀者也可以運用練習。

【字母、單詞、句子讀誦】網址：

由 http://ccbs.ntu.edu.tw/BDLM/index.htm 進入「佛學數位圖書館暨博物館」網站，點選「語言教學」的「巴利文教學」，選「1.字母與發音」或「3.經文選讀」。

㈡巴利佛教課誦

目前網路上有許多南傳國家的巴利課誦文，讀者一方面可以透過它，實地感受合誦的莊嚴氣氛，同時又能透過「眼看」、「耳聽」、「口誦」的方式增進巴利語的「聽」、「讀（誦）」能力。不同網站所編輯的課誦文選，多少有些差異，但其中主要內容一般包括：

⑴「開頭」的祈請、禮敬、供養文：如請天神文、禮敬偈（Vandanā），三皈依文（Tisaraṇa），五戒文（Pañca Sīla），禮敬三寶文（Buddha, Dhamma, Saṅgha Vandanā），供燈、香、花頌文（Padīpa, Sugandha, Puppha Pūjā）等。

⑵「中間」的經文讀誦：如吉祥經（Maṅgala Sutta）、寶經（Ratana Sutta）、慈經（Karaṇīya Metta Sutta）、轉法輪經（Dhammacakka-pavattana Sutta）、十二緣起文（Paṭicca-samuppāda）等。

(3)「最後」可能再加上迴向文、悔過文等，作為課誦結束。

【巴利課誦網路資源略舉】：

(1)上面提到的相關課誦文，可在 http://www.buddhanet.net/pali_chant.htm 及 http://www.vkfs-online.com/crystals.asp?menu=s&menupos=3&pid=3&catid=151 找到。

(2)泰國法身寺（Dhammakayaram）課誦：有 Rajyanvisith 法師所帶領的法身寺比丘的合誦，提供線上聞聽，以及有聲檔、誦文的下載。（http://www.concentration.org/b_chants.htm）

(3)英國阿魯那寶山寺（Aruna Ratanagiri）課誦：提供線上聞聽，以及有聲檔、課誦本下載，並有 CD 備索。（http://www.ratanagiri.org.uk/chanting.htm）

㈢現代巴利經文唱誦

除了寺院傳統的課誦之外，目前還有許多配上現代編曲以及（改編）巴利經文的唱誦。例如流行頗廣的越南女演唱家 Imee Ooi 所編曲及演唱的"The Chant of Metta"（慈愛頌）、"Tisaraṇa"（三皈依）等；Visarad Srima Ratnayaka 演唱的"Nava Guṇa Gāthā"（九德偈）、"Narasīha Gāthā"（人中之獅偈）等；GeeBees 演唱的"Abhaya Gāthā"（無畏偈）等。

【現代巴利經文唱誦略舉】：

(1) BuddhaNet 網站：http://www.buddhanet.net/audio-chant.htm。

⑵ Mahindarama 網站：http://www.mahindarama.com/geebees/hymns-library.htm。

八、結語：網路版巴利資源的效益與問題

㈠網路版提供的效益

上文簡要介紹了筆者所知，目前網路上比較重要及有用的巴利資源。在前言中曾提到，網路資料較之紙本文獻，具有多方面優異的效能。這些效能對於巴利學文獻，尤其顯著。舉例而言，眾所週知，目前比較重要的巴利學文獻，幾乎全部來自國外（如歐洲、南亞、日本），這些資料的取得，經常是耗時、費力、且花錢之事。即使是國內的佛學研究機構，也只有少數擁有其中的部份資料，一般大學圖書館幾乎都付之闕如。因此，對於一般學生或學習者而言，這些資料的取得並不容易。而網路資源的「即時」（隨時、立即可得，不須曠「月」費時）、「輕易」（隨處可用，不須舟車勞頓）、「低花費」（甚至於免付費）等特性，正可以克服這些困難，大大提高巴利資源的「易獲取性」與「易親近性」。

其次，紙本文獻由於種種原因（如年代、技術、經費等），有的排版太密（如 *DPPN*），有的字體太小（如 *PED*），有的字跡不清（如赤沼智善的《印度佛教固有名詞辭典》印度版）。網路版則由於電子文件極富彈性的排版功能，得以改善上述缺點，大大提高了文獻的

「易讀性」。此外，紙本文獻一般有「不易檢索」（如大海撈針）、「不易擷取利用」（須重新謄寫、打字、校對）、「資料之間不易關聯」（須自行製作交互參照）等限制。相反的，網路版一般具有「（全文）檢索」、「可複製利用」、「資料之間具網絡連結」等功能及特性。這些正可以克服紙本文獻的限制，大大提高巴利資源的「易利用性」。

再者，由於電腦相關工具（軟硬體）的普及與易用，不像紙本文獻出版（編輯、印刷、發行）之耗時、費力、花錢，使得網路上經常包含許多紙本中找不到的「好東西」——或者是未出版的（例如第五節的讀本）、或者是已絕版的（例如第四之㈢節的文法）。這是網路資源帶來的「豐富性」。此外，網路上的資料很容易將文字與聲音、影像等相互結合，成為更完整、逼真、形象而生動的資訊，這在（巴利）語言的學習上，更大大提高了「臨場感」與「實境性」。這些都是紙本文獻所難以匹敵的功能和效益。

㈡網路版存在的問題

儘管網路資源具有如上所說，易取得、易親近、易閱讀、易利用、豐富、實境等多樣優異的特性，但另一方面，網路資源也存在許多問題跟限制。

首先是字型問題。由於巴利語的讀音當中包含許多不同於一般歐美語言的特殊「音位」（phonemes，語音單位），因此在羅馬化的過程中，必須使用特別的「辨音符號」（diacritical marks）作為標示及區別，例如 ā、ī、ū 表示長母音，ṭ、ṭh、ḍ、ḍh、ṇ 表示捲舌音。可是在網路上，不同網站所採用的字型（font）大多不統一，連帶使得這些特殊符號經常無法正常顯示。儘管各網站一般都會提供字型下載功能，但在中文系統之下，卻常常遇到衝突的情形。這就造成讀者閱讀以及擷取利用資料的莫大困擾。

其次是校勘問題。網路版一般是根據紙本資料，重新輸入電腦，而後放上網路的。由於巴利語並非現代普及的語言，對於一般輸入人員而言，實無異於「天書」一般，因此打錯字的機率大大提高。⑲所以這些資料輸入之後，還需要委請（多組）專家進行後續（多次）的審校工作。但以目前網站到處林立，網路資料廣泛、快速、而又大量流通的情形來看，這些資料是否經過嚴格校勘？是否有足夠的專業人力能投入校勘？實在是個很大的疑問。

再來是文獻內容的品質問題。網路資料由於「發表容易」，不像紙本文獻的刊印通常需經諸多程序——例如審核、審校、修改等——重重關卡的把關，使得網路資源儘管豐富多采，但比起紙本文獻，卻更形「龍蛇混雜」而「品質參差」。

以上幾點都直接涉及網路資源的「可靠度」問題。「可靠度」或「品質」的精良與否，是文獻（及資訊）最基本而重要的性質，這是吾人在享受網路資源的高度效益的同時，需要審慎以對的。而這也提醒我們，面對如此龐雜而多樣的網路資訊，如何善用及發揮它所具有的效能，並同時小心避免其中可能潛藏的問題——這恐怕

⑲ 巴利文獻中這種打字錯誤與校讀不精的問題，不用說網路版，就算在紙本文獻也經常可見。以筆者的閱讀經驗而言，即使是學術界普遍使用的巴利聖典學會（PTS）所出版的巴利原典，平均而言，每一頁約有三、四處打字錯誤。若照這個數字估算，一冊薄薄兩、三百頁的原典，恐怕就要有上千處的錯誤！

是最需要吾人多費心思的！

【附表】：網路上的巴利三藏英譯舉示（2008 年 8 月止）——說明見第三節

<table>
<tr><th colspan="3">網路上的
巴利三藏英譯</th><th>MettaNet
（慈網）</th><th>Access to Insight
（內觀之道）</th><th>Mahindarama
（瑪辛達寺）</th></tr>
<tr><td rowspan="5">律藏</td><td rowspan="2">經分別</td><td>大分別
（比丘戒）</td><td>缺</td><td>全（節要）</td><td>全</td></tr>
<tr><td>比丘尼分別
（比丘尼戒）</td><td>全</td><td>全（節要）</td><td>缺</td></tr>
<tr><td rowspan="2">犍度</td><td>大品
（10 犍度）</td><td>收前 4 犍度</td><td>選</td><td>缺</td></tr>
<tr><td>小品
（12 犍度）</td><td>缺</td><td>選</td><td>缺</td></tr>
<tr><td colspan="2">附 隨</td><td>缺</td><td>缺</td><td>缺</td></tr>
<tr><td rowspan="5">經藏</td><td colspan="2">長部（34 經）</td><td>收 19 經</td><td>選 12 經</td><td>收 22 經</td></tr>
<tr><td colspan="2">中部（152 經）</td><td>全</td><td>選 80 經</td><td>全</td></tr>
<tr><td colspan="2">相應部（56 相應）</td><td>收前 44 相應</td><td>選 39 相應之部分經</td><td>收 35 相應之部分經</td></tr>
<tr><td colspan="2">增支部（11 集）</td><td>全</td><td>每集皆有部分選經</td><td>全</td></tr>
<tr><td colspan="2">小部
（15 或 18 部經）</td><td>6 部全譯：
小誦、法句、自說、如是語、經集、無疑解道。
餘9 部缺。</td><td>3 部全譯：
小誦、法句、如是語。
7 部選譯：
自說、經集、天宮事、餓鬼事、長老偈、長老尼偈、彌蘭王問經。</td><td>4 部全譯：
小誦、法句、自說、如是語。
4 部選譯：
經集、長老偈、長老尼偈、本生。</td></tr>
<tr><td>論藏</td><td colspan="2">七部論</td><td>缺</td><td>缺</td><td>缺</td></tr>
</table>

【伍】、巴利數位文獻資源現況評述與未來展望——兼談「初期佛教聖典多語多本平行語料庫」的幾點構想*

一、序　言❶

早在 30 幾年前的 70 年代，英國巴利聖典學會（Pali Text

* 原載《中華佛學學報》第 19 期，台北：中華佛學研究所，2006 年 7 月，頁 107-46。本文初稿曾在 2005 年 9 月 16 日於國立台灣大學圖書館、佛學研究中心、東亞文明研究中心共同主辦的「佛學數位資源之應用與趨勢」研討會口頭發表，題作〈巴利數位文獻資源的現況與未來〉。今稿基本架構大體不變，但內容做了大幅度的改寫與補充。

❶ 感謝兩位審查者（甲和乙先生/女士）細心審閱本稿，並惠賜許多寶貴意見。這些意見筆者有些直接採納並更正文稿，有些則作了補充說明。此外，審查意見中，有些觀點筆者認為可以補充本文的部分看法，這些意見，文中將完整抄錄，以便提供讀者更加多元及有益的訊息。

Society，PTS）就著手從事巴利文獻的數位化工作，但當時由於人工輸入及校訂的成本太高，而光學字體辨識系統（OCR）又不夠精確（只達 95%），最後只能放棄計劃。❷到了 20 年前，泰國法身寺也開始其巴利三藏的數位化工作，可惜當時工作環境極為簡陋（只有一部電腦），進展十分緩慢。但是近十幾年來，情況已經大大改觀。隨著資訊科技與網路科技的猛迅發展，巴利數位文獻資源的建設，如雨後春筍一般，迅速勃發，並且已經取得了相當顯著的進展，成績斐然。本文將在第二節簡要回顧這些業績。❸

其次，對於這樣快速而又大量的成績，實有必要進行一番綜合省察，以便了解其發展的趨勢特點，評估其能夠提供的學術研究效益，以及反省其存在的問題與限制，以便為未來的發展，提供一些參考座標。這是本文第三節的重點工作。

基於以上省察，本文將在第四節對於巴利數位資源的未來發展，提供一些可能的思考，焦點將放在「提高精審度」以及「開發更多價的研究教學效能」之上。其中提出一個擬構案例——「初期佛教聖典多語多本平行語料庫」，以便作為具體體現這種思惟的參考樣例。

---

❷ 參本書【貳】〈巴利學的現況與未來任務〉，第七節。

❸ 有關巴利數位文獻資源的現況，筆者曾有兩篇文章談及，本節將這些內容重新作比較扼要的陳述，詳細可參本書【參】〈巴利學研究紀要：1995-2001〉第七節，以及本書【肆】〈網海一滴：網路上的巴利教學與研究資源舉隅〉。

二、巴利數位文獻資源的現況

(一)巴利原典光碟版

目前巴利藏光碟共有 PTS 版（歐洲版）的 PALITEXT (Version 1.0)、泰國版的 BUDSIR IV、以及緬甸版的 CSCD 等三版，以下分別介紹。❹

1. PTS 版巴利光碟（PALITEXT）

【製作緣起】：⑴如上述，英國巴利聖典學會（PTS）在 1970 年代，就嘗試將巴利原典電子化，但限於技術及人力，最後放棄計劃。⑵泰國法身寺法身基金會（Dhammakaya Foundation）於 1989 年 9 月開始將 PTS 版巴利原典輸入電腦，並於 1996 年 4 月與 PTS 簽訂合約，正式發行此版光碟。

【光碟內容】：收錄 PTS 版巴利三藏共 53 冊——包括律藏 5 冊，經藏即五尼柯耶 37 冊，論藏七部論 11 冊；但尚未收入註釋（aṭṭhakathā）、複註（ṭīkā）、與藏外典籍。

【功能與特色】：⑴在版面安排上，光碟採「原貌重現」的形式，原原本本呈現原來紙本的內容與編排形式，此點大大有利於資料的參照與引用。⑵光碟版也做了一些編排及內容的提昇，例如，標示原文行號、訂正原來紙本的打字錯誤等。⑶提供多重搜尋功能：包括關鍵字詞、冊號頁號、文脈段落、以及詞彙序列等四種搜尋模式，並具備萬用字元（*）的搜尋功能。⑷提供雙視窗，利於

---

❹ 為了行文方便，以下也將之稱作 PTS 版、泰國版、緬甸版等。

原文比對。

【限制】：(1)目前只發行 DOS 版，尚無 Windows 版。(2)尚未收錄註釋、複註、及藏外典籍。(3)未提供經文擷取功能。(4)只提供點陣印表機（dot-matrix printer）的單頁列印模式。

2. 泰國版巴利光碟（BUDSIR）

【製作緣起】：為慶祝泰王 Bhumibol（拉瑪九世）的登基紀念大典，泰國 Mahidol 大學接受 Dr. Praves Wasee 教授建議，於 1987 年著手將泰國版巴利三藏置入電腦，以呈給泰王一個別具時代意義的獻禮。1988 年初步完成泰國字體巴利三藏的電子版 BUDSIR I；到 1994 年，又有更加完善的版本 BUDSIR IV on CD-ROM（MS-DOS 版），此版加入了註釋書，並有羅馬字體版；1996 年又開發視窗版 BUDSIR IV for Windows；1997 年最新版本 BUDSIR IV / TT (for Thai Translation)，收入了巴利三藏的泰譯本。

【光碟內容】：BUDSIR IV 收錄了泰國版巴利原典共 115 冊，包括三藏 45 冊、註釋書 55 冊、以及藏外文獻 15 冊。BUDSIR IV / TT 另收三藏泰譯 45 冊。

【功能與特色】：(1)提供「關鍵字詞」與「冊號頁號段號」兩種搜尋模式，並具備萬用字元（*）的搜尋功能。(2)提供分割視窗、經註合查功能，可以經與經、註與註、或經與註比對。(3)提供資料擷取功能（但擷取的經文須經轉碼才能使用）。(4)提供點陣印表機與噴墨印表機的列印功能。(5) 1996 年的 Windows 版具有朗讀功能。

【限制】：(1) Windows 版只能在英文版 Windows 下執行，不能搭配中文 Windows 使用。(2)未提供 PTS 版頁碼對照，大大減低了版本比對效能，也降低了國際性。(3)經文擷取與轉碼程序太過繁複，資料利用不易。

3. 緬甸版巴利光碟（CSCD）

【製作緣起】：印度政府曾委託新那爛陀大寺刊行巴利三藏，但該藏已絕版多時，難以取得。為了讓佛法重新在印度流行，S.N. Goenka 自 1985 年創立內觀研究所（Vipassana Research Institute, VRI）之後，便積極進行天城體版（Devanagari）巴利三藏、註釋、複註的刊行工作。這個版本（VRI 版）❺以緬甸第六結集版為底本，將緬甸字體轉成天城體，並製成光碟，於 1997 年發行第一版 Chaṭṭha Saṅgāyana CD-ROM（簡稱 CSCD），隔年又出第二版，1999 年出了第三版。

【光碟內容】：(1) CSCD (Version 3) 收錄三藏、註釋、複註、補註（anuṭīkā）以及藏外典籍共 216 冊。(2)並收入一部巴利文法書、一部簡明巴英辭典，還有阿育王碑文。

【功能與特色】：(1)具有七種字體的顯示功能。❻(2)強大的搜尋功能：提供字詞、文脈段落等搜尋方式，並具有「標示查詢」功能，也可直接翻查某經某品某頁。(3)可同時開啟多部典籍，並具備三藏、註釋、複註的段落關連功能，利於經文之間或經、註、複註

---

❺ 這個版本精確應稱作 VRI 版，因為它不管是內文的編輯（有些段落有增添），或是相關頁碼都已不同於原來的緬甸第六結集版，但文中為了容易與錫蘭版、泰國版等對稱，仍稱之為緬甸版。

❻ 即羅馬字（Roman）、緬甸字（Myanmar）、天城體（Devanagari）、泰國字（Thai）、錫蘭字（Sinhalese）、高棉字（Khmer）、蒙古字（Mongol）等。

之間的比較與對讀。⑷提供與其他版本（如 PTS 版、泰國版、原緬甸第六結集版）的對應頁碼。⑸更重要的，提供經文擷取與列印功能，並且可配合中文版 Windows 環境，利於資料的後續利用。

㈡巴利原典網路版

目前網路上比較完整的巴利藏原典有錫蘭版、緬甸版、以及泰國版三個版本，下面分別介紹。

1. 網路上的錫蘭版（SLTP－BJT 版）

【製作緣起】：錫蘭政府為了紀念佛滅 2500 年（A.D.1956 年），於 1960-70 年代出版了一套巴利三藏，即 BJT 版，Buddha Jayanti Tipitaka Series。1991 年起，該國 Madihe Pagnnaseha Mahanayake 長老主持一個巴利三藏數位化計劃 SLTP（Sri Lanka Tripitaka Project），開始將此版三藏 58 冊輸入電腦。到 1994 年，全部輸入完成，之後，在 1996 年 3、4 月正式上網，並進行後續的校讀工作。❼

【收錄內容】：此版內容除了三藏 58 冊之外，還包括藏外典籍（如古代巴利文法、史書、古代巴利辭書、詩學與修辭學典籍等）37 冊。

【功能與特色】：所有律藏和經藏內文都已附上 PTS 版對應頁碼，對照查索方便。

【限制】：目前還未提供線上瀏覽及檢索功能，必須下載之後，另以檢索器檢索。

---

❼ 錫蘭版巴利藏（SLTP 版）網址：http://jbe.gold.ac.uk/palicanon.html。

【校讀資訊】：根據 L.S. Cousins 的附記，從 1996 年 10 月起，到 1999 年 1 月，共經過 4 次更新，目前律藏及經藏都已做過初步校讀（一次），但仍不保證完全無誤。

2. 網路上的緬甸版（VRI 版）

【製作緣起】：此版是基於前述緬甸版巴利光碟 CSCD 的網路版。❽

【收錄內容】：同 CSCD 光碟版。

【功能與特色】：⑴提供線上瀏覽功能。⑵提供 PTS 版頁碼對照表。

【限制】：⑴只能依照藏、部、冊、章節等層次目錄翻閱瀏覽，未提供全文檢索。⑵沒有如光碟版所具有的經、註、複註的連結功能。

3. 網路上的泰國版（BUDSIR on Internet）

【製作緣起】：此版是以前述泰國版巴利光碟 BUDSIR IV / TT 為基礎而製作的網路版，但收錄內容較少。❾

【收錄內容】：三藏 45 冊，三藏泰譯 45 冊，註釋書 70 冊。

【功能與特色】：此版是此處介紹的三個網路版中，功能最齊全的：⑴具有羅馬化、天城體、以及泰文、錫蘭文等四種字體的顯示功能。⑵提供 PTS 版頁碼對照功能。⑶最重要的，除了可線上瀏覽之外，還提供全文檢索功能。

---

❽ 緬甸版巴利藏（VRI 版）網址：http://www.tipitaka.org/tipitaka/booklistframe2.html。

❾ 泰國版巴利藏（BUDSIR IV）網址：http://budsir.mahidol.ac.th。

【限制】：(1)未提供經、註關連及經文比對功能。(2)未提供經文下載功能。

㈢巴利原典翻譯

1. 巴利原典英譯

【英譯網路版】：目前網路上似乎只見律藏及經藏的部分英譯，論藏尚未收入。其中收錄比較完整的有斯里蘭卡 MettaNet（慈網）、❿美國 Access to Insight（內觀之道）、⓫以及馬來西亞 Mahindarama（瑪辛達寺）⓬等三個網站。收錄情形詳見筆者前述文章，此處不再贅述。

【英譯光碟版】：美國 Access to Insight 網站站長 John Bullitt 從 1993 年起，逐步收集巴利三藏英譯，到 1998、1999 年，累計取得經文超過 800 篇，並製成光碟流通（名為 *A Handful of Leaves*，一掌樹葉），但目前已絕版，預計 2006 年將再發行新版。

2. 其他各國語譯⓭

---

❿ MettaNet 網址：http://www.metta.lk/。

⓫ Access to Insight 網址：http://www.accesstoinsight.org/，再點選 "Tipitaka"。

⓬ Mahindarama 網址：由 http://www.mahindarama.com/ 進入首頁，在"e-Service"選項欄中，點選"e-Tipitaka"即可進入三藏英譯網頁。

⓭ 本節所羅列的，主要為收錄數量較多、或部帙較完整的幾個英語之外的譯本。漢譯雖有元亨寺版《漢譯南傳大藏經》，且在某些網站可以見到（簡體字版），但經筆者向該出版社查證，目前尚未提供任何光碟版或網路版，因此此處沒有列入。日譯《南傳大藏經》，筆者尚不知是否有光碟版或網路版。

【錫蘭語語譯】：網路版可由 http://www.metta.lk/ 進入 MettaNet 首頁，再點選，“Tipitaka”，其中收有巴利原典（即 SLTP－BJT 版）、以及英譯、錫蘭語譯。此外，MettaNet 也提供這些資料的光碟備索，但僅限於斯里蘭卡地區讀者。

【泰語語譯】：網路版可由 http://budsir.mahidol.ac.th/進入泰國 Mahidol 大學網站，註冊及登錄後，在巴利三藏網頁的 “Types” 欄中，點選 Thai Tipitaka。此外，Mahidol 大學 1997 年的新版巴利光碟 BUDSIR IV / TT (for Thai Translation) 也收有 45 冊巴利三藏的泰譯。

【德語語譯】：可由 http://www.palikanon.com/進入。除了經藏、律藏翻譯之外，還有部分論藏及藏外典籍翻譯。

【法語語譯】：可由 http://www.canonpali.org/tipitaka.html 進入。目前只收錄部分經藏的翻譯，律藏、論藏翻譯尚缺。

㈣其他工具資源

網路上的巴利工具資源，如巴英辭典、巴利文法、巴利讀本、巴利有聲資源等，相當豐富，筆者已有專文評介。⓮由於後文評述對象主要為巴利原典與翻譯等核心文獻，因此這些工具資源此處不再詳述。

⓮ 參本書【肆】〈網海一滴：網路上的巴利教學與研究資源舉隅〉，第四～七節。

三、略評當前的巴利數位文獻資源——其發展趨勢、效益、與限制

上面舉列並簡要回顧了當前巴利數位資源的概況。以下將以上述巴利藏光碟版、網路版、以及原典翻譯為主，考察、評析這些資源目前建構發展的趨勢特點、提供的學術研究效益、以及還待改善或開拓的空間。

㈠當前巴利數位資源發展的幾項趨勢特點

1. 收錄原典的「數量」不斷擴增

目前巴利原典收錄的總體趨向是，以三藏為核心基礎，逐步往藏外典籍、以及註釋、複註、補註不斷擴充。

以 PTS 版光碟（1996 年版）而言，目前只收錄巴利三藏 53 冊，未來第二版 MS-Windows 版則計劃收入主要的註釋書；接著第三版麥金塔（Macintosh）相容版，將納入所有註釋書及複註。

泰國版光碟 BUDSIR I~III（1988-90 年）只收錄巴利三藏 45 冊，到了 BUDSIR IV（1994 年）則收入了註釋書 55 冊，以及藏外典籍 15 冊，共達 115 冊巴利原典。

較晚發行的緬甸版（VRI 版）光碟 CSCD，其第一版（1997 年）收錄原典 146 冊，第二版（1998 年）收錄原典 183 冊，第三版（1999 年）收錄原典已達 216 冊。

錫蘭版（SLTP）目前有 BJT 版三藏典籍 58 冊，未來計劃繼續收入 SHB 版（Simon Hewavitarne Bequest edition）註釋書 50 冊。

2. 原典校訂的「品質」不斷提昇

由於電子版原典是以紙本為底本而輸入製作的，因此對於先前紙本所沒有校出的錯誤，即可利用製作電子版而重新輸入及校對的過程，將之訂正。因此一般而言，電子版有很好的機會，可以提昇原典校訂的品質。⓯

在先前多篇文章中，筆者曾提到過，PTS 版原典的文字校對並不理想，以筆者的閱讀經驗而言，保守估計，平均一頁一般有 3、4 處以上的錯誤。這一問題，PTS 先前會長 K.R. Norman 也曾對學者提出警告，但限於經費及專家人力，紙本的重校與新版有其一定的困難。⓰

⓯ 由於筆者手邊沒有泰、緬、錫三版的紙本三藏可供比對，因此尚無法評估其紙本與電子版之間的品質差異，以下只以 PTS 版為例，做初步評述。

⓰ (a) K.R. Norman 對 PTS 版編輯過程的種種問題，以及對於此版中存在的錯誤之警告，參本書【貳】〈巴利學的現況與未來任務〉，第六之㈠節。茲摘錄如下：

「在其他文章，我曾就巴利原典如何被編輯出來，提供了一些訊息。有時，編輯者只是把一個或數個東方本子的讀法（readings）再版就滿足了，絲毫不想考察這些本子的根據。……有時它就直接從這個底本抄刊異讀（variant readings）。……至於那些東方本子所據為何，則隻字未提，而且也未從中引出任何異讀資料。此外，也未說明此校訂本是根據什麼原則建立起來的。……另外有些刊本，在刊印時有部份甚至全部尚未經過校對。

「我們很懷疑，許多從事上座部佛教相關著述的人，以及根據此種校訂本從事翻譯或研究的人，是否了解到這種事實。而即使對這種缺陷有所了解的人，也未能對它做出任何改善——或者因為時間不足，或者是對巴利語的掌握還不到足以訂正錯誤的地步。

「我必須澄清，巴利聖典協會對於它所出版的原典的疏缺，以及不可避免據 PTS 版光碟「使用者手冊」所言，⑰泰國法身寺在製作此版光碟時，校訂工作十分謹慎從事。首先由兩組人員分別輸入巴利原文兩遍，而後透過機器比對，先改正大部分打字錯誤，然後再進行後續多組、多次人工校訂，務求萬無一失，因此校出並訂正了許多先前紙本的明顯錯誤。所以這個光碟版，在精確度上已經超越了原來的紙本。⑱

3. 朝向「雙語/多語資料庫」發展

這裡的「雙語/多語資料庫」是指除了巴利原典之外，還包含

的，由此而造成的翻譯上的錯誤，知之甚詳，並且急於謀求改善。然而不幸的，錯誤的本子並不會只因想要改善的願望與念頭就自動改善，而有能力又有意願對前人校本進行訂正的人才實在難以尋得。經常是舊本須要訂正之處過多，結果是需要出版一全新的校訂本，而非單只舊本的修訂。可是巴利學領域年輕一輩的新進研究者，通常不甘於從事前人校訂過的典籍，而更樂於校訂尚未出版過的原典，即使這些新東西價值並不高。」

(b)日本巴利學者水野弘元也指出，PTS 版訛誤相當多，相對而言，泰國版較為精良，因此從事研究及翻譯時必須詳加參照對勘，才能取得比較可靠的成果。參氏著《パーリ語文法》，頁 213（中譯為許洋主譯，《巴利文法》，頁 304）。

⑰ Dhammakaya Foundation, *Palitext Version 1.0 Buddhist Canon CD-ROM Users' Guide*, pp.46-51.

⑱ 但是，這片號稱精度已有相當提昇的光碟，其實還留下大量錯誤尚未訂正——數量恐怕超過一半以上，甚至更多。這是由於巴利原文的校訂工作，往往牽涉到相當多的專業知識，機器與一般人力通常只能檢查出部分字詞拼讀問題，至於其他文法問題、斷句問題、異讀問題、文句倒亂問題等等，都須要在深入研讀經文的基礎上，才能進行簡擇與判讀，這自然是更加耗時費工的，後文將會舉一些實例說明。但是由於數位資料的訂正再版更加容易，我們可以期待未來的新版本，會不斷訂正這些錯誤。

原典的其他語言翻譯。這種雙語/多語資料庫對於文獻（佛法）的跨文化傳播，尤其具有重大的影響力，因此各國無不努力建構。由於國家的差別，各網站或光碟所收錄的譯本語言也就不同。以下舉出幾個具有「雙語/多語」特點的資源。

1997 年最新版的泰國版巴利光碟 BUDSIR IV / TT (for Thai Translation)，已收錄了巴利三藏的泰譯本 45 冊。此版的網路版 BUDSIR IV on Internet 也收有三藏的泰譯。這是「雙語資料庫」的例子。

斯里蘭卡 MettaNet 網站除了收錄錫蘭版巴利原典之外，還收有原典的英譯及僧伽羅語（錫蘭語）翻譯，是「三語（多語）資料庫」的例子。

此外，有些網站雖未收錄原典，而只收錄英譯（如 Access to Insight），或德譯、法譯等，但由於巴利原典在網路上可即時取得，並且彼此的目次架構基本一致，因此通過適當連結，這些資源也具廣義「雙語/多語資料庫」的功能。

4. 納入輔助原典解讀的「工具資源」

為了幫助讀者解讀原典，目前已有多個網站或光碟開始收錄相關文法書、辭典等工具資源。

泰國版巴利光碟 BUDSIR IV / TT（1997 年版）收有一部「巴泰辭典」，未來還計劃收入「巴英辭典」。

緬甸版巴利光碟 CSCD Version 1.1（1997 年版）收有一部「巴印辭典」，Version 3（1999 年版）則附上一部簡明的巴英辭典，以及一部巴利語入門的文法書（Lily de Silva 的 *The Pāli Primer*）。

斯里蘭卡 MettaNet 網站中的“Pali Utilities”（Dictionary and

Grammar Books），收有多部巴英辭典及巴利文法（參前面介紹）。

PTS 版光碟（Version 1.0）目前尚未收錄任何工具資源，但計劃在 Version 3 附上一部交談式巴英辭典。

5. 提供「多重對照」功能

這裡「多重對照」意指不同版本巴利原典之間的頁碼參照，或者同一版本內部的經文與經文、經文與註釋、註釋與複註之間的參照。

關於不同版本的頁碼對照，由於 PTS 版在國際學界流行較廣且較久，因此幾乎所有重要文獻引用原典都以之為標準，有鑑於此，目前無論緬甸版 CSCD、泰國版 BUDSIR IV（網路）、或者是錫蘭版（SLTP）都提供 PTS 版頁碼參照。使用者可以通過此版頁碼作為中介，進行各版本之間的原文比對。

至於同一版本內部的對照功能，泰國版光碟 BUDSIR IV 提供經、註合查，可以達到關鍵詞句的經與經、經與註、註與註比對的功能。緬甸版 CSCD 光碟則進一步做到經、註、複註之間相應段落的連結功能。PTS 版也提供切割視窗的經文比對功能。

6. 提供「多字體顯示」功能

巴利語作為一個語言，歷來並沒有專屬的文字記錄系統，而佛教聖典初始之時，也是口傳文獻。目前所知，巴利三藏最初是在紀元前一世紀於錫蘭紀錄下來的，當時是用錫蘭文字拼寫，後來聖典傳到緬甸、泰國、高棉等南方國家，也同樣採用這些國家本身的文字拼寫保存。因此，使用多種字體「音寫」（音譯）保存巴利聖典就成了南傳佛教的一個傳統特點。

現在由於電腦轉換字體容易，許多巴利網站或光碟都紛紛朝向多字體顯示功能發展，這樣，不同國家的讀者將更容易閱讀巴利聖典。

目前 PTS 版光碟只提供羅馬化字體。而泰國版 BUDSIR I（第一版，1988 年）是泰國字版，第二版（1989 年）開始有了羅馬化字體，到了 1997 年的 BUDSIR IV / TT 版，就有 6 種字體的顯示功能——可以顯示泰國字、羅馬字、緬甸字、錫蘭字、高棉字、以及天城體等 6 種文字的巴利原文。BUDSIR IV 的網路版，也提供 4 種字體的選擇（上面 6 種中除去高棉字、緬甸字）。

緬甸版光碟 CSCD 1.1 版（1997 年）提供羅馬字、緬甸字、天城體等 3 種字體，2.0 版（1998 年）開始，便提供 7 種字體的顯示功能（即上述 6 種加上蒙古字）。

多字體功能與雙語/多語功能一樣，都能大大提昇文獻的跨國、跨文化傳播效力，對於巴利文獻的普及化有著莫大助益。

7. 朝向「有聲資料庫」發展

上面提到，巴利佛典最初便是口誦傳承，而巴利語作為一個語言，口誦、耳聞更是自然而親切的傳播方式。因此「有聲化」不管是對這部聖典或這個語言，都是一種重要而有力的載錄與傳播模式。

目前已有一片光碟具備「讀誦」功能，就是 1996 年泰國 Mahidol 大學的 BUDSIR IV for Windows，讀者可以標示經文段落，要求「讀誦」。但可惜的是，這片光碟只能搭配英文版 Windows，無法在中文版下正常顯示。相信隨著電腦科技的發展，未來在更大容量與與更高處理速度的支援下，會有更多巴利網站或資料庫朝向「有聲化」發展，提供讀者更多樣的閱聽模式。

8. 適合「中文系統」的資料庫

由於目前巴利學數位資源幾乎都由南傳佛教國家以及西方國家所開發建構，因此一般鮮少考慮到中文系統的執行環境。例如前述泰國版 BUDSIR IV for Windows 就只能在英文版 Windows 下執行，而其他網路版即便安裝了字型之後，還是經常遇到字碼無法正常顯示的情形，這對於廣大的中文地區的使用者而言，無疑是一大缺憾。

幸而已有一些建置單位開始注意到這個問題，而開發配合中文 Windows 的相容版。緬甸版 CSCD Version 3 便是一個好例子，不只可以在中文 Windows 環境下正常顯示，並且資料下載之後，還可直接配合中文檔案，進行後續的編輯利用，讓資源的效益發揮到最大。相信以中文地區佛學研究、以及佛學數位資源建置的蓬勃發展，當會促使越來越多巴利資源的建構單位，往中文相容的系統去發展。

㈡當前巴利數位資源所提供的學術研究效益

1. 更充分的研究樣本

更多更廣的研究樣本與資訊，經常可以讓研究者獲得更整全的觀察與更客觀的理解。目前光碟版及網路版，共有四套巴利原典——錫蘭版、緬甸版、泰國版、歐洲版（PTS 版），且以緬甸版而言，當中就包含了許多西方尚未出版的原典。就筆者所知，目前國內即使是最專業的佛學研究機構，也沒有任何一個單位在其圖書館或資料中心當中，收齊這四個版本的紙本文獻，最好的恐怕只擁有其中的一半或三分之一，甚至更少。但現在，任何個人研究者，都可以在其即使是窮鄉僻壤的斗室當中，敲幾個按鍵，就佔有比專業圖書館更加充分的原典資源。

除了原典之外，原典翻譯也是研究者重要的參考資料，網路上收錄了許多尚未出版或不易取得的譯本。例如 MettaNet 所收的 Bhikkhunī Uppalavana 的英譯、或 Access to Insight 所收的 Bhikkhu Thanisaro 的英譯，藉此可以觀摩更多譯者以及不同傳統對巴利原典的不同理解，增益原典解讀的深廣度。

2. 更精良的原文校訂

好的校訂本，能夠給研究者提供更加可靠的資訊來源，這是一切研究最根本而重要的基石。巴利數位原典，一則由於各版本在數位化過程中，重新校正了一些過去錯誤；再則，更重要的，由於數位化以及各版本開放使用所帶來的利益，使得廣大的研究者，能夠即時、方便地取用與比對更多版本，通過各版所提供的「頁碼對照」功能（如前述，以 PTS 版頁碼為中介），很容易對校不同版本的巴利原文。因此，在底本文獻的運用上，一般而言，可以取得較之過去更好的讀法。

3. 更適切的分段、斷句與標點

以「文字」為媒體而載錄的「文本」本身，由於難以一五一十地記錄原來對話現場的全般訊息——諸如，講話者的表情、手勢、姿態，語調的高、低，語氣的緩、急、輕、重，停頓的久、暫等等，因此必須通過適切的分段、斷句與標點等輔助手段，多少填補這些失落的訊息，以便能夠更加清楚、形象、而逼真地傳達文本（或事件）的結構脈絡、意義內涵、以及情境氣氛，這對研究者解讀、運用這些基礎文獻而言，將有莫大助益。

現代編輯出版的巴利原典，以 PTS 版而言，雖說大部分都已進行了不錯的分段、斷句、與標點，但仍有不少缺失。⓳

除了標點問題之外，PTS 版也有部分分段與斷句明顯錯誤的地方（下文將舉實例說明）。筆者曾在一些地方談過，斷句錯誤，不僅會造成義理的誤解，同時也可能造成修行法門的歧出。⓴

幸而，上述 PTS 版各種分段、斷句、及標點問題，現在在數位文獻取用容易的效益下，可以通過緬甸版（或錫蘭版）而進行校正，㉑從而可以避免一些誤讀的危險。

4. 更快速而趨近窮盡的資料檢索

以上第 1 點是研究資源「數量」的更加豐富，第 2、3 點則是研究資源「品質」或「可靠度」的更加提昇，這些都是提昇研究成果必需依賴的基礎。然而，數位資源所具備的最大效能或特點卻在於：通過檢索工具的幫助，讓研究者能夠用更少的時間、精力，進行盡可能「窮盡而沒有遺漏」的觀察。

在過去，面對浩瀚的紙本文獻，研究者或者只能選取有限的樣本，進行片面或部分的觀察；或者需要憑藉記憶或印象之所及，而

⓳ 例如，《相應部》的標點，全編只採用“||”及“|| ||”兩種分隔或停頓符號，很難傳達出更加豐富的意涵與訊息（如引述、疑問、感嘆等等）。又如，「問答體」是初期佛教文本中極重要的特徵，因此「問句」的表現就顯得格外重要，但 PTS 版《中部》第一冊雖已採用現代標點，但全冊竟沒有使用到任何「問號」，這也是須再改善的地方。

⓴ 拙稿〈文本的異讀與法門的轉變——從安那般那念的二個疑難句談起〉（講稿）。

㉑ 後文將會論及，緬甸版在這方面做得比較精良；錫蘭版也可參考，但還有一些問題；泰國版斷句及標點太少，參考價值有限。

進行難免主觀而不盡可靠的論述；或者必須經年累月地製作無數卡片，尚難保沒有任何遺漏。但現在對於某些問題，研究者可以在檢索工具的協助下，取得趨近窮盡的樣本，進行更整全的觀察與更客觀的論述。

5. 提昇巴利研究的「精審度」

總的來說，上述四項效益都指向一個共同目標，就是提昇巴利研究的「精審度」。而這個精審度的等級，就是一般所謂的「低精審」（lower criticism）——也就是不管對於文本本身的讀法、或者對於文本所記載的內容的各種研究，都盡可能「窮盡地」運用「巴利內部」的所有文獻，以取得更加可靠或確當的結果。通過文本的數位化以及搜尋引擎的幫助，這樣的理想與目標變得更加可能。

㈢當前巴利數位資源的不足之處

儘管上一節談到，目前的巴利數位資源不管是文本的「質」、「量」、或檢索擷取的「運用效能」，都已大為提高，但這並不意味這些資源已經臻於「完善」的境地。相反的，這些數位化工程，其實不過十數年歷史，儘管進展神速，但畢竟還在一個起步階段，因此還有諸多缺失及問題仍待不斷改善提昇。以下舉其縈縈大者。

1. 原文校訂仍不夠完善

在原文校訂方面，上面說過，PTS 版光碟版雖已改正一些原來紙本錯誤，但恐怕還有更多沒有訂正過來。錫蘭版的經藏、律藏目前只經過初步校訂（一次），未來還須再作校訂。緬甸版一般而言三藏（及其註釋、複註等）校對比較精良（但仍有少數錯誤），但藏外典籍則大多只經過機器校訂（約可除去 98% 錯誤），還未經過人工審校，可靠度較為不足。

在筆者部分的閱讀經驗中，緬、泰、錫、歐（PTS）四版當中，PTS 版的校對算是很不精良的，而錫蘭版由於只經初步校訂，因此問題也不少。為了比較具體的說明問題，以下隨舉二經為例，顯示各版目前編校的大略情形。此處舉的是 S.12.35 *Avijjāpaccayā* 經（緣於無明經），以及 S.35.133 *Verahaccāni* 經（毗紐迦旃延經）。㉒這兩經的文句與字詞在 Nikāya 中算是比較平常、單純，也較簡單的。

首先，看 *Avijjāpaccayā* 經。如下表（表(一)）所顯示，在此經短短 2 又 3 分之 2 頁的巴利原文當中，PTS 版共有 19 處拼讀錯誤（即平均每頁超過 7 處錯誤），㉓還有 2 個異讀選用不佳，㉔以及 1 個

㉒ 即《相應部》第 12 相應（因緣相應）第 35 經（S II 60-63），以及第 35 相應（六入處相應）第 133 經（S IV 121-24）。

㉓ 在 19 處拼讀錯誤中，主要是長短音、捲舌音、喉音等特殊辨音符號（diacritical marks）的標讀錯誤（如 Savatthiyam、jivam、āññaṁ、tanhāti、bhīkkhu、sankhārā 等，應作 Sāvatthiyaṁ、jīvaṁ、aññaṁ、taṇhāti、bhikkhu、saṅkhārā）；也有漏掉字母的（如 ekattam 應作 ekatthaṁ）；或者漏掉空格的（如 sarīrantivā 應作 sarīranti vā）；或是多了空隔的（如 yā nissitāni、tālavatthu katāni，應作 yānissitāni、tālavatthukatāni）。這些拼讀錯誤顯然不是底本的問題，應該也不是編校者的疏忽，而是來自打字人員的手誤，以及打字文稿未經仔細審校的緣故。

㉔ 即 S II 62 第 14 行的 yānissitāni 及 19 行的 Sabbānissitāni，較好的讀法是泰、緬、錫三版的 yānissa tāni 及 Sabbānissa tāni，這從構詞、句法、及前後語意判斷都更合理。因此前一讀法很可能是該版所據的底本之抄經手的手誤。

分段錯誤及 1 個斷句錯誤（但這種錯誤情況不是通例）。㉕值得注意的是，泰國法身寺在製作此版光碟時，儘管運用多種電腦軟體進行比對、除錯，以及多次的人工審校，但只改正其中 5 處打字錯誤（約 26%），還留下大部分錯誤；而異讀及分段、斷句問題，也未加以處理。

錫蘭版問題也不少，有 14 處拼讀錯誤，另 3 處（乘 4 次）文法錯誤，㉖以及 1 個（乘 8 處）語詞順序顛倒的地方。㉗相較而言，泰、緬兩版的情況就好了很多。泰國版只有 1 處拼讀錯誤，㉘緬甸

㉕ 即該經第 14 段末兩行"Avijjāya tveva bhikkhu … kānici kānici"應移至第 15 段開頭；類似的，第 15、16、24 段末的上述內容也應移至下一段開頭。這個錯誤是由於編校者沒有細讀及貫通全經的意義脈絡及句法結構所造成。這樣的分段及斷句，肯定會讓初學者讀得滿頭霧水，挫折連連。

㉖ 這些拼讀錯誤中，除了常見的辨音符號及字母增減的問題（如 pahīṇāni、ekattaṁ、ucchinnanamūlāni、anuppādadhammāti 等，應作 pahīnāni、ekatthaṁ、ucchinnamūlāni、anuppādadhammāni）之外，也有一些可能是數位化過程中衍生的（如 Ḥkatamo、taṃkāyitāni，應作 Katamo、visūkāyitāni）。但比較值得注意的是，有 3 處（乘 4 次）文法錯誤，即用 katame、ime、aññe 修飾或限定女性字主格的 taṇhā 及 vedanā，這三個字應改作 katamā、imā、aññā。這個錯誤出現的段落，其他三版都是省略文（pe），因此很可能是此版的抄寫者或編者在將省略文展開時的一個文法疏忽，還未被訂正過來。

㉗ 這個語序問題是"aññassa bhavo añño panāyaṁ bhavo ti"，應作"añño bhavo aññassa panāyaṁ bhavo ti"。類似的，upādānaṁ、taṇhā、……、nāmarūpaṁ、viññāṇaṁ 等 7 段的該句也有同樣問題。後 7 段在其他版本都是省略文，因此很可能原本只有 bhavo 一段二詞顛倒，但抄經手或編者不察，在擴充經文時，又據此而衍生了另 7 處錯誤。

㉘ 即該經 72 頁 128 段的 hotiti，應作 hotīti。

版只有 1 個斷句問題。㉙

表(一) 五個版本《S.12.35 *Avijjāpaccayā* 經》「文本編校情形」之比較

（本經 PTS 版共 2.66 頁巴利原文）

版本＼差誤	字詞拼讀錯誤	異讀選擇問題	分段問題	斷句問題	語詞順序錯置
PTS 版紙本	19 處	2 個 (乘 4 次)	1 處 (乘 4 次)	1 個 (乘 4 次)	0
PTS 版光碟	14 處	2 個 (乘 4 次)	1 處 (乘 4 次)	1 個 (乘 4 次)	0
錫蘭版(網路)	14 處 另 3 處 (乘 4 次)	0	0	甚多斷句及標點尚未規範化	1 個 (乘 8 處)
泰國版(網路)	1 處	0	0	0 (但斷句及標點過少)	0
緬甸版(光碟)	0	0	0	1 個 (乘 4 次)	0

其次，看 Verahaccāni 經。如下表（表(二)）所示，此經五個版本的編校情形與前經大致相仿。在 3 頁的巴利原文當中，PTS 版有

㉙ 即該經 VRI 版頁 55 的“Avijjāya tveva … kānici kānici”與“ ‘Katamaṁ jarāmaraṇaṁ, …’iti vā”之間不應該用句號斷開，因後一段其實正是表達前一段之先行詞的具體內容，應置於同一句之中。

22 處拼讀錯誤（平均一頁超過 7 處），㉚另有 2 個異讀可再斟酌。㉛類似上一經，PTS 光碟版只改正了少數錯誤（4 處），比起紙本，提昇並不顯著（不到 19%）。錫蘭版有 17 處拼讀錯誤，㉜還有 1 段文句有脫字及倒亂情形，㉝問題還是不少。相較之下，泰、㉞緬㉟

㉚ 拼讀問題的類型和原因與前經略同，如 maṇavako、hoti、oṇitapattapāṇiṁ、paṇitena、tunhibhāvena 等，應作 māṇavako、bhoti、onītapattapāṇiṁ、paṇītena、tuṇhībhāvena。

㉛ 這兩個異讀問題，PTS、錫、緬三版都一樣，這裡一併說明。其中一個是 S IV 124 第 12 行的 ayya Udāyi（呼格），此語或許應讀如校勘注 1 以及泰國版的 bhante Udāyi，這個稱呼用法在 Nikāya 的其他地方一律讀作 bhante Udāyi，因此，ayya Udāyi 很可能是受到下文主格形 ayyo Udāyi（Udāyi 原作 Udāyī）的影響而來。另一個異讀是人名 Udāyi（優陀夷）的主格形，在 PTS、錫、緬三版都取 Udāyī，似乎視作 -in 結尾的詞，但這個名字（有多人同名）在經律的絕大多數版本中都視作 -i 結尾，並且那些主格取 Udāyī 的地方，也多有異讀作 Udāyi，反之，主格作 Udāyi 的地方卻絕少異讀作 Udāyī 的，因此它很可能如泰國版所判定那樣，是個短 i 結尾的詞，主格應作 Udāyi。

㉜ 情形略同前經，如 brāhmaṇīṁ、tuṇhibhāvena、paṇitena、hoti、bhuntāviṁ、arahato 等，應作 brāhmaṇiṁ、tuṇhībhāvena、paṇītena、bhoti、bhuttāviṁ、arahanto；另外，同前經一樣，也發生文法問題，如 Adhivāsesi、jivhāsmiṁ，應作 Adhivāsetu、jivhāya。

㉝ 這個錯置的句子在該經 BJT 版頁 250，“ghānasmiṁ asati ...”之前的一句“kho bhagini sati arahanto sukhadukkhaṁ paññāpenti”，應移至後一句的“jivhāya（原作 jivāsmiṁ）asati ...”之前，且該句 kho 之前應補上一字“jivhāya”。

㉞ 泰國版有 4 處拼讀錯誤：bhotī（2 處）、ĸhādaniṁyena、kevalaparipaṇṇaṁ，此三詞應作 bhoti、khādanīyena、kevalaparipuṇṇaṁ。一個異讀問題是，該經 153 頁 ācariyāya，應讀作其校勘注 1. Ma. Yu. 二版的 ācariyabhariyāya（此版 154 頁以及另三版也採此讀法）。

兩版顯然校讀較精，但也還有改善空間。

表(二)　五個版本《S.35.133 *Verahaccāni* 經》「文本編校情形」之比較

（本經 PTS 版共 3 頁巴利原文）

差誤／版本	字詞拼讀錯誤	異讀選擇問題	分段問題	斷句問題	脫字及文句倒亂
PTS 版紙本	22 處	1 個 另 1 個 (乘 17 次)	0	0	0
PTS 版光碟	18 處	同上	0	0	0
錫蘭版(網路)	17 處	同 PTS 版	0	甚多斷句及標點尚未規範化	1 段
泰國版(網路)	4 處	1 個	0	0 (但斷句及標點過少)	0
緬甸版(光碟)	1 處	同 PTS 版	0	1 個	0

綜觀這五個版本，PTS 版紙本編校問題似乎是最大的，而其光

㉟ 緬甸版一個拼讀問題及斷句問題發生在同一句中，即該經 VRI 版第 127 頁的“‘Adhivāsetu kira, bhavaṁ, udāyi, amhākaṁ ācariyabhariyāya … svātanāya bhattan’ti”。畫底線處，udāyi 採短 i 結尾且前後逗點，編者似將此詞讀作呼格，但實際上，此處應為主格，以配合動詞 Adhivāsetu。因此若照緬甸版的一致讀法，此句應讀如此版下文（頁 128）的“‘Adhivāsetu kira bhavaṁ udāyī amhākaṁ ācariyabhariyāya … svātanāya bhattan’ti”，也就是應採主格形 udāyī （長 ī 結尾，因為此版將此詞視作 -in 結尾的字），且前後不需逗號。

碟版比起紙本，略有改善，但總體而言，幅度並不大。不過在機器與人工的多重校對、層層把關之下，似乎也未見產生新的問題，這一點是難得的。錫蘭版因為還在試用階段，問題也不少。除了一般常見的打字拼讀錯誤之外，這一版可能還有電子文件複製過程所衍生的新問題，以及在展開原本省略段落時所造成的文法錯誤，這是使用此版時必須特別留意的。

相較之下，泰國版與緬甸版顯然較為精良，但如同上面經例所顯示，並非完全沒有問題。因此，要取得比較好的原文讀法，就不能獨據任一個版本，而必須同時參校各版，小心取擇其間的差異。

總的說，這些版本的情況與前述 K.R. Norman 及水野弘元對 PTS 版問題的警告，以及水野弘元對泰國版評價較高的情況略相符合。Bhikkhu Bodhi 在從事《相應部》新譯之時，以緬甸版（第六結集版）作為基礎底本，但也同時參校其他各版的讀法，不偏好任一傳統，而取其中最好的。㊱這種取向或採行版本的策略，從以上的調查分析看來，顯然是極為明智的。㊲

㊱ 參 Bhikkhu Bodhi, "Preface" in *The Connected Discourses of the Buddha: A New Translation of the Saṁyutta Nikāya*, p.12。

㊲ (a)對於此處的調查與評述，審查者甲提出了寶貴意見，茲抄錄如下：「雖如作者指出，PTS 版《相應部》有許多打字錯誤，又說 Bhikkhu Bodhi 在從事《相應部》新譯之時，以緬甸版（第六結集版）作為基礎底本，但 Bhikkhu Bodhi（Preface p.12）也說：the PTS's roman-script edition (which itself draws from older Sinhala and Burmese versions)... as time went on I found myself increasingly leaning towards the older Sinhala transmission as in many respects the most reliable. 因此，PTS 版的學術價值仍不亞於甚至超過第六結集版。」

2. 分段、標讀的精緻度仍待提昇

在原文的分段、斷句方面，如以上經例所示，PTS 版還有一些錯誤仍需訂正。㊳此外，甚至也有少數「分經」錯誤的例子。㊴標點方面，前面提到，整個《相應部》只有“ǁ”及“ǁ ǁ”兩種分隔或停頓符號，尚未採用現代標點。還有《中部》第一冊，有必要重新標點；而其他各冊的標點問題，也還需要修正。（參注⓳）

錫蘭版雖採用可讀性較高的現代標點，但由於目前還在校讀試用階段，因此還可見到許多標點不一致、以及標點錯誤的地方。

泰國版（BUDSIR IV）儘管字詞校訂頗為精良，但在原文編輯上，只有分段（標以段號），而未如其他三版，適當的分經並標上經名、經號，閱讀上頗為不便。此外，泰國版也是各版當中，句讀

(b)誠如審查者甲所言，儘管如以上調查所顯示，以及多位學者所指出，PTS 版編校問題頗大（參注⓰），但這並不意味此版缺乏學術價值，相反的，此版許多校訂者採用的底本（抄本或刊本）眾多，而校勘注一般而言也詳細豐富，這對於考察、了解各底本的種種問題，確實保留了珍貴的訊息，因此其學術價值（主要在保留眾多底本的異讀資訊上）仍是無可取代的。總括的說，目前緬、泰、錫、歐（PTS）各版，各有其優劣之處，要取得較好的讀法，自然不能偏依一家，而須要博校各版，取其長者，而棄其短者。

㊳ 除了上一小節所舉的 *Avijjāpaccayā* 經的例子之外，再如，S.12.20 *Paccayo* 經（S II 25-27），第 4 段第 1 句“Jātipaccayā bhikkhave jarāmaraṇaṁ”，應移至前一段之末，作為 āha（說）的內容。同樣的，第 5 段第 1 句也應移至上一段之末。

㊴ 例如 S.35.189 *Bāḷisiko* 經（S IV 158），其開頭的第 2 段整段內容，應歸屬於前一經（188 經）之末，189 經事實上應從第 3 段開始。這個錯誤，PTS 光碟版也未作訂正。

最為簡陋、最為難讀的。全編除了「省略號」（...）之外，竟只用到一種標點符號——句號（.）。因此，文中所見，盡是長長的幾個句子連串成段成篇，才有一個句點，這大大增添了讀者的閱讀負擔。

各版當中，緬甸版（CSCD）的斷句與標點，算是最細緻、也最精良的。CSCD 靈活運用了現代標點，如：逗號（,）、分號（;）、句號（.）、問號（?）、驚嘆號（!）、破折號（–）、單引號（‘ ’）、雙引號（“ ”）、省略號（...）、連接號（-）等，讓原來口語的停頓、語氣能夠呈現，也讓語句的意義及前後關係更為明白，因此可讀性極高。但如同前面的經例所顯示，仍多少有改善空間。此外，經中的人名、地名等專有名詞，若能如 PTS 版採用大寫開頭，可讀性將會更高。這一點也是 PTS 版較之其他三版，更為精緻的地方。

3. 許多原典及翻譯仍待收錄

目前 PTS 版光碟只收錄三藏原文 53 冊，其他已經出版的大量的三藏註釋、部分複註、以及藏外典籍都還未收入。儘管這些文獻絕大部分在其他版光碟中（如 CSCD）已經收錄，但由於不同校訂本所依據的底本經常不同，因此這些原典仍具有數位化價值，以利於不同版本的比對、研究。

在當前一些網站中（例如 Access to Insight、MettaNet），原典翻譯雖已收錄不少，但距離最起碼的「完備」（律、經、論都至少一個譯本）還有一大段距離，其中尤以律藏、論藏最為缺乏。[40]這些譯本

[40] 在各種語言譯本當中，漢譯是極缺乏的。漢譯的紙本文獻雖有元亨寺的

的收錄將是下一階段的重要工作。

4. 多數資源「版本資訊」不夠清楚

為了讓讀者對於原典的來源有一基本了解，一般而言，至少需要說明該原典的編輯者、編輯年（或出版年）、所依據的相關底本、取擇異讀及編輯建立版本的原則等等。但目前見到的巴利數位資源，這些資訊的提供仍十分不足。

目前不管是內觀研究所（VRI）的 CSCD、泰國 Mahidol 大學的 BUDSIR IV、還是斯里蘭卡 SLTP，都只說明該版根據哪個版本進行數位化，[41]但並未進一步說明這些底本編輯過程所依據的本子，以及編輯校訂的原則。因此儘管原文中都附有校勘資訊，但讀者卻無從得知那些異讀所從出的那些本子的情形。[42]

相較之下，PTS 版光碟的情況就好了很多，每一冊都將校訂者的「引言」（Introduction）原原本本的收錄進去，讀者可以藉此了解該冊的相關內容、底本資訊、以及編輯原則等；但美中不足的是，不少原典沒有注明其最初出版年（first published），而只列出光碟版

《漢譯南傳大藏經》以及其他零星翻譯，但整體而言，或者品質尚待提昇，或者數量太少，仍待未來努力。

[41] 例如：CSCD 依據緬甸第六結集版；BUDSIR IV 的三藏及註釋等分別來自 Syāmaraṭṭha 版及摩訶朱拉隆功大學等數個版本；SLTP 的三藏根據 BJT 版（Buddha Jayanti Tripitaka Series），未來三藏的註釋將依據 SHB 版（Simon Hewavitarne Bequest edition）。

[42] 例如，錫蘭版在前述 S.12.35 *Avijjāpaccayā* 經的“visūkāyitāni”一詞上，附有一條校勘注：“sūkāyitāni – sī. Mu.”，但在整個網站或檔案中卻未說明 sī. Mu. 到底指的是哪兩個本子，以及這兩個本子的相關訊息。緬甸版（CSCD）與泰國版（BUDSIR IV）也有同樣情形。

所據的紙本的出版年（published）——經常只是重印年（reprinted），這就無法正確反映該冊原典的實際編校年份。㊸

至於網路上所收羅的譯本（英譯為主），其出版資訊就更不足了。許多譯文都未交代來源出處，是否經過授權，是否經過校對，有的甚至連譯者是誰都完全沒有交代。㊹這些都是極待改善之處，否則其價值就十分可疑。

數位資源的建構者，應假設讀者沒有（或看不到）其所根據的紙本文獻，而盡可能地將原來紙本的相關資訊充分提供，否則該資源的價值必然大打折扣——此點對於學術資源尤其重要。

5. 部分資源尚未提供檢索功能

檢索功能是數位化資源之所以能發揮高效能的核心引擎，它可以讓資源的運用收到如虎添翼之效。

目前各版巴利光碟，都已提供相當好的檢索功能。可是網路版，除了泰國版 BUDSIR IV on Internet 具備全文檢索功能之外，緬甸版和錫蘭版都只提供使用者依藏、部、冊、相應、品、經之類的目次結構，去翻查及瀏覽經文，使其在研究上的效用幾乎折損殆盡。

6. 資料擷取與引用功能仍待加強

目前除了 PTS 版之外，其他三版都提供資料擷取或下載，只是功能還十分簡陋。

㊸ 例如 Saṁyutta Nikāya（相應部）第一冊，初版應是 1884 年，但光碟版列的卻是 1973 年。

㊹ 例如馬來西亞 Mahindarama 網站。

CSCD 是以原緬甸版（Myanmar）頁次為單位來儲存檔案，其操作過程有多項不便之處：⑴儲存的檔案中常包含許多多餘資料，必須再以人工檢查、編輯。⑵更麻煩的是，巴利「語詞」（或長串複合詞組）遇到跨行時都被切為兩半，使用者必須逐一接回，或補上「連接號」（“-”），以免被誤為兩詞。⑶即使只是引用 3、5 行原文，一樣必須進行一連串確定頁次、存檔、開檔、資料篩選、語詞接合等繁複的機械動作，十分不經濟。

泰國版 BUDSIR IV 光碟，資料擷取同樣相當不便，㊺網路版雖有改善，但仍有一些限制。網路版中，系統只提供單頁下載功能，一次只能擷取一頁，而且系統限定存檔動作最多 5 次，因此每次登錄最多只能取得 5 頁資料，而且是分在 5 個檔案中，仍須後續大量編輯工作。

相較之下，錫蘭版的擷取功能就比較簡便。SLTP 提供使用者下載整個三藏檔案，使用者只要找到經文所在，便可直接複製利用。

較為可惜的是，PTS 版目前仍未提供資料擷取功能。儘管此版還有一些錯誤，但目前還是學術界最常引用的版本。未能擷取，研究者引用文獻時，就只能重新輸入。重新輸入不只是費時費工，更大的問題在於，可能存在打字錯誤、或校對不精的危險，這使得資

㊺ BUDSIR IV for Windows 無法在中文 Windows 系統下使用；而早先的 MS-DOS 版，要擷取利用經文，比 CSCD 更加繁複，不僅資料存檔後須重新編輯（因為會有一些段落重複），並且還須經過數道轉碼程序，才能在 Windows 下使用。

料的「可靠性」更沒有保障。㊻

原典是所有研究的第一手根據，研究者對它的「引用頻率」及「引用量」自然是最高的。因此，方便、友善的擷取與引用功能，對於學術界及研究者的幫助實在十分重大。它不但節省了眾多研究者不斷重複輸入的「勞務成本」，同時更能維護及確保基礎資料的「正確性」與「可靠性」。㊼

7. 資源建構尚未達到「高精審」的規格

以上所談，相對而言是屬於比較微觀的問題。而如果從比較巨觀的角度看，目前巴利數位資源的限制在於：還沒有達到「高精審」（higher criticism）的規格。

前面談到，當前巴利數位資源建構的總體趨向就是「低精審」（lower criticism）——不管是 PTS 版、緬甸版、錫蘭版、還是泰國版——儘管傾力收羅建構所有的巴利文獻資源，但畢竟還是侷限於巴利一系當中。但目前學界普遍的認識是，巴利文獻以及其他犍陀羅語、或佛教梵語等初期佛教文獻，很可能都是從其他中古印度雅利安語轉譯過來的，㊽因此巴利文獻並不能直接視為最原型的佛教文獻（包括語言與內容）。這樣，單就巴利本身的資料進行研究，事實上是有所侷限的。

㊻ 筆者曾經校訂過一些出版社的書籍，有時薄薄一冊不算多的巴利引文當中，就有上百處錯誤。

㊼ 筆者所見，目前擷取及引用功能最強大、最友善的，要屬國內「中華電子佛典協會」所開發的《CBETA 電子佛典集成》。若有一天巴利光碟也能達到這樣的境界，當是學界的一大福音。

㊽ 參本書【貳】〈巴利學的現況與未來任務〉，第六之㈠節末。

要達到更高的精審度，就必須盡可能地至少納入同時期的其他傳承的其他語本，進行綜合的考察。這不只是要對它所承載的初期佛法取得更好理解的必要手段，即便只是要對巴利文獻本身的各方面（例如語言、組織、內容、傳承間的變化等）取得更好的了解，都不得不同時參考其他語本，而進行對比的研究。

因此，從低精審的思惟與規模，開始廣納同一時期的其他語本文獻，從而邁向高精審的思惟與規模，這將是巴利數位資源的建構者下一階段必須努力的方向與目標。

四、巴利數位文獻資源的未來展望——略談「初期佛教聖典多語多本平行語料庫」

㈠從「低精審」邁向「高精審」

如前所述，巴利數位資源建構的一項重要目標，就是支持研究者提高研究的精審度。因此，當前資源的一些不足之處，未來應持續改善，這些包括：更精良的版本校訂及標讀、更充足的原典及譯本、更好的辭典及工具資源、更清楚的版本資訊、更強化的資料檢索及擷取功能等。此外，雖然已有部分資源已經具備有聲資料庫、多語資料庫的特性、以及適合中文系統的執行環境，但大多數則沒有此種功能，這也是未來必須努力的。

除了巴利內部資料的精審化，未來最需要的是：突破目前的思惟與規格，將資源建構的規模往「高精審」推進——結合同一時期的不同傳承的不同語本，將巴利資源置於整個初期佛教聖典的總集當中，讓研究者更容易進行比對研究，以便對聖典的各方面求得更切當的了解。

其實這原本就是學術界行之有年的研究方法，數位資源的建構應該反映這種事實，以便與真正研究的操作模式更緊密地結合，提供研究者更符合實務需求的幫助。下面就是一個基於這樣思考的擬構案例。

㈡一個擬構案例：「初期佛教聖典多語多本平行語料庫」

本節將提供一個擬構案例，以「初期佛教聖典」為收錄文本的核心範圍，以「高精審」為指導目標，結合「多語言」、「多版本」的相關材料，做到「平行對讀」的功能，並且對於相關語料進行「語言屬性」的標記，以期能在現有研究功能之外，更進一步拓展「語言研究」與「語言教學」的功能特點。㊾

㊾ ⒜在 2002 年初，國立中正大學中國文學系為了替該年年底的「漢文佛典語言學國際學術研討會」暖身，舉辦了一次「佛經語言研究座談會」，邀請國內外相關研究者討論佛經語言研究的種種問題與前景，筆者有幸與會，在會中曾提出這個擬構案例的雛形。

⒝用計算機軟體技術來處理佛典「多語多本」的問題，在國內外已有一些實務案例。例如：莊德明，〈以《心經》為例說明如何利用計算機處理佛經的多版本〉；釋惠敏、維習安、杜正民、郭麗娟、周邦信，〈漢文電子佛典製作與運用之研究——以《瑜伽師地論》為例〉；Marcus Bingenheimer（馬德偉），“Issues in the use of electronic markup for the comparative analysis of Āgama literature”。另外，據筆者所知，中華佛學研

1. 略說「初期佛教聖典·多語多本·平行·語料庫」

(1)初期佛教聖典

初期佛教聖典主要指佛教最早期的文獻集成，也就是是記錄佛所教導、施設的「法」與「律」。「法」就是「阿含經」，目前數量最大的是巴利語系的五尼柯耶以及漢譯的四阿含。「律」是「律藏」，目前數量最大的也是巴利語系（上座部）的律藏，以及其他部派所傳的漢譯五部廣律——四分律、五分律、十誦律、摩訶僧祇律、以及根本說一切有部律。在經、律的核心基礎上，再附以論典

究所目前正執行一個專案計劃，是以漢譯《別譯雜阿含經》為主的多語本對照研究計劃（計劃中尚包含將漢譯本英譯），計劃名稱為「漢文古籍譯註與數位編輯的研究——以巴利文與漢文《別譯雜阿含經》（T.100）的版本比對與英譯為例」。可見佛典的多語本處理，已越來越受到重視。就在此文完稿之際，筆者有幸從上述中華佛學研究所「別譯雜阿含經計劃」小組成員戎錫琴小姐處得知，在泰國出家的澳洲籍法師 Ajahn Sujato 正進行「線上藏經對照索引計劃」（Online Sutta Correspondence Project），建構初期佛教各種語本文獻之間的「對照表」，以利學者比對研究。該計劃先期階段以巴利 Nikāya 及漢譯《阿含經》為主，兼及梵、藏等其他語本或譯本，未來擬擴大到整個初期佛教所有語本的文獻。（參 http://www.suttacentral.net/oscp/）此外，審查者乙也提供筆者一個重要資訊，即挪威奧斯陸大學（University of Oslo）的 Jens Braarvig 教授帶領一個研究團隊，自 2002 年開始，建構網路上的佛典多語本對照語料庫：Thesaurus Literaturae Buddhicae（TLB 佛教文獻百科，見 http://folk.uio.no/braarvig/tlb/）。這個語料庫可同時呈現一段本文（經文、律文等）的梵/巴、漢、藏、英等四種語本的內容（若相關語本存在的話），這樣便提供讀者或研究者，除了從宗教、哲學的向度看待或研究佛教之外，更可以從文化、翻譯、語文學、語言學、辭典編纂等各個面向去利用這一批珍貴的佛典文獻。這個語料庫的構想和旨趣，與本文所提，極為一致。

及藏外文獻，乃至註釋、複註等輔助材料。

將初期聖典作為一個「整體」建構資料庫，有幾個原因：一是，這些聖典在時間上有「同期性」。儘管這些經、律經過數百年時間、在不同地區、由不同的僧伽團體受持流傳，其內部已有一些演進改變的痕跡，但總體而言，並不巨大，反映的大致是同一時期、同一階段的佛教樣貌。二是，內容上有「一體性」。儘管經、律各有不同的意趣或性質，而四阿含的各部也有不同偏重，但總的來說，它們卻是密切相關、互為補充、不可切割的一個整體。因此將這些關係「密切度」極高的文獻作為一個整體，進行各面向的比對研究，將可獲得更高的「效度」。

⑵多語、多本

早期的經、律目前流傳下來的有眾多語言的眾多傳本或譯本：⒜印度雅利安語系的有巴利語本、佛教梵語本、犍陀羅語本等。⒝古代譯本有漢譯本、藏譯本等。⒞現代譯本更多，如中譯、英譯、日譯、德譯、法譯等。「多語、多本」意指佛典流傳、翻譯的複雜情況，有時「一語一本」，有時「一語多本」，有時「多語一本」，但更多時候是「多語多本」。以《法句經》為例，就有巴利語本、佛教梵語本、犍陀羅語本、漢譯本、藏譯本等多種語言的多種傳本（或譯本），[50]而若再加上各傳本（或譯本）的現代語譯本就

---

[50] 《法句經》的種種語本及傳本，例如，O. von Hinüber 及 K.R. Norman 編校的 Dhammapada（巴利本）；John Brough 編校的 Gāndhārī Dharmapada（犍陀羅語本，並附巴利本、其他語本對照），M. Cone 編校的 Patna Dhammapada（佛教梵語本，巴特那法句經），Hg. Von F. Bernhard 編校的 Udānavarga（梵語本，優陀那集）；古代漢譯本有吳·維祇難等譯

更多了。

將多種語言的多個傳本（或譯本）收在一起，可以起到相當多面的研究效用，例如文本的內容問題、語言問題、翻譯問題、傳誦或傳承間的演變問題等等。雖說許多個別經典的研究，早有不少學者做過了，[51]但若就整個龐大的初期佛教聖典的各種各樣的問題而言，尚待掘發之處必定更多。[52]除了提昇研究效能之外，多種語本的總集，也能提供教學的便利，拓展教學的深度與廣度。當然，它也可以開展另一種聖典集成的方式，不只是依傳統不同語系（巴、漢、藏等）而集成聖典，同時可以透過數位資源靈活的彈性，依文本的內容為主軸，將同樣內容而散落諸方的不同語本、譯本，總集在一起。

⑶平行

要讓這些經、律的不同語本可以起到更好的比對、研究的效果，並非單單把它們收在一起就夠了。以 MettaNet 為例，雖然同

《法句經》，西晉·法炬共法立譯《法句譬喻經》，姚秦·僧伽跋澄與竺佛念譯《出曜經》，以及宋·天息災譯《法集要頌經》等。

[51] 例如水野弘元及 J. Brough 對各語本《法句經》的對照研究。參水野弘元，《法句經の研究》；John Brough, *The Gāndhārī Dharmapada*。

[52] 筆者曾就《雜阿含·1006 經》的偈頌譯詞問題，比對巴利本及《別譯雜阿含·232 經》，確認其中在翻譯之前，已經存在底本傳誦或傳抄的錯誤；此外，關於「無我相經」的問題，筆者透過此經的不同傳本及語本，以及類同經的考察，確認《雜阿含·86、87、33、34 經》（無我相經）經文有誤傳，從而指出水野弘元對此經不甚確當的詮解。參拙稿〈「原典語言」與「原典研究」的重要——從「不見水白鶴」的公案談起；兼行「無我相經」勘正〉。（按，「無我相經」的問題已另文發表，即本書【玖】）

時收有巴利語本、英譯本、僧伽羅語譯本（算是「一本多語」的例子），但是並沒有做到「平行」結構，也就是沒有把同一經文或同一律文的三個語言的本子連結在一起，因此也無法替讀者省去翻查目錄的機械操作。

進行平行關連的「文獻單位」不能太大，否則就沒有意義了。單位越小，就像使用更高倍率的顯微鏡，讀者將更容易進行微觀的研究，但建構者自然要更費力氣。以經藏而言，最大的平行單位至少應該是「小經」，例如「雜阿含」、「增一阿含」的一一小經，但對於「中阿含」、「長阿含」而言，因為經文長，單做到經對經，實際效用並不大，因此有必要進行更小單位的切割。

除了「經對經」之外，平行單位若能更小，做到「段對段」、「句對句」甚至「詞對詞」，它的學術價值以及可以起的效用就更高。當然這裡牽涉的就不只是電腦技術的問題，更關鍵、更費力的是在於文本的精細判讀工作。判讀錯誤，反而提供給使用者錯誤訊息。這種工作需要大量的專業研究人力。

⑷語料庫

「語料庫」是作為語料的文本集合，[53]因此原始佛教聖典的總

---

[53] ⒜語料庫（corpus）的建構，在國內外已有許多案例，國外的案例，例如：20 世紀 60 年代，Francis 與 Kucera 在美國布朗大學（Brown University），建構了以研究當代美國英語為目的的「布朗語料庫」（Brown Corpus）；70 年代初由 Leech 倡議，S. Johansson 主持，建構以研究當代英國英語為目的的「LOB 語料庫」（The Lancaster-Oslo/Bergen Corpus）；1988 年，為了對同樣講英語的不同國家的英語進行對比研究，Greenbaum 提議研製的「國際英語語料庫」（The International Corpus of English，ICE）；1991-95 年間，由英國政府與牛津大學出版社、朗文

集，自然也是語料庫的一種。將它稱做「語料庫」，是因為在這個應用案例中，將著重於這些材料在佛教學研究當中的「語言研究」與「語言教學」等方面的功能特點，並強調它作為支持佛教學研究的「基礎建設」的功能性。

雖然如上所說，聖典的總集（單純的文本堆砌）是一種語料庫，但它只能稱為「生語料庫」（raw corpus），也就是並沒有經過進一步的「加工處理」——標注語言訊息，因此它能提供的語言研究的

（Longman）集團、錢伯斯（Chambers）出版社、英國國家圖書館、牛津大學、蘭卡斯特大學等多個單位合作建構了「英國國家語料庫」（The British National Corpus，BNC）；由於美語與英語的許多差異，為了有利於美語的研究，1999 年起，美國也開始建構「美國國家語料庫」（American National Corpus，ANC），並於 2003 年完成 1100 萬詞的初步規模。國內的案例，例如：中央研究院所建構，超過 1 億 3 千 400 萬字的「漢籍電子文獻」資料庫（內含「上古漢語語料庫」），以及 1991-97 年完成的 500 萬詞「現代漢語平衡語料庫」。中國大陸如：北京大學漢語語言學研究中心超過 1 億 3 千 100 萬字的「現代漢語語料庫」及「古代漢語語料庫」，北京語言文化大學的「現代漢語詞頻統計語料庫」，北京大學計算語言學研究所與日本富士通研究中心合作建構的「現代漢語標注語料庫」等。

(b)有關利用語料庫進行語言學各面向研究的介紹，可參考黃昌寧、李涓子著，《語料庫語言學》；楊惠中主編，衛乃興等編著，《語料庫語言學導論》；Tony McEnery & Andrew Wilson, *Corpus Linguistics*；Douglas Biber, Susan Conrad, Randi Reppen, *Corpus Linguistics: Investigating Language Structure and Use*；Elena Tognini-Bonelli, *Corpus Linguistics at Work* 等。比較簡要的介紹，如黃希敏，〈語料語言學概述〉、〈語料語言學研究面面觀〉；馮志偉，〈中國語料庫研究的歷史與現狀〉；以及 Quentin Brand & Joe Lavallee, “Corpus Linguistics For Teachers”。

效用就十分有限。㊹現代語言學意義下的語料庫，通常必須在文本中加注大量「語言訊息」（或語言知識），並且有適當的軟體可以提取及處理這些訊息，以便達到計算機輔助的語言研究的效能。

對文本加工處理的深度越深（即存放的語言知識越豐富），語料庫能夠發揮的語言研究的效能就越大。這些語言訊息的加工標注，基本的，例如音韻訊息（如連音法）、語法訊息（如詞類、性、數、格等）、句法訊息（句子結構），以及語意訊息、語用訊息、語篇訊息等等。

「標注語料庫」除了提供語言研究的效能之外，它也為原典的翻譯提供基礎並且記錄過程。古代的譯經大德，儘管業績顯赫，但可惜的是，並未將他們對於文本解讀的珍貴語言知識流傳給後人。因此，標注語料庫也有佛法傳承的重要價值；當然，對於今日及未來苦學原典語言的學子們，它更是一個輔助學習的「語言寶庫」。此外，它也是編寫更好的文法書、㊺更精良的辭典的重要資源。㊻

㊹ 儘管「生語料庫」使用起來比較費力，功能也比較侷限，但依舊可以給研究者帶來甚大幫助。筆者曾利用巴利藏光碟、《CBETA 電子佛典集成》、以及中央研究院「漢籍電子文獻」資料庫等三個非平行的生語料庫，進行印度語言通過佛典翻譯而影響漢語「數-量結構」的研究。參本書【拾】〈「六群比丘」、「六眾苾芻」與「十二眾青衣小道童兒」——論佛典中「數·(群/眾)·名」仿譯式及其對漢語的影響〉。

㊺ 運用語料庫編寫文法書，其優點在於，透過大量真實語料的觀察，一方面可以減少編纂者的主觀臆度，再則在計量分析的支持下，對於哪些用法最為典型，可以得到比較客觀的了解。這種立基於經驗主義（empiricism）的方法，越來越受到語言學者的重視，而成為現代語言研究的主流。英國語言學家 Quirk 從 1959 年起，著手建立「英語用法調查語料庫」（SEU，The Survey of English Usage），就在 SEU 語料庫的支持下，

總的說，語料庫的作用是多樣的，但最基本而重要的功能在於，基於附加「語言訊息」這種「超語言」（metalinguistic）的「深層加工」以及「計算機輔助訊息提取」這種「超人工」的工作效能，得以支持學者從巨量的真實語料當中，取得對該語言更客觀與平衡的了解——包括「定性的」（qualitative）與「計量的」（quantitative）。因此，這也意味著，通過新的工具與新的方法，吾人未來對這些語言的理解與掌握，有可能超越以往的文法書、辭典

1985 年由朗文（Longman）出版社出版了一部英語語法大全 *A Comprehensive Grammar of the English Language*。而目前根據 SEU 語料庫所編寫出的書籍，已經超過 200 部，可見語料庫具有十分可觀的「加值性」與極為長遠的「潛在效益」。

56 運用（計算機）語料庫從事辭典編纂，是現代辭典學發展的一大趨勢。1967 年，美國布朗大學出版社根據前述的「布朗語料庫」（Brown Corpus），出版了一部英語用法頻率詞典 *Frequency Analysis of English Usage: Lexicon and Grammar*。1980 年代，英國柯林斯出版社（Collins Publishers）和伯明翰大學（University of Birminham）合作，在 John Sinclair 教授帶領下，建立了一個 2000 萬詞次的現代英語語料庫 COBUILD (Collins Birminham University International Language Database)。在這個語料庫的支持下，1987 年英國柯林斯出版社出版了著名的 *Collins COBUILD English Language Dictionary*，讓全世界辭典編輯界耳目一新。1988-90 年，朗文（Longman）語料庫小組建構完成一個全新的英語語料庫「朗文－蘭卡斯特英語語料庫」（The Longman-Lancaster Enghlish Language Corpus），用以編纂辭典和提供學術界使用。1979-83 年，北京語言文化大學建立了一個規模 200 萬詞次的「現代漢語詞頻統計語料庫」，在這個語料庫的支持下，於 1986 年出版一部《現代漢語頻率詞典》。1997 年中央研究院詞庫小組黃居仁、陳克健和賴慶雄在中央研究院「現代漢語平衡語料庫」的支持下，編纂完成一部《國語日報量詞典》，解釋漢語「量詞」以及量詞和名詞搭配的用法。

等等對這個語言的描述；並且基於這種更正確及更恰當的語言理解，便有可能建構更好的文本翻譯，以及基於該文本的其他種種方面的研究與詮釋。[57]

2. 必須進行的相關基礎工程

上面大略談過「初期佛教聖典多語多本平行語料庫」的一些基本想法，儘管整個概念是簡單的，但是當中實牽涉到大量的基礎建設，並且這些工作主要的關鍵點，不只在於資訊科技的技術問題，而更在於相關語言文獻學的基本訓練。以下舉列幾項這個案例所須進行的相關工程建設：

(1)巴利語本、漢譯本等【重新精校、分段、標點】[58]

---

[57] 所有藏經光碟的製作（如巴利、漢文、藏文等），除了大大有利於這些典籍的流通與典藏之外，其最重要的功用與目的，其實都在於提供學者作為研究的重要輔助工具。但如前所說，由於這些資料庫都屬於「生語料庫」，尚未進行語料的語言加工，因此對於語言研究的幫助仍大受限制。這也是此處之所以要特別說明「語料庫」的相關觀念與作用，並舉示當前語言學界紛紛建構「標注語料庫」以作為語言研究基礎的用意所在。

[58] (a)有關數位化過程中，對於原來紙本重新校訂及改訂一事，審查者乙提供了寶貴意見，茲抄錄如下：「作者自第三節以降多處提及數位原典校訂了過去的錯誤而取得更好的讀法。不過在嚴謹的版本學研究中，一般會更同時重視未經更改的原抄本的原文表現。因為即使是現在看起來是錯誤者，有可能保存了語言發展上珍貴的訊息，更何況有些異讀是值得商榷的。電子版有意無意的更動了來源抄本的原來面貌，雖然利益現在的讀者，卻有可能遺失許多資訊，久而久之順理成章取代原文。是否可以考慮區分兩種電子版本：一者完整而忠實地保存各種抄本，另一種才是所謂的現代校訂本？」

(b)誠如審查者乙所言，重新校訂固然重要，但原抄本的保存同樣不可忽視，二者自可並行而不悖。而此處所謂重新精校，自然須要謹慎從事，任

(2)巴利語本、梵語本、犍陀羅語本等【語料標注】

(3)巴利語本、梵語本、犍陀羅語本、藏語本【中譯】

(4)各語本及譯本（含現代語譯）之間的經對經、段對段、句對句、詞對詞【平行連結】

上述任何一項，或任何一項的一小部份，都是重要的學術工程，都無法由機器代勞，而需要專業人力一字一詞地校訂、標注、翻譯、判讀，可以想見此項工程之耗時費力了！但由於初期佛教文獻基本上具有「封閉性」——也就是不會有大的增殖，即使未來有新出土的材料，數量依舊是有限的。因此儘管耗時費力，終究是可能逐漸完成的。

3. 能夠開發的教學研究效能

如上所說，「多語多本平行語料庫」的建構是極耗時力的，但它卻可以帶來極長遠的價值與多方面的效能，並且這些效能將會隨著不同領域研究者的需求、創見與開發，而不斷增長，可以說，其潛在的學術效益將是無可限量、難以估計的。以下簡單舉示幾項：

何改訂之處，必須保留原來底本內容，並詳加說明改訂的理由，如此，讀者在新校版當中，同時可知舊版內容，並了解改訂之原委，相關學者也可在這些資訊的基礎上，進行考訂及抉擇。總之，以吾人今日所處的時代，各種語本及研究資源的取得，較之古代更加容易，因此，在數位化的過程中，除了保留古代的底本之外，實可藉由多語本互校的機會，進一步「改善」現存古本的某些問題，以取得一個比較精良的本子。而既然任何改訂，都難免存有疏闕，因此，保留並提供充分訊息「以待來者」，就十分重要了。

⑴語言研究[59]
⑵語言教/學
⑶翻譯研究
⑷翻譯教/學
⑸版本校勘/校訂
⑹教理研究
⑺經典集成史研究
⑻經典傳承史研究
⑼文法書編纂
⑽辭典編纂

五、結語：建構一個更多效能的佛典知識寶庫

佛教聖典自從 2500 年前第一次結集開始，就作為佛教文化的知識寶庫而流傳。其後隨著佛法的傳播，聖典也以種種不同語言而轉譯、翻譯、筆錄、輾轉傳抄。後來各語本大藏經的編輯與刊印，便是保存這個聖典寶庫的具體體現。

如今，文本的載體有了重大改變，一片片光碟、一個個網站，給了這個寶庫全新的樣貌，也帶來以往做不到的種種應用效能。以巴利數位資源而言，這十幾年的發展，不可謂不迅速，不只收錄原

[59] 例如音韻學、構詞學、語義學、句法學、語用學、語言風格學、語篇分析等各方面。

典、譯典的數量增加、版本校訂的品質提昇，並且附加了效力甚大的搜尋引擎、以及便利的資料擷取功能，部分資源甚至已經進展到有聲資料庫的階段。

然而誠如上文所言，這些發展儘管已有相當成績，但只是個起步，還有眾多不足之處仍待改善。如何繼續提高「精審度」，以及對這個知識寶庫進行各種「深層加工」，是未來需要努力的。

本文提供的「多語多本平行語料庫」的觀念，不過是以「語言研究/教學」為導向的一種加工模式。但這些佛經文本，除了承載語言訊息之外，更是一部豐富多采的「古典文化百科」，因此如何運用各不同專業學科的研究取向與方法，進行不同角度、不同類型、不同模式的加工（例如歷史的、思想的、社會的、倫理的等等），以提取潛藏在文本當中的種種不同知識，讓它發揮更高、更多樣的研究效能、教學效能、以及佛法傳承與傳播的效能，這些都有待吾人後續的努力！

【陸】、《漢譯南傳大藏經》譯文問題舉示·評析——兼爲巴利三藏的新譯催生*

一、引　言

在 2002 年到 2003 年間，國立成功大學中文系「宗教與文化研究室」舉辦了為期一年的「原始佛教經典研讀會」，❶筆者有幸躬

* 原載《成大宗教與文化學報》第 3 期，台南：國立成功大學中文系宗教與文化研究室，2004 年 6 月，頁 1-60。原稿第二節「《相應部》問題譯文舉隅」，由於舉例繁多，又相當零散，為了讀者閱讀上的順暢，今稿將之移至文末做為「附錄」。

❶ 該研讀會是教育部顧問室「人文社會科學教育改進計畫」的一個案子，由成大中文系林朝成及趙飛鵬兩位教授主持，吳文璋、釋智學教授規劃推動，參加成員主要是各大學院校教師，目的在於藉由讀書會的研討交流，累積成果，逐步導向中國文學或哲學、宗教等相關系所、以及通識中心宗教學門開課的目的。研讀成果目前已上網，見「國立成功大學·中國文學系·宗教與文化研究室·阿含經讀書會」網頁：http://www.ncku.edu.tw/

逢其盛，參與研讀。會中選讀的經典為南傳巴利語系的《相應部》（Saṁyutta Nikāya），共選 15 相應，分 15 單元依次研讀，每一相應少則 4 經，多則 15 經，總計 98 經。為了方便學員閱讀，會中採用的讀本主要是元亨寺版《漢譯南傳大藏經》❷以及 Bhikkhu Bodhi 的英譯本，❸至於巴利原典，則由筆者負責對讀，提供譯文中有問題的相關內容。本文就是以這些選經為樣本，對元亨寺譯本的一個考察分析。

元亨寺譯本有許多問題，這是對照過原典的人都能深刻感受的，原本無需多談。但鑒於這個版本是目前國內唯一比較完整的巴利藏譯本，並且流通頗廣，參考者也很多，甚至許多研究論文都有直接引用的。❹這表示一般學者、大眾對於這些問題的認識或警覺

~chinese/index-c.htm，2003 年 12 月 10 日。

❷ 通妙、雲庵譯，《漢譯南傳大藏經・相應部》第一～六冊，高雄：元亨寺妙林出版社，1993-94 年。

❸ Bhikkhu Bodhi (tr.), *The Connected Discourses of the Buddha: A New Translation of the Saṁyutta Nikāya*, Boston: Wisdom Publications, 2000.

❹ 國內近年的研究著述中，有不少「直接採用」此譯本譯文的，其中，(1)學報論文，例如：陳紹韻的〈以《增壹阿含・善聚品》第 7 經為主之喪親輔導個案初探〉，《中華佛學研究》第 4 期，2000 年；王開府的〈初期佛教之「我」論〉，《中華佛學學報》第 16 期，2003 年。(2)學位論文，例如：趙淑華，《『阿含經』的慈悲思想》，台灣大學哲學研究所碩士論文，1997 年；呂凱文，《初期佛教「緣起」概念析論：緣起與《雜阿含》「雜因誦」諸相應概念之交涉》，輔仁大學哲學研究所博士論文，2002 年。（按，此二文採用元亨寺版譯文，但在關鍵部分則根據原典進行解析）。(3)專書，例如：釋天襄的《『雜阿含經・受相應』之研究》，法鼓文化，1998 年。（按，此書重心在研究漢譯及藏譯《瑜伽師地論》抉擇《雜阿含》的部分，南傳則僅附上元亨寺版（含有許多錯誤的）譯

似乎還不夠深刻，因此與會成員都感到有必要將對讀過程中看到的問題作個整理，提供出來，以利更多學者及大眾的了解與參考。這是筆者撰寫此文的基本動因。

本文主要包括三大部分：一是，舉示前述選經中有問題的譯文，並附上巴利原文及白話譯寫，以便比較清楚的呈現問題，並作為討論及評析的根據。這部分因用例較多，置於文末「附錄」。二是第二節，就這些譯文所涉及的各種語言層面的問題，進行分析討論。三是第三節，論述這些問題的成因、及可能的改善之道。希望通過這些討論，一方面能比較清楚的突出問題，提高吾人使用此譯本時的警覺性，俾能多加參考其他譯本，或對照原典，以避免誤解、或錯誤引用；另一方面，也藉此討論，呈現巴利語的一些特性，以及巴利經典翻譯過程中需要注意的一些事項。當然，若隨著吾人更加普遍而深刻的認識到當前譯本的諸多問題，而促使更多人士投注心力，學習、研究原典語言，乃至有志於重新翻譯經典，那是再好不過的！以下先討論《相應部》譯文的相關問題。

二、《相應部》譯文問題評析

在文末的「附錄」中我們舉出了《相應部》的一些問題譯文，本節將針對這些譯文當中所涉及的各種各樣的語言層面的問題進行分析討論。

文，未比對巴利原典）。此外，參考此譯本的自然更多，包括本讀書會，在目前尚無新譯的情況下，亦權宜採為輔助讀本之一。

我們知道一篇經文或一個語篇（text）是由許多句子（sentence）組成的，一個句子又是由許多語詞（word）組成的。因此對於一個語篇的理解就離不開語詞、句子、以及句與句的銜接等幾個方面。本節的前二小節主要將討論「句子」層面的問題，少數超過句平面的，也歸在這部份一併討論。因為《相應部》的譯文可大分「詩偈」及「散文」兩種「文體」，詩偈採兩句一行的五言格，不用標點，散文則為「文白結合」的混合「語體」，採現代標點。❺由於文體的差異，其譯文問題也有所不同，因此，句子部分分兩部分來談：第一小節針對「詩偈」部分進行討論；第二小節則針對「散文」部份來談。至於比句子小的「語詞」（及詞組）層面的問題，則在第三小節討論。希望通過三個部分的分析討論，能更層次分明地呈現問題。

㈠詩偈部份的問題

《相應部》在詩偈的翻譯上，承襲了漢譯《雜阿含經》的文體，採取五言為主的整齊格式。這樣的格式相當程度保留並突出了原典當中頌文的文體特點，如果運用巧妙，自是十分理想。但這樣簡短、整齊、而又缺乏現代標點輔助的五言格式，卻也多少給予譯文一些限制，需要更為高度的技巧講究，才能比較精準、明白的傳達原文意旨。以下談談詩偈中見到的幾個問題。

---

❺ 「文體」與「語體」是一文獻在語言風格上所表現出來特點。文體是就諸如散文、韻文或其他什麼「文」（文學形式）而言；而語體則是就口語、書面語或其他什麼「語」（語言形式）來說的。參見朱慶之，《佛典與中古漢語詞匯研究》，頁 8-9。

(1)省縮的問題：由於譯文採取固定的五言格式，因此在遇到原文（或底本）中用詞較多或意義較豐富的長詩句時，若不拆成兩句，或者彈性地採用較長的格式（例如六言、七言），則勢必遇到「節縮」的問題。節縮的辦法多種多樣，❻但基本的要求是「省而不失」——精簡卻不失落、模糊或誤傳原文意旨。若節縮不當，將會造成意義的扭曲。

如，例 1.4：「無智沙門行　難為並難忍」（無智之人對於沙門行是難以實行、難以忍耐的）。❼例中的「無智」是日譯「智慧なき者」的省縮，但這顯然表達不出「無智者」的意思，因而也無法成為後句「難為並難忍」的主語，反而成了「沙門行」（甚至沙門）的修飾語（定語），意思成了「無智的沙門行」或「無智沙門之行」，這就造成全句意義的扭曲，扞格難解。

再如，例 1.1：「妻中貴姓勝　子中長子勝」，例中前句日譯作：「妻の中貴姓の姫勝れ」（妻子當中貴族的女孩最殊勝），其中的「貴姓の姫」，巴利原文是 kumārī，意指未婚少女、處女（並無貴族之意），「貴姓」是日譯者添加的修飾語，核心意義其實是「姫」（姑娘）。但漢譯將此句省縮為五言時，卻偏取了外添修飾的「貴姓」，而丟失了核心意義「姫」（女孩），這就造成了焦點意義的偏移改變，以「雅」而害「信」了。

(2)補襯的問題：與上一問題相反的，在遇到原文（或底本）中

---

❻ 例如，可以採用音節較短的語詞，可以略去可省的虛詞，也可以利用上下文語境，而（承上）省去主語或賓語等等。

❼ 本節所舉例子，其較完整的語境、巴利原文、以及出處，參文末的「附錄」。括號中的文字（標楷體）是該例句之巴利原文的譯寫。

用詞較少或意義較簡的短詩句時，為了填滿五言，反而就要進行音節擴增或補上襯字了。同樣的，擴增或補襯不當，都可能干擾或扭曲原文的核心意思。

如，例 1.2：「麗日正盛時　鳥停不飛動　以鳴於大林　恐怖以襲我」（標線部分原意：廣大的森林沙沙作響）。此句日譯為：「大林鳴る」，漢譯添上了「以、於」二字，並調動詞序。但這樣一來，卻讓原來作為「鳴」的主語的「大林」，變成了處所補語，而把主語讓給了上一句的「鳥」。於是，原本鳥兒靜靜的停住休息，只有森林沙沙作響的「森寂景象」，就轉而成了成群的鳥兒在林中爭鳴的「熱鬧景象」，而與下句的「恐怖以襲我」搭不上調了。這便是補襯不當造成的語意轉變。

(3)格位的問題：與漢語不同的，巴利語是具有格位標記（case marking）的語言，不同的格位有不同的語法功用，也代表不同的語意角色。❽不能準確掌握這些格位的功用及意涵，往往就無法比較細緻的傳達出原文意思，甚至可能造成誤導的情形。

如，例 2.3：「比丘捨欲貪　正念於出家」，以及，例 2.4：「捨身見比丘　正念於出家」，標線部分原來意思分別是：「(比丘)為了斷捨欲貪」（kāmarāgappahānāya）以及「(比丘)為了斷捨身見」（sakkāyadiṭṭhippahānāya），都是表達動作「目的」的「為格」。但這個表示行為目的或目標的意思，在譯文中失落了。這使

❽ 例如：「主格」作主語，表施事者，或作被動句的受事者；「對格」作受詞，表受事者，或作副詞用；「具格」作副詞，表動作的工具、方式、狀態，或作被動句的施事者。

得原來作為目的、目標的「捨欲貪」及「捨身見」，由於語序居前，而變成了「前提」（修學的前行），於是就顛倒了原文所要傳達的修學次第。

再如，例 3.6：「色貌之於人　實是不易知」（人是不容易從容貌外表而分辨了解的。或者：想靠著容貌外表去了解一個人，是很有困難的。）其中「人」（naro）是主格，做主語；「色貌」（vaṇṇarūpena）是具格，表示動作行為的方式、手段、憑藉。但譯文讓「色貌」成了主語，意思似乎是「色貌對人來說，是不容易了解的」。原本不容易被分辨了解的是「人」，現在轉成了「色貌」；而同時，也把原文想要突出的「不能靠~方式而了解」的「手段」的焦點意義給丟失了。

(4)修飾或限定的問題：❾漢語與巴利語的修飾手段是很不相同的。漢語是藉由語序來達成，修飾語須緊緊置於被修飾的中心語前面。巴利語基本是「語序無關」的語言，修飾語與中心語既不必有居前居後的嚴格順序，又不必緊鄰，可以一在天之涯，一在地之角，其間靠的是二者性、數、格一致的嚴格的語法「搭配」（agreement）來達成的。這樣巨大的語言差異，若不能適切的把握，並在傳譯時恰當的進行語序調整，則不免要扭曲原意了。

如，例 2.7：「觀死此恐懼　齎樂積功德」（看到了死亡的這種恐懼，(趕快)積集能帶來(生命)安樂的善行吧！）。在原文中，「齎樂」（sukhāvahāni）是修飾「功德」（puññāni，善行）的，意謂「那種會帶來（生命）安樂的–善行」，但譯文斷掉了這個修飾關係，讓「齎

---

❾ 這裡「修飾」指「定語＋中心語」（例如：形容詞＋名詞）的結構。

樂」與「積功德」成了並列的兩件事。尤其把「齏樂」獨立出來，緊接在「觀死此恐懼」之後，如此一來，反而可能引起要人「及時行樂」的誤讀。

再如，例 10.4：「得快樂之有聞聖者心，不為諸法所騷亂。」（多聞者(聖弟子)，……可愛的事物不能擾亂他的心）。在原文中，「可愛的、令人喜愛的」（iṭṭhā）修飾「諸法、事物」（dhammā），但譯文卻拿它（iṭṭhassa）修飾「多聞者」（bahussutassa），變成了「得快樂之有聞聖者」，曲解了原文之意義。⑩

(5)疑問句的問題：前面提到過，由於譯文採用不含現代標點的頌文體，因此疑問句的表達便要特別講究，若不能適切地使用疑問代詞、疑問副詞、或疑問語氣詞等，則往往只能靠情境去表現，否則就會讓疑問的焦點意義顯得十分隱晦。

如，例 2.5：「比丘汝不悲　汝亦不歡喜　唯獨寂寞坐　不足思不著」（比丘啊！你難道沒有憂傷？你難道沒有歡喜？你一人獨坐，難道不會感到不樂？）。原文三句中都有個表疑惑、不明白的疑問副詞 kacci，可是在譯文中都被「省縮」了，這樣，疑問的意思就變得很不明顯。

再如，例 4.4：「汝為事不多　獨自離市里　住何寢意臥」（你不是有很多事(要做)？怎麼一個人在遠離(人群)的居止處，滿臉睡意的在那兒睡覺？）。原文第一句有個疑問語氣詞 nu，譯文中略掉了；最後一句原文有個疑問副詞 kiṁ（為什麼、怎麼會），譯文中儘管使

---

⑩ 這個錯誤主要來自日譯者將 iṭṭh'assa (= iṭṭhā 主格複數+ assa)誤讀為 "iṭṭhassa"（可愛的、令人喜愛的，屬格單數），而造成誤譯。詳參注92。

用了疑問詞「何」，但到底要傳達哪一種疑問的意思，仍然不清楚。因此，如果不能準確地使用疑問詞，依然會扭曲或模糊疑問的確切意思。

再如，例 1.6：「卿有茅屋否　如何無有巢　如何無繼系　如何脫繫縛」（你是不是沒有茅屋？你是不是沒有巢穴？你是不是沒有藤蔓？你是不是解脫了繫縛？）。原文四句中都以疑問副詞 kacci（是否~）來問話，漢譯後三句作「如何」，就很容易讓人讀成問「方式、手段」的問句了。

(6)語氣的問題：巴利語動詞有直述、命令、勸止、願望、可能等各種不同的語氣，分別表達對客觀事實的陳述、判斷，或者含帶主觀的意志、情感，或對事態情況的推度、擬想等種種不同意義。這些語氣在缺乏聲音、語調、表情、手勢輔助的平面文字上傳達，本來就比較困難，若又因為詩偈字數的限制，而省縮掉一些表達相關語氣必要的助動詞、副詞、語氣詞等，再加上缺乏現代標點的輔助，則往往不能比較生動、切實而逼真地傳達出對話的場景氣氛，或原文中語句之間的邏輯關係。

如，例 2.1：「比丘若禪思　以得心解脫」（比丘應該禪思，具足心解脫！）。前一句動詞「（應）禪思」（siyā jhāyī），原文採「動作形容詞」（action adjective）搭配連繫動詞（be 動詞）as 的願望式（optative）siyā，表達說話者（對比丘）的「勸令、教誡」，譯文卻將它誤作「可能、假設」語氣（potential），於是原來「應禪思」就變成了「若禪思」，曲解了原文的情境及意旨。

再如，例 2.3：「比丘捨欲貪　正念於出家」（為了斷捨欲貪，比丘當具足正念，遊方修行！）。後面一句動詞「出家」（paribbaje，遊方修行），原文用願望式，表示說話者（對比丘）的期望、勸誡，或說話者認定的（比丘）該有的義務，但譯文失落了這個意思，用直述的語氣傳達。

再如，例 4.3：「(惡魔：)如飽乳赤子　死即豈不來」（像個吃奶的小孩(無憂地)過活吧！死亡還不會到來。）類似的，前一句的動詞「過活」（careyya），在原文中也採願望式語氣，表達惡魔對比丘們「誘勸」的口吻，因此是帶著主觀的情感意志的，但這個口氣跟場景在譯文中同樣失落了。⓫

(7)「語意段」鋪排的問題：一首詩偈就如同一篇文字，是由多個「語意段」（或謂語段、句組，指意義關連相對緊密的句子的組合）構成的，最簡單的語意段就是語句或句子。這些語意段之間有著脈絡的聯繫，但又相對獨立，各有自己的核心意旨。由於《相應部》詩偈譯文未採標點，因此語意段的開始、結束，以及語意段之間的區隔，就有賴於詩句安排的技巧來輔助，否則便會造成語意段之間交雜錯落的情形，而干擾語意的理解。

如，例 3.4：

【原譯文】	【區分語意段並加標點】
鐵繩以及木　或以葦之網	①鐵繩以及木，或以葦之網，
賢者不云縛　以心為迷醉	賢者不云縛。②以心為迷醉，
寶玉及珠環　又心繫妻子	寶玉及珠環，又心繫妻子，
賢者云強縛　牽引於此人	賢者云強縛；③牽引於此人，

⓫ 參注⓰的分析。

雖緩亦難離　無欲捨欲樂　　　雖緩亦難離。④無欲捨欲樂，
斷此而出家　　　　　　　　　斷此而出家。

如上左邊所示，譯文的詩句安排是橫向左右、左右（原書為直向上下、上下）的兩句一行的格式。在這樣的格式下，每個語意段最自然的邏輯結構是：由左句（原書上句）開始，至右句（原書下句）結束的偶數句。上面右邊，我們依據巴利原文意義，大致分出四個語意段，並加上標點及編號（①②③④）。由例中可以看到，由於「語意段①」用詞較多，不易壓縮成兩句十字，因此譯文翻成了三句。但這樣一來，就使得後面的語意段（②③④）都由右句開始，而在左句結束，這就違反了閱讀理解最自然的邏輯順序。尤其在讀到兩個語意段落的交錯處——也就是前段的末句及後段的首句（上例標線部分，如：賢者不云縛　以心為迷醉），由於左右兩句之間並沒有內在的語意聯繫，這就可能讓人尋讀再三，卻仍滿頭霧水而不知所云！

再如，例 3.6：

【原譯文】	【區分語意段並加標點】
色貌之於人　實是不易知	①色貌之於人，　實是不易知，
即刻見勿信　善制者其相	即刻見勿信；②善制者其相，
非為制御人　此世普橫行	非為制御人，　此世普橫行。

意思是：①人是不容易從容貌外表而分辨了解的，

（僅僅）短暫接觸，不應（貿然）相信；

②因為許多人假扮修行人的樣子，

(其實並)非修行人，(卻)在世間到處遊行！

上例的巴利原文，如白話譯寫所示，有四句，可略分兩個語意段。漢譯譯成了六句，每個語意段三句。這使得第二詩行的左右兩句（即刻見勿信　善制者其相），雜錯了前後兩個語段的意思不相干的句子，造成語意邏輯的干擾。

(8)句意晦澀的問題：傳譯工作的基本要求，除了要盡可能地「忠實準確」之外，「明白清楚」也是個重要要件，否則就達不到「傳遞信息」的基本目的了。在譯文中，有一些詩句意思相當隱晦，極不易理解。

如，例 1.3：「飽食氣塞臉」（鬱悶不樂、吃太飽無精打采）。例 1.4：「思念之為囚」（若被心思意念所主宰控制）。例 2.5：「不足思不著」（難道不會感到不樂？）例 2.7：「生導死壽短　老導無庇護」（生命終會結束，壽命極短；及到老年，沒有任何庇護。）例 3.6：「善制者其相　非為制御人」（許多人假扮修行人的樣子，其實並非修行人。）例 4.3：「死即豈不來」（死亡還不會到來！）例 4.4：「住何寢意臥」（怎麼滿臉睡意的在那兒睡覺？）例 4.7：「惡魔生不德」（惡魔作了不善之行）同例：「波旬惡不實　汝如何思惟」（波旬！你難道認為：「我(造)的惡業不會成熟。」？）例 5.1：「我若思男女　思此為何物」（假如有人這樣想：「我是女人。」或「我是男人。」或「我是某個什麼。」）諸如這類晦澀難懂的字句，很容易給人佛經難讀、佛法難懂的錯誤印象。其實這哪裡是佛陀施設教化的本意呢？⑫

---

⑫ 佛教的道理儘管「深刻」，可並不「深奧難懂」。若從佛陀的弟子遍及四姓階級，以及他風塵僕僕，遊化人間，教導的對象遍及了國王、大臣、婆

上來分別談了詩偈譯文中的一些問題。這些問題雖分別有其不同的性質，但卻又彼此相關，互相影響。例如，省縮過度可能造成語氣、格位的失落，也可能讓詞義或修飾關係變得不清楚，而造成句意晦澀。又如，壓縮不夠或擴增太多都可能使得詩句「語意段」之間產生交雜錯落，而干擾句法及句意的自然邏輯結構。

㈡散文部份的問題

前面曾提到，《相應部》在散文部份，基本上採「文白結合」的混合語體。其實文白結合是古來譯經行之已久的一種特殊語體，可說是漢譯佛典在語言風格上的語體特點之一。⓭當然，經過了一千數百年之後，漢語已經有了很大變化，面對今天的讀者群，是否還要採行這樣的體式，是值得檢討的。不過，語體問題並非本文的重點，這裡要討論的是：在特定的語體下，譯文是否成功的傳達了原文的意旨？以下就談談選經中見到的一些問題。

(1)主語賓語錯置的問題：主語、賓語、動詞三者，是一個「及物句」的核心構件。如果誤判主語、賓語的角色，就會顛倒了句中施事、受事的關係。

如，例 11.2：「依主權之力所克服之<u>女人</u>，<u>亦不護容色之力</u>、<u>亦不護財產之力</u>。」原文中及物動詞「護」（tāyati，救護、幫助）的

羅門、商主、農民、工人、獵戶、甚至妓女、盜賊來看，他開示說法的用語應該是淺近明白，而貼近廣大群眾的。這一點，也是值得佛典傳譯者特別著意的。

⓭ 參見朱慶之，《佛典與中古漢語詞匯研究》，頁 15；顏洽茂，《佛教語言闡釋——中古佛經詞匯研究》，頁 26。

主語是「容色之力」、「財產之力」，賓語是「女人」，但譯文卻顛倒了二者的角色，因此也就顛倒了原本的施、受關係。原文意思應是：「當女人被男人的主權之力制伏的時候，容色之力救不了她，財產之力也救不了她。」

詩偈部份也有同樣的情況，如，例 1.5：「比丘攝意念　無著無害他　以離於煩惱　誰亦不得貶」。例中最後一句的及物動詞「貶」（upavadeyya，辱罵、苛責）的主語是「比丘」，賓語是「誰」（kañci，任何人），譯文同樣將二者顛倒了。此例意思應是：「比丘收攝意念，沒有執著、不惱害他人，完全息滅了煩惱，他不會嫌責任何人。」

(2)被動句的問題：巴利經典中被動句用得極多，漢語也有相應的句式，例如中古漢語的「為 ～ 所 ～」、「為 ～ 之所 ～」、「為 ～ 所見 ～」等；現代漢語則有「被字句」（如，被老闆責備）。在被動結構中，有三個基本構件，一是受事者，一是施事者（或工具），一是被動動作或事件，其中前兩個構件可能省略。對於這三個構件若不能準確掌握及表達，就無法確實傳遞被動事件的具體內容。

如，例 10.3：「此稱為有聞之聖弟子，謂：由生、由死、由憂、由悲、由苦、由惱、由絕望而不被繫縛。余言由苦而不被繫縛。」例中包含兩個否定的被動句，前句受事者是「有聞之聖弟子」，施事者（或工具）是「生、死、憂、悲」等，動作是「繫縛」；後句施事者是「苦」，受事者及動作同前。譯文兩句都用「由~而不被~」的句式傳譯，使得原來被動句的「施事者」變成了「原因」或「手段」，意思也從「不被『生、死等』所繫縛」一轉而成了「由於或憑藉『生、死等』而不被繫縛」，造成意義的錯亂。此例意思應是：「這就叫做多聞聖弟子不被生、老、死、愁、悲、苦、憂、惱所繫縛。——我說他不被苦所繫縛。」

再如，例 11.2：「依主權之力所克服之女人，亦不護容色之力。」例中的前半句，在原文是被動句改成「形容詞子句修飾名詞」的寫法，但譯文卻以「依 ~ 所 ~」的句式傳譯被動結構，同樣讓被動句的「施事者」變成了「手段」，造成了意義的錯亂。此例意思應是：「當女人被男人的主權之力所制伏的時候，容色之力救不了她。」

(3)介詞使用不當的問題：前面（前一小節第(3)點）曾提到，與漢語不同的，巴利語是具有格位標記的語言。這些格位表示每個語詞在句中不同的語法作用及語意角色。這些重要的語法及語意訊息，在漢語中主要是通過「語序」與「介詞」（及副詞、助詞等）來表達的。因此，如果不能準確掌握原文中格位的意義及作用，而恰當地使用漢語中相應的語序和介詞來傳譯的話，往往就會造成句法及句意的扭曲。

如，例 3.7：「阿難！不論如何，依以我為善友，生法之眾生，依生而解脫。老法之眾生，依老而解脫，病法之眾生，依病而解脫，死法之眾生，依死而解脫。」例中「（依）生」（jātiyā）、「（依）老」（jarāya）、「（依）病」（vyādhiyā）、「（依）死」（maraṇena），是生（jāti）、老（jarā）、病（vyādhi）、死（maraṇa）的「從格」及「具格」，⓮搭配動詞「解脫」（parimuccati），表達

⓮ 前三項是從格，後一項是具格。

「脫離、離開，不伴隨」的對象，譯文採用介詞（或介動詞）「依」來傳譯，表達的卻是與原來意義（脫離、離開）幾乎相反的「依靠、憑藉」的「手段」義。這就造成了教義的扭曲與誤解：從原本的「『離開、脫離』生、老、病、死而解脫」一轉，而成了「『憑藉』生、老、病、死而解脫」！由此，極可能導致修行法門的歧出。此例意思應是：「阿難！以我作為善友，則具有『生』的性質的眾生，從『生』解脫；具有『老』的性質的眾生，從『老』解脫；具有『病』的性質的眾生，從『病』解脫；具有『死』的性質的眾生，從『死』解脫；具有『愁、悲、苦、憂、惱』的性質的眾生，從『愁、悲、苦、憂、惱』解脫。」

此外，上面（第(2)點）被動句的例子，用「由、依」（基本表原因、手段的介詞）來引介被動句的施事者，也可視為介詞使用不當的情形。

(4)關係子句的連繫問題：巴利原文中，關係子句的使用相當普遍而頻繁。關係子句基本上是作為「修飾成份」（形容詞子句），用來限定、說明主要子句中的人、或者事物、時間、處所、原因、方法、目的等等的具體內容，因此自然與主要子句的「被修飾成份」有特定的連繫。如果錯解或斷掉了這個連繫關係，就會讓整個句子的意思變得奇怪彆扭而不通順。

如，例 2.8：「世尊！於此不生[何物]、不衰、不死、無生起之處，步行之而知、或見、或得到彼世界之邊極耶？」前半句「~之處」是講地點的關係子句，修飾後面主要子句的「世界之邊極」，但從譯文卻不能明顯看到這個修飾關係，使得前後句的句意關係變得鬆散而隱晦。原文的意思可寫成：「大德！那世界的盡頭

——也就是不生、不老、不死、沒有滅歿、沒有轉生之處，能否靠著行走的辦法，而知道、見到、達到呢？」（中間插入的「也就是～之處」便是作為修飾語的關係子句。）

再如，例 3.1：「任何人皆依身以行惡行、依語以行惡行、依意以行惡行。此等諸人乃非愛自我者。」例中，前一句是講說某種人的關係子句，用來限定後句的「此等諸人」。雖然由後句的「此等諸人」可與前句構成連繫，但前句的陳述是很有問題的，它把原本作為「修飾、限定」作用的子句，改成了「判斷句」，意思也就從「凡是具有某性質的人」轉變成「所有人都具有該性質」，扭曲了原來的意思。此例意思可寫成：「凡是行身惡行、行語惡行、行意惡行的人，他們都不愛護自己。」

(5)肯定否定顛倒的問題：譯文中有多處將肯定、否定的意思顛倒了，於是也就顛倒了原文所要表達的正面、反面的陳述。

如，例 4.1：「有眾生生來不少塵垢，不聞法亦得令滅，彼等應是知解法者。」（原意：有的眾生塵垢稀少，若不聽法便會退墮，他們是能了解法的。）例 10.1：「無聞之凡夫，將欲樂置外，非不知於苦受之出離耶？」（原意：無聞凡夫，不知道除了欲樂之外，還有苦受的出離。）例 10.2：「有聞之聖弟子，將欲樂置外，非知於由苦受之出離耶？」（原意：多聞聖弟子，知道除了欲樂之外，還有苦受的出離。）

詩偈部份也有同樣的情況，如，例 2.1：「心善不執著……不能得其果」（原意：賢善的心沒有執著，這就是他獲得的利益成就。）例 4.3：「如飽乳赤子　死即豈不來」（原意：像個吃奶的小孩(無憂地)活著吧！死亡還不會到來。）

(6)反詰問句的問題：反詰問句是以問句的形式來表示確定（包

括肯定及否定）之意，若將反詰句誤當成真正的問句（詢問句）傳譯，便會扭曲原文意思。

如，例 7.5：「友等！以床載我至仙人黑石窟，如我應如何思命終於屋內耶？」例中將原文表示反詰的“katham hi nāma … kattabbam maññeyya”（怎麼會認為應該……?!；意即：絕不會認為應該……！）譯為「應如何思 ~ 耶？」，成了詢問「思」的「方式」或「內容」的詢問句了。此句意思應是：「朋友們！來吧，把我連床抬到仙人山麓的黑石窟！像我這樣的(修行)人，怎麼會認為應該在屋內過世呢？！」

(7)斷句錯誤的問題：一個有意義的文段，每個句子都會有合理的內在語意邏輯，並且所有句子之間也會有合理的語意聯繫。如果錯讀原文（或底本）便可能亂點鴛鴦，把沒有意義聯繫的字句牽強地湊到一塊兒，造成怪異的邏輯關係。

如，例 3.5：「大王！彼之戒依於共住而非短時，依長時而非不思惟、依思惟而非無智、應依有智慧而得知。」例中，前面三句都是「A 而非 B」的句式，在這樣的句式中，A 與 B 的邏輯關係應是：「同一語意平面」下的兩個彼此「意義對反或對照」的事項。例如，「老虎而非獅子」（同是野生動物）、「吃包子而不是吃饅頭」（同樣講早餐吃的東西）是合邏輯的，但「吃包子而非喝香檳」（兩樣不常同時或同一場合存在的東西）就顯得有點奇怪（但在某種語境下還是通的），至於「吃包子而非天色早」（兩件事不搭嘎）就兜不成一句話了！上例的「依於共住而非短時，依長時而非不思惟」，表達的正是這種怪異錯亂的邏輯關係。依原文，此例的斷句應作：「大王！(他的)戒行必須共住才能得知，並且須經長時而非短時，要思惟(觀察)而非不思惟，要用智慧(去分辨)而非憑著淺智劣慧(所能得知)。」

再如，例 12.7：「世尊所說之法是現生、即時、來看、導於涅槃之智者，應一一自知者。」此例是經中的定型句，描述「法」的五項特質，依原文，末後兩句應斷作「導於涅槃、智者應一一自知者。」

(8)慣用句式的問題：巴利語中有許多慣用句式，具有特定的句法關係及意義，不能任意地照字面去拆解及拼湊意思。

如，例 8.3：「此是我，此是世間。」原文為：“so attā so loko”（此處看作“so loko so attā”的倒裝），是“sa A sa B”的句式，意思是「A 即是 B」（或「A 與 B 同一」），其中兩個 sa 都做指示形容詞用，省略了連繫動詞（be 動詞）。但譯文卻將一句拆成兩句，變成“sa A, sa B”，又把指示形容詞誤作指示代詞，而譯成了「此是我，此是世間」。此句意思應是：「這(有情)世間即是實我」。

再如，例 8.5：「斷阻道路，許往他人之妻，妄語，雖如是作亦非作惡。」其中，「斷阻道路」，原文為“paripanthe tiṭṭhato”，字面意是「站在路上」，而意思則指「攔路搶劫」；後一句「許往他人之妻」，原文為“paradāraṁ gacchato”，字面意是「到人家的妻子那兒」，而意思則是「去找人家的妻子」（與人妻通姦）。這是譯得過質，沒能顯示原文的內涵意思。

再如，例 10.5：「諸比丘！比丘應以正念、正知而度時日。」其中「度時日」，原文為 “kālam āgameyya”（等待時候的到來），“kāla”（時候）在此慣用句中特指「死時」，因此此句意思是：「比丘們！比丘應正念正知，等待時候(指死時)的到來！」。這是佛陀對病重比丘的教誡。

再如，例 12.2：「此雖是我，雖是我有，卻是空。」原文為“suññam idam attena vā attaniyena vā”，此句用到 suñña（空的）的兩個慣用法：一是“suñña A”（A 與 suñña 同格），為“A suñña”的倒裝，意思是「A 是空的」；二是“suñña B”（B 為具格，表示不具有、不伴隨的事物），意思是「不具有 B、沒有 B」。因此，原文意思應是：「這是空的——沒有我，沒有我所。」⓯原來「此雖是我，雖是我有」之譯，顛倒了原文意思。

類似的例子，如，例 12.3：「然此不動心解脫，為依染欲而空，依瞋恚而空，依愚癡而空。」原文為：“sā kho pana akuppā cetovimutti suññā rāgena, suññā dosena, suññā mohena”，同樣用到上述 suñña（空）的兩個慣用法，意思應是：「而這不動心解脫是空的——沒有貪欲；空的——沒有瞋恚；空的——沒有愚癡。」原譯文卻將搭配 suñña 表「不具有~、沒有~」的具格，譯作「依~」，也就是把「沒有（貪瞋癡）」變成了「憑藉（貪瞋癡）」，顛倒誤解了原文意思。

(9)句意模糊或錯解句意的問題：上面談的是幾個比較主要的問題，除此之外，譯文中有許多地方翻得十分含糊，甚至錯解句意，此處針對的舉列。

譯文隱晦含糊的，如，例 3.1：「非愛者所以為非愛者，乃彼等之自所作為。」（因為他們自己對自己的所作所為，正同仇敵對仇敵的作為一般無二。）例 4.2：「此人壽命短，不可不行於未來。」（（很

⓯ 此句翻譯，詳參注96的說明。

快)就會去到(往生)來世)例 7.3：「此處於現法、真實、如應如來為無所得。」(……真實、常住(不變)的『如來』是了不可得的……)例 12.5：「大德！余自望之間，離諸欲，離不善法」(只要我想要，我便可以捨離諸欲……)。

譯文錯解原意的，如，例 4.5：「時，五葦村婆羅門家主等，為惡魔波旬所執取。」(被惡魔波旬上了身)例 4.5：「時，世尊入(村)乞食時，清洗其缽而歸。」此例原文直譯是「那時，世尊帶著洗乾淨的缽入村乞食，又照樣帶著洗乾淨的缽回來。」因此意思便是：世尊入村乞食，但乞不到食物，「空著缽回來」。

㈢語詞及詞組層面的問題

前面兩個小節談的，主要是句子的問題。接著，我們要看看語詞及詞組層面的問題。

(1)古奧的譯詞：語言文化儘管遷流不息、日新月異，可是同時又有其傳承延續的一面。因此，現代譯經有部分用語承襲古代譯詞，原本是很自然的。尤其對於那些廣為大眾了解、接受而已經規範化的「固有詞語」，承襲沿用(或只稍作調整改變)，顯然可以起到溝通古今文化的良好作用。但是，對於固有名相或習言熟語之外的「一般詞匯」，卻很有必要「與時俱進」，採用現代譯詞，以避免讀者的隔閡。

《相應部》譯文中偶有見到承自古代譯經，⓰但現代已基本不

⓰ 以下所舉「欠呿」、「野干」二詞都是《漢譯南傳》直接從日譯本搬用的，但這兩個語詞並非日文語詞，而是日譯者承接自古代中土譯經的詞匯

用的語詞，例如，例 1.3：「欠呿」（打呵欠，vijambhikā），⓱以及「野干」（sigāla，豺狼）⓲等，這些都難免造成現代讀者的隔閡。

(2)生硬及生搬日文的譯詞：譯文中也見到一些未經消化轉譯，而直接從日譯搬用的語詞。例如，例 1.6：「纖系」（santānakā，伸長、延展之物，藤蔓）、例 4.1：「係蹄」（pāsa，圈套、繩索、繫縛）、例 9.1：「大氣寂靜」（vijanavāta，渺無人跡的）等，這些大概都是日譯者所「創用」的生硬譯詞，漢譯本則直接挪搬套用。

此外，諸如，例 9.2：「手網」（rasmi，韁繩）、「刺針」（patoda，（有刺的）馬鞭），例 12.4：「相會釋」（saddhiṁ sammodi，互相問候），以及「人間」⓳（manussa，人、人類）等，則是道地的日語語彙。凡此等等未經消化轉譯，便直接生搬挪用的生澀譯詞，都會造成閱讀經典的隔閡障礙。

(3)承自日譯的錯誤譯詞：譯文中還有一些承繼日譯的譯詞，顯然是日譯者翻譯錯誤的。

（漢譯《雜阿含經》中已習用此詞），因此此處將它們視為源自中土的古奧語詞，而不視為日文譯詞。

⓱ 「欠呿」在中古漢語意指「打呵欠」，但現代不用。原文“vijambhikā”意指「伸懶腰打呵欠」一事，見高明道，〈「頻申欠呿」略考〉。Bhikkhu Bodhi 譯作“lazy stretching”（伸懶腰），見氏著 *The Connected Discourses of the Buddha*, p.96.

⓲ 例如：「為狗所噉、為野干所噉、為種種生類所噉。」（CS.55:21.4; VI, p.236）

⓳ 例如：「於此，含括於天、魔、梵之世界，含括於沙門、婆羅門、天、人間，多為沉沒。」（CS.35:188.3; IV, p.210）

如，例 8.2：「所見、所聞、所思、所知」⑳，當中的「所思」，原文為“muta”，意思應是「所覺觸的」，指鼻、舌、身三種感官所嗅到、嚐到、觸碰到的內容。㉑

再如，例 8.4：「無此世，無他世，無母，無父，無生死之眾生。」㉒當中的「生死」，原文為“opapātika”，意思是「化生的」，指天界或地獄眾生的出生方式。

再如，例 10.7：「比丘！此等之六者，是輕安。逮達初禪者，言語輕安；逮達第二禪者，尋伺輕安；……漏盡之比丘，是貪欲輕安，瞋恚輕安，愚癡輕安也。」㉓其中的「輕安」，原文為“paṭippassaddha”，意思是「平息、止息」。與此詞類似的七覺支之一的“passaddhi”，唐代以來漢譯常作「輕安」，這是從正面的角度表詮身心的粗重惱亂「止息」之後的狀態。但在此例的文脈中，這個譯法顯然不合文意。㉔

---

⑳ 日譯作：「所見・所聞・所思・所知」。

㉑ 見 *PED*, p.536b 及 *CPED*, p.210b 該詞目。另參注㉞。

㉒ 日譯作：「……生死の眾生無く」。

㉓ 日譯作：「比丘よ、これ等の六は輕安なり。初禪に逮達したるものには語話輕安なり、第二禪に逮達したるものには尋伺輕安なり、……漏盡の比丘には貪欲輕安なり、瞋恚輕安なり、愚癡輕安なり」。

㉔ (a)從例 10.7 巴利原文中同時使用 passaddhi（名詞，< pra + √śrambh）及 paṭippassaddha（過去分詞，< prati + √śrambh）來看，這兩個詞意義似乎並無不同（至少在此脈絡）。

(b)七覺支之一的 passaddhi 早期譯經似都採用「止息」之意，例如：苻秦曇摩難提《增一阿含經》及姚秦佛陀耶舍《長阿含經》作「猗覺意」，東晉僧伽提婆《中阿含》作「息覺分」，劉宋求那跋陀羅《雜阿含經》作「猗覺分」、「猗息覺分」，也作「止息」，如 281 經：「修習歡喜覺分再如，例 10.9：「阿難！於此有比丘，超越一切色想，滅沒瞋恚想，不思惟種種想，逮達住於『虛空無邊』之空無邊處。」㉕其中的「瞋恚–想」，原文為“paṭigha-saññā”，“paṭigha”有「障礙、質礙、對礙」及「瞋恚」兩方面的意思，但此例描述的是超越「有質

已，逮得歡喜覺分滿足。心歡喜已，身心止息。爾時，修習猗息覺分。修習猗息覺分已，逮得猗息覺分滿足。身心息已，得三摩提。爾時，修習定覺分。」（T2, 77c29-78a3）；姚秦鳩摩羅什《摩訶般若波羅蜜經》、《大智度論》作「除覺分」、「除息覺分」。可能到唐代才譯作「輕安」，例如玄奘《大般若波羅蜜多經》作「輕安等覺支」，《瑜伽師地論》作「輕安覺支」、「安覺支」。

(c)但在講到有關「諸行止息」的脈絡，則不管劉宋求那跋陀羅或唐玄奘，似乎都採「止息、除滅」之意。例如，《雜阿含·474 經》：「阿難白佛言：『世尊！云何漸次諸行止息？』佛告阿難：『初禪正受時，言語止息；二禪正受時，覺、觀止息；三禪正受時，喜心止息；四禪正受時，出入息止息；……想受滅正受時，想、受止息。是名漸次諸行止息。』」（T2, 121b9-16）此段經文相應的《瑜伽師地論》釋文作：「當知此中暫時不行，名為寂靜；令其究竟成不行法，名為止息。樂言論者，廣生言論。染污樂欲展轉發起種種論說，名為語言。即此語言，若正證入初靜慮定，即便寂靜。……」（T30, 851b9-13）（另參《雜阿含經論會編》（中），頁 199-200）再如，《雜阿含·803 經》有關修習安般念（十六勝行）的脈絡：「覺知一切身行息入息，於一切身行息入息善學；覺知一切身行息出息，於一切身行息出息善學。」（T2, 206b1-3）此段經文相應的《瑜伽師地論》釋文作：「於息除身行入息，我今能學息除身行入息；於息除身行出息，我今能學息除身行出息。」（T30, 432b4-6）（另參《雜阿含經論會編》（中），頁 408-13）此處奘譯「息除身行」，梵本即作“praśrabhya kāya-saṁskārān”，其中 praśrabhya < pra + √śrambh，與巴利 passaddhi 為同詞的不同語形。（梵本見 Shukla (ed.), Śrāvakabhūmi of Ācārya Asaṅga, p.230,6.）

㉕ 日譯作：「……總て色想を超過し、瞋恚想を滅沒し、……」。

礙、有對礙」的色界，而進入無色界的「空無邊處定」，因此意思應取「質礙想、對礙想」，而非譯文的「瞋恚想」。

再如，例 13.1：「然則我滅後，但念令此樹提居士滅困惑。」㉖例中「困惑」一詞，原文為“vighāta”，應是「苦惱」之意。這些都是繼承日譯本的錯誤而誤譯的例子。

(4)複合詞翻譯不當的：巴利語複合詞的使用極為廣泛，這些複合詞由於高度濃縮，㉗因此詞間的格位關係及意義關係經常隱晦不明，使得整體詞義也不容易明白，因此需要更加細緻的析辨才能取得比較恰當的理解。

選經的譯文中，有的複合詞翻得過於樸質生硬，也就是沒有適當的消化詮解各詞詞義及詞間關係，造成整體詞義隱微難明。如，例 10.8：「形愛」一詞，原文為“piya-rūpa”（「愛−形」），這個複合詞內部各詞詞義是「可愛的−形色」，因為作形容詞用（有財釋），所以解釋開來意思應是「具有可愛的形色或形質」。

再如，例 7.1：「以何為取著、恐懼耶？」，其中「取著、恐懼」，原文是“upādā-paritassanā”（「取著−恐懼」），譯文將二詞的關係析解為「並列複合詞」，但依該經經文內容來看，談論的並非個別的「取著」及「恐懼」二事，而是怎樣「由取著而產生恐懼」的過程，因此兩詞的關係不是「並列」，而是「因果」（句法複合詞：連續體+名詞），所以此句意思應是：「怎樣是由取著而(產生)恐懼呢？」。這些是對「詞間關係」解釋不當而造成的問題。

㉖ 日譯作：「……我滅後、此樹提居士をして困惑なからしめんと念ず」。

㉗ 各個「成員詞」採用語基（或語幹，stem）形式互相結合。

另外，也有對複合詞「內部各詞」的詞義解釋不當，而造成整體詞義扭曲的。例如，例 13.3：「意修習之比丘」，其中「意–修習」，原文為“mano-bhāvanīya”，“mano”是「意、心」，但“bhāvanīya”有「應修習」及「應尊敬、令人尊敬」二義，此處是後一個意思，㉘譯文取的卻是前一意思。此詞意思應是「讓人內心尊敬的（比丘）」。㉙

再如，例 12.7：「我等對法有無動信心」，㉚其中「無動–信心」，原文為 “avecca-ppasāda”，“pasāda”是「淨信」，但“avecca”為連續體分詞（gerund），意思是「在確知（確見、確證）之後」，㉛因此這個複合詞意思應是「確知(確見)而得的淨信」。㉜

㉘ 見 *PED*, p.503a 及 *CPED*, p.199a 該詞目。

㉙ 另參 Bhikkhu Bodhi, *The Connected Discourses of the Buddha*, p.1043, note 2.

㉚ 日譯作：「われ等法に對して動きなき信心を有たん」。

㉛ avecca (ger.) < aveti < ava + $\sqrt{}$i ，動詞為 aveti（了解、知道、洞見）。參見 *DOP*, p.259a 該詞目。巴利注釋書對此詞的解釋，例如，覺音(Buddhaghosa)的「經集注釋」《勝義光明》(Pj I 185,28)：avecca … paññāya ajjhogahetvā（「確知」，…以智慧掌握、理解)；Pj II 368,16：avecca paṭivijjhitvā（「確知」，通達(或洞見))。參 K.R. Norman, *The Group of Discourses II*, p.192 (Sn. 229).

㉜ (a)這個複合詞求那跋陀羅（雜阿含經）及僧伽提婆（中阿含經）譯作「不壞淨」，佛陀耶舍（長阿含經）譯作「不壞信」。Avecca（Skt. avyetya）之譯作「不–壞」，是對此詞的「別解」，也就是將之解作 a + vecca，a- 為否定接頭詞「不」，vecca（Skt. vyetya）是 veti（Skt. vyeti < vi + $\sqrt{}$i)的連續體(ger.)，意思是「離去、消失、壞滅」（名詞為 vaya，Skt. Vyaya），因此將 avecca（Skt. avyetya)解作「不–壞」。

(b)但玄奘譯《瑜伽師地論》「攝事分」中，解釋《雜阿含》「不壞淨」的相關釋文，則譯作「證淨」，此譯顯然較切合原來「確知（確見）而得

三、相關問題的成因及可能的改善之道

(一)相關問題的成因

上來林林總總的談了《漢譯南傳》譯文上的一些問題。儘管觀

的-淨信」之義。例如，《雜阿含·847 經》：「爾時世尊告諸比丘：『有四種諸天天道，未淨眾生令淨，已淨者重令淨。何等為四？謂聖弟子，於佛不壞淨，於法、僧不壞淨，聖戒成就，是名四種諸天天道，未淨眾生令淨，已淨者重令淨。』」（T2, 216a29-b4）此經（及其後數經：848-850 經）相應的《瑜伽師地論》釋文，玄奘譯作：「復次，若第一義清淨諸天，說名最勝無有惱害，由身、語、意畢竟無有惱害事故。即依如是清淨天性，說四證淨名為『天路』。又四證淨為所依止，諸聖弟子依三種門，修六隨念。」（T30, 868a17-21）（另參《雜阿含經論會編》(中)，頁 459-62）

(c)這個複合詞元亨寺本譯作「無動信心」，這是承自日譯本的「不動信心」（動きなき信心）。日譯者將"avecca"譯作「不動」，大概是根據覺音在注釋書中對此詞的解釋，例如，「長部注釋」《吉祥悅意》Sv II 646,7 (ad D II 217,19)：avecca-ppasādenā ti acala-ppasādena＝「(具足)不動信」意指：(具足)不動搖的淨信；再如，「增支部注釋」《滿足希求》Mp I 396,20 (ad A I 26,13)：aveccappasannānan ti avigacchanasabhāvena acalena pasādena sammannāgatānaṁ＝「(具足)不動信(或不壞信)者」意指：具足不壞失的(a-vigacchanasabhāva)、不動搖的(a-cala)淨信之人。此處注釋書顯然像漢譯《阿含經》一樣，將 avecca 析解為 a + vecca < vi + √i (= a + vi + √gam)，因此取「不壞失」之意；至於將它解為「不動搖」(a-cala)，則可能跟《經集》(Suttanipāta)的「因陀羅柱」(indakhīla)譬喻有關。《經集》229 頌：「就如(深)植於地的因陀羅柱(indakhīla)一般，四方之風不能動搖(asampakampiyo)；那確知、確見(avecca passati)聖諦的善士，我說就像那譬喻一樣。」另參 K.R. Norman, *The Group of Discourses II*, p.25 (Sn. 229).

察的樣本十分有限（不到千分之四），並且誠如引言所說，這些經文也不是為了探討翻譯問題而特意挑選的，不過從中還是可以窺見這個譯本的一些問題。接著想談的是，在對讀過程中所見到、所感受到的，之所以造成這些問題的幾個方面的原因，以及可能的改善之道。這些討論也許對於未來此譯本的改訂再版，或者重新翻譯，多少有一點參考作用。依拙見，上述問題的主要成因，大概有以下幾點：一、對日譯的誤解；二、未能確實對照巴利原文；三、未能適當參考其他譯本；四、對教義內容的生疏；五、對文言表達的隔閡。以下分別略作討論。

(1)對日譯的誤解：在所有看到的問題當中，來自於對日譯誤解（或理解不確）的情形佔了其中的絕大多數。我們粗略估計第二節中所舉示的例子，大約有超過四分之三（76.5%）的問題，是由於誤解日譯而造成的。[33]這一點前面談得較少，此處舉例說明。

如，例 1.3：「飽食氣塞臉」，巴利原文為 “aratī bhattasammado”（鬱悶不樂、吃(太)飽無精打采）。日譯作：「氣塞ぎ、食べ過ぎて瞼おもし」，其中「氣」指「心情、情緒」，日文熟語「氣が塞ぐ」，意思是「鬱悶不樂」；「食べ過ぎて」是「吃太飽」，「瞼おもし」是「眼瞼、眼皮沉重，想睡覺」之意。日譯基本上正確傳達了巴利原文的意思。但漢譯卻直接擷取「氣塞」兩字，未考慮日語與漢語之間意思的差別，又將「瞼」（眼皮）誤讀做「臉」，而把不相干的前後兩部份，湊合成「氣塞臉」，意思可

[33] 粗略統計，例中總共 102 個問題點，其中 24 個是日譯本身的錯誤，其他 78 個則是漢譯者對日譯的誤解。

說與原意天差地別了。

再如，例 2.7：「靍樂積功德」，日譯作：「安樂を靍す功德を積め」，其中「安樂を靍す」是修飾「功德」的，意即「（積集）能帶來安樂的功德」，但漢譯卻將修飾語獨立成句，變成「靍樂」與「積功德」兩件事了。

再如，例 2.1：「若望心得達　不能得其果」，日譯作：「心の得達を望まば、その果得られん」。其中後半句句末的「ん」並非口語的「否定法」，而是文語的「將然法」，「その果得られん」意即「その果得られるでしよう」（就能獲得成果吧！）。這是混淆誤解了日語的文語與口語用法，而將肯定（推定）陳述譯成了否定陳述。

(2)未能確實對照巴利原文及適當參考其他譯本：由於巴利原文本身有一定的難度，並且其中又存在種種問題，㉞這使得我們很難期待單一譯者或譯本能夠翻得十分完善。因此，只拿單一譯本作為翻譯參考的底本，顯然是十分冒險的。儘管《漢譯南傳》「凡例」提到，此譯本參考了巴利原典，並且在日譯與巴利原文有所出入之時，「以巴利聖典為主」，但在我們對讀過程中，幾乎見不到任何根據原典（或其他譯本，如英譯）而對日譯錯誤做出訂正的，反

㉞ 筆者曾撰文介紹巴利語本中可能的問題，以及西方學者對這些問題的論辯與對立意見。參見本書【捌】〈「大名聲」（vighuṣṭa-śabda）與「離覆障」（vivatta-chadda）——兼談注釋家與文法家對巴利文獻的影響〉。此外，巴利語本中也存在許多「非典型」的語形，甚至與異教語言有關，這也是讓學者們感到十分棘手的難題。參見本書【柒】〈巴利語與異教語言〉。

而都直接繼承了這些錯誤。

日譯本的問題，除了上面（上一小節第(3)點）舉到的生硬、錯誤的「譯詞」之外，句子層面的問題也不少。如，例 2.3：「比丘捨欲貪　正念於出家」，前半句巴利為："kāmarāga-ppahānāya"（為了斷除欲貪）。日譯作：「欲貪を捨てて」（斷捨欲貪已），這是把原文表達「目的」（為了~）的「為格」"-pahānāya"，誤認作表達「連續動作」（~已、~之後）的「連續體分詞」。

再如，例 10.4：「得快樂之有聞聖者心，不為諸法所騷亂。」日譯作：「快樂を得たる多聞[の聖者]の心を、諸法も騒がすことなし（得快樂之多聞者的心，諸法無法擾亂(它)）。」在巴利原文中，「可愛的、令人喜愛的」（iṭṭhā）修飾「諸法、事物」（dhammā），但日譯卻拿它（itthassa）修飾「多聞者」（bahussutassa），變成了「得快樂之有聞（聖者）」，曲解了原文意義。此句 Woodward 英譯為："(A searcher of Norm,) of knowledge wide … Is not heart-harassed by things desired."（(洞解了法的)多聞者，……可愛的事物不能擾亂他的心）。㉟

再如，例 12.6：「居士！依誓願，汝於未來當為轉輪王。」其中「依誓願」，巴利為："paṇidhehi"（發願吧！），Woodward 英譯

㉟ 見 F.L. Woodward (tr.), *The Book of the Kindred Sayings*, vol. IV, p.141. 此外，Bhikkhu Bodhi 也作："For the learned one … Desirable things do not provoke his mind."，參氏著 *The Connected Discourses of the Buddha*, p.1265. 另參注(92)的說明。

為："aspire thus"（這樣發願吧！）。㊱日譯作：「誓願によりて」（藉由誓願），這是把原文的動詞「命令式」語尾（-ehi），誤認作名詞「具格」複數語尾（-ehi），於是就把原來表示「勸令、請求」的語氣，誤譯作「方法、方式」了。

諸如這些日譯本的問題，漢譯者若能適當的參考巴利原文及其他譯本（如英譯），應可避免掉絕大部份。㊲

(3)對教義內容的生疏：翻譯工作並不只是表面的「語言」之間（機械性的）轉換的問題，更核心的反而是「內涵意義」的傳達。因此翻譯者基本上必須先盡可能地深入而「懂得」或「通曉」他所翻譯的文件當中所承載的內涵或意義，否則便不可能進行比較適切而有效的傳達。幾乎可以說，譯文品質極大部份取決於譯者對該文件內涵意義的深入程度。就《相應部》而言，它所承載的，基本上是初期佛教的教理，因此若對此期教理的基本內容及根本意趣沒有一定的把握，則解譯過程必然疑障重重，而行之於文則可能「不知所云」了！以下略舉數例。

如，例 10.7：「漏盡之比丘，是貪欲<u>輕安</u>，瞋恚<u>輕安</u>，愚癡<u>輕安</u>也。」在《阿含經》，漏盡者（阿羅漢）的基本定義是「貪欲已

㊱ 見 F.L. Woodward (tr.)前揭書(見上注), p.210. 此外，Bhikkhu Bodhi 也作："make a wish"(發願吧！)，見 Bhikkhu Bodhi 前揭書(見上注), p.1330.

㊲ PTS 的《相應部》英譯（*The Book of the Kindred Sayings*）在 1917-30 年即出版，而日本的《南傳大藏經·相應部》則於 1936-40 年出版，約晚 10 年。但由上例可見，不僅元亨寺漢譯未適當參考英譯，日譯者似乎也未適當吸收英譯成果。

斷無餘，瞋恚、愚癡已斷無餘」；㊳若注意到這項定義的話，大概就不會跟隨日譯，將"paṭippassaddha"（止息）譯作「輕安」了。㊴

再如，例 3.7：「阿難！不論如何，依以我為善友，生法之眾生，依生而解脫。老法之眾生，依老而解脫，病法之眾生，依病而解脫，死法之眾生，依死而解脫，愁悲苦惱悶之眾生，依愁悲苦惱悶而解脫。」譯文中的「依 ～(解脫)」，在巴利原文是「從格、具格」（如 jātiyā parimuccanti, maranena parimuccanti），日譯是「より」（生より解脫）。巴利語的具格，以及日語的より，都可以表達「憑藉」或「離去、不伴隨」（由～(解脫)）之意，漢譯採前一意思，於是將「生、老、病、死、愁、悲、苦、惱、悶」理解成解脫的「方法、憑藉」，亦即「靠著、藉由」生、老、病、死等，而達到解脫。但問題是，初期佛教並沒有「生死即涅槃」或「煩惱即菩提」之類的教理，談到「生死」或「煩惱」時，都是主張要捨離、要斷除的，絕不是「依之」或「藉以」解脫的「方法」、「道路」。初期佛教解脫的「憑藉」，略說是「八正道」，廣說是「三十七菩提分」為主的種種道品。因此此處巴利原文的從格、具格或日譯的より應採「離去、不伴隨」之意。這也是由於對此期教法的根本意趣不夠熟悉所造成的問題。

再如，例 10.1：「無聞之凡夫，……彼不如實知此等諸受之生

㊳ 如 T2, 126b21-23。

㊴ 前面已經提到，與"paṭippassaddha"類似的詞"passaddhi"，唐代以後漢譯常譯作「輕安」（參注㉔）。日譯者機械式的不問語彙出現的語境脈絡與漢語「輕安」的詞義，便照著古代漢譯生搬譯詞，這種情形與今日《漢譯南傳》之生搬日譯頗為相似。

起、滅沒與甘味、患難之出離。」此句巴利原文作："assutavā puthujjano ... so tāsaṁ vedanānaṁ samudayañ ca atthagamañ ca assādañ ca ādīnavañ ca nissaraṇañ ca yathābhūtam nappajānāti"；日譯作：「寡聞の凡夫……彼はこれ等諸受の生起と滅沒と甘味と患難と出要とを如實に知らざる」。很明顯的，不管巴利原文或日譯都是將「（諸受的）生起、滅沒、甘味、患難、出離」五法並列，作為無聞凡夫「不如實知」的內容，這樣明白的句式（A ca B ca C ca D ca E ca 或 A と B と C と D と E と），當然是不可能誤解或看錯的，但漢譯文卻將該五法拆成二組，一是「（諸受的）生起、滅沒」，二是「甘味、患難之出離」，這就把原本經典中普遍教導的「五種（不）如實知」（集、滅、味、患、離），改變成「三種（不）如實知」（集、滅、離）了。這是譯者以本身對教法的體會、詮解，而改寫了原來的經文。

(4)對文言表達的隔閡：前面曾提到，《相應部》的譯文，詩偈部份採兩句一行的「五言格」；散文部份則為「文白結合」的混合語體。應該採用哪一種「文體」及「語體」翻譯經文，是個見仁見智的問題，但就「現實面」而言，基本上必須考慮的，一是譯者本身的「專擅度」，二是當前讀者的「接受度」。《漢譯南傳》不管是詩偈還是散文，有很大部分並不能明白通暢的傳達文意，這大概跟他採用、摻合了部份不甚擅長的文言語體有很大關係。文字的「藝術境界」大概是每個翻譯者都多少會懸記在胸而「心嚮往之」的目標，畢竟「言之無文，行之不遠」，因此，如果能在信、達之外，力求高雅，自然是再好不過的。可是，若只為求文字、聲音、節奏的典雅優美，勉強使用自己不甚擅長的文體或語體從事翻譯，因「詞」而害「意」，不能確實有效地達成「溝通了解」的基本任務，那就不免本末倒置而得不償失了。

(二)可能的改善之道

以上概要談到了譯文問題的主要成因，這些成因可簡單歸納為三方面：一是對「來源語」（source language，或原典語）熟練度不足（閱讀、理解方面）；二是對文件內容熟悉度不足（特別是教理內涵方面）；三是對「目的語」（target language，或譯典語）嫻熟度不足（書寫、表達方面）。針對這些成因，其可能的改善之道就很明顯了。

(1)首先是加強原典語言（巴利語）的研究訓練。這是整個翻譯成功與否的第一道關卡。從前面的討論，可以清楚見到「二手翻譯」的種種問題與侷限，因此，我們應該直接根據原典來翻譯。所以，對於原典語言的教學訓練與研究講求，就須要特別加強，如此才可能比較精準、細緻地掌握原文當中所包含的各種各樣的微細意思。不過以目前國內的佛教相關研究機構而言，雖大多開設有巴利語課程，但修習的課程、時數，相較於一般大學院校專業的語文科系，顯然是相當不足的。以這樣相對薄弱的研究及教學環境，期待培養出較多能夠實際擔負翻譯工作的人才，其困難是可以想見的。在「教學訓練」方面，我們可以考慮將原典語言課程開設在學院或大學部，這樣到研究所階段，就有比較紮實的基礎及充裕的時間，從事後續的研究工作。㊵在「巴利語研究」方面，儘管此語言只是

㊵ 據筆者所知，目前將原典語言開設於學院部的，似乎只有福嚴佛學院。法光佛研所、中華佛研所雖開有暑期課程及推廣教育課程，但時數仍舊有限。

佛教學研究的「工具」，但卻是一項關鍵而重要的工具。未來若能讓它成為比較獨立的研究學科，而與國內相關的「語言學」研究單位合作交流，運用科學的語言學方法，對現存的巴利語料（即所有巴利文獻）進行地毯式的一手研究，相信對此語言，當可取得更為全面、深入、而細緻的了解與掌握。這樣，將能支持較高品質的教學訓練，同時，也就能支持而取得較高品質的翻譯成果。

(2)**其次，關於經典內涵意義熟悉度的提昇**。最基本需要的，是掌握「一手資料」，也就是比較大量而全面地研習初期佛教的「三藏」，以便對此期佛教內容能有比較親切、直接、深入而整全的理解。[41]此外，對於各種現代的研究成果，包括語言文獻、教理思想、以及當時印度的社會文化等種種方面的內容，也是必要參考的。再則，由於經、律的本文一般比較簡要，許多內涵意義經常不易明白，所以參考相關的注釋（aṭṭhakathā）、解疏（ṭīkā）、甚至補疏（anuṭīkā）也是有幫助的。前面已提到，除了對原典語言的掌握度之外，影響譯文品質很大的因素，就在於對此處提到的各方面內容的「深入度」及「廣博度」了。可以想見，這是一件相當龐大的研習工程，因此，有志於譯事者，如果希望取得較高品質的翻譯成果，恐怕須有「皓首窮經」的準備。

(3)**關於目的語（中文）表達的問題**。如果主譯者這方面素養足夠的話，自然可以直接譯出成果。否則，儘可以選擇自己能夠輕鬆駕馭的文體及語體，以便準確、明白地傳達出自己所了解的底本

[41] 除了佛教本身的內容之外，當中自然還牽涉許多外教言論，以及當時印度社會、經濟、文化等多種多樣的內容，這些也是譯者必須了解掌握的。

意思。甚至可以考慮通過「譯講」的方式，在翻譯過程中同時講解底本語言文獻及教理思想等各方面的相關內涵。總之，可先求達成「準確傳達文意」的基本任務，至於文字的藝術加工，則可委請這方面素養較深的人士，進行後續的潤文。

(4)最後，有關「品管」的問題。翻譯成品最好再經「審閱」及「試讀」的程序加以把關。審閱方面，可委請該專業領域語言及教理等相關方面素養較深的專家擔任，由語言學者「證文」（檢證語文理解的正確性），由教理學者「證義」（檢證教理等相關內涵意義的正確性）。試讀方面，可採「多層面試讀」方式，以便了解不同層面讀者群（如產品的不同客戶群）的理解度與接受度，作為修訂的參考。試讀是重要的，因為讀者（就如客戶）經常是最好的「品管師」，並且他們更是經典（如同產品）最終真正訴求及呈獻的對象。「審閱」及「試讀」若能地毯式地全面進行，自然最好；若因緣不能具足，至少若能做到「抽樣」審查，則對譯文問題的發現及改善，也能達到一定的效果。

四、結語：期待巴利三藏的「新譯」

「巴利三藏」傳承至今，已經二千多年了。它是目前尚存留的、以印度語言記錄的佛典當中，數量最多、部帙最完整、且時間也較早的文獻資料。㊷想探求佛法的源頭根本，想追尋了解歷史的佛陀當年覺悟及施教的鮮活實況，莫不需要通過此部聖典。對於佛法，

㊷ 最遲可追溯至紀元前三世紀，阿育王時代的第三結集。

對於佛教，它的重要性真是莫可言喻了！巴利三藏在西方的基督教世界，已有多種語言的譯本，單以英譯而言，百餘年間已出現了第二譯。㊸而東洋的日本，短短六、七十年間，第二譯也已陸續出版。但在曾經有著輝煌譯經傳統的佛教古國漢地裡，至今卻只有零星的幾部翻譯。㊹誠如前文所言，目前國內唯一較為完整的元亨寺譯本，基本上還是二手翻譯，不能算是嚴格意義的原典漢譯，並且其中存在太多問題。因此，直接依據原典的「新譯」是迫切需要的！

當然，所謂「新譯」，只是一個相對的概念。睽諸古今中外的譯經史實，經典，尤其是重要經典，莫不是一譯而再譯的。就以漢地流行的《金剛般若波羅蜜經》而言，從姚秦鳩摩羅什的初譯（400 年頃），到唐代的義淨三藏（700 年頃），三百年間，就歷經了至少六人的不同翻譯。㊺而巴利藏在西方及日本，短短百年之間，也已進入第二譯了。由於學術的進步，對於原典的版本、語言，佛

㊸ 這只是就大部頭的經典如《長部》、《中部》、《相應部》等而言，至於個別重要的經典，其被一再重譯的次數就更多了。如 Dhammapada（法句經），恐怕至少有數十種英譯，比較著名的，例如：Max Müller, *The Dhammapada* (1881); C.A.F. Rhys Davids, *Minor Anthologies*, Vol. I (*Dhammapada and Khuddakapāṭha*) (1931); S. Radhakrishnan, *The Dhammapada* (1950); D.J. Kalupahana, *Dhammapada. The Path of Righteousness* (1986); J.R. Carter, & M. Palihawadana, *The Dhammapada* (1987); K.R. Norman, *The Word of the Doctrine (Dhammapada)* (1997).

㊹ 關於巴利原典目前英譯、日譯、漢譯的情況，請參本書【參】〈巴利學研究紀要：1995-2001〉。另，1994 年以前的英譯情形，可參考本書【貳】〈巴利學的現況與未來任務〉。

㊺ 羅什以降，義淨之前，其間還有元魏·菩提流支、陳·真諦、隋·笈多、唐·玄奘等人的再譯或新譯本。

教教理、律制，乃至當時印度歷史、文化、思想等，不斷會有更新、更確當的理解，加上譯典語言（現代英美語、日語、漢語等）的不斷變遷，我們未來勢必同樣面臨「不斷新譯」的情況。因此，對於巴利藏的新譯，這裡願意提出幾項看法。

首先，不須有「定於一本」的想法。㊻譯經，尤其是「現代譯經」，有其一定的難度，大的方面，如文體、語體、風格的選取；小的方面，如譯詞的取擇或新創；細緻的方面，如深細義理的抉擇闡發等，在在都是挑戰。這絕不是少數人、或少數團體、或短時之間所能「凝定」之事，有時甚至需要數百年的時間，經過「歷史」（即眾人智慧）的激盪、篩選、沉澱，而終於才有比較恰當而為大眾所接受樂用的譯法。㊼因此，譯經初期，不妨鼓勵更多譯者投入及

㊻ 一般最經常的想法是：某部經典已經有翻譯了，不需再譯了。這使得一般總希望翻譯尚未翻譯的典籍。其實這是不必要的想法，除非該譯本已臻於極致完善，否則，誠如 K.R. Norman 對巴利學領域的期許：「尚未做的，必須要做；已經做的，還要再做！」（見本書【貳】〈巴利學的現況與未來任務〉，結語）而從古今中外的譯經史實看，也莫不是如此。

㊼ 就拿「譯詞」的取擇來說，(a)如五蘊中的 vedanā（感受、覺受），古來就有「痛」、「痛癢」、「覺」、「受」等多種不同譯法，而最後為後代承襲採用的是「受」。其中譯作「痛」的，如後漢安世高《佛說人本欲生經》：「有樂痛，有苦痛，有不樂不苦痛。」（T1, 243c13-14）；譯作「痛癢」的，如後漢安世高（?）《雜阿含經一卷》：「有四意止，何等為四？在有比丘內身身觀止，……外身身觀止，……內痛癢痛癢相觀止，……外痛癢痛癢相觀止。」（T2, 496c13-19）；譯作「覺」的，如東晉僧伽提婆《中阿含經》：「汝有三覺：樂覺、苦覺、不苦不樂覺。」（T1, 580a12-13）；譯作「受」的，如姚秦鳩摩羅什《摩訶般若波羅蜜經》：「色苦是菩薩義不？不也，世尊！受想行識苦是菩薩義不？不也，世尊！」（T8, 232a12-13）

嘗試。當同一部經典（或同一段文句、同一個語詞），出現多種譯風、譯法、以及理解時，我們就有更多觀摩、激盪及相互學習的機會，長久下來，當可共同累積經驗，得到更好的譯品。

其次，為了提供長期不斷翻譯所需要的源源不絕的源頭活水，如前所述，我們應當將「巴利語言文獻學」的傳統紮根下來，並傳承下去。我們要重視原典語言的一手研究，從而編纂適用的文法書、辭典等，而不只是翻譯外文著作。這當然需要國內相關研究機構共同來重視。再者，為了讓更多具有不同專長及背景的人士有機會投身研究及翻譯，以便能取得更多樣、更有創見的譯本，我們須要加強巴利語及巴利佛典的研習推廣工作。儘管目前國內已有不少機構及團體意識到並開始推展此項工作，但如前面所說，時數、課

(b)再如 phassa（觸、接觸），也有「栽」、「更樂」、「觸」等多種譯法，而最後為後代承襲採用的是「觸」。其他類似的例子不勝枚舉。

(c)在英譯中，類似的情形也很多。以 sati（念、憶念、繫念、清楚覺照）一詞為例，Rhys Davids 在其 Mahā Satipaṭṭhāna Suttanta（大念住經）英譯的引言中，就舉出此詞先前在英語世界的 9 位譯者的 7 種不同譯法：conscience, attention, meditation, memory, contemplation, insight, thought，而他則創譯作“mindfulness”。（參 T.W. and C.A.F. Rhys Davids, *Dialogues of the Budddha*, Vol. II, pp.323-24.）在 Davids 之後，這個詞的譯法大致就凝定了下來。直到今日，一般幾乎忘了在“mindfulness”之外，其實前輩譯者曾經前仆後繼，絞盡腦汁，作了種種的創造及嘗試——儘管這些嘗試未能在「歷史」的嚴格汰選下存留下來。

(d)由此可見，一個語言（文化）要進入到另一語言（文化），是需要甚多時間及甚大功夫「磨合」才能完成的。儘管我們已有近兩千年的譯經傳統及佛教文化，但以現今的時代而言，語言文化已有很大改變了，如何使用「這個時代」（此時此地）的語言（文化），承繼兩千多年前源於古代印度的佛教文化，顯然是一項艱鉅的挑戰。

程仍相當有限，這都有待我們進一步的重視與規劃。

總的說，巴利三藏的新譯是迫切需要的，但這項工作能否順利推展、乃至成功地達成任務，其關鍵之所繫，就在於國內「巴利語言文獻學」的講求與訓練是否達到足夠水平。只有當我們打造好了這把「鑰匙」，才可能開啟這部聖典寶庫，真正開展「巴利佛教學」的研究，進而讓不同傳承的佛學互相觀摩、對話、彼此學習，成就佛法的精華與廣大。

我們衷心期盼有更多人士投入這個領域，讓此一學科逐漸地紮根斯土，以便在吸收學習歐西、日本、及泰緬等南傳國家成果的同時，逐步拓展我們自己對原典的「一手理解」。同時，當原典語言及教典的研習逐步推廣與紮根之後，我們更期待眾多有志於譯事之士投身譯經大業，將源自佛陀的、表達人類高度精神文明的「經典傳承」承繼下來，並傳播出去。期望不遠的將來，能見到一個「百花齊放」的巴利三藏的「新譯時代」！

五、附錄：《相應部》問題譯文舉隅 ——附巴利原文及白話譯寫

《漢譯南傳大藏經·相應部》「凡例」提到，此譯本是參考日譯《南傳大藏經》，㊽並參照 Pāli Text Society（PTS，巴利聖典學會）原本，以及暹羅本而譯出的；對於「日譯本與巴利文之精義略有出入者」，則「以巴利聖典為主，抉其奧論，不當者刪之，未備者補之。」也就是，雖然參考了日譯本，但基本上還是以巴利原典為最終依歸的。因此，以下「問題譯文」的對讀，除少數地方註明日譯之外，只舉列漢、巴之間的差異。至於日譯本身的問題，以及漢譯之誤解日譯的問題，參見第二節之討論。對讀的巴利原文採用 Feer 的校本（PTS 版），㊾第一冊則另參考 Somaratane 的新校本（也是 PTS 版），㊿此外並對校「內觀研究所」（VRI）的緬甸第六結集版（CSCD，Chaṭṭha Saṅgāyana CD-ROM），㉛採較合文意的讀法（readings）。譯文示例是照著各相應及經文順序而舉列的，以便某些相互關聯的段落可以彼此連貫。

這裡所謂「問題譯文」，是個比較概略的稱法，實際指的是與

㊽ 赤沼智善等譯，《南傳大藏經·相應部》第一～六冊，東京：大正新脩大藏經刊行會，昭和 11-15 年(1936-40)。

㊾ Léon Feer (ed.), The Saṁyutta-nikāya, 5 vols. London: PTS, 1884-98.

㊿ G.A. Somaratne (ed.), The Saṁyutta-nikāya, vol. I, The Sagāthavagga, with critical apparatus. Oxford: PTS, 1998.

㉛ Vipassana Research Institute (ed.), Chaṭṭha Sangāyana CD-ROM, version 3. Dhammagiri: VRI, 1999.

巴利原文「意思有所出入」的「譯文」，主要是句子，但也包括少數比句子低一層級的詞、詞組，以及比句子高一層級的「語段」[52]的問題。而所謂「意思有所出入」，是指意思錯誤、或不準確、或模糊難懂、或艱澀古奧、或缺譯等，總的說，是會讓人「錯解」或感到「難解」的譯文。為了呈現個人所認知的問題，筆者附上巴利原文的白話譯寫，做為參照。有問題的譯文則標線表示，以方便對照。[53]另有幾點補充說明，一是，以下所舉的問題，基本上是比較大的，也就是「對錯」（信）的問題以及「可否理解」（達）的問題；至於在基本沒有錯誤、基本可理解之下的比較微細的「優劣好壞」的問題，本文不做處理。二是，因舉例都屬片段經句，因此，除少數地方之外，一般不進行教義學的細部分析及闡述。有關「語言文獻學」與「教義學」之間的互動關係，未來擬另作專文討論。[54]

---

[52] 「語段」或謂語意段、句組，指意義關連相對緊密的句子的組合，最簡單的語段就是單句。參以下例3.4及例3.6，以及第二之(一)節第(7)點的討論。

[53] 當然，這些只是個人目前對巴利語（及巴利經典）有限認識下的一個解讀，提供出來，僅作討論的參考，其中未盡完善之處，尚請各方專家學者惠予指正。本文初稿關於日文部分曾請成大中文系釋智學教授審閱及提供意見，另正觀雜誌社郭忠生老師及觀淨法師也在多處巴利翻譯給筆者提供寶貴意見，特此表示衷心的感謝。

[54] 文獻的解讀有所謂「依文解義」與「依義解文」的不同向度，前者是通過語言（語文）來理解內涵（教義），後者則通過內涵來確定語言，二者互為表裡，缺一不可，既不能因文害義（執守文句的片面或表層意思，而不顧具體情境），也不能因義害文（抱持先入為主的教義理解，強行解釋文句）。因此，「語言文獻學」與「教義學」之間的微妙互動關係，是很值得吾人多多措意的。參本書【玖】〈《雜阿含》「無我相經」勘正：「文獻學」vs.「教義學」的解決方案〉。

三是，檢閱這些選經的過程，也一一對讀了與之相當的漢譯《雜阿含經》，其中也發現眾多問題，但限於篇幅及為求聚焦，這些問題將另文處理。以下便是選經當中部份問題譯文的舉例。

㈠『諸天相應』第一

例 1.1

【漢】[天神：]

剎利兩足尊　四足牡牛勝

妻中<u>貴姓</u>勝㊺　子中長子勝（CS.1:14.1; I,p.9）㊻

【巴】khattiyo dvipadaṁ seṭṭho, balivaddo catuppadaṁ,

<u>kumārī</u> seṭṭhā bhariyānaṁ, yo ca puttānaṁ pubbajo ti.（S I 6）㊼

【意】兩足動物㊽中剎利種最尊，四足動物中(軛)牛最上；

妻子當中<u>少女</u>最優，兒子當中長子最勝。

例 1.2

【漢】麗日正盛時　鳥停不飛動

㊺ 日譯：「妻の中貴姓の姫勝れ」（妻子當中貴族的女孩最殊勝）。原文 kumārī 指未婚少女、處女，沒有譯文中的「貴姓」之意，「貴姓」是日譯者添上的，但卻轉移了原文中「少女」這一焦點意義。

㊻ 漢譯本出處，"CS.1:14.1;I,p.9"表示《漢譯南傳大藏經·相應部》第 1 相應第 14 經，第 1 段，在該藏之《相應部》第一冊，頁 9。由於日譯本「冊號、相應號、經號、段號」，與漢譯本相同（除頁碼外），因此不另註日譯出處。

㊼ 巴利本出處，"S I 6"表示 Saṁyutta Nikāya，第一冊，頁 6。

㊽ 「兩足動物」（dvipada），主要指人類。

以鳴於大林㊾ 恐怖以襲我（CS.1:15.1; I,p.9）

【巴】ṭhite majjhantike kāle, sannisinnesu pakkhisu,

sanate va mahāraññaṁ, taṁ bhayaṁ paṭibhāti man ti.（S I 7）

【意】正當中午時分，成群的鳥兒停住休息；

廣大的森林(沙沙)作響，我感覺到(萬分)恐怖。

例 1.3

【漢】沉睡懶欠呿 飽食氣塞臉㊿

為是諸人眾 聖道不顯現（CS.1:16.1; I,p.9）

【巴】niddā tandī vijambhikā, aratī bhattasammado,

etena nappakāsati, ariyamaggo idha pāṇinan ti.（S I 7）

【意】昏沉、倦怠、伸懶腰打呵欠，

(鬱悶)不樂、吃(太)飽無精打采；

因為這個緣故，這些人聖道不能顯現。

例 1.4

【漢】無智沙門行 難為並難忍……

思念之為囚 步步當沉溺（CS.1:17.1; I,p.10）

【巴】dukkaraṁ duttitikkhañca, avyattena ca sāmaññaṁ …

pade pade visīdeyya, saṅkappānaṁ vasānugo.（S I 7）

【意】無智之人對於沙門行51是難以實行、難以忍耐的……

㊾ 譯文易被誤為鳥兒於大林中鳴叫。

㊿ 日譯：「氣塞ぎ、食べ過ぎて瞼おもし」（鬱悶不樂、吃太飽想睡覺）。arati「不樂」，漢譯文缺。

51 「沙門行」（sāmañña），或譯作「沙門法」，指「八正道」，如《相應部・道相應・35 經》："Katamañca bhikkhave sāmaññaṁ? Ayam eva ariyo

若被心思意念所主宰控制，步步都會沉陷。

例 1.5

【漢】比丘攝意念　無著無害他

以離於煩惱　誰亦不得貶（CS.1:17.2; I,p.10）

【巴】samodahaṁ bhikkhu manovitakke,

anissito aññam aheṭhayāno,

parinibbuto na upavadeyya kañcī ti.（S I 7）

【意】比丘收攝意念，

沒有執著、不惱害他人，

完全息滅了煩惱(般涅槃)，他不會嫌責任何人。

例 1.6

【漢】[天神：]

卿有茅屋否　如何無有巢

如何無繼系　如何脫繫縛㉜（CS.1:19.1; I,p.11）

【巴】kacci te kuṭikā natthi, kacci natthi kulāvakā,

kacci santānakā natthi, kacci mutto'si bandhanā ti.（S I 8）

【意】你是不是沒有茅屋？你是不是沒有巢穴？㉝

---

aṭṭhaṅgiko maggo."（比丘們！什麼是沙門行呢？就是這聖八支道。）（S V 25,5-6)

㉜ 譯文將表示「懷疑、不確定」的疑問詞 kacci 譯作一般用來問動作行為的方法、方式的疑問詞「如何」。kacci 也經常用於「期待肯定回答」的問話中（見 *DOP*, p.608b 及 *CPD*, Vol. III. p.23b 該詞目），在這個意義下，可譯作「你該沒有茅屋吧？！你該沒有巢穴吧？！你該沒有藤蔓吧？！你已經解脫繫縛了吧？！」。

㉝ "kulāvakā"原指「鳥巢」，此處譯作「巢穴」。

你是不是沒有藤蔓？❻❹你是不是解脫了繫縛？

例 1.7

【漢】何謂汝茅屋　何謂汝之巢

何謂汝繼系　何知汝繫縛（CS.1:19.3; I,p.11）

【巴】kin tāhaṁ kuṭikaṁ brūmi, kin te brūmi kulāvakaṁ,

kin te santānakaṁ brūmi, kin tāhaṁ brūmi bandhanan ti.（S I 8）

【意】你認為我說的茅屋是什麼？❻❺你認為我說的巢穴是什麼？

你認為我說的藤蔓是什麼？你認為我說的繫縛是什麼？

㈡『天子相應』第二

例 2.1

【漢】比丘若禪思　以得心解脫

知世之興廢　心善不執著

若望心得達　不能得其果（CS.2:13.3; I,p.95）

【巴】bhikkhu siyā jhāyī vimuttacitto,

ākaṅkhe ce ❻❻ hadayassānupattiṁ,

---

❻❹ "santānakā"是從 saṁ + √tan（伸展）派生出來的名詞，其動詞為 santati（意為持續、延續）；此詞在其下的經文中喻指「兒子」。此處譯作「藤蔓」，這是在「延伸、延續」的本意下，搭配周圍語境的「茅屋、鳥巢」等而取的形象喻詞。漢譯文之「繼系」是採自日譯本「繼の系」（延長、延續的線）的譯詞。

❻❺ 這句話原來字面意思是：「（你認為）我說的你的茅屋是什麼？」，這裡的譯文稍作轉化，下三句同。

❻❻ "ce"原作"ca"，今依 Somaratne《相應部》新版改。

lokassa ñatvā udayabbayañ ca,

sucetaso asito tadānisaṁso ti.（S I 52）

【意】比丘應該禪思，具足心解脫！

——如果他想達到內心成就的話。

了知了世間的生滅，

賢善的心沒有執著，這就是他獲得的利益成就。

例 2.2

【漢】何持等戒者[67]　何等智慧者

何等超苦人　諸天崇何人（CS.2:14.1; I,p.96）

【巴】kathaṁ vidhaṁ sīlavantaṁ vadanti,

kathaṁ vidhaṁ paññāvantaṁ vadanti,

kathaṁ vidhaṁ dukkham aticca iriyati,

kathaṁ vidhaṁ devatā pūjayantī ti.（S I 53）

【意】怎樣的人說為具戒者？

怎樣的人說為具慧者？

怎樣的人超越了苦迫？

怎樣的人得到天神的尊敬？

例 2.3

【漢】猶如觸於劍　猶如髮燃時

比丘捨欲貪　正念於出家（CS.2:16.1; I,p.97）

【巴】sattiyā viya omaṭṭho, ḍayhamāno va matthake,

kāmarāgappahānāya, sato bhikkhu paribbaje ti.（S I 53）

---

[67] 「何持等戒者」應是「何等持戒者」之誤植。

【意】就像遭到利劍砍殺，就像是頭頂燃火；

為了斷捨欲貪，比丘應具足正念，遊方修行！

例 2.4

【漢】猶如觸於劍　猶如髮燃時

捨身見比丘　正念於出家（CS.2:16.2; I,p.97）

【巴】sattiyā viya omaṭṭho, ḍayhamāno va matthake,

sakkāyadiṭṭhippahānāya, sato bhikkhu paribbaje ti.（S I 53）

【意】就像遭到利劍砍殺，就像是頭頂燃火；

為了斷捨身見，比丘應具足正念，遊方修行！

例 2.5

【漢】（天子：）

比丘汝不悲　汝亦不歡喜

唯獨寂寞坐　不足思不著⑱（CS.2:18.3; I,pp.98-99）

【巴】kacci tvam anigho bhikkhu, kacci ⑲ nandī na vijjati,

kacci tam ekam āsīnaṁ, aratī nābhikīratī ti.（S I 54）

【意】比丘啊！你難道沒有憂傷？你難道沒有歡喜？

你一人獨坐，難道不會感到不樂？

例 2.6

【漢】（世尊：）

夜叉我不悲　亦無有歡喜

---

⑱ 日譯：「足らはぬ思ひに捕はれざるや」（不會被不足之思所束縛嗎？）又，原譯文中疑問副詞 kacci 沒有譯出。

⑲ "kacci"原作"atho"，今依 Somaratne《相應部》新版改。

唯獨寂靜坐　無著思不足⑰（CS.2:18.4; I,p.99）

【巴】anigho ve ahaṁ yakkha, atho nandī na vijjati,

atho mam ekam āsīnaṁ, aratī nābhikīratī ti.（S I 54）

【意】夜叉啊！我沒有憂傷，也沒有歡喜；

我一人獨坐，不會感到不樂！

例 2.7

【漢】生導死壽短　老導無庇護

觀死此恐懼　齎樂積功德（CS.2:19.2; I,p.99）

【巴】upanīyati jīvitam appam āyu,

jarūpanītassa na santi tāṇā,

etaṁ bhayaṁ maraṇe pekkhamāno,

puññāni kayirātha sukhāvahānī ti.（S I 55）

【意】生命終會結束，壽命極短；

及到老年，沒有任何庇護。

看到了死亡的這種恐懼，

應該(及時)行善！它們(善行)將會帶來(生命的)安樂！

例 2.8

【漢】立於一面之赤馬天子，向世尊言此曰：

「世尊！於此不生[何物]、不衰、不死、無生起之處，步行之而知、或見、或得到彼世界之邊極耶？」（CS.2:26.2; I,p.111）

---

⑰ 日譯：「足らはぬ思ひに捕はるることなし」（不會被不足之思所束縛！）

【巴】ekam antaṁ ṭhito kho Rohitasso devaputto Bhagavantam etad avoca: "yattha nu kho bhante na jāyati na jīyati na mīyati na cavati na uppajjati, sakkā nu kho so bhante gamanena lokassa anto ñātuṁ vā daṭṭhuṁ vā pāpuṇituṁ vā?"ti.（S I 61）

【意】赤馬天子站到一邊之後，向世尊說道：

「大德！那世界的盡頭——也就是不生、不老、不死、沒有滅歿、沒有轉生之處，能否靠著行走的辦法，而知道、見到、達到呢？」

例 2.9

【漢】[世尊曰：]「友！我不語此不生[何物]、不衰、不死、不沒、步行之即得知、得見、得到達不生起彼世界之邊極。」（CS.2:26.3; I,p.111）

【巴】" 'yattha kho āvuso na jāyati na jīyati na mīyati na cavati na uppajjati, nāhaṁ taṁ gamanena lokassa antaṁ ñāteyyaṁ vā daṭṭheyyaṁ vā patteyyan'ti vadāmī"ti.（S I 61）

【意】[世尊回答道：]「朋友！我不說那世界的盡頭——也就是不生、不老、不死、沒有滅歿、沒有轉生之處，可以靠著行走的辦法，而知道、見到、達到！」

㈢『拘薩羅相應』第三

例 3.1

【漢】任何人皆依身以行惡行、依語以行惡行、依意以行惡行。此等諸人乃非愛自我者。假若彼等雖云：「我等乃自我之愛者。」但彼等卻非自我之愛者。不論如何，非愛者所以為非

愛者，乃彼等之自所作為。是故彼等非自我之愛者。（CS.3:4.3; I,p.132）

【巴】ye kho keci kāyena duccaritaṁ caranti, vācāya duccaritaṁ caranti, manasā duccaritaṁ caranti, tesam appiyo attā. kiñcāpi te evaṁ vadeyyuṁ: "piyo no attā"ti, atha kho tesam appiyo attā. taṁ kissa hetu? yaṁ hi appiyo appiyassa kareyya, taṁ te attanā va attano karonti. tasmā tesam appiyo attā.（S I 71）

【意】凡是行身惡行、行語惡行、行意惡行的人，他們都不愛護自己。就算他們說：「我們愛護自己！」可是他們依舊不(算)愛護自己。為什麼？因為他們自己對自己的所作所為，正同仇敵對仇敵的作為一般無二。因此他們並不愛護自己。

例 3.2

【漢】任何人皆依身以行善行、依語以行善行、依意以行善行。此等之諸人乃自我之愛者。假若彼等雖云：「我等乃非自我之愛者。」但彼等卻是自我之愛者。不論如何，愛者所以為愛者，乃彼等之自所作為。是故彼等乃自我之愛者。（CS.3:4.4; I,pp.132-33）

【巴】ye ca kho keci kāyena sucaritaṁ karonti, vācāya sucaritaṁ caranti, manasā sucaritaṁ caranti, tesam piyo attā. kiñcāpi te evaṁ vadeyyuṁ: "appiyo no attā"ti, atha kho tesam piyo attā. taṁ kissa hetu? yaṁ hi piyo piyassa kareyya, taṁ te attanā va attano karonti. tasmā tesam piyo attā ti.（S I 72）

【意】凡是行身善行、行語善行、行意善行的人，他們都是愛護自己。就算他們說：「我們不愛護自己！」可是他們依舊是愛護自己。為什麼？因為他們自己對自己的所作所為，正同親愛者對親愛者的作為一般無二。因此他們是愛護自己。

例 3.3

【漢】時，拘薩羅之波斯匿王言末利夫人曰：

「末利！可有其他之何人比汝更可愛耶？」❼❶（CS.3:8.3; I,p.137）

【巴】atha kho rājā Pasenadi Kosalo Mallikaṁ devim etad avoca:

"atthi nu kho te Mallike koc' añño attanā piyataro?"ti.（S I 75）

【意】那時，拘薩羅國波斯匿王對末利夫人說道：

「末利！是否有其他任何人，妳喜愛他多過喜愛妳自己？」

例 3.4

【漢】①鐵繩以及木　或以葦之網
賢者不云縛　②以心為迷醉
寶玉及珠環　又心繫妻子
賢者云強縛　③牽引於此人
雖緩亦難離　④無欲捨欲樂
斷此而出家❼❷（CS.3:10.4; I,p.140）

【巴】① na taṁ daḷhaṁ bandhanam āhu dhīrā,
yad āyasam dārujaṁ pabbajañ ca.
② sārattarattā maṇikuṇḍalesu,

---

❼❶ 此處是問末利夫人心中「主觀」意念「最喜愛誰」的問題，而譯文所傳達的卻是問比較偏於「客觀」認知的「誰最可愛」的問題。

❼❷ 此處以「網底」區隔出譯文中 4 個不同的「語段」（意義相對完整而獨立的小段落）。參注❺❷，以及第二之(一)節第(7)點的討論。

puttesu dāresu ca yā apekkhā,

etam daḷham bandhanam āhu dhīrā.

③ ohārinaṁ sithilaṁ duppamuñcaṁ,

④ etam pi chetvāna paribbajanti,

anapekkhino kāmasukham pahāyā ti.（S I 77）

【意】①鐵索、木枷、及草繩，

智者不說那是堅牢的束縛。

②迷戀於寶珠、耳環，希求著妻子、兒子，

智者說這才是堅牢的束縛。

③它引人墮落，雖似鬆緩卻難以解脫。

④(對此，智者)沒有希求，捨棄欲樂，

斷除了它，出家修行。

例 3.5

【漢】大王！彼之戒依於共住而非短時，依長時而非不思惟、依思惟而非無智、應依有智慧而得知。（CS.3:11.8; I,p.142）

【巴】saṁvāsena kho mahārāja sīlaṁ veditabbaṁ. taṁ ca kho dīghena addhunā na itaram, manasikarotā no amanasikarotā, paññāvatā no duppaññena.（S I 78）

【意】大王！(他的)戒行必須共住才能得知，並且須經長時而非短時，要思惟(觀察)而非不思惟，要用智慧(去分辨)而非憑著淺智劣慧(所能得知)。

例 3.6

【漢】①色貌之於人　實是不易知

即刻見勿信　②善制者其相

非為制御人　　此世普橫行⑬（CS.3:11.15; I,p.143）

【巴】① na vaṇṇarūpena naro sujāno,

na vissase ittaradassanena;

②susaññatānaṁ hi viyañjanena,

asaññatā lokam imaṁ caranti.（S I 79）

【意】①人是不容易從容貌外表而分辨了解的，

(僅僅)短暫接觸，不應(貿然)相信；

②因為許多人假扮修行人的樣子，

(其實並)非修行人，(卻)在世間到處遊行！

例 3.7

【漢】阿難！不論如何，依以我為善友，生法之眾生，依生而解脫。老法之眾生，依老而解脫，病法之眾生，依病而解脫，死法之眾生，依死而解脫，愁悲苦惱悶之眾生，依愁悲苦惱悶而解脫。（CS.3:18.10; I,p.154）

【巴】mamaṁ hi Ānanda kalyāṇa-mittam āgamma jātidhammā sattā jātiyā parimuccanti, jarādhammā sattā jarāya parimuccanti, vyādhidhammā sattā vyādhiyā parimuccanti, maraṇadhammā sattā maraṇena parimuccanti, soka-parideva-dukkha-domanass-upāyāsa-dhammā sattā soka-parideva-dukkha-domanass-upāyāsehi parimuccanti.⑭（S I 88）

---

⑬ 此處以「網底」區隔出2個不同的「語段」。參注㉜，以及第二之(一)節第(7)點的討論。

⑭ 此處"jāti-dhamma"(生-法)、"jarādhamma"(老-法)、"vyādhidhamma"(病-法)、"maraṇadhamma"(死-法)等等"A-dhamma"(～法)的用法比較特別，

以下稍作討論：

(a)首先，“A-dhamma”(~法)此處解作是「有財釋」複合詞(bahubbīhi)，修飾 satta(眾生)。其中的「法」不是「東西、事物，現象、狀態」(things, states)之意，而是「(具有)性質，(依循)慣力，(受制於)軌則；必會~」之意(參 *PED*, p.336b, being subject to, of the natural property of, destined to be, under the law of)。「生法(老法、病法等等)的眾生」，意指由於不斷造煩惱之業，而「具有」生老病死的「性質」，或在生老病死的「慣力」驅動下的眾生。(但這樣的性質或慣力還是「有因有緣的」，只要斷盡煩惱就可從中解脫。)

(b)對於眾生之「具有生、老、病、死的性質」一事，《相應部·六入相應·33-42 經》說，一切都具有「生」(老、病、死、憂、惱、盡、壞、集、滅)的性質。怎樣是「一切」都具有「生」(老等)的性質呢？經文舉出眼、色、眼識、眼觸、從眼觸之緣所生的受——苦受、樂受、不苦不樂受，耳、聲、……，意、法……等等。也就是整個「生命活動」的全部，都具有、都離不開遷異壞滅的境況。(S IV 26-28)其次，《中部·26 經·聖求經》也說到所謂「非聖求」(anariyā pariyesanā，世俗的、不崇高、非賢聖的追求)：有人自己具有「生」(老、病、死、憂、惱)的性質，卻還追求那些同樣具有「生」(老等)性質的事物。哪些東西是具有「生」(老等)性質的事物呢？就是妻、兒，僕、婢，牛、羊、雞、豕、象、馬、驢，金、銀等等。這裡是以世人一般生活中所依靠的眷屬、資具為例，顯示怎樣是具有「生」(老等)性質的事物。(M I 161-62)

(c)這種“A-dhamma”(~法)的有財釋用法及意義，也可以通過經典中互相解釋的文句得到進一步的了解。例如，《中部·130 經·天使經》說到，有五種「天使」(devadūta)——嬰兒、老人、病人、盜賊罪犯、以及死者。這五種上天的使者向人們顯示生、老、病、死的生命軌則(或必然性質)，以及造惡受報的因果規律。其中閻摩王(Yamo rājā)審問墮地獄者：當你見到那些「天使」，你難道沒有想過：「<u>我也是具有「生」(老等)性質，我不能超越「生」(老等)</u>。」嗎？你難道不會想：「嗯！我應該行身善行，行語善行，行意善行！」嗎？(M III 179-82)其中標線部分，原文為：Aham pi kho 'mhi jātidhammo, jātiṁ anatīto. 這兩句可視為「互釋文」：

【意】阿難！以我作為善友，則具有「生」的性質的眾生，從「生」解脫；具有「老」的性質的眾生，從「老」解脫；具有「病」的性質的眾生，從「病」解脫；具有「死」的性質的眾生，從「死」解脫；具有「愁、悲、苦、憂、惱」的性質的眾生，從「愁、悲、苦、憂、惱」解脫。

㈣惡魔相應第四[75]

"jāti-dhammo"(「生－法」，具有「生」的性質)意即"jātiṁ anatīto"(不能超越於「生」)。

(d)類似的「互釋文」例如，《相應部・憍薩羅相應》Ayyakā(祖母)一經(S I 96-97)。波斯匿王的祖母過世，他很傷心，往見佛陀。佛安慰他，並向他開示："Sabbe sattā mahārāja maraṇadhammā maraṇapariyosānā maraṇam anatītā ti"(大王！一切眾生都具有「死」的性質，都終究會死亡，都無法超越死亡！)這裡有三句互釋的文句："maraṇa-dhammā"(「死－法」，具有「死」的性質)意即"maraṇa-pariyosānā"(終究會死亡)，意即"maraṇam anatītā"(無法超越死亡)。同經下文的偈頌又說到："Sabbe sattā marissanti"(一切眾生都「必將」死亡！)，此句也可視為上三句的互釋文，這裡用"marissanti"即"marati"(死亡)一詞的未來式，表達「自然律」(law of nature，必然~，必將~)。(參拙著《實用巴利語文法》(上冊)，頁 10-3，第(2)項。)這樣，"A-dhamma"(~法)的意思可理解為，「具有 A 的性質」、或「受到 A 的軌範、限制，必然會 A，不能超越於 A」之意。

[75] 近年國內對於巴利三藏已有部分的「新譯」出現，大多是研究生論文。筆者曾有簡要介紹，參本書【參】〈巴利學研究紀要：1995-2001〉，第五節。此外，關於「惡魔相應」，2002 年有一篇譯註，即黃慧禎的《《相應部・魔相應》譯註與研究》，台灣師範大學國文研究所碩士論文。這篇譯註（以下簡稱《魔新譯》），基本採用文言語體傳譯（參雜了少數白話）。在以下相關地方，也略引其部分譯文，稍作討論。

例 4.1

【漢】世尊曰：「諸比丘！我解脫天、人等所有之係蹄。……有眾生生來不少塵垢，不聞法亦得令滅，彼等應是知解法者。……」（CS.4:5.2; I,pp.182-83）

【巴】Bhagavā etad avoca: “ mutto’ham bhikkhave sabbapāsehi ye dibbā ye ca mānusā. … santi sattā apparajakkha-jātikā, assavanatā dhammassa parihāyanti, bhavissanti dhammassa aññātāro …”.（S I 105）

【意】世尊說：「比丘們！我已經解脫了人、天所有的繫縛。……有的眾生塵垢稀少，若不聽法便會退墮，他們將能了悟於法。」

例 4.2

【漢】世尊曰：「諸比丘！此人壽命短，不可不行於未來，不可不為善，不可不行梵行，生者無不死。諸比丘！則長壽者，亦少多於百歲！」（CS.4:9.3; I,p.186）

【巴】Bhagavā etad avoca: “appam idam bhikkhave manussānam āyu, gamanīyo samparāyo, kattabbaṁ kusalaṁ, caritabbaṁ brahmacariyaṁ, natthi jātassa amaraṇaṁ. yo bhikkhave ciraṁ jīvati, so vassasatam appam vā bhīyo”ti.（S I 108）

【意】世尊說：「比丘們！人的壽命短少，(很快)就會去到(往生)來世。應當行善！應當行梵行！沒有生而不死的。比丘們！活得久的，就是百歲，或者(比百歲)稍多。

例 4.3

【漢】(惡魔：)

人壽實甚長　善人莫輕此

如飽乳赤子　死即豈不來（CS.4:9.4; I,p.186）

【巴】dīgham āyu manussānaṁ, na naṁ hīḷe suporiso,

careyya khīramatto va, n'atthi maccussa āgamo ti.（S I 108）

【意】(惡魔：)人的壽命極長，善人可別小看它！

像個吃奶的小孩(無憂地)過活吧！死亡還不會到來。⑯

例 4.4

【漢】(惡魔……以偈言世尊曰：)

懶惰於寢眠　耽著作詩耶

汝為事不多　獨自離市里

住何寢意臥（CS.4:13.3; I,p.189）

【巴】mandiyā nu sesi udāhu kāveyya-matto,

atthā nu te sampacurā na santi,

---

⑯ 此段經文，《魔新譯》作：「人之壽命甚長，善人不以為苦惱。如飽食乳汁（之赤子）揮舞，無死之到來。」（頁 43）其中「不以為苦惱」（"na naṁ hīḷe"）之譯有兩個問題，一是詞義方面，一是語氣方面，其中關鍵詞 hīḷe 此處並非「苦惱」之義，也不是「直說」（indicative）語氣；它是 hīḷeti 的「願望式」（optative），表示魔「勸誘」的口氣，而意思則是「輕視、小看」，因此"na naṁ hīḷe"意思應是：「不要小看它！」。其次，「如飽食乳汁（之赤子）揮舞」（"careyya khīramatto va"）一句也一樣，詞義及語氣都有問題，其中關鍵詞 careyya 並沒有「揮舞」之義，也不是「直說」語氣；此詞是 carati（行走，修行，運行，生活）的願望式，同樣表達魔「勸誘」的口氣，意思可取「生活、過活」，因此"careyya khīramatto va"意思應是：「像個吃奶的小孩（無憂地）過活吧！」。此句是表達魔勸人不必急於修行，因為日子還長，死亡還不會到來，只要像個吃奶的小孩，無憂地過活就夠了！

eko vivitte sayanāsanamhi,

niddāmukho kim idaṁ soppasevā ti.（S I 110）

【意】你是因著懶惰而臥睡？還是耽溺於作詩？

你不是有很多事(要做)？

怎麼一個人在遠離(人群)的居止處，

滿臉睡意的在那兒睡覺？

例 4.5

【漢】時，五葦村婆羅門家主等，為惡魔波旬所執取：「沙門瞿曇不予得食。」時，世尊入(村)乞食時，清洗其缽而歸。（CS.4:18.4-5; I,p.194）

【巴】tena kho pana samayena Pañcasāleyyakā brāhmaṇagahapatikā Mārena pāpimatā anvāviṭṭhā bhavanti: "mā samaṇo Gotamo piṇḍam alatthā !"ti.

atha kho Bhagavā yathā dhotena pattena Pañcasālaṁ brāhmaṇagāmam piṇḍāya pāvisi, tathā dhotena pattena paṭikkami.（S I 114）

【意】那時，般闍娑羅村的婆羅門和長者們，被惡魔波旬上了身(心想)：「讓沙門瞿曇乞不到食物吧！」

那時，世尊進入般闍娑羅婆羅門村乞食，空缽而回。

例 4.6

【漢】(惡魔：)「然則！世尊！再入五葦婆羅門村，如得食，應是我為！」（CS.4:18.8; I,p.194）

【巴】"tena hi bhante Bhagavā dutiyam pi Pañcasālaṁ brāhmaṇagāmam piṇḍāya pavisatu. tathā'haṁ karissāmi, yathā

Bhagavā piṇḍam lacchatī"ti.（S I 114）

【意】（惡魔：）「那麼，請世尊再入般闍娑羅婆羅門村乞食，我將讓您得到食物！」❼❼

例 4.7

【漢】（世尊：）

侵犯於如來　惡魔生不德 ❼❽

波旬惡不實　汝如何思惟（CS.4.18.8; I,p.195）

【巴】apuññam pasavi Māro, āsajja naṁ ❼❾ Tathāgatam,

kin nu maññasi pāpima, na me pāpaṁ vipaccati.（S I 114）

【意】（世尊：）惡魔作了不善之行——因為侵犯了如來。

波旬！你難道認為：「我(造)的惡業不會成熟。」？

㈤比丘尼相應第五

例 5.1

【漢】（惡魔：）

聖者所至處　是處甚難至

非女二指智　能得至彼處（CS.5:2.3; I,p.219）

---

❼❼ 此句《魔新譯》作：「然則，世尊，汝再入五葦婆羅門村，若得食，應是我所為。」（頁 81）與元亨寺之譯一樣，譯作條件句及假設語氣。這是誤解了 "tathā …, yathā ..."（如此……，以便……）句構的意義，以及 karissāmi 未來式表「意願、意志」（將會~）的用法。

❼❽ 此句《魔新譯》作：「惡魔生不德」（頁 81）。與元亨寺之譯相同，句意晦澀。

❼❾ "āsajja naṁ"（兩字）原作"āsajjanaṁ"（合為一字），今依 Somaratne《相應部》新版改。

（蘇摩比丘尼：）

心入於寂靜　女形復何障

智慧已顯現　即見無上法

我若思男女　思此為何物

心感於如是　即應惡魔語（CS.5:2.6; I,p.220）

【巴】(Somā bhikkhunī:)

itthibhāvo kiṁ kayirā, cittamhi susamāhite,

ñāṇamhi vattamānamhi, sammā dhammaṁ [80] vipassato.

yassa nūna siyā evaṁ, itthāhaṁ puriso ti vā,

kiñci vā pana asmī ti, tam māro vattum arahatī ti.（S I 129）

【意】（蘇摩比丘尼：）

身為女人又怎樣！——只要她的心善入禪定，

她的智慧生起，對於法能正確地觀察。

假如有人這樣想：「我是女人。」或「我是男人。」

或「我是某個什麼。」——這樣的人，惡魔(你)該當向他說去！

㈥因緣相應第十二

例 6.1

【漢】迦旃延！依正慧以如實觀世間之集者、則此世間為非無者。迦旃延！依正慧以如實觀世間之滅者，則此世間為非有

[80] “sammā dhammaṁ”（兩字）原作“sammādhammaṁ”（合為一字），今依 Somaratne《相應部》新版改。

者。（CS.12:15.5; II,p.19）

【巴】lokasamudayaṁ kho Kaccāyana yathābhūtaṁ sammappaññāya passato yā loke natthitā sā na hoti. lokanirodhaṁ kho Kaccāyana yathābhūtaṁ sammappaññāya passato yā loke atthitā sā na hoti.（S II 17）[81]

【意】迦旃延！當一個人以正確的智慧如實見到世間的集起時，他對世間就不會抱持「無見」；當一個人以正確的智慧如實見到世間的息滅時，他對世間就不會抱持「有見」。

例 6.2

【漢】迦旃延！此世間多為方便所囚、計、取著。聖弟子計使、取著於此心之依處，不囚於「予是我，」無著、無住，苦生則見生，苦滅則見滅，不疑不惑，無緣他事，是彼智生。迦旃延！如是乃正見。（CS.12:15.6; II,p.19）

【巴】upayupādānābhinivesavinibandho [82] khvāyaṁ Kaccāyana loko yebhuyyena. tañcāyaṁ upayupādānam cetaso adhiṭṭhānam abhinivesānusayaṁ na upeti na upādiyati nādhiṭṭhāti "attā me" [83] ti. "dukkham eva uppajjamānam uppajjati, dukkhaṁ nirujjhamānaṁ nirujjhatī"ti na kaṅkhati na vicikicchati aparapaccayā ñāṇam evassa ettha hoti. ettāvatā kho Kaccāna

---

[81] atthitā（atthi-tā）來自表示「存有」的字根√as，意為存在性、實有性、有見；natthitā（na+atthitā）為其否定語，意為不存在性、虛無性、無見。

[82] "upay-"原作"upāy-"，今依 CSCD 版改。下同。

[83] "attā me"原作"attā na me"，今依 CSCD 版改。

sammādiṭṭhi hoti.（S II 17）

【意】迦旃延！世人大多被執著、執取、計執所束縛，若他的內心沒有執著、執取、住著、以及計執的隨眠——也就是不執著於「(這是)我的自我」，則他對於「生起時，只是苦生起；息滅時，只是苦息滅」這內容便能無疑、無惑，不靠他人的因緣，而有這樣的智慧。迦旃延！這樣就是正見。

㈦蘊相應第二十二

例 7.1

【漢】世尊說：「諸比丘！以何為取著、恐懼耶？」（CS.22:7.3; III,p.21）

【巴】Bhagavā etad avoca: "kathaṁ ca bhikkhave upādā-paritassanā hoti"?（S III 16）

【意】世尊說：「比丘們！怎樣是由取著而(產生)恐懼呢？」

例 7.2

【漢】諸比丘！此處有無聞之凡夫，……觀色是我，我以色有，我中有色，色中有我。（CS.22:7.4; III,p.21）

【巴】idha bhikkhave assutavā puthujjano … rūpam attato samanupassati, rūpavantaṁ vā attānaṁ, attani vā rūpaṁ, rūpasmiṁ vā attānaṁ.（S III 16）

【意】比丘們！此處，有無聞凡夫，……認為：色是我、我有色、我中有色、色中有我。

例 7.3

【漢】「友焰摩迦！此處於現法、真實、如應如來為無所得。汝能記說而言：『我如解世尊所說之法者，漏盡比丘身壞、命終是斷滅無有』耶？」（CS.22:85.34; III,pp.162-63）

【巴】ettha ca te āvuso Yamaka diṭṭheva dhamme saccato thetato tathāgato anupalabbhiyamāno, kallaṁ nu te taṁ veyyākaraṇam: "tathā'haṁ Bhagavatā dhammaṁ desitam ājānāmi, yathā khīṇāsavo bhikkhu kāyassa bhedā ucchijjati vinassati na hoti param maraṇā"ti?（S III 112）

【意】朋友，焰摩迦！既然在現世今生的現實存在中，於此處(五蘊)，真實、常住(不變)的如來是了不可得的，你怎麼可以作這樣的記說：「照我了解的世尊教導的法：漏盡比丘身壞命終之後，斷滅，消亡，更無所有！」？

例 7.4

【漢】坐而世尊言具壽跋迦梨曰：「跋迦梨！堪忍否？足否？苦受之損為不增耶？知損失而不知增長耶？」（CS.22:87.9; III,p.173）

【巴】nisajja kho Bhagavā āyasmantaṁ Vakkalim etad avoca: "kacci te Vakkali khamanīyaṁ? kacci yāpanīyaṁ? kacci dukkhā vedanā paṭikkamanti no abhikkamanti? paṭikkamosānaṁ paññāyati no abhikkamo?"ti.（S III 120）

【意】坐下之後，世尊對尊者跋迦梨說道：「跋迦梨！你是否忍受得了？是否支持得住？痛苦的感覺是否減少而非增加？是否感到比較舒服而非更加難受？」

例 7.5

【漢】時，世尊離去後未久，而告諸侍者言：「友等！以床載我

至仙人黑石窟，<u>如我應如何思命終於屋內耶</u>？」（CS.22:87.18; III,p.174）

【巴】atha kho āyasmā Vakkali acirapakkantassa Bhagavato upaṭṭhāke āmantesi: "etha maṁ āvuso mañcakam āropetvā, yena Isigilipassakālasilā tenupasaṅkamatha! <u>kathaṁ hi nāma mādiso antaraghare kālam kattabbaṁ maññeyyā</u>?!"ti.（S III 121）

【意】那時，當世尊離去不久，尊者跋迦梨對侍者們說道：「朋友們！來吧，把我連床抬到仙人山麓的黑石窟！<u>像我這樣的(修行)人，怎麼會認為應該在屋內過世呢？！</u>」

㈧見相應第二十四

例 8.1

【漢】「諸比丘！因有何？由取於何？<u>由現貪於何</u>？而起如是之見：風不吹，河不流，懷妊而不生，<u>日月出而不沒</u>，如柱之立住耶？」（CS.24:1.1-2; III,p.298）

【巴】kismiṁ nu kho bhikkhave sati, kim upādāya, <u>kim abhinivissa</u>, evam diṭṭhi upajjati: "na vātā vāyanti, na najjo sandanti, na gabbhiniyo vijāyanti, <u>na candimasūriyā udenti vā apenti vā</u> esikaṭṭhayiṭṭhitā"ti?（S III 202）

【意】「比丘們！因為什麼存在？因為執取什麼？<u>因為計執什麼</u>？而生起這樣的見解：『風沒有吹彿，河沒有流動，孕婦沒有生產，<u>日月沒有昇起、沒有落下</u>，如石柱一般，穩固地住立。』？」

例 8.2

【漢】「所見、所聞、所思、所知、所得、所求、意之所伺是常耶？是無常耶？」（CS.24:1.14; III,p.300）

【巴】“yam pidam diṭṭhaṁ sutam mutaṁ viññātam pattam pariyesitam anuvicaritam manasā, tam pi niccaṁ vā aniccaṁ vā?”ti.（S III 203）

【意】「所看見的、所聽聞的、所覺觸的、[84]所識知的，以及內心意念所獲得的、所尋求的、所伺察的，是常呢？還是無常？」

例 8.3

【漢】「因有何？由取於何？由現貪於何？而起如是之見：此是我，此是世間，此我應於死後有，常、恆、永住而為不變易之法耶？」（CS.24:3.1-2; III,p.303）

【巴】... evam diṭṭhi upajjati: “so attā so loko, so pecca bhavissāmi nicco dhuvo sassato avipariṇāmadhammo”ti?（S III 204）

【意】「……生起這樣的見解：『這(有情)世間(或生命)即是實

---

[84] “muta”是字根√man（思）的過去分詞，原意指「所思考、所想像的」，參 W. Geiger, *A Pāli Grammar*, §18.1. 但在《律藏》及 Nikāya 中被拿來指涉鼻、舌、身「所覺觸的」對象、內容，如：“mutaṁ nāma ghānena ghāyitaṁ, jīvhāya sāyitaṁ, kāyena phuṭṭhaṁ.”（「所覺觸的」意指鼻之所嗅、舌之所嚐、身之所觸。）（Vin IV 2,25-26）；此外，S IV 73,4 也有類似的說明。又參 *PED*, p.536b 及 *CPED*, p.210b 該詞詞目。此例句中，關於前面四法（見、聞、覺、識）的討論，可參看 K. Bhattacharya, “Diṭṭhaṁ, sutaṁ, mutaṁ, viññātaṁ”一文。

我，[85]這個我死後將會恆常、穩固、永恆、具有不變異的性質。』？」

例 8.4

【漢】無此世，無他世，無母，無父，無生死之眾生。（CS.24:5.1-2; III,p.306）

【巴】natthi ayaṁ loko, natthi paraloko; natthi mātā, natthi pitā; natthi sattā opapātikā.（S III 206）

【意】沒有這個世界，沒有別的世界；沒有母親，沒有父親；沒有化生的眾生。

例 8.5

【漢】掠奪、偷盜，斷阻道路，許往他人之妻，妄語，雖如是作亦非作惡。（CS.24:6.1-2; III,p.309）

【巴】sandhiṁ chindato, nillopaṁ harato, ekāgārikaṁ karonto, paripanthe tiṭṭhato, paradāraṁ gacchato, musābhaṇato -- karato na kariyati pāpaṁ.（S III 208）

【意】侵入民宅，[86]掠奪財物，洗劫獨戶人家，攔路搶劫，[87]與人

[85] "loka"「世間」有多種詞義，這裡取「有情眾生」之意，如佛陀教示赤馬天子：「朋友！我卻要在這個有意識、能思考的一尋之身，施設世間、世間的集、世間的滅、以及通往世間滅的道路。」（S I 62,19-22）但 W. Rahula 則取「世界、宇宙」（universe）之意，並將此句翻作：「宇宙就是那個神我（Ātman），並且我死後將會成為那個（神我），恆常、穩固、常住、不變。」（The universe is that Ātman (Soul); I shall be that after death, permanent, abiding, ever-lasting, unchanging.）見氏著 *What the Buddha Taught*, p.59。

[86] "sandhiṁ chindato"字面意思是：破壞門鎖。

妻通姦，⑧⑧說謊——即使這樣做，也沒有作惡。

㈨六處相應第三十五

例 9.1

【漢】彌迦奢羅！如是住之比丘，即使於林間、深林邊土、聲音稀少、大氣寂靜、遠離世人之處而臥，雖適於獨坐冥想，樂於居住，但彼仍稱為隨伴住者。（CS.35:63.10; IV,p.48）

【巴】evaṁvihārī ca Migajāla bhikkhu kiñcāpi araññe vanapatthāni pantāni senāsanāni paṭisevati appasaddāni appanigghosāni vijanavātāni manussarāhaseyyakāni paṭisallāṇasāruppāni. atha kho "sadutiyavihārī"ti vuccati.（S IV 36）

【意】鹿網！(內心)處在這種狀態⑧⑨的比丘，即使親近遊止於林間、深林、邊地等音聲稀少、渺無人跡、遠離人群、適宜禪思的居止處，可是依舊稱為隨伴住者。

例 9.2

【漢】諸比丘！恰如於平坦土地之四大路，調適栓繫良馬大車所備之刺針，巧妙之馬術師調馭跨乘其上，左手執手綱，右手握刺針，隨己所欲，往返於所適之方位。（CS.35:198.5; IV,p.229）

【巴】seyyathāpi bhikkhave subhūmiyaṁ cātumahāpathe ājaññaratho

---

⑧⑦ "paripanthe tiṭṭhato"字面意思是：站在路旁。

⑧⑧ "paradāraṁ gacchato"字面意思是：到別人的妻子那裡。

⑧⑨ 指貪愛。

yutto assa odhastapatodo,⑩ tam enaṁ dakkho yoggācariyo assadammasāıathi abhirūhitvā, vāmena hatthena rasmiyo gahetvā, dakkhiṇena hatthena patodam gahetvā, yenicchakaṁ yadicchakaṁ sāreyya pi pacchāsāreyya pi.（S IV 176）

【意】比丘們！好比在地面平坦的十字路口，有匹良馬套好了車，安上馬鞭。一位技術高明、善於調馬的馬術師，躍上馬車，左手執韁繩，右手握馬鞭，隨心所欲地往返於任何想去的地方。

㈩受相應第三十六

例 10.1

【漢】諸比丘！無聞之凡夫，將欲樂置外，非不知於苦受之出離耶？彼喜悅於欲樂，如是存止於由樂受所生之欲染隨眠。彼不如實知此等諸受之生起、滅沒與甘味、患難之出離。（CS.36:6.8; IV,p.266）

【巴】na hi bhikkhave pajānāti assutavā puthujjano aññatra kāmasukhā dukkhāya vedanāya nissaraṇaṁ. tassa kāmasukkham abhinandato yo sukhāya vedanāya rāgānusayo so anuseti. so tāsaṁ vedanānaṁ samudayañca atthagamañca assādañca ādīnavañca nissaraṇañca yathābhūtam nappajānāti.（S IV 208）

【意】比丘們！無聞凡夫，不知道除了欲樂之外，還有苦受的出

---

⑩ “odhastapatodo”原作“odhasatapatodo”，今依 CSCD 版改。

離。因為他喜愛欲樂，他就會具有對於樂受的貪愛隨眠。他對這些受的集起、滅沒、味愛、苦患與出離不能如實了知。

例 10.2

【漢】諸比丘！有聞之聖弟子，將欲樂置外，非知於由苦受之出離耶？（CS.36:6.10; IV,p.267）

【巴】pajānāti bhikkhave sutavā ariyasāvako aññatra kāmasukhā dukkhāya vedanāya nissaraṇaṁ.（S IV 209）

【意】比丘們！多聞聖弟子，知道除了欲樂之外，還有苦受的出離。

例 10.3

【漢】彼若感於樂受者，則感於離此繫縛。若感於苦受，則感於離此繫縛。若感於非苦非樂受，則感於離此繫縛。諸比丘！此稱為有聞之聖弟子，謂：由生、[91]由死、由憂、由悲、由苦、由惱、由絕望而不被繫縛。余言由苦而不被繫縛。（CS.36:6.10; IV,pp.267-68）

【巴】so sukhaṁ ce vedanaṁ vediyati, visaññutto naṁ vediyati. dukkham ce vedanaṁ vediyati, visaññutto naṁ vediyati. adukkhamasukhaṁ ce vedanaṁ vediyati, visaññutto naṁ vediyati. ayaṁ vuccati bhikkhave ariyasāvako visaññutto jātiyā jarāya maraṇena sokehi paridevehi dukkhehi domanassehi upāyāsehi. "visaññutto dukkhasmā"ti vadāmi.（S IV 209-10）

【意】如果他感受到樂受，他便離於繫縛而感受它(樂受)。如果他感受到苦受，他便離於繫縛而感受它。如果他感受到不苦

[91] 「由生」之後缺譯「由老」。

不樂受，他便離於繫縛而感受它。比丘們！這就叫做多聞聖弟子不被生、老、死、愁、悲、苦、憂、惱所繫縛。——我說他不被苦所繫縛。

例 10.4

【漢】（二）亦熟知於法，亦觀此世、彼世，得快樂之有聞聖者心，不為諸法所騷亂。由無快樂，故不陷於瞋恚。

（CS.36:6.12; IV,p.268）

【巴】saṅkhātadhammassa bahussutassa,

sampassato lokam imam pārañca;

iṭṭhassa [92] dhammā na mathenti cittaṁ,

aniṭṭhato no paṭighātam eti.（S IV 210）

【意】洞解了法的多聞者(聖弟子)，

徹底洞見此世與他世；

可愛的事物不能擾亂他的心，

不可愛的事物也不能讓他瞋怒。

例 10.5

【漢】(時，世尊於日暮，即從冥想起，赴病者室之處。而坐於所

---

[92] 此處讀作 iṭṭh'assa (= iṭṭhā + assa)。日譯誤讀為“iṭṭhassa”（可愛的、令人喜愛的，屬格單數），並拿它修飾 bahussutassa（多聞者，屬格單數），因此誤譯作：快樂を得たる多聞[の聖者]の心を、諸法も騷がすことなし（得快樂之多聞者的心，諸法無法擾亂(它)）。元亨寺漢譯又跟隨日譯而誤譯。此處應折作 iṭṭhā + assa，以 iṭṭhā（可愛的，主格複數）修飾 dhammā（法、事物，主格複數），可譯作「可愛的事物不能擾亂他（多聞者）的心」，這樣跟下文「不可愛的事物也不能讓他瞋怒」便可呼應。

設之座，)坐已，世尊告諸比丘曰：「諸比丘！比丘應以正念、正知而度時日。此乃我為汝等之教誡。」（CS.36:7.2; IV,p.268）

【巴】nisajja kho Bhagavā bhikkhū āmantesi: sato bhikkhave bhikkhu sampajāno kālam āgameyya. ayaṁ vo amhākam anusāsanī.（S IV 210-11）

【意】坐在一邊之後，世尊對比丘們說道：「比丘們！比丘應正念正知，等待(死亡)時候的到來！這是我對你們的教誡。」

例 10.6

【漢】我起此樂受，此樂受為由緣而起，無緣則不起。何者為緣耶？以此身為緣。然而此身為無常所造作，為由緣而起者。緣無常而所造作，依緣所起之此身，依緣所起之樂受，何為有常住耶？（CS.36:7.6; IV,p.269）

【巴】uppannā kho me ayaṁ sukhā vedanā. sā ca kho paṭicca no apaṭicca. kiṁ paṭicca? imam eva kāyam paṭicca. ayaṁ kho pana kāyo anicco saṅkhato paṭiccasamuppanno. aniccaṁ kho pana saṅkhataṁ paṭiccasamuppannaṁ kāyam paṭicca uppannā sukhā vedanā kuto niccā bhavissatī? ti.（S IV 211）

【意】我生起了樂受，而且它是有因緣，而非沒有因緣。緣於什麼？緣於這個身體。可是，這身體是無常、有為、從緣所生的。緣於無常、有為、從緣所生的身體而生起的樂受，哪裡會恆常呢？

例 10.7

【漢】比丘！此等之六者，是輕安。逮達初禪者，言語輕安；逮達第二禪者，尋伺輕安；逮達第三禪者，喜輕安；逮達第四禪者，入息出息輕安；逮達想受滅者，想與受輕安。漏盡之比丘，是貪欲輕安，瞋恚輕安，愚癡輕安也。（CS.36:11.7; IV,pp.277-78）

【巴】cha yimā bhikkhu passaddhiyo. paṭhamaṁ jhānaṁ samāpanassa vācā paṭippassaddhā hoti. dutiyaṁ jhānaṁ samāpanassa vitakkavicārā paṭippassaddhā honti. tatiyaṁ jhānaṁ samāpanassa pīti paṭippassaddhā hoti. catutthaṁ jhānaṁ samāpanassa assāsapassāsā paṭippassaddhā honti. saññāvedayitanirodhaṁ samāpanassa saññā ca vedanā cā paṭippassaddhā honti. khīṇāsavassa bhikkhuno rāgo paṭippassaddho hoti, doso paṭippassaddho hoti, moho paṭippassaddho hoti.（S IV 217-18）

【意】比丘！有這六種止息。達到初禪的，言語止息；達到二禪的，尋、伺止息；達到三禪的，喜止息；達到四禪的，入出息止息；達到想受滅的，想與受止息。漏盡的比丘，貪欲止息，瞋恚止息，愚癡止息。

例 10.8

【漢】阿難！於欲，有此等之五種。何者為五？眼所識之色，是快意、可愛、可樂、形愛、誘生欲染者。[93]……（CS.36:19.11; IV,p.287）

【巴】pañcime Ānanda kāmaguṇā. katamā pañca? cakkhuviññeyyā

[93] 「誘生欲染」之後漏譯了原文的 rajanīyā（能令人耽溺）。

rūpā iṭṭhā kantā manāpā piyarūpā kāmūpasaṁhitā rajanīyā. …（S IV 225）

【意】阿難！有這五種欲。哪五種？眼所能了別的(種種)色，它們令人喜歡、令人喜愛、令人悅意、具有可愛的形質、能引生欲望、能令人耽溺。……

例 10.9

【漢】阿難！於此有比丘，超越一切色想，滅沒瞋恚想，不思惟種種想，逮達住於『虛空無邊』之空無邊處。（CS.36:19.16; IV,p.288）

【巴】idhānanda bhikkhu sabbaso rūpasaññānaṁ samatikkamā paṭighasaññānam atthagamā nānattasaññānam amanasikarā "ananto ākāso"ti ākāsānañcāyatanam upasampajja viharati.（S IV 227）

【意】阿難！此處，有比丘藉由完全超越色想，滅沒質礙想，不思惟種種想，(作意：)「虛空沒有邊際」，而進入並住於空無邊處。

㈩女人相應第三十七

例 11.1

【漢】諸比丘！此等之五者，為女人特殊之痛苦。於此，女人比男子更能忍受。何等為五耶？（CS.37:3.2; IV,p.306）

【巴】pañcimāni bhikkhave mātugāmassa āveṇikāni dukkhāni, yāni mātugāmo paccanubhoti aññatreva purisehi. katamāni pañca?（S IV 239）

【意】比丘們！這五種是女人特有的痛苦——(只有)女人經歷(承受)，男人則否。哪五種呢？

例 11.2

【漢】諸比丘！依主權之力所克服之女人，亦不護容色之力、亦不護財產之力、亦不護親族之力、亦不護兒之力、亦不護戒德之力。（CS.37:28.3; IV,pp.315-16）

【巴】issariyabalena abhibhūtam bhikkhave mātugāmaṁ, neva rūpabalaṁ tāyati, na bhogabalaṁ tāyati, na ñātibalaṁ tāyati, na puttabalaṁ tāyati, na sīlabalaṁ tāyati.（S IV 246）

【意】比丘們！當女人被男人的主權之力制伏的時候，容色之力幫不了她，[94]財產之力幫不了她，親族之力幫不了她，兒子之力幫不了她，戒德之力也幫不了她。

例 11.3

【漢】諸比丘！女人以容色之力為因，或以財產之力為因，或以親族之力為因，或以兒力為因，身壞命終後，不生於善趣天界。（CS.37:31.3; IV,p.318）

【巴】na bhikkhave mātugāmo rūpabalahetu vā bhogabalahetu vā ñātibalahetu vā puttabalahetu vā, kāyassa bhedā param maraṇā sugatiṁ saggaṁ lokam upapajjati.（S IV 248）

【意】比丘們！女人並不因為容色之力、或財產之力、或親族之力、或兒子之力的緣故，身壞命終之後轉生於善趣、天界。

---

[94] tāyati 意「解救、庇護、幫助」。

㈩質多相應第四十一

例 12.1

【漢】「居士！此無量心解脫，無所有心解脫，空心解脫，無相心解脫，此等諸法是意義有別？抑名辭有別耶？或意義為一，唯言辭有別耶？」（CS.41:7.3; IV,p.374）

【巴】“yā cāyaṁ gahapati appamāṇā cetovimutti, yā ca ākiñcaññā cetovimutti, yā ca suññatā cetovimutti, yā ca animittā cetovimutti, ime dhammā nānatthā nānavyañjanā? udāhu ekatthā vyañjanam eva nānan?”ti.（S IV 296）

【意】「長者！這無量心解脫、無所有心解脫、空心解脫、無相心解脫，這些法是意義不同而且言詞有別？[95]或者意義相同，僅僅言詞有別呢？」

例 12.2

【漢】大德！於此有比丘，或入森林、或入樹下、或入空屋，如是思量：「此雖是我，雖是我有，卻是空。」大德！此稱為空心解脫。（CS.41:7.7; IV,p.375）

【巴】idha bhante bhikkhu araññagato vā rukkhamūlagato vā suññāgāragato vā, iti paṭisañcikkhati: “suññam idam attena vā attaniyena vā”ti. ayaṁ vuccati bhante suññatā cetovimutti.（S IV 296-97）

【意】大德！此處，有比丘或到林間、或到樹下、或到空屋，這

---

[95] vyañjanaṁ 意「文詞、言詞」。

樣思惟觀察：「這是空的——沒有我，沒有我所。」96大德！這就叫做空心解脫。

例 12.3

【漢】大德！於無量心解脫中，知不動心解脫為此等之最第一。然此不動心解脫，為依染欲而空，依瞋恚而空，依愚癡而空。（CS.41:7.11; IV,pp.375-76）

【巴】yāvatā kho bhante appamāṇā cetovimuttiyo, akuppā tāsaṁ cetovimutti aggam akkhāyati. sā kho pana akuppā cetovimutti suññā rāgena, suññā dosena, suññā mohena.（S IV 297）

---

96 此句翻譯須稍作說明：(a)首先，suññam idam 是 idaṁ suññaṁ 的倒裝，倒裝（suññaṁ 提前）是為了強調（做述語用的）形容詞 suññaṁ（空），（參拙著《實用巴利語文法》(上冊)，頁 11-3，第 3 點，第(2)項）因此翻作「這是空的」（原文省略了 be 動詞）。其次 suññam 經常配合具格，表達「沒有~，不具有~，不伴隨~」（參 Wijesekera, *Syntax of the Cases in the Pāli Nikāyas*, §85.c），意義上有「動詞」的味道，因此後半句“(suññam) attena vā attaniyena vā”將「空的」轉作動詞「沒有」，而譯作「沒有我，沒有我所」；其間用破折號“——”表示「解釋關係」，意謂：「空的」「也就是」「沒有~」。全句採「主語－述語」（這是空的）結合「動詞－賓語」（沒有我，沒有我所）的譯法，將述語形容詞 suññaṁ 的兩重身份及意義（形容詞「空的」，動詞「沒有」）解譯開來。
(b)當然此句也可採「主－動－賓」譯法，例如，「這（指觀察的對象，如五蘊、六入處等）空於我，空於我所。」或「這沒有我，沒有我所。」
(c)這裡之所以拆成「主－述」＋「動－賓」來翻譯，主要是考慮到在巴利中，suññaṁ 經常只搭配主語（而未帶具格），形成一種「主－述」結構的慣用說法，例如：suñño loko suñño loko ti（世間是空的！世間是空的！）（S IV 54,3）。為了突出這種用法，以及保留這一層涵意，因此前半句採「主－述」結構，後半句另用「動－賓」結構解譯。

【意】大德！在不管達到怎樣地步的(種種)無量心解脫當中，不動心解脫要說是其中的最上最第一！而這不動心解脫是空的——沒有貪欲，空的——沒有瞋恚，空的——沒有愚癡。[97]

例 12.4

【漢】於是，質多居士與眾多信士等，俱赴尼乾陀若提子住處。與彼相會釋，交談親愛、慇懃之話後，坐於一面。（CS.41:8.4; IV,p.377）

【巴】atha kho Citto gahapati sambahulehi upāsakehi saddhiṁ yena Nigaṇṭho Nāṭaputto tenupasaṅkami. upasaṅkamitvā Nigaṇṭhena Nāṭaputtena saddhiṁ sammodi. sammodanīyam kathaṁ sārāṇīyaṁ vītisāretvā ekam antaṁ nisīdi.（S IV 298）

【意】那時，質多長者與眾多居士一起前去拜訪尼乾若提子。到了之後，與尼乾若提子互相問候，說了一些親切、友善的話語之後，坐到一旁。

例 12.5

【漢】大德！余自望之間，離諸欲，離不善法，有尋有伺，而由離生喜樂逮達住於初禪。（CS.41:8.8; IV,p.378）

【巴】aham kho bhante yāvadeva ākaṅkhāmi, vivicceva kāmehi vivicca akusalehi dhammehi, savitakkam savicāraṁ vivekajam pītisukham paṭhamam jhānam upasampajja viharāmi.（S IV 298-99）

【意】大德！只要我想要，我就可以捨離諸欲，捨離不善法，進

---

[97] 此句的句法及譯法參上注。

入並住於「有尋求、有伺察、具有由離而生的喜與樂」的初禪。

例 12.6

【漢】時，眾多……之諸天，群來集會而語於質多居士曰：「居士！依誓願，汝於未來當為轉輪王。」（CS.41:10.3; IV,p.382）

【巴】atha kho sambahulā … devatā saṁgamma samāgamma, Cittaṁ gahapatiṁ etad avocuṁ: "paṇidhehi gahapati: 'anāgatam addhānaṁ rājā assaṁ cakkavattī !'ti". (S IV 302)

【意】那時，眾多的……天神群來聚會，對質多長者說道：「長者！請(這樣)發願：『願我於未來世能作轉輪王！』」

例 12.7

【漢】我等對法有無動信心，世尊所說之法是現生、即時、來看、導於涅槃之智者，應一一自知者。（CS.41:10.6; IV,p.384）

【巴】dhamme aveccappasādena samannāgatā bhavissāma: "svākhyāto Bhagavatā dhammo sandiṭṭhiko akāliko ehipassiko opanayiko paccattaṁ veditabbo viññūhī"ti. (S IV 304)

【意】我們對法具有確知(確見)而得的淨信：法是世尊所完善說示的，是現前(現實)可見的、不待時節的、可邀人來見證的、切實有效的、[98]智者可親自證知的。

---

[98] 「切實有效的」（opanayika）指「能帶來成果——止息憂苦的」。此處的（世尊所完善說示的）「法」，指世尊的核心教導：斷除貪瞋癡，通往

㈢預流相應第五十五

例 13.1

【漢】大德！然則我滅後，但念令此樹提居士滅困惑。（CS.55:3.9; VI,p.206）

【巴】api ca me bhante evaṁ hoti: "mā hevāyaṁ Jotiko gahapati mamaccayena vighātam āpajjī !"ti.（S V 345）

【意】然而，大德！我這麼想：「但願樹提長者在我去世之後，不要陷入苦惱之中！」

例 13.2

【漢】阿難！為人，命終並非稀有事，各各命終時，來我處問此義，阿難！此對如來是憒亂。阿難！故命名曰法鏡，而說法門。（CS.55:8.4; VI,p.220）

【巴】anacchariyaṁ kho panetam Ānanda, yaṁ manussabhūto kālaṁ kareyya. tasmim tasmiṁ ce maṁ kālakate upasaṅkamitvā, etam attham paṭipucchissatha, vihesā pesā Ānanda assa Tathāgatassa. tasmātihānanda dhammādāsaṁ nāma dhammapariyāyaṁ desissāmi.（S V 357）

【意】然而，阿難！人會死亡，這並非什麼奇特稀有的事。如果

涅槃，離苦得樂之法。如經說，內懷貪瞋癡時，便自惱惱他，導致自他的苦迫；而斷除貪瞋癡時，則不惱害自他，而能止息內心的憂苦。——凡此等等的具體內容及實際歷程，都是每個人「現前、切實」「可知可見、可實證」的，不是虛說玄談或沒有實效、實益的空洞境界。（參 S IV 41-43; A I 156-59; A III 356-58）另參楊郁文，〈佛法的人間性與現實性〉，氏著《由人間佛法透視緣起、我、無我、空》，頁 40-46。

每當有人去世，你們都來我這兒，詢問(往生哪裡)這樣的事，阿難！這對如來而言，實在倍感煩擾！因此，阿難！我將開示名為「法鏡」的法門。

例 13.3

【漢】大德！我對世尊或意修習之比丘奉仕已，日夕時分，入迦毗羅衛城⋯⋯（CS.55:21.3; VI,p.236）

【巴】so khvāham bhante Bhagavantaṁ vā payirupāsitvā manobhāvanīye vā bhikkhū, sāyaṇhasamayaṁ Kapilavatthum pavisanto ...（S V 369）

【意】大德！我去拜訪禮敬世尊或令人尊敬的比丘之後，於下午時分，進到迦毗羅衛城⋯⋯

㈥諦相應第五十六

例 14.1

【漢】諸比丘！勿論諍論，謂：「汝不知此法、律，我知此法、律，⋯⋯汝長時所思為所覆；汝為逃他論而立論；汝將墮負處，若能者，當應答。」（CS.56:9.2; VI,p.308）

【巴】mā bhikkhave viggāhikakathaṁ katheyyātha: “Na tvam imaṁ dhammavinayam ājānāsi, aham imaṁ dhammavinayam ājānāmi. ... ācinnan te viparāvattaṁ. āropito te vādo, cara vādappamokkhāya. niggahīto si, nibbeṭhehi sace pahosī !”ti.（S V 419）

【意】比丘們！不要講說諍論的話語，如：「你不懂得這法與律，我懂得法與律；⋯⋯你歷來奉行的已被推翻；你的論點已被駁倒，替你的言論開脫吧！你已經敗下陣了，有辦法的話，就解釋清楚！」

例 14.2

【漢】諸比丘！云何乃能如來於中道現等覺，資於眼生、智生、寂靜、證智、等覺、涅槃耶？乃八支聖道是。（CS.56:11.4; VI,p.311）

【巴】katamā ca sā bhikkhave majjhimā paṭipadā Tathāgatena abhisambuddhā, cakkhukaraṇī ñāṇakaraṇī, upasamāya abhiññāya sambodhāya nibbānāya saṃvattati? ayam eva ariyo aṭṭhaṅgiko maggo.（S V 421）

【意】比丘們！如來所徹底覺悟的，能(讓人)打開眼睛、生起智慧，能(引人)趣向寂靜、智證、正覺、涅槃的中道(之行)是什麼呢？就是這賢聖八支之道。

例 14.3

【漢】諸比丘！苦集諦者，即是此，謂：後有起、喜貪俱行、隨處歡喜之渴愛，謂欲愛、有愛、無有愛是。（CS.56:11.6; VI,p.312）

【巴】idam kho pana bhikkhave dukkhasamudayam ariyasaccaṁ. yāyaṁ taṇhā ponobbhavikā nandīrāgasahagatā tatra tatrābhinandinī. seyyathīdaṁ kāmataṇhā bhavataṇhā vibhavataṇhā.（S V 421）

【意】比丘們！這就是苦集聖諦，也就是那會引生後有、伴隨喜貪、到處喜愛貪染的渴愛。——亦即欲愛、有愛、無有愛。

例 14.4

【漢】又，我智生與見，我心解脫不動，此為我最後之生，再不受後有。（CS.56:11.14; VI,p.314）

【巴】ñāṇañca pana me dassanam udapādi: "akuppā me cetovimutti, ayaṁ antimā jāti, natthidāni punabbhavo"ti.（S V 423）

【意】並且，我生起了(這樣的)智慧與洞見：「我的心解脫不會動搖，這是(我)最後一次誕生，如今不會再有再一次的(生老病死苦的)生命存在。」

例 14.5

【漢】又說示此教時，具壽憍陳如生遠塵離垢之法眼：「有集法者，悉皆有此滅法。」（CS.56:11.15; VI,p.314）

【巴】imasmiṁ ca pana veyyākaraṇasmim bhaññamāne āyasmato Koṇḍaññassa virajaṁ vītamalaṁ dhammacakkhum udapādi: "yaṁ kiñci samudayadhammaṁ, sabban taṁ nirodhadhamman"ti.（S V 423）

【意】而正當(世尊)說示這教法時，尊者憍陳如生起了遠塵離垢的法眼：「任何具有集起性質的事物，全都具有壞滅的性質。」[99]

---

[99] 亦即，凡是由因緣和合而生起的事物，（當因緣離散時）終究逃不過壞滅的命運。

下　篇

語言研究與文本校勘

【柒】、巴利語與異教語言*

K.R. Norman 原著

【翻譯說明】：本文原名"Pali and the language of the heretics"，刊在丹麥哥本哈根（Copenhagen）《東方研究》（*Acta Orientalia*）第 37 期，1976 年，頁 117-26。後來收到 K.R. Norman 的論文集 *Collected Papers*, Vol. I, PTS, Oxford, 1990, pp.238-46。這個譯文就是從該論文集譯出的。又，本文的翻譯，承蒙巴利聖典協會（Pali Text Society）慷慨提供授權，文中若干疑難之處更承該會 Dr. William Pruitt 熱誠協助、以及 K.R. Norman 教授耐心指點，在此致上誠摯感謝。另外，還要感謝正觀雜誌社的編審委員，他們給譯者提供了許多寶貴意見。至於作者 Norman 教授的略歷以及相關著作，譯者曾有簡要介紹，請參看本書【貳】〈巴利學的現況與未來任務〉之「作者介紹」。

---

* 原載《正觀》第 19 期，南投：正觀雜誌社，2001 年 12 月，頁 95-114。

一、問題與相關背景介紹

【1.1】巴利語中有一些語音及構詞形態和這個語言的正規形式並不一致，這種情形我們很早以前就知道了。特別是[-a 語基]①男性、中性的主格單數語尾 -e、以及呼格單數語尾 -e，一般認為這是借自摩揭陀語（Māgadhī），而稱之為「摩揭陀語形」（Māgadhisms，❶或「摩揭陀語的殘餘」）②——儘管事實上主格單數語尾 -e 的用法並非僅限於東部方言。❷

【1.2】《精審巴利語辭典》（*CPD*）的編者們曾分析過這些 -e 結尾的用例，將之歸類如下：❸

(a)方言語形，從那些主格單數 -e 結尾的方言借過來的。這包

---

① 譯文及注解中“[ ]”內的文字是譯者添上的。又，標①、②……的注解皆為譯者所加。

❶ 參看 Geiger, *A Pāli Grammar*, PTS Oxford 1994, §80。（蓋格《巴利語文法》）

② 目前在波吒梨子城（Pāṭaliputra，約當現今印度比哈爾省省會巴特那 Patna）尚未發現阿育王碑，因此公元前 3 世紀的摩揭陀語長什麼樣，目前並無直接證據。但根據後世文法家對後來摩揭陀語的描述以及近代學者對於其他地方阿育王碑文的研究，一般認為摩揭陀語具有異於巴利語的三項特徵：(1)主格單數語尾 -e 而非 -o，(2)巴利語的 r 在摩揭陀語是 l，(3)巴利語的 s 在摩揭陀語是 ś。又，依上座部傳說，巴利聖典直接承自阿育王時代於首都波吒梨子城舉行的第三結集，因此現代學者便將這種存在於巴利經典中極少數的主格單數語尾 -e 稱作「摩揭陀語的殘餘」。

❷ J. Brough, *The Gāndhārī Dharmapada*, London 1962, §76.（布勞弗《犍陀羅語法句經》）

❸ 參看該辭典第一冊，頁 471，詞條 avitakka^2。

含注釋書裡的情形——它們是從錫蘭語注釋書借來的（原始錫蘭語是一種 -e 結尾的方言）。❹

(b)表達異教教義。

(c)俚語用法，或者作為出身低賤或行為卑劣者的表徵。

(d)女性字[即 -ā 結尾的]暱稱（nicknames）的呼格。[3]

【1.3】呂德斯（Lüders）曾收集巴利聖典中的特殊語形，證明有一個用不同於巴利語的他種語言紀錄的「原初聖典」（Ur-Kanon）存在。其中，他再度考察這個問題，可是並未進一步分析，而僅僅把這種 -e 結尾的語形歸諸「東部語形」（Eastern forms）❺就滿足了。

【1.4】更早之前，富蘭克（Franke）在考察巴利聖典中所紀錄的異教教義時（D I 53 foll., M I 517 foll.），曾就這種「摩揭陀語形」提出兩項建議：❻

(a)它們可能是有意置入的，以便讓[異教的]持論者顯得滑稽可

---

❹ 我想我的想法是對的，其處引到的所有例子，只有“Mp I 71,13 ≠ II 273,16-17”一條是該處所謂從錫蘭語注釋書借來的。

[3] 這裡所謂「暱稱」，意指用女性（也就是 -ā 結尾）的名字稱呼男子。這一點，譯者曾請教過 K.R. Norman 教授，他並不同意 *CPD* 編者的看法，他後來（1992 年）寫了一篇文章討論這個問題，即“Masculine vocatives in -e in Pāli”（〈巴利語中 -e 結尾的男性字呼格〉），收在其論文集 *Collected Papers*, Vol. VII, Oxford, PTS 2001, pp.23-32。

❺ H. Lüders, *Beobachtungen über die Sprache des buddhistischen Urkanons*, ed. E. Waldschmidt, Berlin 1954, §§1-24.（呂德斯《有關佛教原初聖典使用之語言的觀察》）

❻ R.O. Franke, *Dīgha Nikāya in Auswahl übersetzt*, Göttingen 1913, p.56, note 5.（富蘭克《長部選譯》）

笑。

(b)它們也可能表達對原來說示者所使用語言的懷念。

【1.5】巴向（Basham）在討論到「活命派」（Ājīvikas）的教義時曾指出，上面兩種可能的前一項幾乎是不能成立的。❼儘管在（後來的）梵語戲劇中，摩揭陀語保留給下層角色與丑角使用，可是並沒有證據顯示耆那教所廣泛使用的「半摩揭陀語」④（AMg，也是含有語尾 -e 的語言）給當時的聽者有滑稽可笑的感覺。再說，如果真有這樣[嘲弄]的意圖，那麼語尾 -e 應該同時用於所有異教六師的言論中，而非只出現在末伽梨瞿舍羅（Makkhali Gosāla）、阿耆多（Ajita）及婆浮陀（Pakudha）的言說中，甚至當中還不完全一致[參看以下§2.3]。另外三派異教的言論則完全不含摩揭陀語形。

【1.6】貝歇特（Bechert）❽不顧這項意見，又回到之前的看法，認為這個 -e 語形是那些想讓異教言論聽來可笑的人放進經典的，因為他們覺得佛的論敵不適合說巴利語。可是貝歇特和先前提

---

❼ A.L. Basham, *History and Doctrines of the Ājīvikas*, London, 1951, p.24.（巴向《活命派的歷史與教義》）

④ 與摩揭陀語的三項特徵（參見注②）相較，半摩揭陀語的特徵是：(1)主格單數非常一致的以 -e 結尾，而非如巴利語的 -o，此點與摩揭陀語相同。(2)只有部分 l 取代 r 的情形，此點介於巴利語與摩揭陀語之間，巴利語 l 取代 r 的情形為數極少，而摩揭陀語則是所有 r 都變成了 l。(3)完全沒有 ś 取代 s 的，此點與摩揭陀語完全不同，而與巴利語相同。因此，它只具備摩揭陀語的部份特徵。一般認為這大概就是它被稱作「半摩揭陀語」的道理。

❽ H. Bechert, "Über Singhalesisches im Pālikanon", *WZKSO* I (1957), pp.71-75.（貝歇特〈巴利聖典中的錫蘭語語形〉）

出這項理論者[即富蘭克]有個不同，就是他認為這項改變是在錫蘭形成的——正如前面（§1.2）提到，錫蘭方言的男性、中性主格單數也以 -e 結尾。貝歇特也把出現在異教言論中的屬格複數形❾ -kappuno 與 kammuno 看作可以支持其論點的證據，因為他比較過這個語尾與錫蘭語 -un 結尾的間接格（oblique case）⑤，並指出沒有大陸方言擁有這種語尾。最近他在談到錫蘭語不規則語形的來源時又再度提到這個看法，❿因此我們似乎有必要再來考察以下二個問題：

(a)語尾 -e 的語形到底是借自摩揭陀語？還是錫蘭方言？

(b)屬格複數 -uno 的語形是從錫蘭語借來？還是別有來源？

---

❾ 覺音注釋作：*mahākappuno ti mahākappānaṁ* (Sv 164,12)。並且在 Ps III 232,11 也做了同樣的解釋——儘管該處的「被釋語」（lemma）作 *-kappino*（v.l. *-kappuno*）。至於 *kammuno*，則沒有直接解釋。

⑤ 「間接格」（oblique case）是與「直接格」（direct case）相對的用語。一般而言，直接格指主格（nominative case），間接格指主格之外的其他格。但也有些語言直接格包括了主格與對格（accusative）。另外，間接格也有指主格及呼格（vocative）之外的其他格的。

❿ H. Bechert, “Notes on the formation of Buddhist sects and the origins of Mahāyāna”, *German Scholars on India : contributions to Indian studies*, Varanasi 1973, Volume I, p.11.（貝歇特〈有關佛教部派形成與大乘起源的幾點註記〉）提到：「……無疑的，巴利經典中存在一些古代錫蘭俗語(Sinhalese-Prakrit)語形，這些語形是拿來表徵外教之師那些毫無深義的言論」。

二、主格單數語尾 -e

【2.1】假如 -e 語形導源於錫蘭方言，那麼我們必須考慮：到底它們是無意間造成的？還是刻意引入的？有個事實與「無意間造成」的看法相違背，便是：所謂的摩揭陀語形在巴利聖典中為數極少，如果抄經手真的傾向於把自己的語言[錫蘭語]引進到他所轉譯（transmitting）的經文[巴利語]，那麼我們可以預期這種[參雜錫蘭語形的]情況將會十分普遍，可是經典中卻見不到這種跡象。就我們所討論的特殊情形[-e 語形]而言，我們必須解釋：《長部》與《中部》的[不同]轉譯者怎樣同時「無意間」引入這個語形？而認為[這兩部]其中一個傳統只是遵循另一傳統的想法也可以排除，因為儘管該段[含 -e 語形的]話語來源必定相同，可是[傳到該二部的]兩段經文已經有所不同了。⓫

【2.2】假如這種語形[-e]是刻意引入的，那麼我們必須進一步思考：為什麼要這樣做？認為這是為了讓異教教說顯得可笑，或者認為他們[即轉譯者]覺得巴利語不太適合佛的論敵使用，這種看法可以拿上述（§1.5）巴向反對富蘭克的同樣理由加以反駁：

(a)沒有任何證據顯示錫蘭人認為自己這種具有 -e 語尾的語言，比起具有 -o 語尾的聖典語，聽來讓人感到滑稽可笑，或是更適合外教使用。

⓫ 《長部》所傳：paṭhavī-kāyo āpo-kāyo tejo-kāyo vāyo-kāyo sukhe dukhe jīva-sattame (D I 56,25-26) 與《中部》所傳：paṭhavī-kāyo … sukhe dukhe jīve satt' ime (M I 517,23-24) 內容並不一致。

(b)[如果真要嘲弄，]應該所有異教[六師]的言論都有這種[語尾]改換才對。

【2.3】誠如前面（§1.5）所說，-e 語形在異教言論中出現的情形並不一致。巴向曾仔細對它們做過分析，顯示不僅不同異教之間使用得不一致，甚至就在同一教派的言論中用得也不一致，例如婆浮陀（Pakudha）的主張（D I 56）提到七種元素，其中四種主格單數用 -o，最後三種則用 -e 結尾，即：*paṭhavī-kāyo āpo-kāyo tejo-kāyo vāyo-kāyo sukhe dukhe jīva-sattame*。⓬

【2.4】正如巴向所說，這種現象唯一可能的解釋是，-o 語尾與 -e 語尾的材料必定各有不同來源。⓭巴向指出，在[耆那教經典]《問答》（Paṇh.）中有支持這項論點的證據。⓮正如先恩（Sen）所說，這是一部耆那教晚期經典，其中主格單數大部分採語尾 -o，⓯可是在其中一節⓰記載某種錯誤教理的擁護者[即非耆那教]的觀點時，出現了一些 -e 結尾的語形。正如先恩所說，⓱這些語形看來像是引用自更古老的材料。該節中有不少言辭和巴利經典的某些

⓬ 巴向（Basham），前揭書，頁 24-25。[見注❼]

⓭ 同上書，頁 24-25。

⓮ 同上書，頁 25。

⓯ Amulyachandra Sen, *A Critical Introduction to the Paṇhāvāgaraṇāiṁ, the Tenth Aṅga of the Jain Canon, Würzburg*, 1936, p.13.（先恩《耆那教聖典第十分『問答』詳介》）譯者按：耆那教聖典（Siddhānta 或 Āgama）有六大部，第一部也是其中最重要的一部又包含 12 分（Aṅgas），『問答』便是其中的第十分。

⓰ Paṇh., sutta 7 (= Sutt., Vol. I, p.1206).

⓱ 先恩（Sen），前揭書，頁 35。[見注⓯]

語句極為接近。⑱似乎很清楚的，即使其間有點不同，它們引用的是同一個教說，而這就證實了巴向的論點是對的，他說佛教與耆那教經典的這些以及其他相似之處是從一個共同來源擷取來的。⑲ -e 語形之引入《問答》（Paṇh.），極不可能是為了嘲弄[異教]，因為 -e 語尾在古代耆那教的聖典語「半摩揭陀語」（Amg）是主格單數的正規語形，所以對耆那教而言只能表示尊敬而非嘲弄。

【2.5】於是我們發現，佛教提到異教的那些段落有 -e 與 -o 混用的情形，而耆那教也類似——儘管[二教]說法相同的那些段落其 -e 與 -o 語形的分布情形並不精確符應。情況似乎很清楚了，這兩個宗教有關異教的那些知識（至少）根據兩個來源，其中一個用 -e 語形，另一個用 -o 語形。隨著所根據的不同來源，那些關於異教的記錄就時而採 -e 語形，時而採 -o 語形，儘管偶爾也不完全一致。

三、屬格複數語尾 -uno

【3.1】巴魯瓦（Barua）認為⑳屬格複數形 -kappuno 是異教語言的一個典型。他假定這是一個單數形用作複數的情況，因此等同於巴利語 kappassa。這自然是此問題最簡單的一個解決方案，因為這種語形演變在其他「中古印度雅利安語」（MIA）並非沒有，例

---

⑱ 巴向（Basham），前揭書，頁 218。[見注❼]

⑲ 同上書，頁 219。

⑳ 同上書，頁 219-20。

如東部阿波不蘭沙語（Eastern Apa. -- Apabhraṁśa）的屬格複數語尾 -aha，就是從單數語尾擴展作複數來用的。㉑

【3.2】如果這個意見可以接受，那麼我們必須先假定 kappuno 是從 *kappano 發展來的。基於 kammano [> kammuno] 的類比（analogy，或類推）原則，屬格單數 *kappano [> kappuno] 的演變並不讓人訝異。丟失語基末尾音 -n 之後的 kamma 經常被當作 -a 語基的名詞來用。既然存在 kammano 與 kammassa ㉒二種可以選用的屬格語形，那麼也可以有 kappassa 與 *kappano 二種形式同時並存。梵語中也有這種從 -n 語基延伸借用一些語形來用的傾向，這種傾向到了中古印度雅利安語還繼續存在。吠陀梵語（Vedic Skt）-i 語基男性、中性屬格單數語尾都是 -es。古典梵語語尾 -es 用在男性，而 -ino（由 -in 語基接收過來的）則用在中性。巴利語中所有 -es 的衍生詞都消失了，我們發現 -ino 甚至用在男性名詞，例如 aggino。㉓可是，我們也可以找到從 -a 語基名詞「類推」而來的 aggissa。㉔類似的，在 -u 語基（吠陀梵語此語基已經有 -n 語形存在）我們可以同時找到 bhikkhuno 和 bhikkhussa 二者。這樣，kappassa 與 *kappano 同時存在就不足為奇了。

㉑ G.V. Tagare, *Historical Grammar of Apabhraṁśa*, Poona, 1948, §86.（得格列《阿波不蘭沙語歷史語法》）

㉒ 參看《巴利三藏詞語索引》（*PTC*），第二冊，頁 27，詞條 *kamma*。

㉓ 蓋格（Geiger），前揭書，§82。[見注❶]

㉔ W.D. Whitney, *Sanskrit Grammar*, Cambridge (Mass.) 1889, §336e.（惠特尼《梵語語法》）

【3.3】巴利語㉕和俗語（Pkt.）㉖都有 kammano 與 kammuno 語形。後者的存在顯示有 -man- > -mun- 的語音演變，這是由 -m- 造成的唇化作用，使得其後的 -a- > -u-。這種語音演變導致 kappuno 與 *kappano 同時存在。或者 kappuno 本身也可以就是一個唇化的例子（-pp- 之後 -a- > -u-）[而與 kammuno 無關]。

【3.4】另一方面，也可以把 kappuno 看作真正的屬格複數形。梵語屬格複數語尾 -ānām 已經顯示受到 -n 語基名詞的影響，而如果類比於 kammanaṁ[之取代 kammānaṁ]，以 *kappanaṁ 取代 kappānaṁ，這也不足為奇。接著，-a- > -u- 的變化，如前面說的，或者是類比於 kammunaṁ（AMg 中有 kammuṇaṁ 的拼法可做證據）㉗，或者和它無關，[本身就]是個唇化的例子。可是，也可能別的影響助成了這種語音演變。巴利語有個屬格複數語尾 -ūnaṁ，可能導致許多其他語形出現 -u- 音，例如 rājan 的屬格複數 rājūnaṁ、㉘ pitar 的屬格複數 pitūnaṁ，㉙就像 -u 語基的字一般。我們也發現 -u 語基的某些語形有因為詩律緣故而短化的情形，例如 bhikkhunaṁ，㉚這樣，其他 -ūnaṁ 的語形也很可能變成 -unaṁ。這種 -ā- > -u- 的變化也可能是一種西北方言的音變，庫諾

㉕ 蓋格（Geiger），前揭書，§94。[見注❶]

㉖ R. Pischel, *Grammatik der Prākrit-Sprachen*, Strassburg 1900, §404.（皮舍爾《俗語語法》）

㉗ *aṁtaṁ pāvaṁti kammuṇaṁ* 一句（Sūyag. 1.15.10 = Sutt., Vol. II, p.132）被解釋作：*karmaṇāṁ jñānāvaraṇādīnaṁ antaṁ paryavasānaṁ prāpnuvanti.*

㉘ 蓋格（Geiger），前揭書，§92。[見注❶]

㉙ 同上書，§91。

㉚ 同上書，§83.8。

（Konow）在談到佉盧字體（kharoṣṭhī）碑文中某些含有 -u- 的語詞時，曾經特別提到：「正如巴斯多語（Pashto）的情形一樣，這裡很可能和『n 之前的 ā 變成 u』的音變有關。」㉛

【3.5】-unaṁ > -uno 的進一步音變讓我們可以斷言：語尾 -uno 不可能是從錫蘭語引進巴利的，因為錫蘭語中根本沒有這種語形。錫蘭語間接格複數有語尾 -an 和 -un < -ana < -ānaṁ < -ānānam，㉜並且不管單數、複數都沒有 -o 結尾的形式。㉝因此錫蘭的抄經手沒有理由把他拿到的語尾 -ānaṁ 改換成 –uno（假定他手邊要轉譯的本子裡是 -kappānaṁ 這個語形）。

【3.6】對於 -uno 最可能的解釋是，它是一個尾音 -aṁ > -o 的音變例。這種音變是早期中古印度雅利安語（MIA）中西北方言的一個特徵，例如夏巴加里希（Shāhbāzgaṛhi）的阿育王碑文只有少數 -aṁ 寫作 -o 的例子，可是在《犍陀羅語法句經》（Gāndhārī Dharmapada）、西北印度與中國新疆（Chinese Turkestan）的佉盧字體（kharoṣṭhī）碑文、以及佛教混合梵語（BHS）中，這種音變就更普

㉛ S. Konow, *Kharoṣṭhī Inscriptions, CII*, Volume II, Part 1. Calcutta 1929, p.xcvi（談到 *kṣuṇa* 與 *erjhuṇa* 時).（庫諾《佉盧字體碑文》）

㉜ D.J. Wijayaratne, *History of the Sinhalese noun*, University of Ceylon 1956, §59.（維遮耶羅特涅《錫蘭語名詞的歷史》）

㉝ 同上書，§71 引到 -o 語形[的字例]，這種語形直到 A.D. 10 世紀才用作生命名詞的「直接格複數形」（direct plural）。譯者按：Wijayaratne 書中用到「直接格」（direct case）與「間接格」（oblique case）的用語，分別相當於主格與主格以外的其他格。另參注5。

遍了。❸在後來的阿波不蘭沙語（Apa. -- Apabhraṁśa），-aṁ > -u 是很尋常的，❸這顯示較早期的 MIA 出現尾音 -aṁ 音變的情形，比起我們擁有的資料[即巴利語]，要普遍得多。因此 -uno 應該是這種音變的一個延伸——由主格、對格單數的演變，延伸到屬格複數。佛教混合梵語中有個屬格複數語尾 -ānu，也可以支持這項看法。❸

四、這些語尾使用的年代

【4.1】討論到此，顯示語尾 -e 與 -uno 不可能是在錫蘭被引進到巴利語的。對語尾 -e 與 -un 在錫蘭使用的年代做個考察，可以給這個看法提供進一步的證據。

【4.2】主格單數語尾 -e 出現在錫蘭碑文的時間是 B.C. 3 世紀到 A.D. 2 世紀。❸因此我們可以做這樣的推論：假如這個語尾是

---

❸ 由夏巴加里希（Shāhbāzgaṛhī）等地碑文收集到的例子可以很方便在 H.L. Dschi, "Die Umwandlung der Endung *-aṁ* in *-o* und *-u* im Mittelindischen"（季羨林〈中古印度語中語尾 *-aṁ* 向 *-o* 及 *-u* 的轉變〉), *NAWG* 1944, Nr. 6, pp. 121-44 中找到。另見布勞弗（Brough），前揭書，§75［見注❷］；以及《佛教混合梵語語法》（*BHSG*），§§3.58, 8.30, 36。

❸ 得格列（Tagare），前揭書，§80。[見注㉑]

❸ 《佛教混合梵語語法》（*BHSG*），§8.125。又俗語詞 *sāhāṇu sāhi*「王中之王」所顯示的類似語尾是來自伊朗語的影響（見 W. Norman Brown, *The Story of Kālaka*（諾曼·布朗《耆那教大師迦羅加的故事》), Washington 1933, p.56, note 10）。

❸ 維遮耶羅特涅（Wijayaratne），前揭書，§48.a。[見注㉜]

在錫蘭插入的，那麼這或者是⑴發生在口誦傳承時期，也就是 B.C. 3~1 世紀之間；或者是⑵發生在 B.C. 1 世紀經典寫定之後，但在 A.D. 2 世紀語尾 -e 消失之前。前一時期是比較可能的，因為如果在書寫傳承的[後一]時期抄經手有更改語尾的傾向，那麼我們應該可以在 A.D. 2~4 世紀間的碑文找到一些插入語尾 -i 的痕跡才對——此期碑文中，有些 -i 語尾是由 -e 發展而來，並進一步取代了 -e。㊳

【4.3】間接格語尾 -an(a) 出現在 A.D. 1 或 2 世紀之後的錫蘭碑文中，可是碑文及文獻上的證據卻顯示語尾 -un 直到 A.D. 8 世紀以後才開始使用。㊴假如這些語尾果真是在錫蘭插入的，那麼我們必須做出這樣的結論：這些改變[即 -e 與 -uno]是分別在兩個差距十分遙遠的時期造成的，一個[-e]是在 B.C. 1 世紀之前，另一個[-uno]則在 A.D. 8 世紀之後。這種推測不僅令人難以置信，並且也不符合注釋書所反映的事實——覺音在他的「長部注釋」認為有必要拿 mahākappānaṁ ㊵來解釋 -kappuno，就表示這個不規則形在 A.D. 5 世紀之前已經存在於巴利經典中了。即使我們想接受語尾 -un 可能在 A.D. 8 世紀之前已經開始使用的看法，可是怎麼說也不太可能在 A.D. 5~8 世紀間連續 300 年之久沒有留下任何證據。

㊳ 蓋格（Geiger），前揭書，§95.1。[見注❶]

㊴ 維遮耶羅特涅（Wijayaratne），前揭書，§72(ii)。[見注㉜]

㊵ 參看注❾。

五、結　論

【5.1】主格單數 -e 結尾的語形可能是從摩揭陀語、錫蘭方言或西北印度方言借入到巴利語的。而巴利及耆那教典籍有關異教言論的記錄同時存在 -e 與 -o 語形混用的事實則顯示，-e 語形的來源應是印度大陸。

【5.2】巴利語及俗語屬格複數語尾有 -ūnaṁ 與 -unaṁ 的形式，而西北印度方言某些語詞有 -āna- > -una- 的音變。語尾 -un 在錫蘭語開始使用的時間太晚了，因此不可能是 -uno 的來源。

【5.3】錫蘭方言沒有以 -o 結尾的屬格複數。-aṁ > -o 的音變是早期 MIA 中西北印度方言的一項特徵，而佛教混合梵語也有 -ānu 這種屬格複數形。

【5.4】巴利語的這些不規則形不是從錫蘭語接收過來，而是來自印度本土——可能是西北印度[41]——的方言。

---

[41] 活命派（Ājīvikas）的語言主格單數也是 -e 結尾的，因此類似摩揭陀語（Māgadhī），可是其 -aṁ > -o 的轉變卻支持它起源於西北印度。如果活命派優波迦（Upaka）對佛說的 hupeyya「或許」（it may be）一詞（Vin I 8,30）真的可以代表該派方言特徵的話，那麼它跟摩揭陀語還是有點不同的。

【捌】、「大名聲」（vighuṣṭa-śabda）與「離覆障」（vivatta-chadda）——兼談注釋家與文法家對巴利文獻的影響*

一、序　言

佛教的「譯典」（如漢譯、藏譯）有著諸多問題❶，這是眾所熟知的。但是以印度語言紀錄的所謂「原典」是否就忠實可靠？其間是否也歷盡滄桑、幾經易容而真貌難辨、疑竇重重？本文探討的正

* 原載《正觀》第 17 期，南投：正觀雜誌社，2001 年 6 月，頁 105-37。

❶ 例如，「原本」傳誦或傳抄的誤失、翻譯過程的錯解或詮解失當、譯本輾轉傳抄的訛誤等等。

是此一問題。

文中講述 K.R. Norman 怎樣從一個巴利的疑難詞（vivatta-chadda）下手，追索經典傳持過程中（在詞彙上）可能歷經的遷異，以及如何洞察及嘗試還其原貌。其中主要涉及三篇文章，一是 Norman 的〈二個巴利詞的詞源〉❷，二是 Hinüber 的〈子音群 *-tm-*, *-dm-* 與 *-sm-* 在中期及近代印度雅利安語中的演變〉❸，三是 Norman 的〈巴利注釋家與文法家對上座部傳統的影響〉❹。第二節（問題的提出）談前面兩篇二人對 Pāli "vivatta-chadda"一詞「詞形」、「詞源」及「詞義」問題的論辯與對立看法。第三節以下是本文的主體，講述 Norman 在第三篇論文中如何就此問題重新審視，並對 Hinüber 的質疑提出回應，其間引出了本文的核心論題——注釋家、文法家、乃至抄經手對巴利文獻的影響。❺

---

❷ K.R. Norman, "Two Pāli etymologies", *Collected Papers,* Vol. II, PTS, Oxford, 1991, no.37, pp.71-83.

❸ O. von Hinüber, "The development of the clusters *-tm-*, *-dm-* and *-sm-* in Middle and New Indo-Aryan", *Selected Papers on Pāli Studies*, PTS, Oxford, 1994, no.14, pp.163-5.

❹ K.R. Norman, "The influence of the Pāli commentators and grammarians upon the Theravādin tradition", *Collected Papers,* Vol. III, PTS, Oxford, 1992, no.61, pp.93-107.

❺ 以下附注，部份轉引自上三篇論文，部份為筆者所加，不一一注明。又，原作附注詳細，本文只擇要引用，不一一具出。

二、問題的提出

㈠問題的由來

K.R. Norman 曾在“Two Pāli etymologies”（〈二個巴利詞的詞源〉）一文中討論 Vivatta-chadda 一詞的「詞源」及「詞義」問題。這個詞在巴利經典中，經常作為佛陀的一個名號，出現在敘述諸佛出生的「定型句」中（描述國王請占相婆羅門為王子（後來的佛）看相的情節）：

> Sace kho pana agārasmā anagāriyaṁ pabbajati, arahaṁ hoti sammāsambuddho loke vivattacchaddo ❻（可是，如果他出家修行，就會成為一位阿羅漢、正遍覺者——捨離世間覆障之人）（D II 16,22-24）

巴利聖典協會（PTS）的《巴英辭典》（*Pali-English Dictionary, PED*）給這個詞的定義是“having the cover removed, with the veil lifted; one who draws away the veil, or one who is freed of all (mental & spiritual) covering”（除去(內心)覆障(者)）。在該文中，Norman 認為這個定義錯了，因為 *PED* 以及其他辭典類似的定義，❼都是根據注釋書的

---

❻ 此處有兩個異讀，K vivaṭṭha-chado, Be vivaṭa-cchado。

❼ 例如 R.C. Childers 作“One by whom the veil (of human passion) is rolled away”（轉去或捨離（凡人愛染）覆障者）。見 *A Dictionary of the Pali Language,* Landon, 1875, p.588b。

解釋而來，而注釋書所判定的語源頗有問題。❽

此外，Norman 在披讀文獻的過程中還發現，vivatta-chadda 一詞在巴利經典中有各種各樣的讀法。複合詞前後兩部主要的異讀就有 -ṭ- / -tt- / -ṭṭ- 與 -d- / -dd- 等多種。除此之外，甚至還有 vivaṭṭha-cchaddo, vivata-cchedo, vivaṭa-cchedo, vivatta-cchido, vivaṭa-cchādā, vivaṭa-cchādo, nivatta-cchaddā 等琳琅滿目、莫衷一是的拼讀方式。❾他認為，這種「眾"讀"紛紜」的景象，正足以說明巴利傳統以來對這個詞的來源及詞義一直就疑而未決。

㈡ Norman 的新發現

Norman 從幾部佛教混合梵語（Buddhist Hybrid Sanskrit, BHS）經典中，找到與上面「Pāli 版」相應的語詞及定型句。一個在 Lalita-vistara（《廣大遊戲經》）：

> sa cet punar agārād anagārikāṁ pravrajati tathāgato bhaviṣyati *vighuṣṭa-śabdaḥ* samyak-sambuddhaḥ.（Lal. 118,14-16）❿

其中與 Pāli 版 vivatta-chadda 對應的詞是 vighuṣṭa-śabda，此詞

---

❽ 注釋書的解釋見三之㈡節。依釋文看，其對語源的看法是：前一詞 vivatta < vi-vṛt = 轉-去（捨離），或釋作 vivaṭa < vi-vṛ = 離-覆（揭去、揭除）；後一詞 chadda / chada(na) < chad = 覆障。

❾ 詳細的異讀情形見三之㈠節。

❿ *Lalita-vistara,* ed. Rājendralāla Mitra, Calcutta, 1877, 118,14-16.

Mitra 翻作“of great renown”（聲名遠播，名稱普聞），⓫ E.J. Thomas 譯作“loudly proclaimed”（廣為傳揚）。⓬⓭此外，它也與複合詞 vighuṣṭa-kīrti-rekha 一起出現在 Mvu（《大事》），Jones 翻作“famous”（有名），並釋為“the renown of whom is proclaimed”（其聲名遠播）。⓮另外，這個複合詞也出現在 CPS（《四部眾經》）⓯，Ria Kloppenborg 譯作“whose voice resounds in the world”（其音聲(名聲)傳遍世間）。⓰最後還有一個與巴利《長部》平行的相應句出現在 MAV（《大本緣經》）：

⓫ tr. Rājendralāla Mitra, Calcutta, 1881-86, p.141.

⓬ E.J. Thomas, *The Life of the Buddha as Legend and History*, London, 1927, p.40.

⓭ Norman 文中未提及漢譯本的情形，此處略作補充。與 Lalita-vistara 相當的漢譯有數部：一是西晉·竺法護譯《普曜經》，二是唐·地婆訶羅譯《方廣大莊嚴經》；此外還有隋·闍那崛多譯《佛本行集經》（部分）。《普曜經》與此相應之句作：「若捨國出家，為自然佛，度脫眾生。」（T3, 496b4-5）。《方廣大莊嚴經》作：「若出家者，當得成佛，不由他悟，為天人師，名稱普聞，利益一切。」（T3, 556b26-27）。《佛本行集經》該定型句出現過幾次，〈受決定記品〉：「若捨出家，修學聖道，必定當得阿耨多羅三藐三菩提，名稱遠聞，威德自在。」（T3, 666b26-28）；〈相師占看品〉：「若捨王位，出家學道，得成如來、應、正遍知，名稱遠聞，充滿世界」（T3, 692c17-18）；〈精進苦行品〉：「若捨出家，必成多陀阿伽度、阿羅呵、三藐三佛陀，名稱遠聞。」（T3, 770b25-27）。（另參注㊸）

⓮ J.J. Jones, *The Mahāvastu*, III, London, 1956, p.375.

⓯ “CPS”在 Norman “The influence of the Pāli commentators and grammarians upon the Theravādin tradition”一文中作“MPS”（p.96），恐誤，今依其“Two Pāli etymologies”一文（p.74）改之。

⓰ Ria Kloppenborg, *The Sūtra on the Foundation of the Buddhist Order*, Leiden, 1973, p.76.

bhaviṣyaty arhan samyak-sambuddho *vighuṣṭa-śabdo* loke [17]

由於有上面幾個 BHS 版的相當句及相當詞，並且在 Gāndhārī Dhp（《犍陀羅語法句經》）中也有 chada 一詞意指 śabda 的例證，[18] 這樣，Norman 認為毫無疑問的，vivatta-chadda 與 vighuṣṭa-śabda 是「相同的語詞」，並且給它們建構出下面的語源關係（同樣源自 Skt *vivṛtta-śabda < vi-vṛt）：

(1)演變到佛教混合梵語的過程：Skt *vivṛtta-śabda > *vivuṭṭa-（ṛ > u, 受 v 影響；tt > ṭṭ, 受 ṛ 影響）> *vihuṭṭa-（v 被滑音 h 取代）> vighuṣṭa-（h > gh; ṭṭ > ṣṭ, back-formed 逆構，俗語形的梵語化）= BHS vighuṣṭa-śabda。

(2)演變到巴利語的過程：① Skt *vivṛtta- > vivatta- / vivaṭṭa-（ṛ > a; tt > ṭṭ）。②*-śabda > -chadda（ś > ch; bd > dd）= Pāli vivatta-chadda / vivaṭṭa-chadda。

根據以上相應經句的對讀以及詞源關係（< *vivṛtta-śabda），Norman 得出了下面的結論：(1)在巴利的各種拼讀方式中，正確的讀法應是 vivatta-chadda / vivaṭṭa-chadda（-ṭṭ- / -tt- 是俗語中常見的異讀）。含單子音 -ṭ- 的 vivaṭa- 是個誤讀，而 -cchadda 開頭的 c 極可能是抄經手依據一般連音規則添加上去的。(2)這個詞的正確詞義是"one whose name (or fame) has rolled in different directions"（聲名傳遍十方之人），這有別於原來 *PED* 所給的"one who draws away the

[17] E. Waldschmidt, *Das Mahāvadānasūtra,* Berlin, 1953, p.95.

[18] J. Brough, *The Gāndhārī Dharmapada*, London, 1962, §50.

veil"（除去覆障者）。

㈢ Hinüber 的質疑與主張

O. von Hinüber 對上面 Norman 的新解頗不贊同，⑲他認為 Norman 提出的所謂 Pāli 與 BHS 相當的定型句只是「類似」而非「等同」，因此 Norman「大膽假定」Pāli vivatta-chadda 對等於 BHS vighuṣṭa-śabda，並據以追溯其「詞源」與「詞義」的辦法根本行不通。⑳

對於 vivatta-chadda 一詞，Hinüber 認為應該回歸巴利傳統（注釋家與文法家）的解釋，他的主要意見與證據如下：

⑴關於 vivatta- 部份：這個詞在兩大主流傳統的情形是，錫蘭一般作 vivatta-，這有別於古代緬甸傳統的 vivaṭa-，而近代緬甸傳統（1956 年的第六結集）則改作 vivaṭṭa-。至於高棉一系的傳承，有作 -ṭṭh- 的，因為遠非主流，不值一顧。又，Norman 使了大量力氣，希望藉由偈頌的韻律節奏，斷定 -tt- / -ṭṭ- 與 -ṭ- 之間的孰是孰非，儘管結果稍稍傾向雙子音的 -tt- / -ṭṭ-，可惜這個辦法效力有限，就像梵語偈頌文獻中 vivṛta- 與 vivṛtta- 之間的訟案一樣，自來就不得解決。

⑵關於 -chadda 部份：Hinüber 認為這部份比較重要。雖然在

---

⑲ 其文出處見注❸。

⑳ Hinüber 在文中指出，Norman 的"vighuṣṭa > vivatta"及"śabda > chadda"的看法，在語音演變的解釋上，很有一些困難，所以他不認為這兩個詞之間有什麼關連。見該文 p.163。（可是對於"vighuṣṭa > vivatta"，他似乎誤解了 Norman 的意思，Norman 只說"śabda > chadda"）

尼柯耶（Nikāya）中，它的主格單數形非常一致的讀作 -chaddo，可是他更發現了幾項意義非凡的線索：①「長部注釋」《吉祥悅意》（Sv 445,11），明白證實主格單數應讀作 -chaddā，並且這個讀法又為長部解疏《吉祥悅意古疏》（Sv-pṭ II 46,11）所追認。㉑②這個 -ā 的主格單數形也出現在《本生經》：*vivatta-cchaddā* nu si sabbadassī（Ja III 349,4*），這個句子同時又在「增支部注釋」《滿足希求》中被引用到（Mp I 132,7*）。③-chaddā 一讀最重要的證據是，Aggavaṁsa（勝種，十二世紀緬甸文法家）在他的語法巨著 Saddanīti（《語法論》）㉒中特別教導說 vivaṭacchaddā 是個「an- 語基」的詞（Sadd 164,19-33），書中還討論到這個詞後來變成「a- 語基」的可能成因（Sadd 636,8-12）。an- 語基變成 a- 語基是相當尋常的現象，可是反向的演變（-a > -an）卻得不到任何證據的支持。

這樣，有了注釋家與文法家的解釋作為堅強靠山，Hinüber 最後的結論是：這個詞正確的語形（主格單數）應作 vivaṭacchaddā（而非 -ddo），它源自梵語 *vivṛta-chadman（< vṛ 覆；chad 覆），是個 -an 結尾的詞（而非 -a 結尾），詞義是“he who has removed the veil (of ignorance)”（除去(無明)覆障者）。也就是，這個複合詞前後兩部分的語源與 Norman 主張的 *vivṛtta-śabda（< vṛt 轉；śabda 聲）都不相同，從而，詞義也不一樣。

㉑ 詳細資料見三之(二)節，第(5)項。

㉒ Ed. H. Smith, *Saddanīti*, 5 vols., Lund 1928-66. 書中所談，另見三之(三)節。“Sadda-nīti”一詞原義只是「語-法」，書中所談皆為巴利語，原可譯作《巴利語法》，但為與現代比比皆是的巴利語法書做一區隔，姑且作《語法論》。

㈣ Norman 的重新出發

在 Hinüber 上述質疑與主張的激盪下，Norman 回頭更加細緻周全的檢讀 Pāli 與 BHS 的相關證據，並運用佛教傳統之外的，耆那教的相關輔證，重新考察 vivatta-chadda 一詞所涉及的各項問題，四年之後，發表了一篇宏觀而頗富啟發性的文字“The influence of the Pāli commentators and grammarians upon the Theravādin tradition”（〈巴利注釋家與文法家對上座部傳統的影響〉）。㉓文中對這個詞的「詞源」、「詞義」、「詞形」（正確拼讀）做了細膩周詳的考察，更重要的，追索出造成各種異讀、異解的可能原因，從而顯示出今人賴以索解經教之義的注釋家、文法家乃至抄經手，在經典傳持過程中可能留下了怎樣的影響。這對我們了解當今巴利文本的真貌與問題，乃至怎樣著手解決，都有著具體而重要的啟示作用。

接下來，我們將就 Norman 在該文中運用的材料、追索的過程、以及得出的結論與看法，做一重點的陳述。

三、運用的資料與追索的過程㉔

㉓ 出處見注❹。

㉔ 本節對 Norman 原來的論證方式做了調整，這裡以「資料」作主體，根據不同的材料類型，分節敘述，目的是要突出的觀察，不同材料在解決這個問題上所各自負擔的作用與具備的價值。順序上，從「內部資料」向「外圍資料」逐步擴展，由巴利的「三藏」（第㈠小節）到「注釋」到「解疏」（第㈡小節）到「文法書」（第㈢小節），再到同屬佛教系統的「佛

㈠巴利聖典中的種種異讀

首先，我們來觀察 vivatta-chadda 一詞在巴利經典中出現的實際情形：㉕

---------------------- 主格單數（Nom.sg.）-o 的情形 ----------------------

・Sn 372a : vivattacchaddo, v.l. Ba vivatacchedo, Bim vivaṭaccha(d)do. 又 Ce -o.

・Sn 378c : vivattacchaddâsi, v.l. Bam vivaṭaccha(d)do 'si, Bi vivaṭacchedo 'si, 又 Ce -o.

・Sn 1003c : vivattacchaddo, v.l. Baim vivaṭa-, Ck -dda, Ba -cchido, Bim -cchado.

・Sn 1147c : vivattacchaddo, v.l. Ck -ddā, Ba vivaṭṭa-.

・Sn p.106,20 : vivattacchaddo, v.l. Ck (Pj.) Mk -cchaddā (*perhaps a genuine form* 可能是正確的語形); Bai vivaṭa(c)cheddo. 又 Ce -o, Be -o.

・D I 89,9 : vivattacchaddo, *no* v.l. 又 Ce -o, Be -o.

・D II 16,24 : vivattacchaddo, v.l. K vivaṭṭhachado. 又 Ce -o, Be -o.

・D II 17,8 : vivattacchaddo, *no* v.l. 又 Ce -o, Be -o.

教混合梵語（BHS）文獻」（第㈣小節），最後到同樣是中期印度雅利安俗語（MIA, Pkt）的「耆那教文獻」（第㈤小節）。

㉕ 為求明白清楚，以下的異讀融合了 Norman 原作所舉列的情形以及 PTS 的校勘注，並稍改列舉方式。其中“v.l.” = various reading 異讀，「又」表其他版本的狀況（Ce = 錫蘭刊本，Be = 緬甸刊本），不必是異讀。行號之後標以“＊”者，表示偈頌。

· D III 142,20 : vivattacchaddo, *no* v.l. 又 Ce -o, Be -o.

· D III 177,20 : vivattacchaddo, *no* v.l. 又 Ce -o, Be -o.

· D III 179,4 : vivattacchaddo, *no* v.l. 又 Ce -o, Be -o.

· Kv 286,12 : vivaṭṭacchado, *no* v.l. 又 Ce -o, Be -o.

------------------------------ Nom.sg. -ā 的情形 ------------------------------

· Ja III 349,4* : vivattacchaddā, v.l. Bd vivaṭacchādā, Bf vivaṭṭacchadā. 又 Ce -o, Be -o.

同一頌出現於：

Ja IV 271,18* : vivattacchaddo, v.l. Bd vivaṭacchādo, Cs vivattacchaddā. 又 Ce -o, Be -o.

同一頌被引用於：

Mp I 132,7* : vivattacchaddo, v.l. M9 -ddā, T -cchandā, M10 -cchadā, Ph vivaṭacchedo.

---------------------- 主格複數（Nom.pl.）-ā 的情形 ----------------------

· A II 44,2* : vivatta-cchadā, v.l. SD ST nivattacchaddā, BK vivaṭacchadā.

從上列的異讀情形，可以歸納出幾點：(1)三藏中最主流的讀法是 vivatta-cchaddo（Nom.sg）。(2)字中幾個部份的異讀情形分別為：① -tt- / -ṭ- / -ṭṭ- / -ṭṭh-（按出現頻率由高到低排列）。② -cch- / -ch-。③ -chad- / -ched- / -chid- / -chād- / -chand-。④ -dd- / -d-。⑤ Nom.sg. -o /（極少數）-ā。(3)異讀中最常見的情形可以寫成 vivatta-(c)cha(d)do; -tt- / -ṭṭ- / -ṭ-, -o / -ā。

上列資料中的 Sn 378c 一條（vivattacchaddâsi），Norman 認為特別值得注意。它極可能是造成主格單數 -o 與 -ā 二種異讀的根本原因。這個連音很容易被誤認為是 vivattacchaddā + asi（因此將 Nom.sg. 判為 -ā），事實上它應該是 vivattacchaddo + asi 才對（據此，Nom.sg. 應為 -o）。這個連音現象相當古老，巴利三藏還留有不少例子。㉖另外，本條的三個異讀也支持這項判斷。

現在問題來了，除了「主格單數語尾」已經有了解決線索之外，其他紛繁多樣的拼法，到底哪個對呢？這是個判定「正確拼讀」（詞形）的問題，它同時也牽涉到「詞源」與「詞義」的問題，三者環環相扣，互相影響，互相決定。單依三藏資料，似乎難以決定，現在我們擴大範圍，看看注釋書怎麼說。

㈡巴利注釋文獻的解釋

以下是注釋書（aṭṭhakathā）及解疏（ṭīkā）對 vivatta-cchada 一詞的釋義：

⑴ **chadanan** ㉗ ti, pañca chadanāni -- taṇhā-chadanaṁ diṭṭhi-chadanaṁ kilesa-chadanaṁ duccarita-chadanaṁ avijjā-chadanaṁ.（覆障，即五種覆障——愛障、見障、煩惱障、惡行障、無明障。）㉘

㉖ 這種 -o + a- > -â- 的例子，Norman 在《經集》中還找到另外三例，三藏中有更多的例子。關於這個連音現象，Norman 後來寫了專文討論，見 "An aspect of external sandhi in Pāli"（〈巴利語的一個外連音現象〉），*Collected Papers,* Vol. III, PTS, 1992, no.71, pp.219-24。

㉗ 這個詞 Norman 原作 chadan，誤，今依 PTS 原文改。

㉘ 本節所有注釋資料的翻譯皆筆者所加。

tāni **chadanāni** Buddhassa bhagavato **vivaṭāni** viddhaṁsitāni samugghāṭitāni ㉙ pahīnāni samucchinnāni vūpasantāni paṭipassaddhāni abhabb'-uppattikāni ñāṇ'-agginā daḍḍhāni.(這些覆障已被佛世尊所揭除、碎壞、捨斷、離棄、斷除、寂止、息滅,為智慧火燃燒淨盡,不能再生。)tasmā Buddho ***vivaṭa-cchado***.(因此,佛稱為「**揭除覆障者**」。)(Nidd II 251,19-22 ad Sn 1147)(小部《小義釋》對《經集》的注解)

(2) ***vivatta-chaddo*** ti, **vivaṭa**-rāga-dosa-moha-**chadano**.(所謂「**捨離覆障**」,即是揭除貪瞋癡的覆障。)(Pj II 365,28-9 ad Sn 372)(《勝義光明》對《經集》的注解)

(3) rāga-dosa-moha-māna-diṭṭha-avijjā-duccarita-**chadanehi** sattahi **paṭicchanne** kiles'-andhakāre loke,(充滿煩惱的黑暗世間,為貪、瞋、癡、慢、見、無明、惡行等七種覆障所遮蔽,)taṁ **chadanaṁ vivattetvā** (v.l. -ṭṭ-) samantato sañjātâloko hutvā ṭhito ti ***vivatta-cchado***.(捨離此種覆障之後,就能住於完全充滿光明的狀態,這就叫做「**捨離覆障**」。)Atha vā **vivatto** ca **vicchado** cā ti ***vivatta-cchado***(或者,把 vivatta-cchado 解為 vi-vatto 與 vi-cchado)㉚ **vaṭṭa-rahito chadana-rahito** cā ti vuttaṁ hoti.(這樣,意思就是「離於-輪迴」與「離於-覆障」。)(Sv 250,34 foll. ad D I 89,9)(《吉祥悅意》對《長部》的注解)

㉙ 這個詞 PTS 版拼作 samugghātitāni,Norman 此處似依緬甸版(第六結集)。

㉚ 即把 vivatta-cchada 的接頭詞 vi- 同時指涉到 vatta 及 chada。

(4) ***vivaṭa-cchado*** ti, rāgo chadanaṁ doso chadanaṁ moho chadanaṁ sabbakilesā chadanā ti evaṁ-vuttā **chadanā vivaṭā** ugghāṭitā viddhaṁsitā anenā ti ***vivaṭa-cchado***.(「**揭除覆障**」：揭除、捨斷、碎壞被稱為覆障的貪障、瞋障、癡障、一切煩惱障，這樣就是「**揭除覆障**」。)(Ap-a 475,33 foll. ad. Ap 249,22)(《譬喻經注釋》對《譬喻經》的注解)

(5) -1-：PTS 版《吉祥悅意》對《長部》的注解：對於 D II 16,24：**vivatta-cchaddo** (v.l. vivaṭṭhachado)，《吉祥悅意》(Sv 445,9-12) 有如下的注解：Tattha rāga-dosa-moha-māna-diṭṭhi-kilesa-taṇhā-saṅkhātaṁ **chadanaṁ** āvaraṇaṁ **vivaṭaṁ** viddhaṁsitaṁ etenā ti ***vivatta-cchaddo***.[31] ***Vivatta-cchaddā*** **(v.l. vivaṭacchado) ti pi pāṭho.**(彼處，因為揭除、碎壞所謂的貪、瞋、癡、慢、見、煩惱與愛等覆障、遮障，所以叫做「**捨離覆障**」。也有「異讀」作 Vivatta-cchaddā (v.l. vivaṭacchado)。)

-2-：緬甸版《吉祥悅意》對《長部》的注解：對照緬甸版 (Be) 的情況，《長部》的這個詞拼作：**vivaṭa-cchado**，《吉祥悅意》對這個詞的注解，最後部份讀作：... etenā ti ***vivaṭa-cchado***. ***Vivaṭṭa-cchadā*** **ti pi pāṭho.** 顯然其「被釋語」(lemma) 及提到的「異讀字」與 PTS 版 (Ee) 皆不相同。

-3-：《古疏》對《吉祥悅意》的注解：對於上面《吉祥悅意》提到「異讀」的最後那句，《吉祥悅意古疏》(PTS 版 Sv-pṭ II

[31] 這個詞 Norman 原作 vivatta-cchado，誤，今依 PTS 原文改。

46,11 ad Sv 445,11）解釋為：**vivatta-cchadā** ㉜ ti o-kārassa ā-kāraṁ katvā niddeso. 此句緬甸版（Be）作：**vivaṭṭa-cchadā** ti o-kārassa ā-kāraṁ katvā niddeso. 也就是，按照《古疏》的意見，這個「異讀」指的是：也有把語尾的「字母 o」讀作「字母 ā」的。

綜合以上幾則注釋材料，可以看出：① vivatta-chadda 一詞在注釋書中絕大多數釋作 **vivaṭa-(c)chada(na)**（即視為 < vi-vṛ; chad），少數釋為 vivatta-(c)chada(na)（即視為 < vi-vṛt; chad），甚至有的注釋，其「被釋語」（lemma）即作 vivaṭa-cchada（如第(4)則）。②關於主格單數，除了第(5)則提到一個異讀 -ā 之外，所有地方都作 -o，也就是把 -(c)chad(d)a / -(c)chada(na) 視作-a 結尾的字（而非 -an 結尾）。③詞義方面，除了第(3)則有個「另解」（離輪迴與離覆障）之外，都一致的理解作「斷除或捨離覆障」。

把注釋文獻的狀況，拿來跟前一小節三藏的情況相較，可以發現：主格單數一致的傾向於 -o 結尾。可是整個詞的拼法卻壁壘分明，各有所鍾。「三藏傳統」傾向 vivatta-cchadda，而「注釋傳統」則偏好 vivaṭa-cchada(na)。這樣，正確讀法似乎還不容易決定。我們再來看看文法家的意見。

㈢巴利早期文法書資料

緬甸十二世紀文法家 Aggavaṁsa（勝種）在他的巨著 Saddanīti（《語法論》）中，明白教導到 vivatta-chadda 一詞。可是當中引用

㉜ 這個詞 Norman 原作 vivatta-chadā，誤，今依 PTS 原文改。又 PTS 列有二條校勘注：BmP vivaṭṭa- 及 DA -cchaddā。

的例子一律拼作 vivaṭa-cchada（單子音 -ṭ-, -d-，雙子音 -cch-，亦即與「注釋傳統」相符應），主格單數則同時有 -o 及 -ā 二種三藏引用例。他明白表示這個詞的語尾有 -a 及 -an 兩套變化，主格單數可以採 -ā，就像 rājā 與 brahmā 一樣，並引了上面《吉祥悅意古疏》（Sv-pṭ）的說法作為證明。他甚至還列出這個詞 -a 及 -an 完整的兩套變化表。自然，其中有許多語尾在三藏中根本找不到例證（如，對格複數 -āne）。書中特別值得留意的是，既然他把這個詞拼作 -cchada（單子音 -da 而非雙子音 -dda），可見他並未認定這個詞來自 Skt -chadman，他之教導「-a 及 -an 兩套變化」，並非在談「語源」問題，而只是反應文獻現實中的「語尾」狀況。

總結 Aggavaṁsa 書中的看法：⑴這個詞拼作 vivaṭa-cchada。⑵有 -a 及 -an 兩套語尾。⑶並未涉及「語源」問題。

Hinüber 的論據與破綻：檢閱過巴利系統的有關文獻後，我們回頭核對一下 Hinüber 的論據。前面提到他主要著力於 -chadda 這部份，他根據三之㈡節第⑸項《吉祥悅意》及《古疏》該條（主格單數）-ā 的異讀及解釋（以及《本生經》一條 -ā 的用例㉝），認定正確讀法為 -cchaddā，且源自 chadman（an-語基）。Hinüber 的推論過程似乎是：既然《古疏》明白解釋了語尾為 -ā；因此《吉祥悅意》的讀法應為 -ā；進一步，《長部》也應作 -ā；最後，這個詞所有地方的正確讀法都應作 -ā。這個推論初看似乎有道理，可是仔細一想就會發覺很有問題。《古疏》的拼法是 -cchadā 而非雙子音的 -ddā，可見《古疏》作者並未認為這個詞來自 Skt

㉝ 此用例見三之㈠節，Ja III 349,4*: vivattacchaddā 一條。

-chadman。再者，Hinüber 又引 Saddanīti 的「an- 語基說」作為源自 -chadman 的另一力證，可是上面我們已經看到 Aggavaṁsa 書中一律拼作 –cchada（也是單子音 -da，而非雙子音 -dda），並且 Aggavaṁsa 同時還教導了「a- 語基說」，所以他心裡也沒有把 -chadman 當作來源。這樣，Hinüber 的論點有幾個錯誤：①《古疏》及 Aggavaṁsa 只說有 -ā 的異讀，㉞ Hinüber 卻擴大解釋，說 -ā 才是「正讀」。② Aggavaṁsa 只說 -chada 可以作 -an 變化，㉟ Hinüber 卻擴大解釋，說其來源是 -chadman。

總結以上巴利文獻，我們所能知道的就是：「三藏傳統」傾向於 vivatta-cchadda，「注釋傳統」則偏向 vivaṭa-cchada(na)，除此二大主流之外，還有各種零星的讀法。主格單數都傾向於 -o 結尾，但也有明白作 -ā 的，並得到注釋書與文法書的採用。到此，巴利的資料能用的盡可能用了，可是，「語源」的問題還不明白，「語形」問題還遠不能決定，主格單數也還有一點爭議。現在，似乎走到了水盡山窮的無路之處，我們只能向外另覓消息了。

㈣佛教混合梵語資料

前面曾談到，Norman 在幾部佛教混合梵語（BHS）佛典的同類定型句中找到 vighuṣṭa-śabda 一詞，並認為它「對等於」Pāli vivatta-chadda。也談到此論遭到 Hinüber 的強烈質疑（對 Hinüber 而言，這兩個詞根本毫不相干，也就是那幾則 BHS 材料對這個問題的解決毫無

㉞ 其實這個異讀是有問題的。見第四節第(2)項。

㉟ 其實這個「an-語基說」也是錯的。見第四節第(4)項。

助益）。Norman 回頭仔細考察相關文獻之後，接受了 Hinüber 的部份意見，對原來的主張做了修正，不再認為 -chadda 直接源自 -śabda，可是他依然認定這兩個詞是「相當（或相關）的」（有著相同的來源），亦即雖非父子關係，卻還是親屬關係。他的理由是：⑴這兩個詞同時出現在多則同樣的定型句中，要說毫無關連是不太可能的。㊱⑵到目前為止，他沒有發現 Pāli 中有其他對等於 BHS vighuṣṭa-śabda 的語詞，同時也沒有發現 BHS 中有其他對等於 Pāli vivatta-chadda 的語詞。⑶ vighuṣṭa-śabda 除了在上述 Lal（《廣大遊戲經》）、CPS（《四部眾經》）、Mvu（《大事》）以及 MAV（《大本緣經》）幾部經典中作為「佛陀名號」之外，Norman 還發現，它也作為「菩薩名號」，出現在 GV（《華嚴經·入法界品》）、Samādhirājasūtra（《三昧王經》）以及 Bhadrakalpikasūtra（《賢劫經》）等幾部佛典。既然隨著大乘佛教的開展，佛菩薩數目不斷增加，這樣，一個傳承的佛名，被另一傳承用作菩薩名號，也是不難想見的。因此上面幾經的 vighuṣṭa-śabda 應該都還是一個來源。這就益加增強了這個詞與 Pāli vivatta-chadda 同屬一源（而非無關）的合理性。

證明 vighuṣṭa-śabda 與 vivatta-chadda 有相同的來源，對整個問題的解決有什麼作用呢？首先，可以拿它協助鑑定 vivatta-chadda 幾個異讀（-tt- / -ṭṭ- / -ṭ-; -dd- / -d-）的孰是孰非。其次，可以拿它協助

㊱ Norman 在文中提到，這兩個詞當然也可能毫不相干，他並進一步討論這種情況下的有關情形。只是無論本小節的證據，還是下一小節耆那教的證據，都在在顯示，它們同時被用作佛教聖者以及耆那教聖者的名號，絕非只是偶然的巧合。

判斷主格單數語尾 -o / -ā 的問題。第三，可以拿它協助推斷（巴利注釋書透露的）詞源 vṛ / vṛt 何者適當。就第一點看，vighuṣṭa-śabda 的雙子音 -ṣṭ- 與 -bd- 可以支持 -tt- / -ṭṭ- 及 -dd- 一讀。就第二點看，-śabda 一詞可以支持 -chadda 為「a- 語基」而非「an- 語基」。就第三點看，過去分詞（pp.）ghuṣṭa 的雙子音（-ṣṭ-），比較能支持 vṛt 這個詞源（pp. vatta / vaṭṭa），而非 vṛ（pp. vaṭa）。

儘管從上面的證據，我們可以相信 vighuṣṭa-śabda（聲名－遠播）與 vivatta-chadda（捨離－覆障，依巴利注釋書）有著同一來源，可是，這個來源是什麼？並且，它們傳到不同傳承之後，已經演變成眼前所見的，詞形、詞源、詞義皆判然有別的不同語詞，這樣「貌離神合」的二個語詞，究竟有著怎樣的內在關係？又，為什麼 Norman 會放棄“-chadda < -śabda”的主張，轉而接受 Hinüber 的部份意見？這種種問題都有待進一步的資料才能解答。

㈤耆那教資料

就像 Pāli vivatta-chadda 以及 BHS vighuṣṭa-śabda 在佛教傳統中作為佛的名號（或後來的菩薩名號）一樣，Pkt（Prakrit 俗語）中也有個詞 vi(y)aṭṭa-chauma，作為耆那教（Jain）教主大雄的稱號，出現在耆那教經典中，一長串描述大雄的種種稱號的定型句中。這個詞在耆那教文獻中以「屬格／為格・複數」形出現時，語尾作 -āṇaṁ。耆那教注釋家給它的釋文是：vyāvṛtta-chadmabhyaḥ : ghatikarmāṇi saṁsāro vā chadma tad vyāvṛttaṁ kṣīṇaṁ yebhyas te。[37]又，Jacobi

[37] H. Jacobi, *The Kalpasūtra of Bhadrabāhu*, Leipzig 1879, p.103.

把這個詞翻作“Who have got rid of unrighteousness”（除盡惡行者），㊳ Williams 作“who have thrown off all travesties”（捨離虛偽(不實)者）。㊴這似乎清楚顯示了，這個詞正是相應於 Pāli vivatta-chadda 的「俗語版」（Pkt）。

上面耆那教資料透露了幾項重要訊息，可以釐清 Pāli 版的各項疑點：⑴ Pkt 形 vi(y)aṭṭa-chauma 的雙子音 -ṭṭ-（而非 -ṭ-）以及單子音 -ch-（而非-cch-）恰恰符合出現在巴利偈頌時所需要的韻律節奏。此點表達，在 Pāli vivatta-chadda 的幾種異讀「-ṭṭ- / -tt- / ṭ- 與 -ch- / -cch-」中，應採取「-ṭṭ- / -tt- 與 -ch-」（其中 -ṭṭ- / -tt- 也可以由 BHS vighuṣṭa- 的 -ṣṭ- 得到支持）。⑵這個詞在耆那教文獻中採 -a 變化（而非 -an 變化），正如絕大多數巴利文獻所顯示的情形，再加上 BHS 版 vighuṣṭa-śabda 也是 a- 語基，這就表明，這個詞在俗語系統（Pāli 及 Jain）以及混合梵語系統（BHS）自來就被看作 -a 結尾。⑶ vi(y)aṭṭa- 及其釋文 vyāvṛtta- 明白透露，耆那教傳統認為它來自梵語的 vṛt，而非 vṛ（這也正如 BHS vighuṣṭa 所支持的一樣）。⑷另一方面，Pkt 的 -chauma 一形以及上引耆那教文獻的釋義，卻也清楚顯示了，在耆那教傳統，這個詞被視為來自梵語的 -chadman（隱覆、虛矯、偽善）。

Norman 對詞形、詞源、詞義三大問題的總結：綜合以上四點，基於第⑷項理由，Norman 放棄原來“-chadda < -śabda”之說，

㊳ H. Jacobi, *Jain Sūtras*, Part I, Oxford 1884, p.225.

㊴ R. Williams, *Jaina Yoga*, London 1963, p.194.

接受 Hinüber "-chadda < -chadman"的看法。[40]可是基於前三項理由，他同時又反對 Hinüber 之認定（Pāli）正確拼讀應作 vivaṭa-cchaddā（Nom.sg.）——亦即反對其採取單子音 -ṭ-、雙子音 -cch-以及 an- 語基。這樣，對於這個詞他的看法是：「詞形」（正確讀法）應作 vivatta-chadda / vivaṭṭa-chadda，是 a- 語基的字，主格單數應作 -o，「詞源」是 Skt vṛt（轉）及 chadman（< chad 覆），「詞義」是「捨離或除去-覆障(者)」。

<u>Pāli / BHS / Jain 三版的語音演變過程</u>：最後，我們歸納 Norman 對 Pāli vivatta-chadda、Jain vi(y)aṭṭa-chauma、以及 BHS vighuṣṭa-śabda 三個詞怎樣從 Skt *vivṛtta-chadman 衍生出來的意見如下：

(1)演變到 Pāli 的過程：① Skt vivṛtta- > vivatta- / vivaṭṭa-（ṛ > a; tt > ṭṭ）。②-chadman > -chadda（dm > dd; -an > -a）= Pāli vivatta-chadda / vivaṭṭa-chadda。

(2)演變到 Pkt（Jain）的過程：[41]① Skt vivṛtta- > vivaṭṭa-（ṛ > a; tt > ṭṭ）> vi(y)aṭṭa-（v 失落或被滑音 y 取代；Jain 中有 viuṭṭa- 的異讀，可見 v 失落是常態）。②-chadman > *-chaduma（插入母音 u；[42]-an > -a）> -chauma（d 失落）= Pkt vi(y)aṭṭa-chauma。

---

[40] 儘管 Norman 傾向接受 -chadda < -chadman 之說，可是他同時提到，vivatta-chadda < Skt *vivṛtta-śabda 的可能性也並非完全沒有，並且做了一番證明。

[41] 此部份是筆者所補充，提供參考。（Norman 文中並未詳述）

[42] 「插入母音」（svarabhakti）現象，參見 W. Geiger, *A Pāli Grammar*, PTS, 1994. §31.2。

(3)演變到 BHS 的過程：① Skt vivṛtta- > *vivuṭṭa-（ṛ > u, 受 v 影響；tt > ṭṭ, 受 ṛ 影響）> *viuṭṭa-（v 失落，參以上 Jain 變化）> *vihuṭṭa-（插入滑音 h）> vighuṣṭa-（h > gh; ṭṭ > ṣṭ, back-formed 逆構）。② -chadman > -chadda（dm > dd; -an > -a）> -śabda（ch- > ś-; dd > bd 逆構）= BHS vighuṣṭa-śabda。由語音演變的規律觀察，這個複合詞在流傳過程中必定喪失了原來的詞形與詞義，只留下原來詞形的部份特徵，後來受到附近文句中 vighuṣṭa-kīrti（聲名－遠播）的影響，而「變造」出 vighuṣṭa-śabda（名稱－普聞）一詞。㊸

四、造成異讀的原因——注釋家、文法家、抄經手的影響

解決了 vivatta-chadda 的三大問題之後，Norman 更進一步追索造成異讀的原由。以下按照異讀產生可能的「歷史過程」（前後順序）敘述 Norman 的主要意見。

(1)<u>從初始到「準注釋書」階段</u>：這個詞最初拼作"**vivatta-chadda**"(Nom.sg. **-o**)，小部經典《小義釋》（可看作最早期型態的注釋書）以 **-chada(na)** 解釋複合詞後部 -chadda（可能因為 chadda 在三藏未單獨使用）。又因為 -chadda 為「覆障、遮障」之義，於是複合詞前部（vivatta- / vivaṭṭa-）就以意謂「揭開、揭露、揭除」的 **vivaṭa**

㊸ 若依 Norman 此處的意見，則注⑬所提到的，《方廣大莊嚴經》及《佛本行集經》的「名稱普聞、名稱遠聞」一語，其所根據的「底本」在歷經輾轉傳誦、傳抄、或轉譯之時，也已經發生訛變，訛變之前原來的意思應是「捨離覆障」。

解釋。這樣，因為《小義釋》的釋文，使得這個詞形（vivaṭa-cchada）偶而「混進」三藏，造成了不同的讀法。這個過程也可能跟「婆羅米文字」（Brāhmī）沒有雙子音的寫法有關（-ṭṭ-, -dd- 被寫成 -ṭ-, -d-）。這樣，巴利就有了兩大主流拼法：「三藏」以 vivatta-cchadda 為主（-cch-開頭的 c 可能是抄經手依連音規則補上的）；而以《小義釋》領銜的「注釋書」則以 vivaṭa-cchada 為主。

(2)<u>注釋書階段與語尾 -ā 的產生</u>：繼《小義釋》之後，其他注釋書跟著採用類似的解釋。這樣，由於注釋書的普遍支持，使得 vivaṭa-cchada 勢力日漸強大。有些三藏寫本把它奉為正確拼法，但同時也有拼作 vivatta-cchadda（或 vivaṭṭa-cchadda）的。所以「長部注釋」《吉祥悅意》就明白寫下了這個異讀情形（以下是依 PTS :Sv 445,11 ad D II 16,24 一句對應的緬甸版所擬構出來的「原初句」，標"*"表擬構，注意：此時還都是 -o 結尾）：[44]

*(a) … etenā ti *vivaṭa-cchado. Vivatta-cchaddo* ti pi pāṭho.

（或 *Vivaṭṭa-*）

【被釋語】　　　　【異讀字】

就是說，vivaṭa-cchado 有個異讀字，作 Vivatta-cchaddo。後來又有抄經手發覺《長部》主流多作 vivatta-cchaddo，於是改動「被釋語」（lemma），成了：

*(b) … etenā ti *vivatta-cchaddo. Vivatta-cchaddo* ti pi pāṭho.

這樣，造成了被釋語與異讀字一模一樣的狀況。於是有抄經手發覺不對，就把(b)的異讀字換成 vivaṭa-cchado，成為(c)的寫法。而另有

---

[44] 緬甸版（目前）的讀法，參見三之(二)節，第(5)項，第-2-則。

抄經手則因為看到 Sn 378c vivattacchaddâsi 之類的例子，以為有-ā 的異讀，於是把(b)的異讀字換成 vivatta-cchaddā，成為(d)的寫法，這時就產生了主格單數 -ā 的讀法。這樣，最初的異讀主要是 -tt-（-ṭṭ-）與 -ṭ- 之間，以及 -dd- 與 -d- 之間，後來由於「連音的誤判」而有了 -o 與 -ā 的異讀。

(c) … etenā ti *vivatta-cchaddo*. *Vivaṭa-cchado* ti pi pāṭho.（PTS v.l.）

(d) … etenā ti *vivatta-cchaddo*. *Vivatta-cchaddā* ti pi pāṭho.（PTS）

句(d)與(c)就是目前 PTS 版的情形。又有抄經手見到 -ā 的讀法，以為這才是異讀的主要部份，於是把(a)句的異讀字改作 vivaṭṭa-cchadā 而成為(e)。㊺

(e) … etenā ti *vivaṭa-cchado*. *Vivaṭṭa-cchadā* ti pi pāṭho.（Be）

這就成立了目前緬甸版的讀法。

(3)解疏階段與語尾 -ā 的確立：《吉祥悅意古疏》的作者見到以上的(e)句，不明瞭原來本該是 vivaṭa- 與 vivaṭṭa- 之異，反而把目光擺在複合詞的後部，而寫下：

vivaṭṭa-cchadā ti o-kārassa ā-kāraṁ katvā niddeso.

也就是白紙黑字，明白解釋為語尾 -o 與 -ā 的異讀。

(4)文法書階段與 an- 語基的產生：接著，Aggavaṁsa 見到三藏中偶有 -ā 結尾的用例，又看到《古疏》這一條解釋，便確定這個詞有 vivaṭa-cchado 與 vivaṭa-cchadā 二讀，認為它可以如 rājā、

㊺ 最後這一步演變是筆者補上的，Norman 未提及。

brahmā 一般變化，於是成立了他的「a-/an- 二語基說」。這樣，語尾 -ā 初因抄經手對連音的「誤判」而崛起，成為眾多異讀的一個，後又受到《古疏》作者的青睞，凌駕別的異讀而確立了突出地位，但此時還只是「a- 語基」主格單數的異讀身份。到了文法書階段，則更得到 Aggavaṁsa 的「拔擢」，終於脫離舊屬，別立門戶，而成立了「an- 語基」。Hinüber 據此（an- 語基說），更擴充解釋，給 -cchadā 定出了來源"-chadman"。㊻這樣，巴利傳統對於這個語尾，可說是一路「解」來，訛誤連連。

(5)<u>抄經手的影響</u>：由於 Aggavaṁsa 在 Saddanīti 中，明白教導 an- 語基，使得後來的抄經手把三藏的一些地方改為 -ā（不管原來是否如此）。這樣，這個語形又從文法書「蔓延」到三藏。文法家對抄經手的影響一直存在，Norman 還舉了另一例：在 Kaccāyana ㊼（迦旃延）的文法書中，「十二」一詞拼作"bārasa"，可是這個「古形」在巴利三藏中已經完全消失，所有「十二」都換成了更加「梵語化」的"dvādasa"，之所以造成這個結果，極可能是因為 Aggavaṁsa 在 Saddanīti 中教導說這兩種語形都可以使用。這樣，今天我們見到的三藏，早已不復昔日容顏，而是幾經注釋家、文法家、以及抄經手改妝易容之後的樣貌了！

㊻ 見三之(三)節之「Hinüber 的論據與破綻」一項，Hinüber 認定的語源（結論）是對的，可是論據不對。

㊼ 大約七世紀以後的人，現存最古老的巴利文法書《迦旃延文法》（*Kaccāyana-vyākaraṇa*）的作者。

五、結語：如何洞察與還原巴利的真貌

Saddanīti 的編校者 Helmer Smith 早在 1928 年就提出了卓見，他在該書前言明白指出，解疏（ṭīkā）的作者與文法家必定給幾個世紀之後的抄經手帶來甚多影響。[48]一如前述，Norman 自己在披讀文獻的經驗中，確實印證了這一點。解疏作者有時誤解了注釋書（aṭṭhakathā）的原意，從而寫下錯誤的疏解，接著這個誤解或誤讀又「喧賓奪主」，通過抄經手，反過來取代了三藏本文的讀法。這就是為什麼一個正確讀法（-chaddo）在不同寫本會出現紛繁多樣的不同寫法（-(c)cha(d)dā）的原因。

誠如 Helmer Smith 所言，任何人想要穿透目前的巴利文本，見到其背後的真貌，就必須具備十二世紀緬甸與錫蘭語言文獻學的知識。而要做到這點，就必須運用十二世紀以前的寫本，這樣才能免除文法家與注釋家「梵語化傾向」的影響。拿此處語尾 -ā 的問題來說，如果要確定它到底是原來的「古形」，還是經過「變造」之後的「異形」，就非依靠未受文法家影響的資料不可。但問題是，現存的巴利寫本，早於十二世紀的，已經難以尋得了。在這樣的情況下，我們就必須善用十二世紀之前的，巴利以外的其他傳統的資料。這就是為什麼 Norman 論文中要乞靈於佛教混合梵語與耆那教文獻的道理。

---

[48] Ed. H. Smith, *Saddanīti*, 5 vols., Lund 1928-66. Avant-propos, p.vi.

【玖】、
《雜阿含》「無我相經」勘正：
「文獻學」vs.「教義學」的解決方案*

一、問題的提出❶

「無我論」是佛教的核心教理，而談論「無我」的一部重要經

* 原載《臺灣宗教研究》第 6 卷，第 2 期，台北：台灣宗教學會，2007 年 6 月，頁 121-47。

❶ 在 2004 年 12 月，內政部與南華大學共同舉辦的「宗教教育與宗教研究研討會」中，筆者曾有一份專題座談文稿，題為：〈「原典語言」與「原典研究」的重要——從「不見水白鶴」的公案談起；兼行「無我相經」勘正〉。文中舉出 4 個例子，用以觀察佛典在輾轉傳持過程中，所衍生的各種問題。2006 年，筆者以該稿當中的一個例子（「無我相經」的問題）為基礎，補充更多新資料，並重新進行比較完整而系統的論述，題為〈《雜阿含》「無我相經」勘正：「文獻學」vs.「教義學」的解決方案〉，發表於該年 9 月南華大學所舉辦的「第一屆巴利學與佛教學術研討會」。今稿基本內容及觀點不變，但在校勘及論述上又作了一些補充與加強。

典就是「無我相經」。據傳，佛陀在波羅奈國鹿野苑初轉法輪，講說捨離苦樂二邊的「中道」之教以及佛法的總綱「四諦」之理（即「轉法輪經」）以後，五比丘就陸續「遠塵離垢」，開悟見法，但這時尚未斷盡所有煩惱。佛陀接著開示更為深刻的「五蘊無我」的道理（就是「無我相經」），五比丘聽完之後，終於解脫所有煩惱，而證得佛弟子的最高成就「阿羅漢果」。由此可見，「無我相經」的內涵與義理，對於佛法的修學，有著極為關鍵的重要性。

可是，這部重要經典，在歷經千年的輾轉流傳之後，在不同傳本之間，卻出現了文句歧異、意思倒反的情形。而不同學者之間，對於這個文本的違異，也出現了看法不同、解讀不一的情況。本文的目的，就是試圖解決這個懸之千年的疑案。

這個文本違異，主要出現在漢譯《雜阿含 86,87,33,34 經》與巴利等其他傳本之間。以下先以巴利本 S.22.59, “Pañca”（相應部，22 相應，第 59 經，五比丘）（以下簡稱甲說）與對應的《雜阿含 34 經》（以下簡稱乙說）說明問題。

首先，巴利本是這樣說的：❷

【甲】Bhagavā etadavoca--

“Rūpaṁ, bhikkhave, anattā. Rūpañca hidaṁ, bhikkhave, attā abhavissa, ① nayidaṁ rūpaṁ ābādhāya saṁvatteyya, ② labbhetha ca rūpe--‘evaṁ me rūpaṁ hotu, evaṁ me rūpaṁ mā ahosī”ti. Yasmā ca kho, bhikkhave, rūpaṁ anattā, tasmā ①

---

❷ S.22.59, “Pañca”; III 66,26-67,21.

rūpaṁ ābādhāya saṁvattati, ② na ca labbhati rūpe-- 'evaṁ me rūpaṁ hotu, evaṁ me rūpaṁ mā ahosī'"ti.

"Vedanā anattā …pe… Saññā anattā …pe… Saṅkhārā anattā …pe… "Viññāṇaṁ anattā …pe…"

意思是：

世尊（對五比丘）這樣說：

「比丘們！色不是『我』（attā）。若色是『我』的話，那麼①色就不會產生病苦；②並且於色可以（遂行這樣的意願）：『讓我的（me）色這樣！讓我的色不要這樣！』

比丘們！因為色不是『我』（attā），所以①色會產生病苦；②並且於色不能（遂行這樣的意願）：『讓我的色這樣！讓我的色不要這樣！』受、想、行、識也是一樣。」

它的意思可以這樣理解：世尊對五比丘說，色不是「我」。為什麼呢？因為：如果色是「我」的話，那麼，第一，色不應該會有病苦產生（即具有「恆常性」、「不變性」）；其次，對於色，可以隨心所欲，想讓它這樣，或不讓它這樣（即具有「主宰力」）。可是實際上，色是沒有「我」的，因此，色才會有病苦產生（即沒有「不變性」）；並且對於色，不能隨心所欲，想讓它這樣，或不讓它這樣（即不具「主宰力」）。

可是，對應的《雜阿含 34 經》❸（即無我相經）卻這樣說：

❸ T2,7c14-18.《中》（金），冊 32，頁 625 下。《石》，冊 23，頁 10 下~頁 11 上。

【乙】爾時，世尊告餘五比丘：「色非有我。若色有我者，①於色不應病、苦生；②亦不得於色：『欲令如是！不令如是！』以色無我故，①於色有病、有苦生；②亦得於色：『欲令如是！不令如是！』受、想、行、識亦復如是。」（南朝宋·求那跋陀羅譯）

它的意思可以這樣理解：世尊告訴五比丘，色是沒有「我」的。為什麼呢？因為：如果色有「我」的話，那麼，第一，色不應該會有病苦產生；其次，對於色，無法做任何改變，想讓它這樣，不讓它這樣。（以上兩點隱含「我」有「恆常性」、「不變性」、「實體性」之義）可是實際上，色是沒有「我」的（也就是沒有「不變性」、「實體性」），因此，色才會有病苦產生；並且對於色，可以進行改變，讓它這樣，或不讓它這樣。

上面巴、漢二本的經文，對於「無我」的論述有異有同。相同的是標號①的部分：二本都說，因為色「無我」，所以色會有病苦產生。這一點沒有問題。問題出在標號②的部分：巴利本說，因為色「無我」（非我），所以對於色，無法遂行意願，讓它這樣，或讓它不這樣；《雜阿含》卻說，對於色，可以（進行改變）讓它這樣，或不讓它這樣。這是完全相反的論述模式，而這種相反的論述，更牽動著「我」的意義與「無我」的內涵如何理解的問題。

對於這個異文異說，該當如何去判定或解決？兩個傳本果有一是一非？那麼孰是孰非？造成錯誤的原因又為何？還是兩個版本同為世尊所說，只是不同部派依自身立場而各傳其一？或是當時受法的比丘記憶不同或理解有異，而造成了不同的傳持？以上種種問題看來頗為棘手，目前學界對此尚未得到確論。就筆者所知，日本學者水野弘元與平川彰曾先後提出看法。面對這個文本違異，兩人同樣採取教義詮釋的方法，對於不同經文，進行不同詮解。以下先談談兩人的意見。

二、教義學取向的解決方案：水野弘元與平川彰的看法

(一)水野弘元的看法

日本學者水野弘元曾先後在 1954 年的〈無我與空〉❹一文，以及 1986 年的《佛教的真髓》❺一書當中，對上述巴、漢二本差異的問題做過討論。

他檢閱過「無我相經」的許多傳本，同時也了解到幾乎所有傳本與巴利所傳都極為一致，而唯有《雜阿含 86,87,33,34 經》所傳有所不同。但他似乎對「文獻本身」是非對錯的問題較為保留，而傾向「接受」眼前所見不同傳本各自不同的「現狀」，並進行「教

❹ 〈無我と空〉原出於《宮本正尊教授還曆記念·印度学仏教学論集》，頁 109-20。後來又收在《水野弘元著作選集·第二卷：仏教教理研究》，頁 235-46。中譯為，釋惠敏譯，《佛教教理研究——水野弘元著作選集(二)》，頁 297-310。

❺ 參水野弘元著，《仏教の真髓》，第九章，第二節「原始仏教の無我說」，頁 176-80。中譯本為，香光編譯組譯，《佛教的真髓》，頁 277-82。

義層次」的詮釋與判攝。他的主要意見如下：

(A)在「無我相經」中，關於「我」與「無我」的意涵，由於不同部派的傳承，而有第一義諦與世俗諦的說法，其中哪個才是釋尊的真義，至今仍無法下定論。但第一義諦的「無我」與龍樹《中論》等大乘的「無我」（空）說法是一致的，而世俗諦則大概是順應當時民眾的通俗說法吧！❻

(B)只有漢譯《雜阿含》第 34 等經所傳為第一義諦「無我說」；其他現存阿含經（如巴利本）與佛傳中（如《律藏》、《大事》等）對五比丘說法之「無我相經」，多採世俗諦錯謬的無我說。

(C)但是，同在漢譯《雜阿含經》中，介紹眼等六根無我相的經典，卻述說世俗諦的無我說。應該如何去判斷、理解這些解說，是非常棘手的。現存各部派傳承下來的「無我相經」，大部分採用世俗的無我說，這或許是從最初就被誤解，或者是佛滅後到阿毘達磨研究時，轉變為通俗化的說明。

---

❻ 對於所謂第一義諦與世俗諦的無我說，水野弘元的解釋是：「第一義諦的『無我』意謂：正因『色』是無我，無固定性，所以『色』會產生病、苦，也可以加入各種因緣，將『色』變成這樣，或使不變成這樣，而能夠隨意志自由地予以變動。世俗諦的『無我』，則將『我』當作世俗上的最高神祇，亦即取其萬能自在者之意，若『色』是自在者，則『色』不會產生病、苦，且能隨心所欲地運用。」

歸納以上意見，首先，對於「哪個版本才是佛陀原說」的問題，他認為目前不易論斷，因此並陳異文異說。其次，對於「無我二說的義理內涵」，他認為有高有低，並判釋《雜阿含》陰相應諸經的無我說為「第一義諦」，而其他傳本則為「世俗諦的錯謬說法」。第三，對於「造成異文異說的原因」，他傾向認為原初版本應如《雜阿含》陰相應的「第一義說」，而那些巴利等其他傳本的「世俗的無我說」，很可能最初（佛世時）就被弟子「誤解」，或是在佛滅之後，到部派佛教時代被改變了文義。❼

顯然，這是更注重教義的抉擇與判攝，再回頭解釋「文獻差異」的一種做法。也就是，把所認為的「教義高的」判為原說，「教義低的」判為「誤解」或「改變」。接著，我們再看看另一個同樣從教義詮釋下手的處理方式。

㈡平川彰的看法

繼水野弘元之後，日本學者平川彰在 1963 年的〈無我與主體〉一文中，❽也談到「無我相經」中，巴、漢二本文意相反的問

---

❼ 在 1954 年的〈無我と空〉一文中，水野弘元也曾懷疑過：「或許此『無我相經』（指《雜阿含》陰相應諸經）本來也是世俗說，但在翻譯或筆寫傳承時，有所修改或誤寫所致。或者可能作為原始佛教佛說的本意，與第一義的無我說並沒有什麼不同吧！」可見其最初的意見或立場是有所猶疑的，但後來（1986 年）卻又傾向認為「第一義說」才是佛的原說（但仍未做定論）。

❽ 平川彰，〈無我と主体——自我の縁起的理解、原始仏教を中心として〉，收在中村元編，《自我と無我——インド思想と仏教の根本問題》，頁 383-421。

題。他和水野弘元一樣，傾向「接受」目前不同傳本的「現狀」，而進行教義層面的詮釋。但是，他並不做教義淺深高下（世俗、勝義）的判攝，而是以「我」的「多義性」來進行詮解。他的主要意見如下：❾

(A)在阿含經典中，ātman（我）含有「不變的實體」以及「（自在的）主體」二個意義，此點在「無我相經」中，尤為明顯。

(B)由於巴利與漢譯二本（無我相經）文意不同，因此為了讓二本都能獲得合理的解釋，就必須改變「我」的（內含）意義。在巴利本中，「我」的意義是：作為「人格主體」的「自在之我」。在漢譯本，「我」指的則是「常住不變的實體」。

(C)水野弘元認為，如巴利本那樣將「我」作為「人格主體」的「自在之我」並不合適；只有像漢譯本「常住實體」意義的「我」，才是最恰當的。可是，（反過來說，）若「我」只是「常住」之意，那麼就不能充分顯示「我」的「活動性」，如此，在文意上並不恰當，所以（有些傳承）認為巴利之說是可行的。因此，在大眾部的Mahāvastu（大事）、法藏部的《四分律》，或者是《佛本行集經》、《根本有部毘奈耶》的相當教說，其文意都同於巴利所說。

❾ 見該文頁408-10。

(D)對於漢、巴教說的不同，尚無法驟然決定哪個才是（世尊的）原意。可是，之所以造成此種（文本的）混亂，恐怕是因為「我」包含有「（不變）實體」與「人格主體」的二個意義吧！

歸納以上意見，首先，對於「哪個版本才是佛陀原說」的問題，他也認為無法驟然判斷，而並陳二說。其次，對於二說的義理內涵，他認為「我」含有多個意義，因此二說都可以在「我」的不同意義之下，得到合理的理解。第三，對於「文本混亂的成因」，他認為這是肇因於「我」的「多義性」。

這裡，可以清楚看到，對於「抉擇佛陀原說」的問題，二位日本學者都同樣採取比較保留（保守）的態度，認為「無法驟然判斷」。於是擱置文獻的問題，而跳到教義層面進行抉擇詮釋。

但是這個看來頗為棘手的問題，果真那樣難於處理，而無法究明判斷嗎？以下我們將從文獻學角度，重新審視「無我相經」的相關文本，並進行比較細部的推敲與檢證，期能還原經典的原貌，與佛陀的原說。

三、文獻學取向的解決方案：多語言多版本的考校與勘正

語言文獻學的基本手法，是藉由現存多種版本或傳本的文獻資料，通過詳密的比對、考察與論證，試圖重建或釐清文獻可能的本貌及本意。當然，重建或釐清的工作能否成功，其關鍵主要取決於

現存資料是否足夠充分，以及吾人是否能在紛雜的資料中，簡擇洞悉不同資料的不同作用與價值，並善巧運用，從而得出關鍵而有力的證據，以支持整個重建或釐清之工作的完成。它的過程就像現代警方辦案所最倚重的「鑑識科學」，通過盡可能周全的「證據採集」，運用科學方法，鑑別並解讀證據的客觀意義，進而推尋種種證據之間的關聯，從而試圖還原事件的真相或重建事件的現場。

以下我們就嘗試運用這樣的「鑑識」方法，從「無我相經」諸多傳本的「證據」中，釐清「哪個才是佛陀原說」的「疑案」，進而重建及澄清該經「無我說」的本貌及本意。在鑑別及重建的過程中，最重要的一個原則是「讓證據說話」，因此，以下就臚列各種相關的經證文據，然後再進行分析。

㈠第一層證據：「無我相經」諸傳本

除了第一節所舉示的巴、漢（甲、乙）二本之外，「無我相經」的教說還保留在各種語言的佛教文獻中。這些文獻，第一類是，《律藏》中對佛覺悟、初轉法輪、度五比丘等事緣的記載；第二類是，《經藏》中所集錄的有關「無我」的教說；第三類是，「佛傳文學」中對佛成道、度五比丘等事蹟的記述。以下先分別舉列文證，再進行檢討。

1. 律藏中的資料

【1】《根本說一切有部毘奈耶破僧事》：[10]爾時，世尊復告四

---

[10] T24, 128 b16-20.

人曰：「汝等當知！色無我。若色有我，不應生諸疾苦；能於色中：『作如是色！不作如是色！』是故汝等，知色無我故，生諸疾苦；不能：『作如是色！不作如是色！』受、想、行、識亦復如是應知。」（唐・義淨譯）

【2】*《根本說一切有部毘奈耶雜事》：⓫如是我聞。一時薄伽梵在婆羅痆斯仙人墮處施鹿林中。爾時，世尊告五苾芻曰：「汝等當知！色不是我。若是我者，色不應病及受苦惱；『我欲如是色！我不欲如是色！』既不如是隨情所欲，是故當知，色不是我。受、想、行、識亦復如是。」（唐・義淨譯）

【3】《四分律》：⓬時，世尊食後告五比丘：「比丘！色無我。若色是我者，色不增益，而我受苦；若色是我者，應得自在：『欲得如是色！不用如是色！』以色無我故，而色增長，故受諸苦；亦復不能得隨意，『欲得如是色，便得；不用如是色，便不得。』受、想、行、識亦復如是。」（姚秦・佛陀耶舍共竺佛念譯）

【4】巴利《律藏・大品》，內容同第一節【甲】。⓭

2. 經藏中的資料

【5】*《佛說五蘊皆空經》：⓮內容同【2】（唐・義淨譯）

⓫ T24, 407a26-b1. 編號【2】*當中的"*"，表示此項資料是筆者補充的新證據，在上述水野弘元與平川彰的論文中尚未提過。下例。

⓬ T22, 789a12-b4.

⓭ Vin I 13ff.

【6】《雜阿含·入處相應·316-318經》⓯

(316) 一時，佛住舍衛國祇樹給孤獨園。爾時，世尊告諸比丘：「眼無常。若眼是常者，則不應受逼迫苦；亦應說⓰於眼：『欲令如是！不令如是！』以眼無常故，是故眼受逼迫苦生；是故不得於眼：『欲令如是！不令如是！』耳、鼻、舌、身、意，亦如是說。」

(317) 爾時，世尊告諸比丘：「眼苦。若眼是樂者，不應受逼迫苦；應得於眼：『欲令如是！不令如是！』以眼是苦故，受逼迫苦；不得於眼：『欲令如是！不令如是！』耳、鼻、舌、身、意，亦如是說。」

(318) 爾時，世尊告諸比丘：「眼非我。若眼是我者，不應受逼迫苦；應得於眼：『欲令如是！不令如是！』以眼非我故，受逼迫苦；不得於眼：『欲令如是！不令如是！』耳、鼻、舌、身、意，亦如是說。」（劉宋·求那跋陀羅譯）

【7】*Catuṣpariṣatsūtra（「四部眾經」梵本）⓱

⓮ T2, 499c8-13.

⓯ T2, 91a2-7; a10-14; a17-21.

⓰ 「應說」應為「應得」之抄誤，參下二經（317、318經）。《石》，冊23，頁134上，誤植同。

⓱ E. Waldschmidt, *Das Catuṣpariṣatsūtra*, Eine kanonische Lehrschrift über die

"Rūpaṁ bhikṣavo 'nātmā. Rūpañ ced ātmā syān, na va rūpaṁ ābādhāya duḥkhāya saṁvart(t)eta ⓲, labhyeta ca rūpasyai : ''vaṁ me rūpaṁ bhavatv ! Evaṁ mā bhūd !'iti.

Yasmāt tarhi bhikṣavo rūpaṁ anātmā, tasmād rūpaṁ ābādhāya duḥkhāya saṁvartate, na ca labhyate rūpasyai : ''vaṁ me rūpaṁ bhavatv ! Evaṁ mā bhūd !'iti."

意思是：

「比丘們！色不是我。若色是我的話，則色不會產生病、苦；並且於色可以（作這樣的願求）：『讓我的色這樣！讓我的色不要這樣！』

比丘們！因為色不是我，所以色會產生病、苦；並且於色不能（作這樣的願求）：『讓我的色這樣！讓我的色不要這樣！』」

3. 佛傳文學的資料

【8】《佛本行集經》：⓳爾時，世尊復更重告五比丘言：「汝等比丘！若知諸色是無我者，⓴是色則不作惱壞相，當

Begründung der buddhistishen Gemeinde, Teil III, Berlin 1960, S. 448. 此書筆者手邊並沒有，這段梵文是轉引自日本學者今西順吉的〈無我説における我の概念(一)〉（頁 44-45），收在《印度哲学仏教学》，第 5 号，頁 39-66。

⓲ saṁvart(t)eta 表示，原讀作 saṁvartteta，疑為 saṁvarteta 之誤。

⓳ T3, 813a29-b6.

⓴ 依前後文義，「若知諸色是無我者」一句，應為「若知諸色是我者」之抄誤。《中》（金），冊 35，頁 871 中，抄誤同。

不受苦；『應如是見！應如是知！』㉑如是有色。以色無我，是故一切色能生惱，色能生苦。雖生苦惱，亦不可得色之定性。色既不定，亦不可願色：『如是有！』，亦不可道願：『如是無！』其色既然，受、想、行、識亦復如是。」（隋·闍那崛多譯）

【9】 Mahāvastu（《大事》梵本）：㉒

Tatra khalu Bhagavāṁ āyuṣmantān paṁcakāṁ bhadravargīyān- āmantrayasi :

“Rūpaṁ bhikṣavo anātmā, vedanā anātmā, saṁjñā anātmā, saṁskarā anātmā, vijñānaṁ anātmā. Idaṁ rūpaṁ ce bhikṣavaḥ ātmā abhaviṣyat, na va rūpaṁ ābādhāya duḥkhāya saṁvarteta, ṛdhyācca rūpe kāmakārikatā : ‘Evaṁ me rūpaṁ bhavatu ! Evaṁ mā bhavatu !’

Yasmācca bhikṣavo rūpaṁ anātmā, tasmādrūpaṁ [ā]bādhāya ㉓ duḥkhāya saṁvartati, na cātra ṛdhyati kāmakārikatā : ‘Evaṁ me rūpaṁ bhavatu ! Evaṁ mā

㉑ 『應如是見！應如是知！』一句，應為『應如是有！應如是無！』之抄誤。參此經後文「……『如是有！』……『如是無！』」之句。《中》(金)，冊 35，頁 871 中，抄誤同。

㉒ Émile Senart, *Mahāvastu-Avadāna*, Vol. III, Paris 1897, p.335. 筆者此處是根據另一部印度天城體版：Radhagovind Basak, *Mahāvastu-Avadāna*, Vol. III, Calcutta 1968, p.445. 加以轉寫。

㉓ [ā]bādhāya 表示，原拼作 bādhāya，應是 ābādhāya 之誤。

bhavatu !' "

意思是：

在那裡（鹿野苑），世尊告訴五人一群的賢善尊者：

「比丘們！色不是我，受、想、行、識不是我。比丘們！若此色是我的話，則色不會產生病、苦；並且於色可以作（這樣的）願求：『讓我的色這樣！讓我的色不要這樣！』

比丘們！因為色不是我，所以色會產生病、苦；並且於彼不能作（這樣的）願求：『讓我的色這樣！讓我的色不要這樣！』」

4. 第一層證據的檢討

上列 9 項資料對於「無我說」的論述，都同於巴利本所說（即甲說）。因此，從證據的「量」的角度，甲說：乙說＝10：1，我們似乎可以推斷，「甲說」極可能就是佛的原說。但是，單單著眼於證據表面「量」的多寡，並不是最為保險可靠的。證據力的強弱，更重要的決定因素，在於「質」的高低。以下略作分析。

上述 9 項資料，有幾項重要性質。首先是，資料「分布的跨度」極廣，從而「代表性」也就增加。這種分布跨度可從幾方面來看：一、就「文獻性質」而言，有律藏、經藏、佛傳文學；二、就「記載語言」而言，有漢語（譯）本、巴利語本、梵語本；三、就「所屬部派」而言，有說一切有部（如第 1,2,5,6,7 項）、[24]上座部

[24] 漢譯《雜阿含經》為說一切有系誦本。參印順，《雜阿含經論會編》（上），「雜阿含經部類之整編」，頁 3。Catuṣpariṣatsūtra（四部眾經）為

（第 4 項）、法藏部（第 3 項）、㉕大眾–說出世部（第 9 項）等，㉖這些資料跨越了上座部系與與大眾部系兩大傳統，可說極具代表性。這樣，由於不同性質、不同語言、不同部派所傳的文獻，都不約而同地支持甲說，因此甲說的證據力就大大的提高。

其次，9 項資料中，有 5 項（第 1,2,5,6,7 項）與乙說（雜阿含）同屬說一切有部的系統（並且橫跨經、律、佛傳，及漢、梵資料），這表示甲、乙二說並非不同部派所傳的不同說法。㉗相反的，即使在一切有部的傳承中，也是甲說居於絕對的優勢。此點更不利於乙說。

第三，更重要的是第【6】項資料，《雜阿含·入處相應·316-318 經》，這幾經不只是與乙說同一部派（說一切有部），更是同一部經（雜阿含經），同一譯者（求那跋陀羅）所傳。這一點讓乙說顯得更加可疑，因為連同一部經、同一譯者筆下都出現甲說了。

至此，不管從證據的「量」或「質」而言，我們幾乎可以推斷，甲說應是最初所傳的佛說。但是為了更加保險起見，我們再看看下面的資料。

說一切有部所傳之《長阿含經》（Dīrghāgama）當中一經。參 K.R. Norman, *Pāli Literature*, p.44.

㉕ 《四分律》為曇無德部（Dharmaguptaka，即法藏部）的廣律。參印順，《原始佛教聖典之集成》，頁 69。

㉖ Mahāvastu（大事）是根據大眾–說出世部（Mahāsaṅghika-Lokottaravādin）所傳廣律（Vinaya）修訂本所編成。參 K.R. Norman, *Pāli Literature*, p.24.

㉗ 因此，前述水野弘元看法(A)的推測是不能成立的。

㈡第二層證據：《瑜伽師地論》解釋「無我相經」的論文

《瑜伽師地論》「攝事分」的「行擇攝」（「行」就是「五陰」或「五蘊」的另稱），是抉擇《雜阿含》「五陰誦」的經義的。其中，解釋《雜阿含 86,87,33,34 經》（無我相經）的論文如下：

【10】*「樂等行轉變」：㉘復次、①隨順樂受諸行（按，即五蘊），與無常相共相應故，若至苦位，爾時說名損惱迫迮；若至不苦不樂位，爾時方於行苦名苦迫迮；若不至彼位，便應畢竟唯順樂受，勿至餘位。又生、老等法所隨諸行，皆悉是苦，彼若至疾病位，說名損惱迫迮；若至生等苦位，名苦迫迮；若不至彼位，於諸行中生等苦因之所隨逐，勿至果位。

②又本性諸行（按，即五蘊），眾緣生故，不得自在，亦無宰主。若有宰主，彼一切行雖性無常，應隨所樂流轉不絕，或不令生，廣說乃至於死。（唐·玄奘譯）

我們將它與《雜阿含 34 經》（乙說）作對照：

【乙】爾時，世尊告餘五比丘：「色非有我。若色有我者，①於色不應病、苦生；②亦不得於色：『欲令如是！不令如是！』以色無我故，①於色有病、有苦生；②亦得於色：『欲令如是！不令如是！』受、想、行、識亦復如是。」

㉘ T30, 793a21-b2. 另參，印順，《雜阿含經論會編》(上)，頁 140。

（南朝宋·求那跋陀羅譯）

從經、論對照可知，論文的第①段，主要是解釋經文後半第①段，也就是「無常故苦」的道理。㉙這裡沒有問題。但是仔細比對第②段，就會發覺，此段論文對「無我」內涵意義的解釋，與經文恰恰「相反」。論文的意思非常清楚：五蘊諸行由於眾緣和合所生（因此就會隨著因緣的改變而改變），於中「無法」強作「主宰」（非我）；倘若「真能主宰」（是我）的話，那麼諸行儘管無常，吾人應可「隨心所欲」，任令諸行「依著自己的好樂而轉」（就不會有病、有苦生），或者也可以不讓生、老、病、死出現，可是事實卻又不然。

顯然，論文第②段解釋「無我」的內涵意義是「不能主宰」，不能任令諸行這樣、任令諸行那樣。這樣，我們可以說，《瑜伽師地論》所依的《雜阿含經》經本，這一段文句應該是：不得於色：『欲令如是！不令如是！』的。這跟眼前《雜阿含經》：得於色：『欲令如是！不令如是！』恰恰相反！

這段文證是重要的，因為一般認為《瑜伽師地論》所依的《雜阿含經》經本，與求那跋陀羅所傳的《雜阿含經》經本是極其一致的。㉚因此可以說，求那跋陀羅所依（或所傳）的經文原來應該

㉙ 在「無我相經」①②兩段論述之後，還有另外一段關於「無常故苦」的經文論述。

㉚ 印順法師曾對《雜阿含經》與《瑜伽師地論》「攝事分」進行地毯式的全面比對，確認：「依論文去對讀經文，可以確信（瑜伽師地論）『攝事分』所依的經本，與漢譯『雜阿含經』是一致的。」見《雜阿含經論會編》(上)，「雜阿含經部類之整編」，頁12。

是：不得於色：『欲令如是！不令如是！』的。這樣，乙說就更沒有立足之地了。

到此可以說，就「無我相經」本身的文獻而言，「甲說」才是諸傳承中佛陀的原說。接下來，我們還要擴大到「無我相經」之外的文獻，去觀察甲說對「無我」的論述方式，是否只是「無我相經」個別的特色？還是在「早期佛教」中，佛陀所慣用的論述方式？如果是後者，那麼顯然就更能支持甲說作為這個論述結構的「原說」或「本貌」的地位了。

㈢第三層證據：與「無我相經」論述結構類同的經文

關於「無我」的論述，在阿含經典中，有一部經特別值得注意，就是「薩遮尼犍子經」。這部經記載執持「我見」的尼犍派之徒薩遮（Saccaka），聽說佛以「無我」之教教導弟子，於是率眾前往論難。雙方對於「我」與「無我」之論，展開了一場極其精采的攻防論辯。其中佛陀除了運用如前述「無我相經」的「論理結構」之外，更運用「譬喻」方式，解說無我之義，這樣就讓這個論述結構的意義，更加地形象、清晰而明確。以下先看看此經的各個傳本，再進行分析檢討。

1. 「薩遮尼犍子經」諸傳本

「薩遮尼犍子經」目前有幾個傳本：一個是巴利《中部》第35經 Cūḷasaccaka-suttaṁ，一個是《雜阿含 110 經》，另一個則是《增壹阿含》37 品第 10 經。以下分別舉出其中論述「無我」的段落。

【11】*巴利《中部・35 經・Cūḷasaccakasuttaṁ》[31]

"Nanu tvaṁ, Aggivessana, evaṁ vadesi– 'rūpaṁ me attā, vedanā me attā, saññā me attā, saṅkhārā me attā, viññāṇaṁ me attā'"ti?

"Ahañhi, bho Gotama evaṁ vadāmi– 'rūpaṁ me attā, vedanā me attā, saññā me attā, saṅkhārā me attā, viññāṇaṁ me attā'ti,…"ti. …

"Tena hi, Aggivessana, taññevettha paṭipucchissāmi, yathā te khameyya tathā naṁ byākareyyāsi. Taṁ kiṁ maññasi, Aggivessana, vatteyya rañño khattiyassa muddhāvasittassa sakasmiṁ vijite vaso– ghātetāyaṁ vā ghātetuṁ, jāpetāyaṁ vā jāpetuṁ, pabbājetāyaṁ vā pabbājetuṁ, seyyathāpi rañño Pasenadissa Kosalassa, seyyathāpi vā pana rañño Māgadhassa Ajātasattussa Vedehiputtassā"ti?

"… Vatteyya, bho Gotama, vattituñca-m-arahatī"ti. …

"Taṁ kiṁ maññasi, aggivessana, yaṁ tvaṁ evaṁ vadesi– 'rūpaṁ me attā'ti, vattati te tasmiṁ rūpe vaso– evaṁ me rūpaṁ hotu, evaṁ me rūpaṁ mā ahosī"ti?

"No hidaṁ, bho Gotama".

意思是：

（世尊問道：）「阿耆吠舍！你確實這樣說：『色是我的

---

[31] M I 230,26-232,7.

（me）自我（attā），受、想、行、識是我的自我』？」

「尊敬的喬答摩！我的確這樣說：『色是我的自我，受、想、行、識是我的自我。』……」……

「那麼，阿耆吠舍！就這一點，我倒要問問你，你就照著自己的意思回答吧！阿耆吠舍！你認為如何？一個經過灌頂的剎帝利王，在自己的領土上，是否能行使這樣的權力（主宰力）：『對該殺的殺，該沒收的沒收，該驅逐的驅逐』，就像拘薩羅國的波斯匿王，或摩揭陀國的韋提希子阿闍世王那樣？」

「……尊敬的喬答摩！可以行使！他可以行使（這樣的權力）！」

「阿耆吠舍！既然你說：『色是我的自我』，那麼，你認為如何？於色上面，你能夠行使這樣的權力（主宰力）：『讓我的色這樣！讓我的色不要這樣！』嗎？」

「不能的！尊敬的喬答摩！」

【12】*《雜阿含·110經·薩遮尼犍子經》[32]

佛告火種居士：「汝言色是我人，受、想、行、識是我人耶？」

答言：「如是，瞿曇！色是我人，受、想、行、識是我人。……」

……

---

[32] T2, 35c29-36a23.

佛告火種居士：「我今問汝，隨意答我。譬如國王，於自國土有罪過者，若殺、若縛、若擯、若鞭、斷絕手足。若有功者，賜其象、馬、車乘、城邑、財寶。悉能爾不？」

答言：「能爾，瞿曇！」

佛告火種居士：「凡是主者，悉得自在不？」

答言：「如是，瞿曇！」

佛告火種居士：「汝言色是我，受、想、行、識即是我，得隨意自在：『令彼如是！不令如是！』耶？」

時，薩遮尼犍子默然而住。

佛告火種居士：「速說！速說！何故默然？」如是再三……

薩遮尼犍子……白佛言：「不爾，瞿曇！」（劉宋·求那跋陀羅譯）

【13】*《增壹阿含·37.10·薩遮尼健子經》[33]

世尊告曰：「我今說色者無常，亦復無我。……汝今方說色者是常。我還問汝，隨意報我。云何，尼健子！轉輪聖王還於己國得自在不乎？又彼大王不應脫者而脫之，不應繫者而繫之，可得爾乎？」

尼健子報曰：「此聖王有此自在之力，……」

世尊告曰：「云何，尼健子！轉輪聖王當復老乎？——頭白、面皺、衣裳垢坋？」

---

[33] T2, 715c24-716a24.

是時，尼健子默然不報。世尊再三問之……

尼健子報曰：「轉輪聖王許使老！」

世尊告曰：「轉輪聖王常能於己國得自由，何以故不能却老、却病、却死？我不用老、病、死，我是常之，應欲使然者，其義可乎？」

是時，尼健子默然不對，愁憂不樂，寂然不語。（苻秦·曇摩難提譯）

2. 「薩遮尼犍子經」文證分析

從上面的經文可以看出，「薩遮尼犍子經」對於甲、乙二說說法相反的難題，有著關鍵而重要的澄清作用。三個經本中，前二本是完全一致的，第三本則稍有不同。以下先以前二本為主，作一分析。

在巴利與《雜阿含》二本的經文中，包含兩段重要內容：前段是有關「我」的「國王喻」，後段則是有關「無我」的論述。在「無我」的論述中，二本都說：對於色，無法隨意自在，令它如是，或不令如是。這個說法與甲說完全一致，因此甲說又得到了兩個力證的支持。並且其中有一個與乙說還是同一部派（說一切有部）、同一部經（雜阿含經）、同一譯者（求那跋陀羅）所傳，這又更增添乙說的可疑了。

但「薩遮尼犍子經」真正的重要性不在於此，因為如果只是後段與甲說相合，那麼這不過就是多了一個甲說版本的「無我相經」的證據罷了。它真正的價值在於前段的「國王喻」。因為甲、乙二說對於「無我」的異論，關鍵點在於：在該脈絡中（即第②段）

「我」的意義究竟為何？如果「我」是「實體」義，則「無我」（無實體）就可以令色如是，或不令如是（如乙說）。如果「我」是「主宰」義，則「無我」（不能主宰）就不能令色如是，或不令如是（如甲說）。這個關鍵問題，在「國王喻」中，解說得非常地形象而清楚，那就是：「我」（attā）在於五蘊中的角色，就如同「國王」在自己的領土上一樣，擁有「主宰力」，可以遂行意志，讓某甲這樣、讓某甲那樣。這個譬喻所呈顯的意涵與甲說第②段完全相合。㉞

㈣「無我相經」諸文證結說

1. 關於「何者才是佛陀原說」的問題

上來我們總共舉出了分屬三個層次的 13 項文獻證據。這些文證的意義，如前所說，有屬於「量」的一面，有屬於「質」的一面。從「量」而言，很顯然的，13 項資料全數支持甲說。從「質」來說，這些文證橫跨不同性質、不同語言、不同部派所傳的資料，因此具有明確的代表性。並且與乙說同屬一個部派，甚至同一部經、同一譯者所傳的所有資料，都一致支持甲說。

三層證據就是「三道保險」，層層把關。從「無我相經」本身的資料（第一層），到直接解釋這個經本的釋論（第二層），再到其

㉞ 《增一阿含》版「薩遮尼犍子經」對「國王喻」的運用，與巴利及《雜阿含》略有不同，但內涵並無二致。此經以「轉輪聖王」儘管對於自己廣大領土中的事事物物，擁有「自在之力」（主宰力），但是對於自己身體上的老、病、死等生命現象，卻無力主宰。這是通過文學的對比手法，更深刻彰顯「無我」之「不能主宰」的義涵。

他經典對這個論述結構（指第②段）關鍵詞義的形象說明（第三層），都一致支持甲說。到此，「無我相經」甲、乙二說，「何者才是佛陀原說」的問題，算是真相大白了！

我們斷定，現行《雜阿含 86,87,33,34 經》（乙說）是個「誤傳」，而巴利等其他諸本（甲說）才是佛的原說。

2. 誤傳產生的原因和年代

接下來的問題是：到底這個「誤傳」是發生在哪個環節？哪個年代？是傳譯者（求那跋陀羅）所據的梵本之誤？或是傳譯者本身的翻譯之誤？或是翻譯之後輾轉傳抄之間造成的錯誤？亦或是後代大藏經刊刻時造成的錯誤？

筆者認為第三項「傳抄之誤」可能性最高。原因是，第一，從上面羅列的資料可知，「無我相經」流通頗廣，在各種文獻中廣被引用，那個有關「無我」的論述結構（經第②段）在早期應是大家所熟知的；而現存的其他梵本以及說一切有部的其他傳本（譯本）也都無誤；更重要的，《瑜伽師地論》「攝事分」的論主所目睹的《雜阿含經》原文（梵文）也沒有錯誤，因此梵文底本錯誤的機會極小。第二，既然《雜阿含》「入處相應」保留了甲說的經文，並且「薩遮尼犍子經」更是甲說的具體說明，那麼求那跋陀羅本人對於這個論述結構應該不會有所猶疑，甚或誤譯的情形；當然，依著個人的教義理解，強行改動原文的可能性就更低了。第三，經比對現存刊印（或刻造）本大藏經，包括較早的《金藏》、《房山石經》，[35]這段文句都是一致的，顯見這個錯誤在刊刻之前就已經形

[35] 漢文大藏經的刊刻，始於宋太祖開寶年間起刻的《開寶藏》（A.D. 971-

成。這樣，剩下最可能出錯的環節和原因，就是譯出之後到刊刻之前的「傳抄錯誤」了。㊱

如果上面的推斷沒有錯，那麼，接下來的問題是：這個「傳抄錯誤」又是發生在什麼時代？我們可以就《雜阿含 86,87,33,34經》（乙說）四經的「內容」和「卷次分布」來做個觀察。這四經的內容完全一致（錯得一樣），但正好又分屬兩卷，86、87 經在卷三之末，33、34 經則在卷二之首，但這兩卷順序是顛倒的，㊲也就是原來順序應是：【卷二（今卷三）：……86、87】緊接著【卷三（今卷二）：33、34……】。這表示在「抄誤」發生時四經應該還是連貫的（才會正好錯得一模一樣）。所以，這個傳抄錯誤產生的時間，應該是在譯出之後，而卷次倒亂之前。㊳年代應該很早，可能就在南朝的宋代與梁代之間，也就是紀元 5 世紀中，到 6 世紀

983）。現存較早的刊印本大藏經，如 12 世紀金世宗時（A.D. 1161-1189）的《金藏》，13 世紀的《高麗國新雕大藏經》（高麗藏）。《房山石經》當中，「阿含經」刻造的年代，大約在金·皇統 9 年（A.D. 1149）之後的 50 年間，也就是 12 世紀中後期。

㊱ 由於四經錯得一樣，並且意義脈絡也可以貫通，因此「傳抄錯誤」的背後原因，很可能如同平川彰所說，是由於「我」的「多義性」，而造成了抄寫者的猶疑和混淆。

㊲ 《雜阿含經》從南北朝時譯出之後（435-445 年），到宋代刻版（971-983 年）之間，歷經長達 500 多年的輾轉傳寫。在此之間，造成了非常嚴重的「卷次倒亂」的情形。印順法師根據《瑜伽師地論·攝事分》、《別譯雜阿含經》、以及《雜阿含經》本身的攝頌，將倒亂的次第重新復原。參《雜阿含經論會編》(上)，「雜阿含經部類之整編」，頁 1-5。

㊳ 印順法師曾推估，《雜阿含經》大抵在梁代（僧祐）以前，次第已經倒亂。見《雜阿含經論會編》(上)，「雜阿含經部類之整編」，頁 1。

初。

㈤《雜阿含》「無我相經」勘正

既然乙說的經文是個「誤傳」，那麼我們需要做的，不是依著錯誤的經文，去大加詮釋發揮，而是將它改正過來，回復原貌，再依著原貌的文句去解讀，把握其原意。以下我們就根據甲說，將《雜阿含 86,87,33,34 經》「誤傳」的文句改正過來。

1. 雜阿含 86 經[39]

> 爾時，世尊告諸比丘：「若無常色有常者，彼色不應有病、有苦；亦應（原作「不應」）於色有所求：『欲令如是！不令如是！』以色無常故，於色有病，有苦生，亦不得（原作「得不」）：『欲令如是！不令如是！』受、想、行、識，亦復如是。

2. 雜阿含 87 經[40]

> 爾時，世尊告諸比丘：「色是苦。若色非是苦者，不應於色有病、有苦生；亦得（原作「不」）：『欲令如是！不令（原作：亦不令不）如是！』以色是苦，以色是苦故，於色病生；亦不得（原作「得」）於色：『欲令如是！不令如是！』受、想、行、識，亦復如是。

---

[39] T2,22a7-11.《中》（金），冊 32，頁 648 下。《石》，冊 23，頁 31 下。

[40] T2,22a26-b1.《中》（金），冊 32，頁 649 上。《石》，冊 23，頁 32 上。

3. 雜阿含 33 經[41]

爾時，世尊告諸比丘：「色非是我。若色是我者，不應於色病、苦生；亦應（原作「不應」）於色：『欲令如是！不令如是！』以色無我故，於色有病、有苦生；亦不得（原作「得」）於色：『欲令如是！不令如是！』受、想、行、識，亦復如是。

4. 雜阿含 34 經[42]

爾時，世尊告餘五比丘：「色非有我。若色有我者，於色不應病、苦生；亦得（原作「不得」）於色：『欲令如是！不令如是！』以色無我故，於色有病、有苦生；亦不得（原作「得」）於色：『欲令如是！不令如是！』受、想、行、識，亦復如是。

而這四經當中，這段文句的意思，就如同第一節甲說的說明那樣。

---

[41] T2,7b23-27.《中》(金)，冊 32，頁 625 中。《石》，冊 23，頁 10 下。

[42] T2,7c14-18.《中》(金)，冊 32，頁 62 下。《石》，冊 23，頁 10 下~頁 11 上。

四、結語：「文獻學」與「教義學」之間的拉扯與平衡

本文顯示了對於「無我相經」文本問題的兩種取向的解決方案——文獻學的和教義學的。就研究方法而言，一般上，「語言文獻」的處理應是先期工作，在此基礎上才進行後續的「教義」等諸方面的研究和詮釋。然而「文」與「義」乃一體的兩面，如何善巧地交叉運用，相互為證——「依文證義」並「依義證文」，是一門須加琢磨的功夫。若操作不熟或拿捏不當，很可能反倒「因文害義」甚或「執義害文」。

上述水野弘元與平川彰的解決方案中，前者稍有「執義害文」的傾向。水野弘元或許先抱持本身所理解的「第一義諦」說，再反過來解釋文獻，將與該說不符的其他傳本，判為「世俗諦」「錯謬的通俗說法」，這使得縱使眾多文證歷歷在前，也不能得到比較合理、確當的理解，反倒疑障叢生。平川彰儘管也擱置文獻孰是孰非的問題，但他對於甲、乙二說內涵意義的解讀，基本上是正確的。並且也能巧妙地洞察造成文本混亂背後的可能原因（「我」的「多義性」）。

「佛法」傳持至今，已經超過 2500 年了。其間歷經口說、憶持、結集、傳誦、轉譯、筆錄、翻譯、傳抄、刊刻等諸多過程，由於所經的時空極為廣遠，在「輾轉傳持」的過程中，難免發生訛誤。今日吾人正可利用現代資料流通、取用快速便捷的殊勝因緣，將古來散布諸方而不易合勘對校的各部派、各語言的不同傳本、譯

本，通過「語言」、「文獻」、「教義」等諸多層面的種種方法，進行比對研究，如此將可大量減少經中的訛誤，盡可能地復原或趨近「佛法」的本貌，讓佛法能夠更「正確」地傳持與傳播。

【拾】、
「六群比丘」、「六眾苾芻」
與「十二眾青衣小道童兒」
——論佛典中「數·(群/眾)·名」
仿譯式及其對漢語的影響*

一、引　言

* 原載《佛學研究中心學報》第9期，台北：國立台灣大學文學院佛學研究中心，2004年7月，頁37-72。本文初稿曾於2002年11月2日，在國立中正大學中文系主辦、佛光山文教基金會及中華佛學研究所協辦的「漢文佛典語言學國際學術研討會」口頭發表，題為〈「六群比丘」與「六眾苾芻」——兼談佛典仿譯及其對漢語的影響〉。今稿對內容作了訂正、補充，其中多個章節做了相當幅度的改寫，另外又添寫了一個小節（即第三之㈣之3.節），章節名目也作了一些調整。

漢譯佛典是一種翻譯文學，因此譯經的語言難免就要受到原典語言的影響。這種影響從詞彙、語法、到文體，層面相當廣泛。有學者將佛典的這種特殊語言稱做「佛教混合漢語」，❶我們也不妨稱之「佛教漢語」或「佛典漢語」。在佛典漢語中存在著許多「源頭語」（source language）的語言成分，這些與漢語有著本質差異的語言現象，經常造成佛典閱讀上的干擾與困難，「仿譯」（calque, syntactic loan）現象便是其中重要的一種。❷仿譯是把外語的一個語詞或詞組，甚至句子，照它原來的結構方式搬到自己的語言裡來。它最多情況存在於「詞」的層面。佛典中就有大量的仿譯詞，例如，「非-人」（a-manussa，指天神、夜叉等非屬人類的眾生）❸、「非-時」（a-kāla, a-samaya，不恰當的時候、不恰當的時機；不合時令、不合時節；帶詞尾的 a-kāl-ika 則還有「不待時、立即」之義）、「見-法/

---

❶ 參見朱慶之，《佛典與中古漢語詞匯研究》，頁 15。顏洽茂，《佛教語言闡釋——中古佛經詞匯研究》，頁 26。

❷ 關於仿譯這種借詞現象的討論，參看王力，《漢語史稿》下冊，頁 526 以下（calque 王氏譯作「摹借」）；另參馬西尼著，黃河清譯，《現代漢語詞匯的形成——十九世紀漢語外來詞研究》，頁 154 以下。

❸ 此處及下文所附的「源頭語」一律以巴利語為代表，這完全是考慮作者本身語料取用的方便性，並不意味巴利語是「最早」的佛典用語，也不表示該詞語或語句的確是從巴利語翻譯過來，而只是說，該譯詞、譯語的源頭語至少與所附的巴利語是同一來源語的某種變體，例如，「愛」在古代及中古印度雅利安語（Old Indo-Aryan, OIA; Middle Indo-Aryan, MIA）中即有多種變體：梵語 tṛṣṇā，巴利語 taṇhā，俗語 tiṇhā 或 taṇhā，佛教梵語 tasiṇā，犍陀羅語 taṅṣa 或 tasiṇa 等等。（參 *CDIAL*, p.339a, 5941）儘管如此，我們在譯詞的溯源上卻決不馬虎，盡可能採用較嚴格的標準（詳下），以保障其源語的正確性，作為後續討論的堅實基礎。

現–法」（diṭṭha-dhamma，現世、此生）、「本–二/故–二」（purāṇa-dutiyikā，前妻、比丘出家前的妻子）等都是。❹除了詞的層面之外，❺詞組層面，甚至句子層面也都存在仿譯現象。本文將討論的「六群比丘」與「六眾苾芻」等詞語便是屬於詞組層面的仿譯情形。

仿譯詞或仿譯語，雖然其各個結構成份已經意譯成本族語詞（或詞素），但是由於結構方式仿自源頭語，因此它基本上還是一種「外語借入」。既是外語的借入，那麼對於它的結構析解乃至語意探求，便不能只憑藉漢語的語言知識去理解，而必須回頭求索於源頭語的語法結構及語意構成，這樣才能取得正確的理解。這也就是當我們面對這種「貌似」漢語的外來份子時，之所以經常感到「似懂非懂」，甚至「錯會其意」的基本原因。因此，仿譯的一切探討，其最基礎而重要的工作，便是「溯源」——找出該一詞語（或語句）在源頭語的對應語。正確溯源，後續的探討才有堅固的基礎。

本文採用的佛典語料以《律藏》及《阿含經》為主，並以巴利語本《律藏》（Vinaya piṭaka）及《四尼柯耶》（Nikāya）做為追溯源頭語的材料依據。在注釋❸已提到，儘管這些漢譯典籍不是直接譯自巴利語本，但其間依然有著極其密切的同源關係。為了保障溯源的準確性（此點至為重要），我們採取較為謹慎而嚴格的標準——也

❹ 現代漢語中也有大量的仿譯詞，例如「鐵–道/鐵–路」（rail-way, rail-road）、「機關–槍/機–槍」（machine-gun）、「馬–力」（horse-power）、「足–球」（foot-ball）、「籃–球」（basket-ball）等。

❺ 關於佛典仿譯詞的探討可參看朱慶之，〈佛經翻譯中的仿譯及其對漢語詞匯的影響〉，刊在《中古漢語研究》，第一輯，頁 247-62。

就是儘可能在巴利語本中找到與漢譯本「同經」的「同段」的「同句」的「同詞」。若達不到這個標準，再退而求其次，至少找到「同段」的「同句」的「同詞」；再達不到，再往下一層，即找「同句」的「同詞」。

仿譯的研究，除了希望揭開佛經當中那些艱澀難懂的外來語詞、語句的真正意涵，以便有助於正確釋讀佛典之外，它另一方面的任務是，希望進一步了解：通過佛典的翻譯，這些原典語言給漢語帶來了怎樣的影響？為了了解這種影響，在文獻的取用考察上，有必要依照與印度語言接觸的緊密程度，作適當的區分。在後文的考察中，我們大分三類文獻：⑴首先是「翻譯的佛典」，這是與印度語言最為直接接觸的文獻（當然不排除有部分是經過中亞語言間接轉介）。⑵其次是本國僧人或教徒有關佛教的撰述。由於這些撰者或者熟讀佛典，或者習於引經據典，因此這類撰述也常會間接受到印度語言的影響。⑶最後是非屬佛教的一般漢籍文獻。我們考察印度語言是否通過「譯經」而影響漢語或成為漢語的一個語言成分，嚴格的說，要看它是否進入第三類文獻中，並得到某種程度的廣泛應用。

仿譯的研究既有助於佛典的正確考釋，又能幫助釐清漢語史上的諸多問題，因此可以說，無論對於佛教學或者漢語研究，它都是一項重要的研究課題。以下我們就從「六群比丘」、「六眾苾芻」兩個仿譯詞組開始，考察譯經當中「數·(群/眾)·名」仿譯式與漢語交涉互動的一鱗片爪。

二、「六群比丘」與「數·群·名」仿譯式

(一)「數·群·名」仿譯式

在律典中經常可見「幾群什麼」（即「數詞·群·名詞」）的說法，例如：

(1) 爾時，六群比丘與十七群比丘共鬥諍、不相喜。時，六群比丘取十七群比丘衣缽藏著異處。時，十七群比丘來求衣缽，久覓不得。（姚秦·鳩摩羅什共弗若多羅譯，《十誦律》，T23, 114a27-b1）❻

(2) 六群比丘於是夜闇中作種種恐畏相，明旦問十七群比丘：「汝等昨夜得安眠不？」（劉宋·佛陀什等譯，《彌沙塞部和醯五分律》，T22, 66c20-21）

例(2)的記載，巴利《律藏》作：

(3) Tena kho pana samayena chabbaggiyā bhikkhū

❻ 本文所引佛典語料，均採自《CBETA 電子佛典系列》，中華電子佛典協會，2002 年版。所附出處如“T23, 114a27-b1”表示：《大正新脩大藏經》第 23 冊，頁 114，上欄第 27 行~中欄第 1 行；年代與譯者則根據呂澂的《新編漢文大藏經目錄》。另，本文所引漢籍文獻語料，除非另有說明，均採自中央研究院「漢籍電子文獻」資料庫，不另注各書相關出版事項（詳參該資料庫之「資料庫書目」）。

sattarasavaggiye bhikkhū bhiṁsāpenti. Te bhiṁsāpiyamānā rodanti.（那時，六群比丘嚇唬十七群比丘，他們受到驚嚇而哭泣。）（Vin IV 114,9-10）❼

例(2)「六-群.比丘」、「十七-群.比丘」分別對應於巴利語“chab-baggiyā bhikkhū”及“sattarasa-vaggiye bhikkhū”。其中，chab-baggiya 是數詞 cha(ḷ)（六）與名詞 vagga（群）複合之後，再添加語尾-iya，而轉成形容詞形；類似的，sattarasa-vaggiya 為 sattarasa（十七）與 vagga（群）及-iya 複合而成；「比丘」是 bhikkhu 的音譯。顯然，整個詞組是源頭語的仿譯。❽

既然漢語「群」可作量詞，並且前面又接數詞，則這個仿譯詞組最自然的讀法便是[(數詞+量詞)+名詞]這種「數量詞組」加「名詞」的偏正式結構（記作[(A+B)+C]式），❾也就是「(六+群)+比丘」，而意思便是「一群群的比丘共六群」。可是這種順著漢語語

---

❼ 出處“Vin IV 114,9-10”表示引自 Vinaya piṭaka（巴利律藏），第四冊，114頁，9-10 行。巴利佛典的縮略語及出版事項，參「縮略語」及「參考書目」（收錄於本書前、後）。

❽ 一般而言，「仿譯」指的是語法結構的仿製，至於構詞成分則採意譯。照這個意思，則「六-群-比丘」似乎不是嚴格意義的仿譯式，因為「比丘」是個音譯詞。但若就整個「譯式」著眼，則這種「數詞+群+名詞」的語法及語義結構，便是道地仿自印度雅利安語（OIA, MIA）的仿譯結構了。

❾ 「群」的量詞用法：⑴中土文獻中，中古即有，[名詞+(數詞+群)]的，例如《搜神記》卷十二：「忽有大黃犬六七群，出吠岑。」；[(數詞+群)+名詞]的，例如《世說新語·輕詆》：「見一群白頸烏，但聞喚啞聲。」⑵譯經中的例子，如《佛本行集經》：「爾時，世尊……見有一群五百頭鴈，從彼恒河南岸飛空而來向北。」（隋·闍那崛多譯，T3, 808c23-24）

法及語義結構的判讀，卻與其源頭語真正的結構與意義相去甚遠。

在巴利語，「數詞（A）+群（vagga）」有兩種結構方式：其一是數詞 A 與名詞 vagga 分開為兩詞，構成名詞組“A vagga”，此時意思是「A 群」（A 表示群的數目），例如，“dve vaggā”（二群），“dasa vaggā”（十群），此種結構及語意類似於漢語的「數量詞組」（數詞+集體量詞）。第二種結構即引例(3)中的情形，數詞 A 與名詞 vagga 結合成名詞性或形容詞性的複合詞“A-vagga”（或 A-vaggiya），此時意思是「有著 A 個成員的一群」（A 表示該群的成員數目）。這樣，“chab-baggiyā bhikkhū”雖然仿譯作「六–群.比丘」，實際意思卻是「含有六個成員的一群比丘、六人一群的比丘」。

這個例子顯示了兩方面的重要意義：其一是，一個仿譯語，儘管其「表面結構」（這裡指「譯語結構」，包括語法結構及語義結構）與本族語若合符節，可是其「深層結構」（這裡指它所代表的「源語結構」）與本族語卻仍然可能存在著微妙的緊張關係。這就告訴我們，面對仿譯語——尤其「外貌上」已經歸化得很好的仿譯語——必須高度警覺，因為它與本族語之間可能還是「貌合」而「神離」。其二是，通過仿譯，可能不知不覺將「源語結構」（包括語法結構及語義結構）輸入到本族語，從而給本族語帶來嶄新的語言成分。以此處「六群比丘」為例，照源頭語的結構及意義去解讀，便是「(『六(人)』成『群』)的『比丘』」。這樣，漢語[(數詞+集體量詞)+名詞]——[(A+B)+C]——的結構原本只能表示「(A 個(B 之量))的 C」，如今（至少在此種仿譯式中）又增添了一種新的語義結構：「(含 A 個成員的(B 之量))的 C」。也就是，如果這個

「新分子」（指語義結構）果真普遍應用，而被漢語接納為其一員的話，那麼像「三隊人馬」、「十串念珠」之類的詞組便可能表達「三人一隊的人馬」、「十顆一串的念珠」了！

有趣的是，「數・群・名」這種語義結構頗為新奇的仿譯，在律典中頗不乏其例，儼然成了一種「仿譯套式」：

(4) 爾時，婆伽婆在舍衛國祇樹給孤獨園。時，六群比丘尼春夏冬一切時人間遊行。（姚秦・佛陀耶舍共竺佛念譯，《四分律》，T22, 746a13-14）（六群比丘尼 ~ chabbaggiyā bhikkhuniyo）

(5) 爾時，舍衛城十七群童子不滿二十，畢陵伽婆蹉與受具足戒，不堪忍飢，喚呼求食。如戒緣中說，與受具足戒時，應問：年滿二十不？（劉宋・佛陀什等譯，《彌沙塞部和醯五分律》，T22, 115b25-28）（十七群童子 ~ sattarasavaggiyā dārakā）

(6) 是王舍城中有十七群年少富貴家子，柔軟樂人，未滿二十歲，長老目揵連與受具戒。（姚秦・鳩摩羅什共弗若多羅譯，《十誦律》，T23, 116b12-14）

這種仿譯式除了律典中有著大量譯例之外，其他典籍諸如《大方便佛報恩經》（失譯附後漢錄，T3, 152b27-28）、《大方等無想經》（北涼・曇無讖譯，T12, 1095b13）、《大乘本生心地觀經》（隋・般若譯，T3, 306c13）、《佛本行集經》（隋・闍那崛多譯，T3, 914b5）、《大般涅槃經後分》（唐・若那跋陀羅譯，T12, 901a17）、《佛說大乘菩薩藏正法經》（宋・法護等譯，T11, 847c3）等也都有同樣的譯例（例多不煩舉）。可說是跨越不同時代、不同譯師的一種相當普遍的仿譯格式。

(二)「數·群」仿譯式

以上「數·群·名」仿譯式還有一個省略的形式，作「數·群」：

(7) 六群比丘授無缽人戒，是六群常與十七群共諍，六群次守僧坊，十七群次與迎食，往語六群弟子言：「取缽來，與汝迎食！」（姚秦·鳩摩羅什共弗若多羅譯，《十誦律》，T23, 351a15-17）

儘管巴利《律藏》似乎不見 chabbaggiyā bhikkhū（六群比丘）省去 bhikkhū（比丘），單作 chabbaggiyā（六群）的情形，❿但巴利《本生經》則經常可見 chabbaggiye bhikkhū 承上文省作 chabbaggiye 的例子（如：Ja I 191,6;193,6）。另外，更重要的，巴利《律藏》（Vin I 13,5）及《中部》（M I 173,4）在講述佛陀初轉法輪的情形時，曾將佛與五比丘合稱 chabbaggo（六-群，六人的一群）。因此，漢譯的「六群」、「十七群」不管是譯者依循原文的仿譯，或者是順著上文的省譯，總是符應於源頭語，可以視為一種仿譯。這樣，「六群」、「十七群」的譯式，至少在佛典中，同樣給漢語的「數詞+集體量詞」——(A+B)——增添了一種語義結構：「含 A 個成員的 B」。同樣的，如果這個「新份子」（新的語義結構）勢

❿ 偶有省去 bhikkhū 時則添上 ayyā，作 ayyā chabbaggiyā「六群大德」，此種情況不能算是 chabbaggiyā（由形容詞）轉作名詞而單獨使用。

力強大，廣為應用的話，則漢語中諸如「十束」（花）、「兩把」（蔥）便可能有「十枝的一束」、「兩根的一把」之意了！

㈢「數·群·名」與「數·群」仿譯式對漢語的影響

上面我們已看到，在與印度語言關係最為直接緊密的翻譯佛典中，「數·群·名」及「數·群」仿譯式出現得極為尋常。以下將觀察這個譯式在本國的佛教撰籍以及非屬佛教的漢籍文獻中的使用情形，以了解它是否給漢語帶來若干影響？

在本國僧人的撰述中，「數·群·名」及「數·群」仿譯式也廣泛使用：

(8) 又六群比丘往說戒處不坐，佛言非法。（唐·道宣撰，《四分律刪繁補闕行事鈔》，T40, 9a20-21）

(9) 佛在舍衛，六群畜缽，惡者置之，常覓好缽，畜之遂多。（唐·道宣述，《四分律比丘含注戒本》，T40, 440c2-3）

(10) 五十三(佛在舍衛，六群中一人擊攊十七群中一人幾死，因制)。戒名者，古謂以手於腋下擽弄令痒，若準犯緣必具惱意，故知成犯，非唯戲劇。（宋·元照撰，《四分律行事鈔資持記》，T40, 323a9-11）

上例中，本國僧人所撰述或注疏的戒律作品沿用「律藏」譯典的名相，並不讓人意外。而這也表示，此等對於漢語而言應屬「新鮮」的構詞，並未引起本國僧人語感上的不適，並且已經習之如常了。然而，另一方面，儘管這種「數·群·名」及「數·群」仿譯套式得到了跨時代、跨譯師、跨譯典與佛教本國撰籍的廣泛使用，但其應用指稱的對象卻又極端的侷限。遍考三藏及三藏之外的佛典的相關用例，只能見到以上幾個固定用語。因此它們「幾乎」只被當作「專有名詞」看待。⓫這種迥異於漢語的嶄新的語義結構，即便在佛典文獻中，似乎也並未得到應用及發展。

此外，筆者檢索中央研究院「漢籍電子文獻」中所收羅的古今漢語語料，也並未見到任何「六群比丘」（或「六群」）這種語義結構的「數·群·名」（或「數·群」）的用例。這似乎也顯示，這個外來的語義結構並未能進入漢語，而成為漢語中具「能產性」的構詞、構義的一員。

三、「數·眾·名」仿譯式 與「數詞+眾」結構對漢語的影響

㈠「六眾苾芻」與「數·眾·名」仿譯式

上一節「六群比丘」的「數·群·名」的仿譯式，唐代義淨三藏採取了另一個譯式，作「數·眾·名」：

(11) 時，具壽大目連將十七眾童子與其出家，并授圓具，

⓫ 說「幾乎」是因為偶而也可見到不固定的變形，如：「十七群童子」也作「十七群年少富貴家子」；「六群比丘」也作「六群之比丘」、「六群弊惡比丘」等。

以鄔波離為首。此十七人若有一人為知事者，彼之十六盡皆相助。（唐·義淨譯，《根本說一切有部毘柰耶》，T23, 665b29-c3）

(12) 佛在室羅伐城給孤獨園。時遭儉歲，乞食難得，六眾苾芻被飢所苦，往十二眾苾芻尼處。（同上，T23, 899b20-21）

例中「十七眾童子」、「六眾苾芻」即前面所舉「十七群童子」（sattarasa-vaggiyā dārakā）、「六群比丘」（chabbaggiyā bhikkhū）的另一個仿譯式（苾芻、比丘同為 bhikkhu（梵語 bhikṣu 等源頭語）的音譯），差別只是義淨以「眾」取代「群」，⑫翻譯源頭語表示「群體、集體」之意的"vagga"（vaggiya）。因此此處「十七眾童子」、「六眾苾芻」的意思便是「十七人一群的童子」、「六人一群的苾芻」（「眾」還是「群體」的意思，而非「個體」）。其次，就像「數·群·名」略稱「數·群」一樣，「數·眾·名」也經常略作「數·眾」：

(13) 時有長者請佛及僧就舍而食，六眾與十七眾在後徐行至一池所，六眾即告十七眾曰：「未須急去，且共入池徐徐

⑫ 「眾」，會意字，從目及三人（三代表眾多），表示眾人站立。其甲骨文字形象許多人在烈日下勞動。本義：眾人、大家。《國語·周語》：人三為眾。「群」，會意字，從羊君聲，原指羊相聚而成的集體，引申指其他動物聚成之群，或人群、物群。《國語·周語》：獸三為群。本義：羊群，獸群，人群。參看《金山詞霸 2000》（電子詞典，北京大學出版社，1999 年）及《漢語大詞典》（上海：漢語大詞典出版社，1990 年）該詞目。

澡浴。」（唐·義淨譯，《根本說一切有部苾芻尼毘奈耶》，T23, 991a9-11）

(14) 六眾苾芻著衣持缽入城乞食，既得食已，往尼寺中。十二眾見白言：「聖者，可食小食！」六眾為受，所有路糧悉皆食盡。（同上，T23, 806b5-8）

自然，例中「六眾」、「十七眾」、「十二眾」指的一樣是「六人的那群」、「十七人的那群」、「十二人的那群」（A 個成員的一群）。

㈡二類外來的「數詞+眾」結構

佛典中通過仿譯輸入的「數詞+眾」（簡記作「數·眾」或「數–眾」）的用法頗值得注意。這種外來的「眾」基本表示「群體、集體、團體」的意思（集體名詞），其最主要的來源詞是：saṅgha（僧伽、團體、群體）、parisā（群眾、會眾、類眾、徒眾）、gaṇa（群眾、大眾、徒眾）。⓭依其用法又可大分兩類，分別相應於源頭語「數詞+集體名詞」的兩種不同用法。⓮第一類是表群體數目的「數–眾」

⓭ 此外，還有上文提到的 vagga。但巴利語中，vagga 詞義與 saṅgha, parisā, gaṇa 三者稍有不同，主要是「群體、群集」之意（經典的一品也叫 vagga），比較沒有大眾、徒眾的意思。其他還有 kāya, pūga, khandha 等等也常翻成「眾」。

⓮ 巴利語「數詞+集體名詞」的二種用法，以 parisā 為例，“A parisā”：⑴若 parisā（集體名詞）用複數，則表示「A 個或 A 種大眾（群眾）」；⑵若 parisā（集體名詞）用單數，則表示「含 A 個成員的大眾（徒眾）」。另參第二之㈠節，例⑶以下對巴利語“vagga”用法的相關說明。

結構，數詞（A）表示「眾（群體）的數目」，意即「A 類（或 A 種或 A 個）群體」。第二類是表成員數目的「數–眾」結構，數詞（A）表示該「眾」（群體）當中的「成員數目」，意即「含 A 個成員的群體」。

㈢表群體數的「數–眾」結構與「~眾」仿譯詞

1. 表群體數的「數-衆」結構及其對佛教本國撰述的影響

第一類，也就是表群體數目的「數–眾」結構，例如：

(15) 佛告阿難：「世有八眾，何謂八？一曰剎利眾，二曰婆羅門眾，三曰居士眾，四曰沙門眾，五曰四天王眾，六曰忉利天眾，七曰魔眾，八曰梵天眾。」（姚秦·佛陀耶舍譯，《長阿含經》，T1, 16b18-21）

(16) 阿難陀！若苾芻尼夏安居已，於二眾中以三事——見、聞、疑——作隨意事，此是第八敬法，事不應違，乃至盡形當勤修學！（唐·義淨譯，《根本說一切有部毘奈耶雜事》，T24, 351a23-25）

例(15)「八眾」巴利語作“aṭṭha parisā”（D II 109,6），aṭṭha 是「八」，parisā 是「群體」、「群眾」（成群之眾）、「會眾」（與會之眾），「八眾」就是「八種（與會的）群體、大眾」（此處集體名詞 parisā 為複數）。例(16)「二眾」巴利語作“ubhatosaṅghe”（A IV 277,3；注意，此詞為複數），ubhato 是「二」（ubha 的從格，轉作不變化詞），saṅgha 是「（出家的）團體」（音譯「僧伽」），「二眾」又譯作「二部僧」、「二部眾」、「兩部眾」，⓯指比丘僧團（bhikkhu-saṅgha）及比丘尼僧團（bhikkhunī-saṅgha）二種團體。很清楚的，這種「數詞（A）+眾」的仿譯結構表示「A 種（或 A 個）群體、團體」。⓰

除了「八眾」、「二眾」之外，經律譯典中還有其他仿譯例，如「三眾」、「四眾」、「五眾」、「七眾」。⓱值得注意的是，這種仿譯結構在譯典之外的佛教本國撰述中已經得到了廣泛應用，例如：

> (17) 第二會中有新、舊二眾，牒前總為五十七眾；三、四二會各有天王、菩薩二眾，牒前總為六十一眾；第五會中昇天品內有五十二眾及雲集一眾；第六會有同生、異生二眾；及第七會一眾，牒前總為一百一十七眾；第八會中菩薩、聲聞、及天王三眾，牒前則為一百二十眾。（唐·法藏撰，《華嚴經探玄記》，T35, 132a8-14）

⓯ 「二部僧」參《十誦律》（T23, 345c13-14）；「二部眾」參《根本說一切有部苾芻尼毘奈耶》（T23, 1009a25-29）；「兩部眾」參《中阿含經》（T1, 606a13-16）。

⓰ 這類「數詞+眾」的用法，對漢語而言，並不是全然新鮮的。在古代漢語中也有類似用法的例子，如《禮記·曲禮》：「天子之五官曰：司徒、司馬、司空、司士、司寇，典司五眾。」《禮記注疏》：「眾謂群臣也。」但漢語中類似的用例似乎極少（筆者僅見這一例），這種用法在漢語史上似未得到發展。

⓱ 三眾指式叉摩尼、沙彌、及沙彌尼。四眾是比丘眾、比丘尼眾、優婆塞眾、優婆夷眾，此外還有其他不同的四眾。五眾是三眾及比丘眾、比丘尼眾。七眾是五眾及優婆塞眾、優婆夷眾。

(18) 道、俗二眾福智別修，理須識其分齊，別知其通局，非謂福智兩異，道俗別行。（唐·道宣撰，《四分律刪繁補闕行事鈔》，T40, 147b23-25）

值得留意的，不像「六群比丘」或「六群」只被當作「專有名詞」來用，這些用例已經將「數詞+眾」的用法活用開來，成為具「能產性」的構語法，就像在源頭語中的用法一樣。並且由「牒前總為五十七眾」之類的例子看，在佛典漢語中，此類的「眾」似乎有從「集體名詞」逐漸向「集體量詞」演變（虛化）的趨勢了（或可稱之「準集體量詞」——介於集體名詞與集體量詞之間）。而更有意義的應該是諸如以下的例子：

(19) 即於其日，殿嚴尊像具修虔敬，于時佛、道二眾，各銓一大德令昇法座，勸揚妙典。（北齊·任道林〈周祖巡鄴請開佛法事〉，收在《廣弘明集》，T52, 156c27-29）

這不是直接襲用佛典「四眾」、「五眾」、「七眾」之類的固有的名相用語，並且也不是用於詮述疏解佛經的相關內容，而是將這種外來輸入的用法進一步創造活用，跨出佛經文本的脈絡，運用到較為廣義的本國宗教文化的脈絡中。也就是說，這種經由仿譯輸入的「數詞+（集體名詞）眾」的用法——亦即「幾（幾種、幾類）眾」的講法，已經某種程度成功地從（古代或中古）印度雅利安語移植到（中古）漢語了！

2. 「~衆」仿譯詞

上面這種外來輸入的「眾」的用法——也就是對於世間的種種

眾生、或與會的種種大眾、或各種弟子徒眾所做的不同類屬、不同性質、不同群體的區分——也給佛典帶來了一大批「~眾」的仿譯詞：

(a) 八眾：剎利-眾（khattiya-parisā）、婆羅門-眾（brāhmaṇa-parisā）、居士-眾（gahapati-parisā）、沙門-眾（samaṇa-parisā）、四天王-眾（Cātummahārājika-parisā）、忉利天-眾（Tāvatiṁsa-parisā）、魔-眾（Māra-parisā）、梵天-眾（Brahma-parisā）。

(b) 二（部）眾：比丘-眾（bhikkhu-saṅgha）、比丘尼-眾（bhikkhunī-saṅgha）。

(c) 世尊的四眾（catasso parisā）弟子：比丘-眾（bhikkhu-parisā）、比丘尼-眾（bhikkhunī-parisā）、優婆塞-眾（upāsaka-parisā）、優婆夷-眾（upāsikā-parisā）。

(d) 世尊（如來）的「弟子-眾」或「聲聞-眾」（sāvaka-saṅgha/-parisā）。

(e) 弟子中勝劣對稱的二眾（dve parisā）：法-眾（dhammikā parisā，如法-眾）、非法-眾（adhammikā parisā，不如法-眾）；法語-眾（dhammavādinī parisā）、非法語-眾（adhammavādinī parisā）；等-眾（samā parisā）、不等-眾（visamā parisā）等等。

並且，又由仿譯的「~眾」進一步產生了一批同樣格式的「仿製語詞」：⓲「尼-眾」、⓳「僧-眾」、⓴「聖-眾」、「道-眾」

⓲ 以下有的詞雖出現在譯經，但因尚未找出格式嚴格對應的源頭語，所以暫且歸於「仿製」——即與仿譯同一格式，但或者不是來自仿譯，或者還不確定為仿譯者。

（出家修行者）、「俗-眾」、[21]「出家-眾」、「在家-眾」、[22]「女-眾」、「男-眾」、[23]「聽-眾」[24]等等，其中除了聖眾、道眾、俗眾之外，其餘在現代漢語（佛教團體）中還是極活躍的語

---

[19] 「比丘尼-眾」之省稱，《尼羯磨》：「三說此，比丘尼禮僧足已，還至本寺鳴椎，集比丘尼眾，不來者囑授，告尼眾云：……」（唐・懷素集，T40, 546a2）

[20] 「僧-眾」有廣狹二義，廣義指「僧伽、僧團」，此時「僧」與「眾」為音、義並舉的合璧詞；狹義指「比丘-僧團」，與「尼-眾」對稱，為「比丘-僧-眾」之省稱。《彌沙塞部和醯五分律》：「二者，比丘尼眾安居時，要當依比丘僧眾。」（劉宋・佛陀什共竺道生等譯，T22, 45c28-29）

[21] 《四分律行事鈔資持記》：「下引誡道俗文，初誡俗眾，若下誡道眾。」（宋・元照撰，T40, 300a11-12）；同書：「言道眾者總收出家五位。」（T40, 350a4）

[22] 《瑜伽師地論》：「由眾差別故，成二種：一者在家眾，二者出家眾。」（唐・玄奘譯，T30, 750c26-27）

[23] 《大智度論》：「如難陀婬欲習故，雖得阿羅漢道，於男女大眾中坐，眼先視女眾而與言語說法。」（姚秦・鳩摩羅什譯，T25, 260c10-12）

[24] 「聽眾」（會中聽經聞法的大眾）一詞可能早在後漢譯經就有，《大方便佛報恩經》：「時諸釋女聞是語已，心大歡喜，得法眼淨，諸會聽眾各發所願，歡喜而去。」（失譯，附後漢錄，T3, 153b21-22）；另，北魏・菩提流支譯，《大寶積經論》：「云何覆藏？說其聽者及呵聽眾，亦說彼法：『汝等無智，此法甚深不能通達知故。』已說聽眾故，覆藏正法。」（T26, 206b17-19）；但，西晉・竺法護譯《佛說離垢施女經》中的「聽眾」應是「聖眾」的抄誤：「吾以晝夜見佛正覺，欲聽聞法，奉敬聖眾而無厭極。時，離垢施嗟歎於佛、聽眾之德，……」（T12, 91a27-29）。這個詞很早就得到了應用，例如，梁《高僧傳・釋僧佑》：「齊竟陵文宣王每請講律，聽眾常七八百人。」（梁・慧皎撰，T50, 402c12-13）；《梁書・本紀・武帝下》：「聽覽餘閑，即於重雲殿及同泰寺講說，名僧碩學、四部聽眾，常萬餘人。」

詞。「聽-眾」一詞更是深入漢語，成為廣大群眾的日常用語，而詞義也由原來專指「聽經聞法的大眾」擴大，泛指演講、音樂、或廣播等的聽者。現代漢語的「觀-眾」一詞㉕也很可能是由「聽-眾」一詞通過類比而仿製的語詞。而自唐代（或者更早）即有的，對於道教修行人（道士）的稱呼「道-眾」，㉖也極可能是來自這個譯式的仿製語。㉗值得注意的是，譯經中原本做為偏正結構「中心語」的「眾」（名詞，群體、大眾義），在後來漢語的運用中，已逐漸「虛化」而成為指人（或眾生）的「後綴」。於是，「尼眾」便從「比丘尼僧團」之義轉而指「比丘尼」；「僧眾」便從「僧團」或「比丘僧團」之義轉而指「僧人」或「比丘」了。㉘

㉕ 佛典中沒有「觀眾」一詞。而筆者檢索中央研究院「漢籍電子文獻」的古來語料，也只見以下一例。《清代史料筆記叢刊·鏡湖自撰年譜·咸豐三年癸丑（公元 1853 年）》：「遠觀者皆曰：段太爺平日又不肯薄待窮人，止要三日後有賑，何妨稍待。余曰：三日後定有賑；若三日後無賑，我將何辭以對爾等。觀眾齊聲歡呼，一鬨而散。而悍婦數人，猶不肯散。余自執籐鞭，責而逐之，始各退去。」但這個「觀眾」（群觀之眾、圍觀之眾）似乎還不是個凝固的語詞。

㉖ 指道士的「道眾」一詞，在唐宋文及明清小說都有許多用例。如，杜光庭〈皇帝為太子生日設齋表〉：「於北帝院差選道眾二十一人，於七月八日開置黃籙道場七晝夜。」（《全唐文》卷 929）；《水滸傳》第一回：「太尉說道：『……盡是你這道眾戲弄下官！』真人覆道：『貧道等怎敢輕慢大臣！』」

㉗ 筆者檢索中央研究院「漢籍電子文獻」的早期道教經典《太平經合校》，只見「道人」、「道士」之稱，並不見「道眾」一詞。（此經共 170 卷，約成於東漢中晚期）可見這個用語大概是後起的，並且極可能來自佛經的影響。

㉘ 例如《水滸傳》第六十回：「看時，是一個古寺。晁蓋下馬入到寺內，沒見

㈣表成員數的「數–眾」結構與個體量詞「眾」的產生

1. 譯經中表成員數的「數–衆」結構與做為名詞的「衆」

第二類外來的「數詞+眾」結構，其數詞表示該「眾」所含的成員數目，如前面例(11)(12)的「十七眾童子」，「六眾苾芻」、「十二眾苾芻尼」，以及例(13)(14)略稱的「六眾」、「十二眾」、「十七眾」。時代更早的仿譯例，如：

(20) 可四眾作羯磨，是中四比丘成；可五眾作羯磨，是中五比丘成；可十眾作羯磨，是中十比丘成；可二十眾作羯磨，是中二十比丘成。（姚秦·鳩摩羅什共弗若多羅譯，《十誦律》，T23, 218c26-29）

(21) 四眾羯磨者，布薩羯磨一切拜人，四人得作，是名四眾羯磨。五眾羯磨者，受自恣、輸那邊地受具足、一切尼薩者，五人得作，是名五眾羯磨。十眾羯磨者，比丘受具足、比丘尼受具足，十人得作，是名十眾羯磨。二十眾羯磨者，比丘阿浮呵那、比丘尼阿浮呵那，二十人得作，是名二十眾

僧眾。問那兩個和尚道：『怎地這個大寺院，沒一個僧眾？』」。再如，《祖堂集》卷第十九〈俱胝和尚〉：「師因住庵時，有尼眾名實際，戴笠子執錫，繞師三匝，卓錫前立，問師曰：『和尚若答，某甲則下笠子。』師無對，其尼便發去。師云：『日勢已晚，且止一宿。』尼云：『若答得便宿；若答不得，則進前行。』師嘆曰：『我是沙門，被尼眾所笑。濫處丈夫之形，而無丈夫之用。』」顯然「僧眾」、「尼眾」已不指「比丘僧團」、「比丘尼僧團」，而逕指「僧人（或比丘）」、「比丘尼」了！

羯磨。（東晉·佛陀跋陀羅共法顯譯，《摩訶僧祇律》，T22, 422b3-9）

(22) 昔時沙門瞿曇數在大眾——無量百千眾——圍遶說法，於其中有一人鼾眠作聲。（東晉·僧伽提婆譯，《中阿含經》，T1, 782b16-18）㉙

例(20)、(21)是類似的文脈，講幾種羯磨的規定。㉚其中「可四眾作羯磨」（或四眾羯磨）巴利語作“catu-vagga-karaṇaṁ kammaṁ”（Vin I 319,1）「四–眾–可作的 羯磨」，catu 是「四」，vagga 是「群、眾」（集體名詞），“catu-vagga”（四–眾）結構與「六群比丘」的「六–群」（chab-bagga）相同，意謂「四人之眾（群）」、「包含四個成員的群體」；「五–眾」（pañca-vagga）、「十–眾」（dasa-vagga）、「二十–眾」（vīsati-vagga）意義結構相同。例(22)「大–眾」巴利語為“mahatī parisā”（大的群體），「無量百千–眾」，若參照巴利經文“aneka-satāya parisāya”「數百人的（一群）會眾（單數、集體名詞）」（與漢譯本稍有差異，但結構相同），則意思是「無量百千人的（一群）會眾」。顯然，這種「數詞（A）+眾」的仿譯式，如前所說，表示「A 個成員的群體（團體、大眾）」。

㉙ 此段經文巴利本作：Bhūtapubbaṁ samaṇo Gotamo anekasatāya parisāya dhammaṁ desesi. Tatr' aññataro samaṇassa Gotamassa sāvako ukkāsi.（從前沙門瞿曇曾對數百人的（一群）會眾說法，其中有一位弟子咳嗽出聲）（M II 4, 33-35）

㉚ 羯磨（kamma）是佛教僧人對於受戒、懺悔、結界等有關戒律的行事所施行的作業儀式。

有趣的是，若不參照源頭語，單從漢譯本身的文脈看，上面「十二眾苾芻尼」、「可四眾作羯磨」、「可五眾作羯磨」、「無量百千眾」便很可能解讀成「十二個苾芻尼」、「可四人作羯磨」、「可五人作羯磨」、「無量百千人」。儘管這樣的讀法就整體文意而言並沒有什麼錯誤，但它卻把仿譯自源頭語，詞義是「群體，大眾」，詞性是名詞（集體名詞）的「眾」（vagga, parisā），悄悄的「改讀」成詞性、詞義都相對「虛化」的漢語指人的個體量詞「眾」了！㉛

其實，「眾」在漢語中，自先秦以來便有作為個體量詞的用法，例如：《戰國策·燕策》：「國構難數月，死者數萬眾。」；《史記·季布欒布列傳》：「夫高帝將兵四十餘萬眾，困於平城。」；《漢書·王莽傳》：「揚州牧李聖亟進所部州郡兵凡三十萬眾，迫措青、徐盜賊。」這些例子，可對照個體量詞「人」的用法，便更清楚：《戰國策·秦策》：「王用儀言，取皮氏卒萬人，車百乘，以與魏。」；《史記·項羽本紀》：「春，漢王部五諸侯兵凡五十六萬人，東伐楚。」

既然在漢語「眾」早有個體量詞用法，那麼我們也許疑問：是否上舉譯經中「數詞+眾」的譯式，其實並不是什麼源頭語（集體名詞）的仿譯，而是在翻譯過程中，譯師通過其巧筆的「漢化」（漢語化），將它「改頭換面」，真正做為個體量詞來用？要回答這個

㉛ 王力將量詞稱做「單位詞」（《漢語史稿》中冊，頁 234）或「單位名詞」（《中國語法理論》下冊，頁 116），歸於名詞的一種。但相對而言，名詞比量詞「實」，而量詞比名詞「虛」。

問題，我們除了根據如上所舉源頭語的對讀資料外，還可進一步考察譯經中（或譯師筆下）「眾」的用法。

在譯經中，「眾」（saṅgha, gaṇa, parisā）除了搭配數詞之外，也經常單獨使用，例如：

(23-1)【眾“saṅgha”：僧伽、僧團】：瞿曇彌！持此衣施比丘眾，施比丘眾已，便供養我，亦供養眾！（東晉·僧伽提婆譯，《中阿含經》，T1, 722a3-4）（巴利本 ⇨ M III 253,13）

(23-2)【眾“gaṇa”：弟子徒眾】：阿羅羅伽羅摩復語我曰：「賢者！是為如我此法作證，汝亦然；如汝此法作證，我亦然。賢者！汝來共領此眾！」（同上，T1, 776b25-28）（巴利本 ⇨ M I 165,6）

(23-3)【眾“parisā”：集會的會眾】：爾時世尊告彼比丘：「於此眾中有一比丘已為不淨！」彼時尊者大目乾連亦在眾中。（同上，T1, 478c1-3）（巴利本 ⇨ A IV 205,15）

(23-4)【大眾“mahatī parisā”：大群的會眾】：爾時世尊與諸大眾圍遶說法，不時顧念憍慢婆羅門。（劉宋·求那跋陀羅譯，《雜阿含經》，T2, 24a2-3）（巴利本 ⇨ S I 177,22）

這種「單稱獨用」的「眾」（或「大眾」、「眾會」、「會眾」、「大眾會」、「大會眾」）㉜在譯典中極為普遍，可見其「名詞」的

㉜ 「眾會」參例(27)；「會眾」如《過去現在因果經》：「國中人民及餘四方諸來會眾，有八萬人，亦得無著法忍。」（劉宋·求那跋陀羅譯，T3,

性質與「群體、大眾」的詞義在譯經中（或譯師心中）是很明確的。㉝此外，在搭配數詞的情況，也有譯成「數詞+之眾」、「數詞+眾會」，或以「眾」做主語的，此種譯式，「眾」（眾會）的「名詞」性質便十分清楚，例如：

(24) 時有梵志……見維衛佛化於十方，……誘五百眾，往詣佛所而作沙門，咸受經戒。時其國王，棄國捐王，與五百眾，亦作沙門。有大長者，亦化群從，五百之眾，行作沙門，普受道化，進獲神通。（西晉・竺法護譯，《生經》，T3, 99a8-14）

(25) 爾時彼佛亦復三會聲聞：初會之時，一億六萬八千之眾；第二之會一億六萬之眾；第三之會一億三萬之眾；——皆是阿羅漢，諸漏已盡。（苻秦・曇摩難提譯，《增壹阿含經》，T2, 757b2-4）

621b18-19）；「大眾會」如《雜阿含經》：「諸年少婆羅門眾，前後導從，持金斗繖蓋，至王舍城，詣諸處處大眾會中。」（同上，T2, 334a15-17）；「大會眾」如《普曜經》：「菩薩適坐，告諸天人及大會眾：諸賢者等！……」（西晉・竺法護譯，T3, 486c29-487a1）。

㉝ 前面例(20)「可四眾作羯磨」仿譯式的譯者鳩摩羅什有類似此處（例(23-3)）「眾」用法的譯例：「於此眾中，所作未辦者，見佛滅度當有悲感。」（《佛垂般涅槃略說教誡經》，T12, 1112a29*b1）；例(21)「四眾羯磨」仿譯式的譯者法顯也有類似譯例：「爾時眾中有未得道比丘人天，既見如來已般涅槃，心生懊惱，宛轉于地。」（《大般涅槃經》，T1, 205c2-3）；例(22)「無量百千眾」仿譯式與此處例(23-1,2,3)同出一經。可見這些仿譯式譯者筆下，「眾」的名詞用法很清楚。

(26) 爾時佛出精舍，坐於虛空，為無央數百千眾會圍繞，而為說法，及七萬菩薩，皆得諸總持。（失譯，《前世三轉經》，T3, 447c28-448a1）

(27) 時，尊者婆耆舍在眾會中作是念：我今當於世尊及大眾面前歎說懷受偈。……時，婆耆舍即說偈言：「十五清淨日，其眾五百人，斷除一切結，有盡大仙人。」（劉宋·求那跋陀羅譯，《雜阿含經》，T2, 330b27-c5）

從以上的種種證據，我們可以確認，儘管此種譯式極易與漢語固有的「數−量」結構混同，但它們依舊保持其外來（「數−名」結構）的仿譯性格，並未「漢化」（量詞化），因此我們應該依照源頭語的語法及語義結構去解讀。

2. 明清小說中的個體量詞「眾」及其來源——附論其他漢籍文獻的個體量詞「眾」及其來源

接著，我們好奇的是，此類表達成員數目的「數詞+眾」及「數詞+眾+名詞」仿譯式，是否給漢語帶來了若干影響？先看以下的例子：

(28) 長老下了馬，行者歇了擔，正欲進門，只見那門裏走出一眾僧來。……三藏見了，侍立門旁，道個問訊，那和尚連忙答禮。（明·吳承恩著，《西遊記》第十六回）

(29) 出長安邊界，有五千餘里；過兩界山，收了一眾小徒，一路來，行過西番哈咇國，經兩個月，又有五六千里，纔到了貴處。（同上，第十六回）

(30) 三藏道：「多蒙老施主不叱之恩。我一行三眾。」老者道：「那一眾在那裏？」行者指著道：「這老兒眼花，那綠蔭下站的不是？」老兒果然眼花，忽抬頭細看，一見八戒這般嘴臉，就諕得一步一跌，往屋裏亂跑。（同上，第二十回）

明清小說裡㉞有許多「數詞+眾」、「名詞+(數詞+眾)」及「(數詞+眾)+名詞」的用例(以下簡稱「數–眾」、「名+數–眾」、「數–眾+名」)，其中又以《西遊記》最多。如上例(28)「一眾僧」指「一個和尚」，例(29)「一眾小徒」即「一個徒兒」（指孫行者），例(30)「那一眾」即「那一個」（指豬八戒）。很明顯的，既指單一的個人，「眾」便不是「集體名詞」（群體、群眾、大眾），而是已經虛化的指人「個體量詞」了。再看以下對照的例子，便更清楚：

(31) 話說唐僧師徒三眾，脫難前來，不一日，行過了黃風嶺。（明・吳承恩著，《西遊記》第二十二回）另：師徒四眾，順著大路，望西而進。（同上，第五十回）

(32) 對照：師徒兩個，策馬前來，直至山門首觀看，果然是一座寺院。（同上，第十六回）另：師徒二人（三十三回）；師徒四位（四十回）；師徒四人。（五十九回）

㉞ 更早的「（數–眾）+名」例子在元・羅貫中著二十回本的《三遂平妖傳》即有（參下注）。可見這種「數–眾+名」的個體量詞「眾」的用法，恐怕早在元代（甚至更早），便流行於中土的「非佛典文獻」或廣大人民大眾的口語中了。

這樣的用法在其他小說也有許多用例，顯然不是單一作品或作者的語言風格，如：

(33) 請報恩寺十二眾僧人，先念倒頭經。每日兩個茶酒在茶坊內伺候茶水。（明·笑笑生著，《繡像金瓶梅詞話》）

(34) 吳道官廟裡，又差了十二眾青衣小道童兒來，遶棺轉咒生神玉章，動清樂送殯。（同上）

(35) 清清秀秀，小道童十六眾，眾眾都是霞衣道髻。（同上）

此外，諸如《三遂平妖傳》、㉟《警世通言》、《醒世恆言》、《拍案驚奇》、《醒世姻緣》、《儒林外史》、《紅樓夢》等也都有類似的用例。我們依其格式、所指對象、及數目範圍的不同整理如表(一)。同時，為了對比的了解這一類「數詞+眾」的特點，我們也考察古來其他漢籍文獻的「數詞+眾」的用法，整理如表(二)。㊱

㉟ 《三遂平妖傳》，此處採明·馮夢龍所增補的四十回本。其中第三十回有一例在元·羅貫中著二十回本的第十二回已經出現：「敝寺有百十眾僧，都是有度牒的。」（張榮起整理，北京大學出版社，1983 年，頁 89）

㊱ 我們主要以考察「眾」的「個體量詞」用法為目標，因此表(一)、表(二)的例子已排除其他不相關的「數詞＋眾」的用例，例如「一眾」：《拍案驚奇》卷二十八：「一眾人去埋伏在一個林子內。」（「一眾人」猶言大夥兒，所有的人）；還有凝固成詞的「萬眾」以及佛教專有名相諸如「二眾」、「四眾」、「五眾」、「七眾」等也都排除在外。

表(一) 明清小說中「數詞+衆」的用法

「數詞+眾」的用法		格式(結構方式)			所指對象			數目範圍		
		數-眾	名+數-眾	數-眾+名	佛教類	道教類	其他	1-9	10-110	111以上
示例	「延請多少道眾？」「教你師父請十六眾罷。」	△				△			△	
	小道童十六眾		△			△			△	
	十二眾僧人			△	△				△	
《金瓶梅詞話》		2	2	18	14	7	1	6	14	2
《三遂平妖傳》		1	0	4	5	0	0	4	1	0
《警世通言》		0	0	2	2	0	0	2	0	0
《醒世恆言》		1	2	0	2	0	1	3	0	0
《拍案驚奇》		0	1	0	0	1	0	1	0	0
《醒世姻緣》		0	1	5	6	0	0	2	4	0
《儒林外史》		0	0	3	3	0	0	3	0	0
《紅樓夢》		0	0	4	3	1	0	0	4	0
總計		4	6	36	35	9	2	21	23	2
比例 %		8.7	13	78.3	76.1	19.6	4.3	45.7	50	4.3
					95.7			95.7		

表(二)　其他漢籍文獻「數詞+衆」的用法

「數詞+眾」的用法		格式(結構方式)			所指對象			數目範圍	
		數-眾	名+數-眾	數-眾+名	兵寇類	佛道類	其他	一至百	數百千萬
示例	秦王率十萬眾，四面俱集。	△			△				△
	南摧楚人之兵數十萬眾。		△		△				△
	驅兩國百萬眾之生靈。			△			△		△
《尚書》、《春秋左傳》、《國語》、《論語》、《墨子》、《孟子》		無			無			無	
《戰國策》		0	1	0	1	0	0	0	1
《史記》		12	3	0	15	0	0	0	15
《漢書》		21	6	0	27	0	0	0	27
《三國志》		21	2	0	23	0	0	0	23
《搜神記》		無			無			無	
《世說新語》		0	1	0	1	0	0	0	1
《唐宋筆記叢刊》		19	3	1	19	2	2	1	22
《水滸傳》		無			無			無	
《三國演義》		2	1	0	3	0	0	0	3
總計		75	17	1	89	2	2	1	92
比例 %		80.6	18.3	1.1	95.7	2.15	2.15	1.1	98.9
						4.3			

比較這些用例，可以清楚看出，明清小說（下稱表(一)）「數詞+眾」的用例有幾個特點：第一，從格式上看，以「數−眾+名」為主，佔了近 8 成，「數-眾」單用的最少，㊲只有 1 成不到，這與其他漢籍文獻（下稱表(二)㊳）的情形恰好相反。第二，從所指對象而言，表(一)的「眾」所指幾乎都是佛教道教的行者（近 9 成 6），㊴表(二)的「眾」則截然不同，所指幾乎都是攻伐征戰的軍隊（兵）或寇賊（近 9 成 6）。㊵第三，從搭配的數詞來看，表(一)的「眾」幾乎都搭配百以下的小數目（近 9 成 6），表(二)的「眾」則恰恰相反，幾乎都搭配數百千萬的大數目（近 9 成 9）。

㊲ 在《西遊記》則「數−眾」單用的較多，例如：「四眾急急回山，無好步，忙忙又轉上雷音。」（九十八回）這是因為該書以唐僧師徒四人為主軸人物，因此「四眾」在此書的大脈絡中所指明確，單獨使用不致引起誤會。

㊳ 表(二)的《水滸傳》比較特別，其中雖有許多講僧人、和尚的用例，但並沒有使用量詞「眾」，而幾乎都直接用「數詞+名詞」，或者是用量詞「個」。例如：「寺裏有五七百僧人。」（第四回）；「我曾許下剃度一僧在寺裏。」（第四回）；「第四日，忽有兩個和尚，直到晁蓋寨裏來投拜。」（第六十回）

㊴ 佛教類的有：僧、僧人、上僧、上堂僧、禪僧、尼僧、女僧、真僧、高僧、和尚、長老、喇嘛、徒弟、師徒、小徒、頑徒、行者等等。道教類的有：道眾、道士、道童、小道童、高道、師徒等等。兩例其他類的是：《金瓶梅》：「五間大殿塑龍王一十二尊，兩下長廊刻水族百千萬眾。」；《醒世恆言》第十七卷：「張孝基……一行四眾，循著大路而來。」一指水中的眾生，一指佛道之外的人士。

㊵ 表(二)中 4 例非兵寇類的，其中兩例是佛教類：一為高僧之徒（四百眾），一為僧（千眾）；二例其他類的是：生靈（百萬眾）、丐者（數十百眾）。

從這樣明顯的對比看，我們認為這兩類外貌近似的「數詞+眾」，應該各有不同的來源，因而各有差異的性質（儘管其功能接近，粗略的說，都可做為指人為主的個體量詞）。在論述其來源差異之前，我們先看看量詞在「詞性」、「詞義」、及「結構」發展的一般規律。

我們知道，量詞許多是由名詞逐漸發展來的，並且其語法意義就是由原來名詞的意義逐漸引申的。例如「條」本義是「小枝」（名詞），於是做為量詞便拿來指稱細長的東西；「塊」本義是「土塊」（名詞），作為量詞就拿來指稱方形而有體積的東西。㊶所以，我們可以從量詞的所指，反過來推溯其來源的名詞。其次，就量詞的結構發展而言，是由「數-名」向「名+數-量」向「數-量+名」逐漸發展的。㊷因此，我們可以從其各種結構所佔的比例，推估其歷史發展（虛化、量詞化）的程度。以下我們就從結構、詞性、詞義幾方面來論述上述兩個「數詞+眾」的來源及性質等各方面的差異。

先說表(二)的「眾」。表(二)的量詞「眾」（如：南摧楚人之兵數十萬眾），其來源應是意謂「軍隊」的集體名詞「眾」。㊸我們

㊶ 參王力，《漢語史稿》中冊，第三十三節「單位詞的發展」（頁 240）。

㊷ 同上書，頁 240 以下。黃盛璋〈兩漢時代的量詞〉（《中國語文》，1961 年 8 月），頁 21-28。劉世儒，《魏晉南北朝量詞研究》，頁 44 以下。「數-量」詞組與中心名詞結合情形的演變為：先秦時一般為「名+數-量」，漢代「數-量」漸往前移，但未有一定規格，南北朝時基本以「數-量+名」為原則。

㊸ 這種意指「軍隊」的「眾」，例如《左傳·昭公元年》：「既聘，將以眾逆，子產患之。」杜預注：「以兵入逆婦。」；《管子·輕重乙》：「誰

可從幾方面考察。

首先，從量詞結構與詞性發展的線索看，表中三種結構所佔的比例：「數-眾」（80.6%）>「名+數-眾」（18.3%）>「數-眾+名」（1.1%）（“>”表「大於」），反應此類量詞「眾」還處於發展的前階段。㊹其中佔最大多數的「數-眾」結構（如：秦王率十萬眾，四面俱集）還是「數詞+集體名詞」用法，這個「眾」還不是量詞。我們檢查《戰國策》，發現「數詞+眾」僅一例，㊺但「數詞+之眾」則有 21 例。這種「數詞+之眾」結構應該就是《史記》以下「數詞+眾」結構的來源了！㊻既然「數詞+之眾」的「眾」為集體名詞，這表示後來的「名+數-眾」、「數-眾+名」格式的個體量詞「眾」便是源於這個集體名詞「眾」。這是結構與詞性演變上的證據。

其次，從詞義與語法意義的演變來看，由於這一類「眾」還處

能陷陳破眾者賜之百金。」；《晉書·劉聰載記》：「願大王以重眾守此，染（趙染）請輕騎襲之。」轉引自《漢語大詞典》冊八，頁 1350，左欄。

㊹ 史書文獻，從《三國志》以下，我們檢查了《晉書》及南北朝諸史書、《舊唐書》、宋元明清諸史，發覺「數-眾」（數-名）單用的保守性極強，並沒有進一步向「名+數-眾」乃至「數-眾+名」演變的跡象。（晉及南北朝稍有推進，三種格式的比例大約是 75：25：0；此後「數-眾」單用的比例又高了起來）

㊺ 《戰國策·燕策》：「國構難數月，死者數萬眾。」（指參與戰事的軍士百姓）

㊻ 例如〈趙策〉：「夫用百萬之眾，攻戰踰年歷歲，未見一城也。今不用兵而得城七十，何故不為？」；同上：「單聞之，帝王之兵，所用者不過三萬，而天下服矣。今將軍必負十萬、二十萬之眾乃用之，此單之所不服也。」

在演化的初期，「名詞性」極強，隨之「軍隊」的含義也就十分濃重，因此在「名+數-眾」、「數-眾+名」格式中做為量詞時，應用指稱的對象就極端限制，幾乎只拿來指稱軍旅之屬。少數指寇賊、流民的，是由軍隊義擴大的用法，而更少的一兩例指生靈、丐者的，則是再進一步的擴大應用。這是詞義與語法意義演變上的證據。

最後，從詞義與搭配數詞數目的關係來看，既然「軍隊」（或寇賊）總是數量龐大，這就說明何以它所搭配的數詞總是以「數百千萬」而計了。這樣，可見表(二)的量詞「眾」，其來源確是意謂「軍隊」的集體名詞「眾」。

另外一類，表(一)「十二眾僧人」之類的個體量詞「眾」，其來源應是佛典中通過譯經引進的「眾」（saṅgha, parisā, gaṇa; vagga 等）。以下我們從幾方面來談。

首先，就語法意義而言，明清小說的此種量詞「眾」應用指稱的對象極有限制，幾乎都指佛教道教的行者（近 9 成 6），而尤以佛教僧人最多（超過 7 成 6）。在道教早期（東漢中晚期）經典《太平經》（170 卷）中並沒有拿「眾」指稱道教修行人的。㊼反之，佛典中此種用法不但自譯經伊始即有，並且使用極為普遍。如前所說，佛典這個「眾」的意思，基本指的便是各種各樣（修行聞法）的

㊼ 如前所說，道教修行人「道眾」一稱，應是受到佛典影響才產生的。並且筆者檢索中央研究院「漢籍電子文獻」《太平經合校》，並未見到「數詞+眾」的結構，反之，佛教從最早期（東漢）的譯經開始便有這種用法，例如後漢·安玄、嚴佛調共譯《法鏡經》：「彼時若干百眾圍累側塞，眾祐而為說經。」（T12, 15b8-9）可見「眾」的量詞用法不可能來自道教。

「大眾、群眾、徒眾」：剎利眾、婆羅門眾、居士眾、沙門眾、梵天眾、比丘眾、比丘尼眾（僧眾、尼眾）……。因此明清小說的個體量詞「眾」可能就是從這樣的意義而來，稍加限制，主要指稱僧人（這是詞義縮小），再由佛教進一步引申應用到道教，再引申指一般人士（這是詞義擴大）。就像由「僧-眾」、「尼-眾」之類的構詞，產生「道-眾」一樣。

其次，就結構及詞性而言，儘管佛典通過仿譯而輸入的（表成員數的）「數詞+眾」結構，其中的「眾」並非個體量詞，而是集體名詞。但是既然這種「數詞+眾」基本意義表示「成員數目」（個數），並且具有類似漢語「數詞+量詞」的數量結構的形式，因此便提供了「眾」個體化及轉化（虛化）成「量詞」的可能。㊽另一方面，漢語指人的主流個體量詞「數詞+人」的用法，顯然也會影響到「數詞+眾」的解讀。這樣，可能讓「眾」逐漸沾染了「人」的意義與用法。我們再回顧前面的例子（例(21)、(11)）：

> (36) 四眾羯磨者，布薩羯磨一切拜人，四人得作，是名四眾羯磨。五眾羯磨者，受自恣、輸那邊地受具足、一切尼薩者，五人得作，是名五眾羯磨。十眾羯磨者，比丘受具足、比丘尼受具足，十人得作，是名十眾羯磨。二十眾羯磨者，比丘阿浮呵那、比丘尼阿浮呵那，二十人得作，是名二十眾羯磨。（東晉·佛陀跋陀羅共法顯譯，《摩訶僧祇律》，T22,

---

㊽ 譯經引進的另外一類表達「群體數目」的「數詞+眾」結構就沒有這種條件，如例(22)「八眾」：八種群眾、八種大眾，這個意義結構下的「眾」沒有成為個體量詞的可能。（但可能演變成集體量詞，參前文例(17)）

422b3-9)

(37) 時，具壽大目連將十七眾童子與其出家，并授圓具，以鄔波離為首。此十七人若有一人為知事者，彼之十六盡皆相助。(唐·義淨譯，《根本說一切有部毘柰耶》，T23, 665b29-c3)

此外，再加上漢語從先秦兩漢就有個體量詞「眾」的用法，儘管其應用範圍極有限制，並且嚴格說，用例並不是太多，㊾但至少表示漢語可以容受這種用法，甚至可能推進這種用法。可能就在漢語這兩股勢力的助長推進下，便從「數-眾」(以及「數-眾-名」)的仿譯結構(如：四眾(羯摩)、五百眾、十二眾童子)逐漸產生了一類佛教色彩濃厚的個體量詞「眾」。從譯經之外的佛教本國撰述中可以見到，早在唐代(或者更早)，此種量詞用法已經在佛教團體中廣為應用了：㊿

(38) 傳云，趙時梁時皆有僧反，況今天下僧尼二十萬眾，此又不思之言也。(唐·道宣撰，《廣弘明集》，T52, 189c23-24)

(39) 既而學者子來，習禪者三百人，聽講者七百眾，常分為九處安居。(宋·志磐撰，《佛祖統紀》，T49, 187b21-22)

㊾ 我們檢索中央研究院「漢籍電子文獻」，《史記》「數詞+眾」有 12 段，但「數詞+人」則有 490 段；《漢書》中，二者分別為 30 段及 1102 段。由此明顯可以推估，「眾」的量詞用法相較於「人」是勢力微薄的。

㊿ 但幾乎都是「名+數-眾」格式，還少見「數-眾+名」的。

最後須一提的是，從表(一)三種結構所佔的比例：「數-眾+名」（78.3%）>「名+數-眾」（13%）>「數-眾」（8.7%）看來，明清小說的個體量詞「眾」已經達到發展的後面階段了。㊿如前所說，這種演變一方面可能來自漢語「數量結構」演變的總趨向的推進，同時也可能與佛典「數-眾+名」（六眾苾芻、十二眾童子）的仿譯格式有關。但有趣的是，另外一類指稱軍隊寇賊的「眾」，其三種結構的比例自從由《戰國冊》到《史記》之間取得跳躍性的進展之後，在《二十五史》中，除了晉及南北朝時代稍有推進之外，52幾乎一直維持在《史記》、《漢書》時期的比例，乃至到《明史》與《清史稿》也沒有任何發展。這似乎又反應，後代史書文獻的語言具有相當的保守性（襲古性）。

3. 從集體名詞「眾」到個體量詞「眾」的演變機制

上一節主要論述明清小說的個體量詞「眾」不是來自古來漢籍文獻的「眾」，而是從佛典的集體名詞「眾」產生的，並對其量詞化的幾項關鍵因素作了說明。此處我們再做一清晰、系統的歸納：

【眾：「集體名詞 → 個體量詞」演變之動因】

(1)內部條件

①結構上：由於「數詞+眾」緊密結合的結構與漢語「數-量」結構形式一致，且其中之數詞表「成員數目」（個體數），因此提供了「眾」向個體量詞演變的可能。

②詞義上：由於「眾」的詞義為群眾、大眾、徒眾，基本指

---

51 4個「數-眾」單用的用例，都是名詞承上省略。

52 參看注44的說明。

「人」，因此提供了「眾」演變成指「人」個體量詞的契機。

(2)外部原因

①漢語勢力龐大的指人「數-量（個體）」結構的強大沾染力及推動力。

②佛典中許多「酷似」數量結構的仿譯式（如：六眾苾芻、十七眾童子），提供了經典的廣大讀者群（閱讀者、轉誦者、講說者、聽聞者）將它往數量結構「類推」或「誤讀」的機會。

③在漢籍文獻中「眾」早有個體量詞用法，㊿表示漢語可以容受「眾」的個體量詞化，而不會抵制排斥。

以上列舉的眾多條件與原因當中，最為關鍵的，簡單說，是「數詞+眾」緊密結合的結構（內因），受到漢語「數-量」結構的類化（外緣）。也就是說，是因為「數詞+眾」在「形式（結構）」上先具備了數量結構的外形，才使得眾的「詞性」受到類化，由名詞逐漸轉為量詞，「詞義」也由群眾、大眾、徒眾逐漸轉為指人的單位（個）。這種「形式（結構）」、「性質」、「意義」之間的互動關係，可以通過「眾」與「數詞」結合的幾種情形作一觀察。我們整理如表(三)。（表中標示號碼的用例，參前文。）

---

53 但漢籍史書文獻「眾」的個體量詞用法僅限於「名+數-眾」格式，尚不見「數-眾+名」格式，因此其「量詞性」還不是最強。

表(三)　「衆」之語法結構、詞性、詞義之互動及演變關係

眾	①	②	③	④	⑤
結構	眾(單用)	數+之眾	數+眾	名+(數+眾)	(數+眾)+名
例示	誰能陷陳破眾者賜之百金。——《管子》	夫用百萬之眾，攻戰踰年歷歲，未見一城也。——《戰國策》	乃使蒙恬將三十萬眾北逐戎狄。——《史記》	南摧楚人之兵數十萬眾。——《漢書》	驅兩國百萬眾之生靈。——《唐宋筆記叢刊》
	(23-3)尊者大目乾連亦在眾中。 (27)其眾五百人。	(24)五百之眾，行作沙門。 (25)一億三萬之眾，皆是阿羅漢。	(22)無量百千眾，圍繞說法。 (24)誘五百眾，往詣佛所。	(38)天下僧尼二十萬眾。 (39)聽講者七百眾。	(33)請報恩寺十二眾僧人。 (34)又差了十二眾青衣小道童兒來。
詞性	【名詞性】 虛化 【量詞性】 集體名詞 ——→——→——→ 個體量詞 (名詞性漸弱；量詞性漸強)				
詞義	軍隊； 虛化 大眾、群眾、徒眾——→——→——→ 個(指人單位) (軍隊、大眾的詞義漸弱；指人單位的語法意義漸強)				
關鍵演變機制	「數詞(成員數目)+集體名詞」→「數詞(個體數目)+個體量詞」				
推進力量	內因：「數詞+眾」緊密結合的結構，與「數-量」結構形式一致。 外緣：漢語指人個體量詞的「數-量」結構之「類化」作用。				

表中第①種結構，「眾」單用時，其「詞性」是百分之百的名詞（集體名詞），「詞義」完全沒有虛化。第②種結構「數+之眾」，眾依然是集體名詞，但由於前面搭配了數詞，因此相對於結構①而言，是更向數量結構傾斜了，可說初具量詞化的條件。第③種「數+眾」結構是一個關鍵，儘管這是一種「數–名」結構，[54]但由於與「數-量」結構形式一致，因此提供了名詞「眾」量詞化的必要條件。到了第④種「名+(數+眾)」結構，可以說「眾」已由「名詞性」轉向了「量詞性」。[55]到第⑤種「(數+眾)+名」結構，「眾」的「量詞性」便完全確立了。[56]表(三)中，還有幾點需要補充。第一，如前一節看到的，漢籍史書文獻表「軍隊」義的眾，其歷史演變的先後進程，大致符應於以上由①至⑤的結構變化。當然其間經常是幾種結構同時並存，交織重疊而逐步推移的。第二，這個表「軍隊」義的眾，是否真正完全推進到第⑤種結構，是多少可疑的。因為筆者只見到上舉《唐宋筆記叢刊》（驅兩國百萬眾之生靈）一例，並且其格式「(數+眾)+之+名」並非完全規範化。而且前面一節也提到，在史書文獻中，即使到了《明史》與《清史稿》，也看不到有往格式⑤發展的情形。這也是我們之所以不認為

---

[54] 當然若就明清小說而言，其「數–眾」結構（例如：教你師父請十六眾罷。）便是屬於道地的數量結構了。

[55] 只說轉向量詞性（意謂量詞性強過名詞性），而不說是道地的量詞，是因為諸如「南摧楚人之兵數十萬眾」、「聽講者七百眾」、「天下僧尼二十萬眾」諸例都還是容許有「名–數–名」的解讀方式。

[56] 當然，並非所有的「數–眾–名」格式的「眾」都是「量詞」。如佛經中「十二眾童子」之類的仿譯式依舊應視作「數–名–名」，而非「數–量–名」格式。

明清小說的個體量詞「眾」是來自漢籍史書文獻的「眾」的原因之一。

四、結語：語際接觸的迎與拒

「六群比丘」（數・群・名）與「六眾苾芻」（數・眾・名）是來自同一來源的仿譯式。「六群比丘」譯式儘管廣受譯家青睞，普遍存在於各時代、各種類的佛典中，但始終無法成為漢語具能產性的語言成分。究其原因，一則由於這個譯式應用範圍不大，只拿來指稱特定的幾群人，㊼勢單力薄，影響力有限；再則，更重要的，這種與漢語判然有別的外來語義結構，顯然遭遇到漢語固有的「數詞–群+名詞」意義結構的強力抵制；不止如此，漢語「群」的量詞用法，背後更有勢強力大的整個「數詞–集體量詞（隊、束、捆、堆、組、串等等）+名詞」意義結構的強力支撐。「六群比丘」譯式最終只能成就幾個零星的「專有名詞」，這樣的結局也許並不意外，因為這是給漢語語義結構干擾最小的一種「冷處理」。

經由仿譯輸入的兩類「數–眾（集體名詞）」結構，命運顯然大大不同。表群體數的一類，給佛典的本國撰述帶來了一個準集體量詞「眾」；表成員數的一類，則給漢語帶來了一個迥異於漢籍史書文獻而具有濃重宗教色彩的「另類」個體量詞「眾」。「六眾（苾芻）」譯式的「數–眾」結構之所以能順利融入漢語，並且進一步有所發展，其主要原因是漢語中不但沒有像「群」那樣的集體量詞

㊼ 即六群比丘、六群比丘尼、十七群比丘、十七群童子等。

「眾」會造成彼此語義結構的扞格衝突，反而在古來史籍文獻就有個意義結構相仿的「數詞+眾」扮演接引的角色。接著，在意義結構類似（都表示個體數）的指人「數–量」結構的推進下，便順利誕生了（元）明清小說的個體量詞「眾」。

隨著「剎利–眾」、「婆羅門–眾」之類仿譯式的輸入而帶來的「~眾」的構詞，這種構詞生命力強，富能產性，其給漢語的影響雖達不到新添或改變原來構詞法的地步，不過卻是強過了單純的外來借詞。有趣的是，與「數–眾」結構類似的，這些跋山涉水、自西天遠道而來的「異鄉客」，頗能入境隨俗，隨著漢語語法結構演變的歷史浪潮而演變（虛化），最後誕生了一種既具異國風味，又富本地色彩的「~眾」（道–眾、聽–眾、觀–眾）的後綴語。

語言學的研究，正如其他自然科學及人文社會科學一樣，不只在於描述現象，更重要的是要解釋現象，也就是要找到該等語言現象之存在或改變的背後的原因、道理、法則、機制等等。因為發現及認識這些道理、法則等，可以有助於我們觸類旁通地了解或解釋已存在的其他類似現象，並且可多少預測尚未發生的未來演變。基於這項認識，即使我們知道這項工作問題較大，難度較高，但還是花了一些篇幅做這方面的嚐試。

本文雖僅僅觀察一個微不足道的仿譯式，但通過這個小小的窗口隙縫，多少讓我們窺見「語際接觸」之時，其間迎拒拉扯的些許微妙關係（「數·群·名」遭到抗拒，「數·眾·名」則順利發展）。而它也透露著，仿譯現象是一個值得挖掘深究的課題。特別是，可以想見的，佛典中從詞彙、詞組、到句子各個層面，必定存在著大量的仿譯結構，使得佛典的語言呈現一種特殊的，中印（甚至其他中亞語言）合璧交融的現象。因此，無論是要正確解讀佛典，或者是要真正揭開佛典漢語這種特殊語言的神秘面紗，乃至是要了解印度語言怎樣通過佛教譯經而逐步滲透影響漢語，都有賴於此相關領域有志者繼續不斷的探尋！

【誌謝】本文所涉及的「漢語」及「語言學」，並非的作者的專業。但在鄉居之間幸獲地利之便，承蒙中正大學中文系所及語言學研究所諸多師長慈悲，允許聽習相關課程。本文之作，得到中文系竺家寧教授在漢語語法學、詞彙學等方面的啓蒙與教導，還有語言所張永利教授（現任中研院語言所副研究員）在句法學、語意學、語法與語意介面等諸多方面的深刻啓發，而蔡素娟教授的語料庫語言學，更給作者在語料取用的便利性及確當性上得益良多。謹此向諸師長致上深深的謝意！作為一個「半途轉進」的非本業及非專業研究者，筆者還應感謝我的梵語、巴利語啓蒙老師——甫自台大哲學系榮退的釋恆清教授、中央大學中文系萬金川教授、以及中華佛學研究所印度籍榮退教授穆克紀老師（Prof. B. Mukherjee）。沒有諸師長的慈悲教導與啓發，就不會有這篇跨越不同語種，結合多種學科、多種語料、多種方法的小小嘗試。

附　篇

教理及其他

【拾壹】、生命的洞見
——於五蘊「七處善巧」*

佛陀提出的教法，有著明確的目的：要根本的、徹底的解決生命、世間的一切苦迫。佛陀認為，這苦迫的來源，是對生命（乃至一切存在）的真相不能透徹，從這「無明」引發了錯誤的行為，從這行為造成了大苦聚集。因此，解除這苦迫的關鍵，便在於徹見生命的真相——所謂「如實知見」。經說，不能如實知的，「去我法律遠，如虛空與地」，❶這可見「如實知」在修學上之重要了！

一、種種如實知

關於「如實知」的教授，在《阿含》中有著深刻而豐富的內容。從存在的根本性質說，正見「一切無常（、有為、緣起所生）」，「一切空」，「一切非我、非我所（、不相在）」；而從

---

* 原載《法光》第 61 期，台北：財團法人法光文教基金會，1994 年 10 月，第 2-3 版。今稿加上引用經文出處，少數地方稍做補充。

❶ 《雜阿含·209 經》，T2, 52c。（本文經號皆依《大正藏》）

生命活動及苦迫的來龍去脈說，正見「一切苦」，正見「四諦」，正見「集、滅、味、患、離」（五種如實知），乃至「七處善」。

「如實知」是從「如實觀察」而來的，觀察的對象是「生命活動」。這或說「蘊」——著重心理的、存在狀態的觀察；或說「入處」、「界」——著重物理生理的、內外交互活動的觀察；或說「緣起」——著重活動過程中，身心狀態因果次第的觀察；又或說「受」、「食」等。總是，一切的聞思、觀察、實踐、乃至現證，都不離這現實的身心。本文將依《雜阿含·42 經》（及《相應部·蘊相應·57 經》），❷從「五蘊」這個角度，對「七處善」的內容做一概要的陳述。

二、七處善巧

「七處善」是指：對五蘊——色、受、想、行、識，在七方面——蘊、蘊集、蘊滅、蘊滅道跡、蘊味、蘊患、蘊離，得以完善的了解、把握、實踐與確證。

㈠蘊

「色蘊」是「一切四大及四大所造色」，這是物理、生理的部份。後面四蘊則屬心理層面，「受、想、行蘊」是「六受身、六想身、六思身」，這是眼等六（根、境、識三合）觸所緣生的感受、思想與意志活動。「識蘊」是「六識身」，這是六根對六境所緣生的

❷ T2, 10a；S.22.57; III 61-65.

了別與憶持作用。

這樣看來平常的蘊觀，有它十分深刻的意義。首先，生命（五蘊）是個（四大、根、境、識、觸等）無常因、無常緣和合而生的現象，是「無常、無我」的，❸而非「實存、本然、不變」的。其次，它說明了生命是「內（根）、外（境）交融」而成立的，從來沒有「獨別存在」的生命實體。再則，它也呈現了生命活動中「色心相依」的事實，心理活動是「依根緣境」而成的，這是「緣起義」，而非「唯心義」、「唯識義」。最後，五蘊雖分立假說為五，實則互為因緣，「交融一體」而非「各各獨立」的。

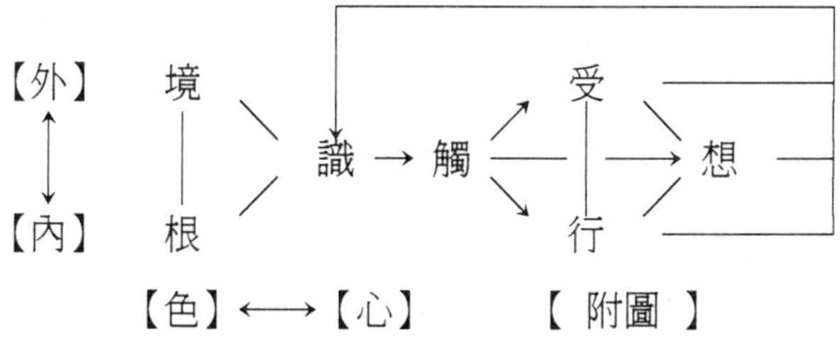

【 附圖 】

「蘊」的觀察可分為幾個層次：❹一是，如前所說，純屬物理、生理、心理交互作用的「生命活動」，這說為「五蘊」。它是通一切凡聖有情的，凡夫有色身、感受、思想等作用，聖者也一樣。二是，貪瞋癡俱，「煩惱的生命活動」，這說為「有漏法」（受陰、取蘊、有漏五蘊），是未解脫的有情。三是，貪恚癡盡，

❸ 《雜阿含・11 經》，T2, 2a。

❹ 《雜阿含・55, 56, 58, 1176 經》。

「清淨的生命活動」，這說為「無漏法」（無漏五蘊），是解脫的無學人。第一個層次（五蘊）是關於「生命事實」的，可說屬於「科學面」——生命活動之實然——的觀察，這無關凡聖。後二層次（有漏、無漏五蘊）則是關於「生命實踐」的，可說屬於「宗教面」——生命活動之應然——的觀察，這凡聖殊異。這樣的分層安立，將有助於以下「蘊集、蘊滅、蘊滅道跡」三處的把握。

㈡蘊集、蘊滅

所謂「蘊集」，是觀察蘊的「集生因緣」，這「集生因緣」可分兩方面說：一、就生命事實的科學面看，引發「生命活動」的，說名「因緣」。二、就生命實踐的宗教面看，引發「有漏生命活動」的，說名「雜染因緣」。以下就依這兩方面分別說明「色、受、想、行、識」五者的「集生因緣」。

關於「色」，經說：「愛喜集是色集，愛喜滅是色滅」。「愛喜」集滅是指「雜染因緣」集滅，「色」集滅是指「有漏色」集滅，而非色的「斷滅」。若從科學面的「因緣」集滅來說，色集應說是「四大集」，色滅應說是「四大滅」，這樣的集滅則是（假名的）一期生命自然的、難免的過程，在凡不增，在聖不減。

關於「受、想、行」，經說：「觸集是受、想、行集，觸滅是受、想、行滅」。從「雜染因緣」集滅來看：觸集指的是「無明觸」集起。無明觸是以「我、我所」見為主的虛妄分別——有、無、斷、常、好、醜、勝、等、劣等等，❺由此而推動了一連串的

❺ 《雜阿含·45, 63 經》。

好惡情緒、想法以及強求、排斥等等雜染心行。觸滅指的是「無明觸」滅，經中一再說「無明觸滅，明觸集起」，可見所滅除的是上述的虛妄分別，而非觸的作用；反而，由於滅除了虛妄分別，觸的真實作用（明觸）才能產生。

另一方面，若從「因緣」集滅來看：根、境、識三合是「觸集」，根、境、識離則「觸滅」。因此，就生命事實的科學面說，觸是剎那生滅的，於是所集起的受、想、行也就剎那不住，這是凡聖無別的。

關於「識」，經說：「名色集是識集，名色滅是識滅」。首先，就十二支中「識依名色」的意義說，有情隨著胎中「名色」之逐漸成熟，乃至出生後幼兒諸根之日漸發達，而「識」的作用也就越強——這說「識集」；而隨著胎兒、幼兒（即名色）之夭亡（或者有情諸根之老化衰退乃至毀壞），識也就不能依之茁壯——這說「識滅」。要注意的是，這只是約一期生命中識沒有因緣（名色）繼續長養而說，並不是斷滅義。

再則，依現實身心活動中「四識住」❻的意義說，「識於色、受、想、行（名色）中住，攀緣色、受、想、行，喜貪潤澤，生長廣大」，這是「雜染因緣」集而「識集」；又若「識於色、受、想、行界（名色）離貪，則攀緣斷，攀緣斷已，識無所住，不復生長廣大，唯見法欲入涅槃，寂滅」，這是「雜染因緣」滅而「識滅」。同樣要注意的，經中一再說「無明滅，明生」，可見這裡所滅的不是識的「作用」，而是識的「雜染」。所以實在地說，是

---

❻ 《雜阿含·39, 64 經》。

「識滅而智生」（唯識家說「轉識成智」）。❼

另外，在現實身心活動中，由前面【附圖】也可看出「名色集滅是識集滅」在生命事實的科學面之意義。一方面，識的生起須要依根緣境——名色集（意法為名，其餘為色）；又，受、想、行等心理活動並不斷滅，它會積集成為一種習慣、勢能、記憶，而為「無常相續」的識之一分——名集，以上說「名色集是識集」。另一方面，離當下根境因緣（名色滅）或受、想、行剎那滅（名滅）時，識不現起，這說「名色滅是識滅」。而這依舊不能被想成斷滅，它不過是因為沒有「當境」（緣起），所以沒有「現行」（緣生）罷了！

將「蘊的集滅」分成生命事實的科學面之「因緣集滅」與生命實踐的宗教面之「雜染因緣集滅」兩個層次是頗有深義的。首先，從「因緣集滅」說，五蘊這個生命現象既是四大、觸、名色等因緣所集起的，它必然就要隨著這些因緣的生滅而生滅，所以生理上有生、老、病、死，心理上有生、住、異、滅等現象，這是凡聖皆然的。然而，既說「因緣生，因緣滅」，也就顯示了「生是不實而生，滅是不實而滅」無常相續的生命事實。❽這樣，就在「無實的生滅」中，當下便體現了「無生的寂滅」！

其次，從「雜染因緣集滅」說，「有漏法」——苦迫的生命活

---

❼ 《中阿含·157 經》：「是謂我爾時後夜得此第三明達，以本無放逸，樂住遠離，修行精勤，謂無智滅而智生，闇壞而明成，無明滅而明生，謂漏盡智作證明達。」（T1, 680b4-7）

❽ 《雜阿含·335 經》：「云何為第一義空經？諸比丘！眼生時無有來處，滅時無有去處。如是眼不實而生，生已盡滅，有業報而無作者，此陰滅已，異陰相續。」（T2, 92c16-19）

動——不是本然、天生苦迫的，是「此有故彼有」地由無明觸、愛喜等（雜染）因緣集起的；因此，也就可以「此無故彼無」地由無明觸、愛喜等（雜染）因緣的滅除而止息。當然，所止息的不是生命活動，而是生命活動中的煩惱與苦迫。經中常說五蘊之「捨、離、盡、息、滅、寂、沒」等，❾指的實是這一層意義。在「有漏法」滅後，事實上將成就「無漏法」——清淨、安樂的生命活動。這樣，對集生因緣能層次分明的把握，才不至誤解了蘊集、蘊滅的真義。

上來說了「七處善」的前三處，它們都同時具有「生命事實的」與「生命實踐的」這兩層意義。而以下要說的四處則純屬「生命實踐面」的宗教關懷。

㈢蘊滅道跡

如上述，蘊滅道跡是屬於「生命實踐」的，是一套對治無明觸、愛喜等「雜染因緣」（蘊集）的方法，使「有漏法」轉向「無漏法」（蘊滅）。值得說明的是，蘊的集滅中屬於「生命事實」的生、老、病、死，生、住、異、滅諸現象，是無關道跡的，是不勞對治的（「不實而生，生已滅盡」故），而也是無法對治的（「思欲斷滅，不可得」故）。所以「蘊滅道跡」不是一套「止息生命活動的方法」，而是一套「轉化生命活動的方法」。

這道跡是以正見為首的「（出世間）八正道」。「正見」是要確見生命活動的苦迫（苦蘊）以及生命活動的情形（蘊與集滅），還

---

❾ 《雜阿含·61, 78 經》。

要進一部透視生命活動的根本性質（緣起、無常、無我）；再來，必須洞察生命苦迫的原因（蘊集）以及這原因確實是可被滅除而達苦之止息的（蘊滅）。

「正志」是正確的用心，⑩依著前述的正見，在起心動念中檢察動機、心態、想法中有無「無明分別」、「愛喜」等苦因，依「正勤」力而斷、而轉，發之行為而為「正語」、「正業」、「正命」。依著這樣身、語、意的全面檢察與修正，漸得心念澄淨，不落散亂、沉掉與愚念——「正念」。接著，依三昧——「正定」力——增上思惟（無常想、苦想、無我想），斷毀意識深處的無明妄見。八正道不只是直線的次第法，而且是循環相資的。

關於道品的修習，佛陀曾說「伏雞生子」譬喻：「若彼伏雞不能隨時蔭卵，消息冷暖，欲令子出，無有是處」。又說「巧師執斧」譬喻：「譬如巧師、巧師弟子，手執斧柯，捉之不已，漸漸微盡，手指處現」。⑪可見，這若非時時處處一再一再地反復操作，而只「但用心求」，是不得日見其功的！

㈣蘊味、蘊患、蘊離

前面「四處」主要在：對「生命活動及其問題」的來龍去脈作完整而普遍的確解——重在離「無明」。以下「三處」則是：「增進思惟」，鎖定生命活動中之「問題」，直下對治——重在離「貪愛」。

---

⑩ 正確的意念，即離欲、無恚、不害的意念。

⑪ 《雜阿含・263 經》。

關於「蘊味」，經說：「於色（、受、想、行、識）因緣生喜樂」。也就是於生命活動中，在物質面、感受面、思想面、意志面、以及意識的認定面「認真」（執之為真、為實），而產生依賴、結戀、不捨，甚至強烈的貪愛與追求，亦即在這五方面的「耽溺」。這是生命之所以陷落，之所以苦患的主要原因。

關於「蘊患」，經說：「色（、受、想、行、識）無常、苦、變易法」。「無常、變易」是生命的事實，原本不一定是「苦」的，可是在一般於蘊「味著」——依賴、強求、愛喜、結戀——的有情而言，青春、財富、情感、知識、技術、權位等是那樣的遷流變異，或者求不得，或者留不住，或者捨不去，於是恐怖、障礙、顧念，惱苦橫生！這，恰恰顯示：在無常、變易的一切法中，任何一絲依賴、安全的要求，都正是不安、苦迫的來源！

關於「蘊離」，經說：「於色（、受、想、行、識）調伏欲貪、斷欲貪、越欲貪」。這是說在生命活動的物質、感受、思想等各方面中解脫「苦因」（欲貪），於是也就解脫「苦果」。「離」是「解脫」義，「蘊離」是「生命的解脫」——實現清淨、安樂的生命活動。

經中常將五蘊的「味、患、離」三法放在一起，而且依著次第地說，⓬這是很有深義的。先說「蘊味」是要指明一切生命問題的主要根源，以及確定的對治目標。再說（由「蘊味」而來的）「蘊患」，表明苦患的五蘊並非（無因無緣的）本身苦患、本來苦患、本然苦患、本質苦患，而是由於對五蘊「味著」才造成的。最後說

⓬ 《雜阿含．13, 14 經》；《中阿含．99 經．苦陰經》。

（由「蘊味」而「蘊患」的）「蘊離」，顯示要被出離的不是「五蘊本身」，而是於五蘊的「味著」；而因著出離了「味著」，所以也就出離了「苦患」。這樣整體地、次第地理解，才能看清生命問題的根本徵結，也才能鎖定對治下手的關鍵處，不至錯用功夫。

三、深廣的觀察

上來略明七處善的內容。再說，於《阿含》的教授中，「如實觀察」必須具備兩個向度。⓭一是「深徹的」，所謂「如所有性」，這是對緣起的生命活動之種種事實，能如其事實的確知。如觀察「緣起」、「無常」、「空」、「非我」乃至「苦」、「五種如實知」、「七處善」等。二是「普遍的」，所謂「盡所有性」，緣起生命的存在與活動是遍一切行相的，經中常說「過去、現在、未來（時間面），內、外、遠、近（空間面），粗、細（存在面），好、醜（價值面）」等十一種行相。所以整個說，必須把握「如所有性」中一一事實的確見，再廣泛地、普遍地、無遺地，盡一切時、一切處、一切樣相、一切價值之十一行去觀察、決定。有情的煩惱是這樣的深沉而普遍，所以唯有如此深刻無遺地盡一切觀察，才能於「一切」解脫。

⓭ 印順法師，《雜阿含經論會編》上冊，頁 18。

四、小　結

總上所說，觀察的對象是五蘊，觀察的內容是七處，觀察的範圍是十一行，而這樣的觀察還必須依止「三昧（正定）」力，才能達到「現觀」——「如實知見」。這樣，對生命活動的種種事實有了根本的確見後，才能真實生起「厭」、「離欲」的能力，而真正的「轉向苦邊」。⓮

最後，值得一提的是，「如實知見」的「知見」不是一般的知識、理解、思惟、想法或學問。它是一種對生命乃至一切存在「如其本來事實」的洞見，這洞見是「經驗的」，而非揣度、推測的；是「完全的」，而非片面、部份的；是「現法的」——現時而非異時，現存而非想像；是「自知、自證的」，而非依他所說而相信的；而且是「有所具足、有所成就的」——正見具足、淨戒具足，也就是能引發生命的脫胎換骨與生活的全面改變，所以才說「決定正趣三菩提（正覺）」。

阿含的教授一向言簡義長，然而比起其它「如實知」的教授，「七處善經」算是難得的完整、詳盡，因此它實在是學者時時觀察、數數思惟以趣入正見的一項重要材料。

⓮ 《相應部・因緣相應・23 經》；S.12.23; II 29-32。

【拾貳】、
《中部》「正見經」新譯*

(1) 我這樣聽聞：**

---

* (a)原載於《香光莊嚴》第 87 期，嘉義：香光莊嚴雜誌社，2006 年 9 月，別冊（隨附雜誌之小冊），頁 4-27。今稿少數地方略作修改和補充。本篇經文譯自巴利語本 M 9. Sammādiṭṭhisuttaṁ; I 45-55。
(b)本篇譯稿是該期《香光莊嚴》「正見經專題」的基礎文獻。有關《正見經》的內涵和架構介紹，可參看該刊同期見豪法師的導讀〈認識《正見經》〉（頁 6-17）。經文中從第四項正見（知老死）到第十六項正見（知諸漏）的內容，菩提長老有相當詳細的解說，參看該刊同期〈流轉或還滅：《正見經》中十二支緣起〉一文（頁 18-69）。
(c)關於此經及其注釋書的翻譯，可參 Bhikkhu Ñāṇamoli (tr.), Bhikkhu Bodhi (ed. & rev.), *The Discourse on Right View : The Sammādiṭṭhi Sutta and its Commentary*, BPS 1991. 此經的其他譯本還有 I.B. Horner (tr.), *The Middle Length Sayings*, Vol. I, PTS 1954, pp. 57-70. Bhikkhu Ñāṇamoli & Bhikkhu Bodhi (tr.), *The Middle Length Discourses of the Buddha*, Wisdom Publications 1995, pp.132-44. 干潟龍祥譯，「正見經」，《南傳大藏經·中部經典一》，大正新修大藏經刊行會，1935 年，頁 74-89。片山一良（訳），《中部根本五十經篇 I》，大蔵出版株式會社，1997 年，頁 139-63。

** 譯文中有三種譯者添加的附加語：1.段落標題及各段編號。2.小括弧有一回，世尊住在舍衛城祇陀林的給孤獨園。

在那裡，尊者舍利弗對比丘們說：「比丘們啊！」「朋友啊！」那些比丘回答尊者舍利弗。

有關正見的提問

(2) 尊者舍利弗這樣說：「朋友們！所謂正見、正見，到底怎樣是一位聖弟子擁有正見，見解正直，對法具足證信〔確證而得的淨信〕，達到正法〔悟入正法，生淨法眼〕？」

「朋友啊！我們從大老遠，來到尊者舍利弗的面前，正是想知道這項教說的意義！善哉，尊者舍利弗！願您開顯這項教說的意義，比丘們聽聞之後，將會受持不忘！」

正見之一：知善與不善

(3) 「那麼，朋友們！仔細聽，好好思惟，我就要說了！」

「好的，朋友！」那些比丘回答尊者舍利弗。

(4) 尊者舍利弗這樣說：「朋友們！當一位聖弟子知道不善，知道不善根〔不善的根源〕，知道善，知道善根〔善的根源〕；朋友們！這樣就是聖弟子擁有正見，見解正直，對法具足證信，達到正法。

(5) 然而，朋友們！什麼是不善？什麼是不善根？什麼是善？什麼

“（）”中的文字，是為使譯文更加順暢或更加明白而增添的字句。3.方括弧“〔〕”中的文字，則是對於某些譯語或佛教專門用語的簡單說明，目的在於幫助沒有佛學基礎的一般大眾。

是善根？

(6) 朋友們！殺生是不善，偷盜是不善，邪淫〔不正當的性行為〕是不善，妄語〔不實的話語〕是不善，兩舌〔離間感情的話語〕是不善，惡口〔粗暴譭辱的言詞〕是不善，綺語〔閒雜無義的言談〕是不善，貪欲是不善，瞋恨是不善，邪見〔對生命及行為的錯誤見解〕是不善。朋友們！這就是所謂的不善。

(7) 朋友們！什麼是不善根？貪是不善根，瞋是不善根，痴是不善根。朋友們！這就是所謂的不善根。

(8) 朋友們！什麼是善？離殺生是善，離偷盜是善，離邪淫是善，離妄語是善，離兩舌是善，離惡口是善，離綺語是善，無貪欲是善，無瞋恨是善，正見是善。朋友們！這就是所謂的善。

(9) 朋友們！什麼是善根？無貪是善根，無瞋是善根，無痴是善根。朋友們！這就是所謂的善根。

(10) 朋友們！當一位聖弟子，像這樣知道不善，知道不善根，知道善，知道善根；（進而）完全捨斷貪的隨眠〔根深蒂固的潛在煩惱〕，除去瞋的隨眠，根除『（這）是我』〔執五蘊（色受想行識）之一或全體是我〕的（我）見和（我）慢的隨眠，斷無明〔對生命真相的愚闇無知〕，生明，就（能）在現世今生達到苦的邊際〔滅盡一切苦〕。朋友們！這樣就是聖弟子擁有正見，見解正直，對法具足證信，達到正法。」❶

---

❶ (a)「當一位聖弟子，像這樣知道不善，知道不善根，知道善，知道善根；(進而)完全捨斷貪的隨眠，除去瞋的隨眠，根除『(這)是我』的(我)見和(我)慢的隨眠，斷無明，生明，就(能)在現世今生達到苦的邊際。朋友們！這樣就是聖弟子擁有正見，見解正直，對法具足證信，達到正法。」

正見之二：知食之四諦〔四種層面的真相〕

⑾ 「好極了，朋友！」那些比丘對尊者舍利弗的開示感到歡喜、悅意，進一步問道：「然而，朋友啊！是否還有別的方式，能夠表明聖弟子擁有正見，見解正直，對法具足證信，達到正法？」

⑿ 「有的，朋友們！當一位聖弟子知道食〔滋長生命及輪迴的養分〕，知道食的集，知道食的滅，知道通往食滅之道；朋友們！這樣就是聖弟子擁有正見，見解正直，對法具足證信，達到正法。

⒀ 然而，朋友們！什麼是食？什麼是食的集？什麼是食的滅？什麼是通往食滅之道？

⒁ 朋友們！有四種食，可以讓已出生的有情〔有意識的生命〕安住〔維持生命〕，讓求出生〔尋求下一次輪迴轉生〕的有情得到資益〔滋養〕。哪四種？一、或粗或細的摶食〔物質性的食物〕，

這段文字中，劃底線的部分，並非指「正見」本身的內容，而是指具足正見（開悟見法）之後，繼續加功用行，進一步努力，就可能達到的境地——即苦滅（涅槃）之境。

(b)無著法師（Anālayo）比對了和此經相當的漢譯本（《中阿含·29 經·大拘絺羅經》、《雜阿含·344 經》）、梵文殘卷，發現其中都無以上劃底線的這段文字，並且由於具足正見只是「預流」（初果）階段，尚未究竟苦邊，因此斷定這段文字是巴利本的添加。參見氏著"Some Pāli discourses in the light of their Chinese parallel", *Buddhist Studies Review*, 22.1, 2005, pp. 1-14. 中譯為蘇錦坤譯，〈他山之石可以攻錯(1)——藉助四阿含解讀巴利經典〉（頁 120-21），《正觀》第 42 期，2007 年 9 月，頁 115-34。

二、觸（食）〔感官對外境的領納覺觸〕，三、意思（食）〔內心的意欲、思願、希求〕，四、識（食）〔執持生命身心的意識作用〕。由於愛的集，而有食的集；由於愛的滅，而有食的滅；而這八支聖道，就是通往食滅之道——那就是：正見、正思、正語、正業、正命、正精進、正念、正定。

(15) 朋友們！當一位聖弟子像這樣知道食，知道食的集，知道食的滅，知道通往食滅之道；（進而）完全捨斷貪的隨眠，除去瞋的隨眠，根除『（這）是我』的（我）見和（我）慢的隨眠，斷無明，生明，就（能）在現世今生達到苦的邊際。朋友們！這樣就是聖弟子擁有正見，見解正直，對法具足證信，達到正法。」

正見之三：知苦之四諦

(16) 「好極了，朋友！」那些比丘對尊者舍利弗的開示感到歡喜、悅意，進一步問道：「然而，朋友啊！是否還有別的方式，能夠表明聖弟子擁有正見，見解正直，對法具足證信，達到正法？」

(17) 「有的，朋友們！當一位聖弟子知道苦〔身心的痛苦和逼迫〕，知道苦的集，知道苦的滅，知道通往苦滅之道；朋友們！這樣就是聖弟子擁有正見，見解正直，對法具足證信，達到正法。

(18) 然而，朋友們！什麼是苦？什麼是苦的集？什麼是苦的滅？什麼是通往苦滅之道？

(19) 生是苦，老是苦，病是苦，死是苦，愁、悲、苦、憂、惱是苦，所求不得也是苦；簡單地說，五取蘊〔執著五蘊身心而形成的煩惱叢生的生命活動〕就是苦。朋友們！這就是所謂的苦。

⒇ 朋友們！什麼是苦的集？就是那個渴愛——它會引生後有〔後續輪迴的生命存在〕，伴隨喜、貪，處處貪染——也就是：欲愛〔對五欲之樂的渴愛〕、有愛〔對永恆存在的渴愛〕、無有愛〔對不再存在的渴愛〕。朋友們！這就是所謂的苦的集。

㉑ 朋友們！什麼是苦的滅？就是那渴愛的徹底離褪、消滅、丟棄、放捨、解脫、沒有愛執。朋友們！這就是所謂的苦的滅。

㉒ 朋友們！什麼是通往苦滅之道？這八支聖道，就是通往苦滅之道——那就是正見，乃至正定。

㉓ 朋友們！當一位聖弟子像這樣知道苦，知道苦的集，知道苦的滅，知道通往苦滅之道；（進而）完全捨斷貪的隨眠，除去瞋的隨眠，根除『（這）是我』的（我）見和（我）慢的隨眠，斷無明，生明，就（能）在現世今生達到苦的邊際。朋友們！這樣就是聖弟子擁有正見，見解正直，對法具足證信，達到正法。」

正見之四：知老死之四諦

㉔ 「好極了，朋友！」那些比丘對尊者舍利弗的開示感到歡喜、悅意，進一步問道：「然而，朋友啊！是否還有別的方式，能夠表明聖弟子擁有正見，見解正直，對法具足證信，達到正法？」

㉕ 「有的，朋友們！當一位聖弟子知道老死，知道老死的集，知道老死的滅，知道通往老死滅之道；朋友們！這樣就是聖弟子擁有正見，見解正直，對法具足證信，達到正法。

⑵⑹ 然而，朋友們！什麼是老死？什麼是老死的集？什麼是老死的滅？什麼是通往老死滅之道？

⑵⑺ 種種眾生〔如人，如狗〕，在種種眾生界〔眾生的族類，如人類，如犬族〕，年老，衰老，齒壞，髮白，皮皺，壽命減少，諸根熟壞〔感官退化〕；朋友們！這就是所謂的老。（朋友們！什麼是死？）種種眾生，從種種眾生界，死亡，死去，（身體）破壞，消逝，死歿，去世，諸蘊〔生命的組成成分，如五蘊〕破壞，身體捨棄；朋友們！這就是所謂的死。像這樣，這個老和這個死，朋友們，這就是所謂的老死。由於生的集，而有老死的集；由於生的滅，而有老死的滅；而這八支聖道，就是通往老死滅之道——那就是正見，乃至正定。

⑵⑻ 朋友們！當一位聖弟子像這樣知道老死，知道老死的集，知道老死的滅，知道通往老死滅之道；（進而）完全捨斷貪的隨眠，除去瞋的隨眠，根除『（這）是我』的（我）見和（我）慢的隨眠，斷無明，生明，就（能）在現世今生達到苦的邊際。朋友們！這樣就是聖弟子擁有正見，見解正直，對法具足證信，達到正法。」

正見之五：知生之四諦

⑵⑼ 「好極了，朋友！」那些比丘對尊者舍利弗的開示感到歡喜、悅意，進一步問道：「然而，朋友啊！是否還有別的方式，能夠表明聖弟子擁有正見，見解正直，對法具足證信，達到正法？」

⑶⑽ 「有的，朋友們！當一位聖弟子知道生，知道生的集，知道生

的滅，知道通往生滅之道；朋友們！這樣就是聖弟子擁有正見，見解正直，對法具足證信，達到正法。

(31) 然而，朋友們！什麼是生？什麼是生的集？什麼是生的滅？什麼是通往生滅之道？

(32) 種種眾生，在種種眾生界，出生，誕生，入胎，轉生，現起諸蘊〔生命的組成成分，如五蘊〕，獲得諸處〔生命活動的感官，如六處〕；朋友們！這就是所謂的生。由於有的集，而有生的集；由於有的滅，而有生的滅；而這八支聖道，就是通往生滅之道——那就是正見，乃至正定。

(33) 朋友們！當一位聖弟子像這樣知道生，知道生的集，知道生的滅，知道通往生滅之道；（進而）完全捨斷貪的隨眠，除去瞋的隨眠，根除『（這）是我』的（我）見和（我）慢的隨眠，斷無明，生明，就（能）在現世今生達到苦的邊際。朋友們！這樣就是聖弟子擁有正見，見解正直，對法具足證信，達到正法。」

正見之六：知有之四諦

(34) 「好極了，朋友！」那些比丘對尊者舍利弗的開示感到歡喜、悅意，進一步問道：「然而，朋友啊！是否還有別的方式，能夠表明聖弟子擁有正見，見解正直，對法具足證信，達到正法？」

(35) 「有的，朋友們！當一位聖弟子知道有〔輪迴不息的生命狀態或生命存在〕，知道有的集，知道有的滅，知道通往有滅之道；朋友們！這樣就是聖弟子擁有正見，見解正直，對法具足證信，達到正法。

⑶6 然而，朋友們！什麼是有？什麼是有的集？什麼是有的滅？什麼是通往有滅之道？

⑶7 朋友們！有這三種有〔輪迴中的生命型態〕——欲有〔欲界或粗物質的生命型態〕、色有〔色界或細物質的生命型態〕、無色有〔無色界或非物質的生命型態〕。由於取的集，而有有的集；由於取的滅，而有有的滅；而這八支聖道，就是通往有滅之道——那就是正見，乃至正定。

⑶8 朋友們！當一位聖弟子像這樣知道有，知道有的集，知道有的滅，知道通往有滅之道；（進而）完全捨斷貪的隨眠，除去瞋的隨眠，根除『（這）是我』的（我）見和（我）慢的隨眠，斷無明，生明，就（能）在現世今生達到苦的邊際。朋友們！這樣就是聖弟子擁有正見，見解正直，對法具足證信，達到正法。」

正見之七：知取之四諦

⑶9 「好極了，朋友！」那些比丘對尊者舍利弗的開示感到歡喜、悅意，進一步問道：「然而，朋友啊！是否還有別的方式，能夠表明聖弟子擁有正見，見解正直，對法具足證信，達到正法？」

⑷0 「有的，朋友們！當一位聖弟子知道取〔執著〕，知道取的集，知道取的滅，知道通往取滅之道；朋友們！這樣就是聖弟子擁有正見，見解正直，對法具足證信，達到正法。

⑷1 然而，朋友們！什麼是取？什麼是取的集？什麼是取的滅？什

麼是通往取滅之道？

(42) 朋友們！有這四種取〔執著〕——欲取〔對五欲之樂的執著〕、見取〔對錯誤見解的執著〕、戒禁取〔對無益禁戒的執著〕、我論取〔對具恆實性、主宰性之自我的執著〕。由於愛的集，而有取的集；由於愛的滅，而有取的滅；而這八支聖道，就是通往取滅之道——那就是正見，乃至正定。

(43) 朋友們！當一位聖弟子像這樣知道取，知道取的集，知道取的滅，知道通往取滅之道；（進而）完全捨斷貪的隨眠，除去瞋的隨眠，根除『（這）是我』的（我）見和（我）慢的隨眠，斷無明，生明，就（能）在現世今生達到苦的邊際。朋友們！這樣就是聖弟子擁有正見，見解正直，對法具足證信，達到正法。」

正見之八：知愛之四諦

(44) 「好極了，朋友！」那些比丘對尊者舍利弗的開示感到歡喜、悅意，進一步問道：「然而，朋友啊！是否還有別的方式，能夠表明聖弟子擁有正見，見解正直，對法具足證信，達到正法？」

(45) 「有的，朋友們！當一位聖弟子知道愛〔渴愛、渴欲〕，知道愛的集，知道愛的滅，知道通往愛滅之道；朋友們！這樣就是聖弟子擁有正見，見解正直，對法具足證信，達到正法。

(46) 然而，朋友們！什麼是愛？什麼是愛的集？什麼是愛的滅？什麼是通往愛滅之道？

(47) 朋友們！有這六類的愛〔渴欲〕——色愛〔眼對色的渴欲〕、聲愛〔耳對聲的渴欲〕、香愛〔鼻對香的渴欲〕、味愛〔舌對味的渴欲〕、觸愛〔身對觸的渴欲〕、法愛〔意對法的渴欲〕。由於受的集，而有愛的集；由於受的滅，而有愛的滅；而這八支聖道，就是通往愛滅之道——那就是正見，乃至正定。

(48) 朋友們！當一位聖弟子像這樣知道愛，知道愛的集，知道愛的滅，知道通往愛滅之道；（進而）完全捨斷貪的隨眠，除去瞋的隨眠，根除『（這）是我』的（我）見和（我）慢的隨眠，斷無明，生明，就（能）在現世今生達到苦的邊際。朋友們！這樣就是聖弟子擁有正見，見解正直，對法具足證信，達到正法。」

正見之九：知受之四諦

(49) 「好極了，朋友！」那些比丘對尊者舍利弗的開示感到歡喜、悅意，進一步問道：「然而，朋友啊！是否還有別的方式，能夠表明聖弟子擁有正見，見解正直，對法具足證信，達到正法？」

(50) 「有的，朋友們！當一位聖弟子知道受〔感受〕，知道受的集，知道受的滅，知道通往受滅之道；朋友們！這樣就是聖弟子擁有正見，見解正直，對法具足證信，達到正法。

(51) 然而，朋友們！什麼是受？什麼是受的集？什麼是受的滅？什麼是通往受滅之道？

(52) 朋友們！有這六類的受〔感受〕——眼觸（色）所生受、耳觸（聲）所生受、鼻觸（香）所生受、舌觸（味）所生受、身觸（觸）所生受、意觸（法）所生受。由於觸的集，而有受的集；由於觸的滅，而有受的滅；而這八支聖道，就是通往受滅之道——那就是正見，乃至正定。

⒀ 朋友們！當一位聖弟子像這樣知道受，知道受的集，知道受的滅，知道通往受滅之道；（進而）完全捨斷貪的隨眠，除去瞋的隨眠，根除『（這）是我』的（我）見和（我）慢的隨眠，斷無明，生明，就（能）在現世今生達到苦的邊際。朋友們！這樣就是聖弟子擁有正見，見解正直，對法具足證信，達到正法。」

正見之十：知觸之四諦

⒁ 「好極了，朋友！」那些比丘對尊者舍利弗的開示感到歡喜、悅意，進一步問道：「然而，朋友啊！是否還有別的方式，能夠表明聖弟子擁有正見，見解正直，對法具足證信，達到正法？」

⒂ 「有的，朋友們！當一位聖弟子知道觸〔覺觸〕，知道觸的集，知道觸的滅，知道通往觸滅之道；朋友們！這樣就是聖弟子擁有正見，見解正直，對法具足證信，達到正法。

⒃ 然而，朋友們！什麼是觸？什麼是觸的集？什麼是觸的滅？什麼是通往觸滅之道？

⒄ 朋友們！有這六類的觸〔覺觸〕——眼（對色的覺）觸、耳（對聲的覺）觸、鼻（對香的覺）觸、舌（對味的覺）觸、身（對觸的覺）觸、意（對法的覺）觸。由於六處的集，而有觸的集；由於六處的滅，而有觸的滅；而這八支聖道，就是通往觸滅之道——那就是正見，乃至正定。

(58) 朋友們！當一位聖弟子像這樣知道觸，知道觸的集，知道觸的滅，知道通往觸滅之道；（進而）完全捨斷貪的隨眠，除去瞋的隨眠，根除『（這）是我』的（我）見和（我）慢的隨眠，斷無明，生明，就（能）在現世今生達到苦的邊際。朋友們！這樣就是聖弟子擁有正見，見解正直，對法具足證信，達到正法。」

正見之十一：知六處之四諦

(59) 「好極了，朋友！」那些比丘對尊者舍利弗的開示感到歡喜、悅意，進一步問道：「然而，朋友啊！是否還有別的方式，能夠表明聖弟子擁有正見，見解正直，對法具足證信，達到正法？」

(60) 「有的，朋友們！當一位聖弟子知道六處〔身心活動的六種感知之處，六種感官或官能〕，知道六處的集，知道六處的滅，知道通往六處滅之道；朋友們！這樣就是聖弟子擁有正見，見解正直，對法具足證信，達到正法。

(61) 然而，朋友們！什麼是六處？什麼是六處的集？什麼是六處的滅？什麼是通往六處滅之道？

(62) 朋友們！有這六種（感知的）處所〔六種感官〕——眼處、耳處、鼻處、舌處、身處、意處。由於名色的集，而有六處的集；由於名色的滅，而有六處的滅；而這八支聖道，就是通往六處滅之道——那就是正見，乃至正定。

(63) 朋友們！當一位聖弟子像這樣知道六處，知道六處的集，知道六處的滅，知道通往六處滅之道；（進而）完全捨斷貪的隨眠，除去瞋的隨眠，根除『（這）是我』的（我）見和（我）慢的隨眠，斷無明，生明，就（能）在現世今生達到苦的邊際。朋友們！這樣就是聖弟子擁有正見，見解正直，對法具足證信，達到正法。」

正見之十二：知名色之四諦

(64) 「好極了，朋友！」那些比丘對尊者舍利弗的開示感到歡喜、悅意，進一步問道：「然而，朋友啊！是否還有別的方式，能夠表明聖弟子擁有正見，見解正直，對法具足證信，達到正法？」

(65) 「有的，朋友們！當一位聖弟子知道名色〔身心互依的生命活動〕，知道名色的集，知道名色的滅，知道通往名色滅之道；朋友們！這樣就是聖弟子擁有正見，見解正直，對法具足證信，達到正法。

(66) 然而，朋友們！什麼是名色？什麼是名色的集？什麼是名色的滅？什麼是通往名色滅之道？

(67) 受〔感受〕、想〔意想〕、思〔決意〕、觸〔覺觸〕、作意〔專注及思惟〕，朋友們，這就是所謂的名〔心理活動〕。四大〔地水火風四種物質基礎〕，以及四大所造色，朋友們，這就是所謂的色〔物質身體〕。像這樣，這個名和這個色，朋友們，這就是所謂的名色〔身心互依的生命〕。由於識的集，而有名色的集；由於識的滅，而有名色的滅；而這八支聖道，就是通往名色滅之道——那就是正見，乃至正定。

(68) 朋友們！當一位聖弟子像這樣知道名色，知道名色的集，知道名色的滅，知道通往名色滅之道；（進而）完全捨斷貪的隨眠，除去瞋的隨眠，根除『（這）是我』的（我）見和（我）慢的隨眠，斷無明，生明，就（能）在現世今生達到苦的邊際。朋友們！這樣就是聖弟子擁有正見，見解正直，對法具足證信，達到正法。」

正見之十三：知識之四諦

(69) 「好極了，朋友！」那些比丘對尊者舍利弗的開示感到歡喜、悅意，進一步問道：「然而，朋友啊！是否還有別的方式，能夠表明聖弟子擁有正見，見解正直，對法具足證信，達到正法？」

(70) 「有的，朋友們！當一位聖弟子知道識〔認識、記憶、執持生命身心的作用〕，知道識的集，知道識的滅，知道通往識滅之道；朋友們！這樣就是聖弟子擁有正見，見解正直，對法具足證信，達到正法。

(71) 然而，朋友們！什麼是識？什麼是識的集？什麼是識的滅？什麼是通往識滅之道？

(72) 朋友們！有這六類的識——眼識、耳識、鼻識、舌識、身識、意識。由於行的集，而有識的集；由於行的滅，而有識的滅；而這八支聖道，就是通往識滅之道——那就是正見，乃至正定。

(73) 朋友們！當一位聖弟子像這樣知道識，知道識的集，知道識的滅，知道通往識滅之道；（進而）完全捨斷貪的隨眠，除去瞋的隨眠，根除『（這）是我』的（我）見和（我）慢的隨眠，斷無明，生明，就（能）在現世今生達到苦的邊際。朋友們！這樣就是聖弟子擁有正見，見解正直，對法具足證信，達到正法。」

正見之十四：知行之四諦

(74) 「好極了，朋友！」那些比丘對尊者舍利弗的開示感到歡喜、悅意，進一步問道：「然而，朋友啊！是否還有別的方式，能夠表明聖弟子擁有正見，見解正直，對法具足證信，達到正法？」

(75) 「有的，朋友們！當一位聖弟子知道行〔身心的積集造作作用〕，知道行的集，知道行的滅，知道通往行滅之道；朋友們！這樣就是聖弟子擁有正見，見解正直，對法具足證信，達到正法。

(76) 然而，朋友們！什麼是行？什麼是行的集？什麼是行的滅？什麼是通往行滅之道？

(77) 朋友們！有這三種行——身行〔身體的造作或行為〕、語行〔言語的造作或行為〕、心行〔意念的造作或行為〕。由於無明的集，而有行的集；由於無明的滅，而有行的滅；而這八支聖道，就是通往行滅之道——那就是正見，乃至正定。

(78) 朋友們！當一位聖弟子像這樣知道行，知道行的集，知道行的滅，知道通往行滅之道；（進而）完全捨斷貪的隨眠，除去瞋的隨眠，根除『（這）是我』的（我）見和（我）慢的隨眠，斷無明，生明，就（能）在現世今生達到苦的邊際。朋友們！這樣就是聖弟子擁有正見，見解正直，對法具足證信，達到正法。」

正見之十五：知無明之四諦

(79) 「好極了，朋友！」那些比丘對尊者舍利弗的開示感到歡喜、悅意，進一步問道：「然而，朋友啊！是否還有別的方式，能夠表明聖弟子擁有正見，見解正直，對法具足證信，達到正法？」

(80) 「有的，朋友們！當一位聖弟子知道無明〔對生命的本質及其問題的來龍去脈不能明瞭〕，知道無明的集，知道無明的滅，知道通往無明滅之道；朋友們！這樣就是聖弟子擁有正見，見解正直，對法具足證信，達到正法。

(81) 然而，朋友們！什麼是無明？什麼是無明的集？什麼是無明的滅？什麼是通往無明滅之道？

(82) 不知道苦〔生命的本質及其問題〕，不知道苦的集〔問題的成因〕，不知道苦的滅〔問題的解除〕，不知道通往苦滅之道〔解決問題的辦法〕；朋友們！這就是所謂的無明。由於漏的集，而有無明的集；由於漏的滅，而有無明的滅；而這八支聖道，就是通往無明滅之道——那就是正見，乃至正定。

(83) 朋友們！當一位聖弟子像這樣知道無明，知道無明的集，知道無明的滅，知道通往無明滅之道；（進而）完全捨斷貪的隨眠，除去瞋的隨眠，根除『（這）是我』的（我）見和（我）慢的隨眠，斷無明，生明，就（能）在現世今生達到苦的邊際。朋友們！這樣就是聖弟子擁有正見，見解正直，對法具足證信，達到正法。」

正見之十六：知漏之四諦

(84) 「好極了，朋友！」那些比丘對尊者舍利弗的開示感到歡喜、悅意，進一步問道：「然而，朋友啊！是否還有別的方式，能夠表明聖弟子擁有正見，見解正直，對法具足證信，達到正法？」

(85) 「有的，朋友們！當一位聖弟子知道漏〔染污煩惱〕，知道漏的集，知道漏的滅，知道通往漏滅之道；朋友們！這樣就是聖弟子擁有正見，見解正直，對法具足證信，達到正法。

(86) 然而，朋友們！什麼是漏？什麼是漏的集？什麼是漏的滅？什麼是通往漏滅之道？

(87) 朋友們！有這三種漏——欲漏〔耽溺五欲的煩惱〕、有漏〔渴望永恆存在的煩惱〕、無明漏〔邪見無知的煩惱〕。由於無明的集，而有漏的集；由於無明的滅，而有漏的滅；而這八支聖道，就是通往漏滅之道——那就是正見，乃至正定。

(88) 朋友們！當一位聖弟子像這樣知道漏，知道漏的集，知道漏的滅，知道通往漏滅之道；（進而）完全捨斷貪的隨眠，除去瞋的隨眠，根除『（這）是我』的（我）見和（我）慢的隨眠，斷無明，生明，就（能）在現世今生達到苦的邊際。朋友們！這樣就是聖弟子擁有正見，見解正直，對法具足證信，達到正法。」

結　說

(89) 尊者舍利弗說完此（經），那些比丘心滿意足，對尊者舍利弗的說法感到無比歡喜。

（《中部》第九「正見經」終）

【拾參】、訪蔡奇林老師
——談「巴利學」與「南傳佛教」研究*

呂凱文 採訪

一、國際學界歷來關於「巴利語三藏暨注解書的譯注情況」與「南傳佛教研究」目前有何具體成果？這些成果對於國內佛教界與佛學界有何重要意義？

答：先談談西方學界的情況。西方巴利語及巴利三藏的研究，大概有兩、三百年歷史了。但真正比較蓬勃發展，要到十九世紀中葉。其中最值得一提的是「巴利聖典學會」（PTS, Pali Text Society）的創立。

該學會是英國學者 Rhys Davids 於 1881 年創立的，當初創立的宗旨主要是為了讓學者容易取得尚未校訂、尚未出版的「最早期佛教文獻」（the earliest Buddhist literature）。其實當時西方知道的，

* 原載《法光》第 173 期，台北：財團法人法光文教基金會，2004 年 2 月，第 3-4 版。

用印度語言記錄的早期佛教文獻，除了巴利語以外，還有梵語資料，那為什麼 Rhys Davids 會特別偏愛巴利佛典呢？主要是當初他認為巴利典籍不但比梵語典籍古老，而且顯然也比梵語典籍來得可靠。當然後來經過深入研究之後，他的看法有了改變。但無論如何，學會從創辦開始，就結合各國學者，一路以巴利典籍為對象，進行持續的、有系統、有計劃的、大規模的研究和出版，平均每年大約出版一到三冊書籍，百多年來直到今天，還持續這樣的產量。

目前主要成果大概有幾方面。一是，巴利原典的校訂出版：巴利三藏和注釋書（aṭṭhakathā）都已校訂出版，並且一些早年不良的校本也有新校取代，解疏（ṭīkā，注釋書的再注釋）則只有少數出版；另外也出版許多重要的藏外典籍，如《清淨道論》、《彌蘭王問經》等。二是，巴利原典的英譯：三藏幾乎都翻譯完成了，並且少數有了新譯；但三藏注釋則翻得較少，主要集中在「小部」，如《法句經注釋》、《本生經注釋》等；藏外典籍也有許多已經翻譯。三是，工具書的出版：包括巴利文法（已出三本）、巴英辭典（已出第二部）、巴利專有名詞辭典等。四是，巴利學研究期刊（*The Journal of the Pali Text Society*）：目前大約每年出版一冊。五是，重要學者的論文集：目前有 K.R. Norman 的論文集七冊，O. von Hinüber 的論文選集一冊。

除了 PTS 之外，美國「智慧出版社」（Wisdom Publications）也陸續出版了《長部新譯》（Maurice Walshe, 1987）、《中部新譯》（Bhikkhu Ñāṇamoli & Bhikkhu Bodhi, 1995）、《相應部新譯》（Bhikkhu Bodhi, 2000）等。目前 Bhikkhu Bodhi 正從事《增支部》新譯，可能還要五、六年才能完成。

在南傳國家方面，成果當然很多，但以英文出版的，主要有斯里蘭卡的「佛教出版社」（BPS, Buddhist Publication Society）。BPS 的成果是多種多樣的，其中具特色而與 PTS 可互補的地方有幾方面。一是，出版了多冊 PTS 尚未出版的注釋書英譯，如沙門果經、梵網經、根本法門經、念處經、入出息念經等的注釋及解疏英譯。二是，除了也有部分原典英譯之外，主要集中在有關阿毗達磨、教理、尤其是止觀為主的禪修法門的相關書籍的出版。可以說 PTS 主要以語言文獻學為主，而 BPS 則較重佛教學，特別是有關修行解脫的論題。另外，「緬甸藏經協會」（BPA, Burma Piṭaka Association）與「弘法部」（DPPS, Department for the Promotion and Propagation of the Sāsanā）也出版了許多藏經英譯，主要集中在尼柯耶（Nikāya）部分。

關於巴利三藏的日譯，日本佛學界在 1935-41 年間，動員了國內 50 多位專家學者，在短短六、七年間，就翻譯出版了《南傳大藏經》65 卷（70 冊）。這些翻譯主要是三藏；藏外只有少數幾冊，如《彌蘭王問經》、《清淨道論》、《島王統史》等；注釋書方面，除了《本生經》以及少數論書的注釋外，幾乎沒有。值得注意的是，自第一波大規模翻譯之後，日本近一、二十年來，又有第二波的三藏翻譯。《中部》新譯六冊已出版完成（片山一良，1997-2002），《長部》新譯已出版超過三分之二（片山一良，1989-），還有多部小部經典的新譯（如《長老偈經》、《長老尼偈經》、《經集》，中村元，1980-91），另外《經集》的注釋也已翻譯出版（村上真完、及川真介，1985-89）。

總的來說，不管西方或日本，目前情況大概是，前四部尼柯耶

（長部、中部、相應部、增支部）以及「小部」重要的幾部經典（如《經集》、《法句經》）已進入第二譯階段，這些新譯反應了近數十年來巴利語言文獻學及佛教學的新成果；此外並逐漸往注釋、解疏的方向推進；在工具書方面，新文法書、新辭典也不斷出現。從這些成果的規模可以清楚見到，這些國家所從事的，不只在於零星、短程、隨機的研究工作，而且更能匯集力量，致力於龐大的、系統的、深層的、長遠的文化傳承及傳播的志業。這項志業簡單說，便是要把兩千多年來，代表人類精神及心靈高度文明的、佛陀及佛弟子「覺悟」或「智慧」的寶藏——三藏——保存、承繼下來，進而將它傳播開來、並傳承下去。❶

二、國內佛學界目前關於「巴利語三藏暨注解書的譯注」與「南傳佛教研究」等領域的歷來努力與現況為何？這個研究領域是否存在著成長空間？若有的話，有哪些具體且基礎性的工作（例如：重新翻譯巴利三藏與翻譯注解書）**值得我們預先準備與進行？**

答：國內到目前為止，巴利三藏及注釋書的譯注並不多，雖然有元亨寺版《漢譯南傳大藏經》70 冊，但主要是由日譯本轉譯，而不是從巴利本譯出的，並且其中問題很多，最近我有一篇專文討論這個本子。❷不過中國大陸則有零星的幾部原典翻譯，例如了參法師（葉均）的《南傳法句經》、《清淨道論》、《攝阿毗達摩義

---

❶ 以上談到的出版成果，詳參本書【貳】〈巴利學的現況與未來任務〉及本書【參】〈巴利學研究紀要：1995-2001〉二文。

❷ 參見本書【陸】〈《漢譯南傳大藏經》譯文問題舉示・評析——兼為巴利三藏的新譯催生〉。

論》，巴宙的《南傳大般涅槃經》、《南傳彌蘭王問經》，郭良鋆的《經集》、《佛本生故事精選》，鄧殿臣的《長老偈·長老尼偈》，韓廷傑的《島史》、《大史》等。❸總的來說，數量還很有限，而且大多集中在「小部」及「藏外」典籍，重要的《律藏》及前四部尼柯耶幾乎付之闕如。

其次，關於南傳佛教研究，目前做得也還很少，早年有了參法師的一些文章（收在其《攝阿毗達摩義論》附錄），近年例如觀淨法師的《南傳上座部《攝阿毗達摩義論》的哲學思想研究》；教史方面，有淨海法師的《南傳佛教史》，以及鄧殿臣的《南傳佛教史簡編》；其他比較多的就是南傳國家禪修法門的譯介，例如泰國的佛使比丘、阿姜查，緬甸的馬哈希、帕奧、班迪達、葛印卡等大師的教導。

當然，從事巴利聖典的研究，其取向還是多樣的，如果偏重「原始佛教」，那主要就是注重「法」（經藏）與「律」（律藏）的部分；如果偏重「南傳佛教」或「上座部佛教」（部派佛教），那就是注重論書、注釋書、以及教理綱要書等後期著述；還有，就是融貫二者，做整體而脈絡的考察研究。就上述區分而言，國內目前比較著重的，毋寧說是「原始佛教」的研究，也就是結合南、北傳《律藏》，或結合漢譯《阿含經》及巴利尼柯耶的研究。

不過，不管原始佛教也好，南傳佛教也好，或綜合的研究也好，目前我們都還有很大的成長空間。主要原因，一方面是，漢譯

---

❸ 以上書目資訊，參見本書【參】〈巴利學研究紀要：1995-2001〉，第五節。

的早期教典（如《阿含》與《律》）存在著許多問題，包括其原典（在不同印度語言之間的）轉譯、傳誦、傳抄過程的問題；譯師翻譯過程產生的問題；還有，譯就之後，後世輾轉傳抄及刊刻之間產生的問題等等。以《阿含經》為例，日本編成的《大正藏》本問題很多，固然不用說，就算後來國內新校（注釋）的《佛光阿含藏》及《雜阿含經論會編》，依然存在著眾多問題。這些漢譯初期教典，還有待未來的精校、考釋，才能成為更有價值的材料。另一方面，如前面說的，巴利典籍漢譯的還很少，且目前國內除少數專業人士之外，一般而言，對巴利語的掌握，似乎也還未到比較精熟而能自由運用的地步。這就在根本上限制了一手文獻的使用。因此，如果要提昇這個領域的成果，那麼漢譯初期佛典的校釋、巴利語（乃至其他中古印度雅利安語）的研究及訓練、以及巴利三藏（及注釋書）的漢譯，顯然就是非常根本而重要的工作了。

三、以國內目前學界的能力而言，若要將這些基礎性的工作完成，有可能遭遇到哪些困難？而克服這些困難的具體方法為何？其具體的實施步驟為何？是否我們必要效法英國來成立「台灣巴利聖典學會」，將國內相關譯經系統的學術資源作初步整合呢？對此有何看法呢？該如何取得教界與學界的共識呢？

答：這個問題牽涉比較多，還需要教界、學界的大德、前輩們一起來思考，這裡只能表達一點個人粗淺的看法。

先談談巴利三藏及注釋書翻譯的問題。這件工作當然是迫切需要的，但這樣的事，卻也不是可以急就章地趕工程、拼進度的。首先，要清楚定位想要做到怎樣的品質？不同的品質所需要的條件跟時間自然是不一樣的。例如，在巴利學研究，有所謂的低精審（lower criticism）與高精審（higher criticism）之分，低精審是指盡可能地參考、運用巴利內部的所有材料（三藏、注釋、藏外文獻等），而高精審則指除了巴利之外，還盡可能地考察與之相關的梵語、佛教梵語、犍陀羅語、甚至耆那教半摩揭陀語等其他材料（當然，除了印度語本之外，還應包括漢藏譯本）。以現前的翻譯成品來看，粗略地說，早期 PTS 的英譯（如《相應部》等），雖還達不到低精審，但也多少粗具低精審的品質，而後期的英譯（如 K.R. Norman 的翻譯，Bhikkhu Bodhi 的《相應部》新譯）則進一步向高精審推進，這當然是拜近數十年來語言文獻學的新成果之賜；至於日譯的《南傳大藏經》，因為過度分工而少合作，又趕工程，品質就比較參差；但片山一良的新譯，基本上已略具低精審的水平。如果我們一方面能在巴利語的研究及訓練上多下工夫，另一方面又能好好地吸收這些前輩的成果，那麼未來要做到比較粗略的低精審，是可以期待的，但若想達到高精審，則還有更長的路要走。這當中最關鍵的困難，在於國內巴利語言文獻學的講求還顯不足。

怎樣克服這個困難？一方面當然需要時間及人才的匯集，但另一方面也跟我們的學院體制有很大關係。我們目前的原典語言及原典相關訓練，一般只有研究所的兩三年，並且其中只有極少的幾門課，下沒有大學部的基礎，上沒有博士班的延續，因此很難培養出比較成熟的研究人員。未來若師資比較充足，我們應當在體制跟學程上好好規劃、調整，否則很難突破這種困境。另一個辦法是，發展具有特定專業特色的研究機構。國內目前的佛研所（及宗教相關研究所）不少，但有時在師資不夠集中的情況下，課程難免分散，學生也就不容易得到比較專業的訓練。也許部分機構可以考慮匯集較多的人力、資源，特別去發展某一方面的特色，相信只要集中的、長期的耕耘，一定可以取得比較突出的成果。

另外，當然也可以成立諸如英國「巴利聖典學會」之類的組織或機構。不過以今天的情形看，如果以「原始佛教」為專業領域的話，那麼就不只限於巴利佛典，而應該將其他印度語本、及漢譯本、藏譯本等都包括進來。這種專業研究機構可以先建立一個專業導向的圖書館或資料中心，有計劃地、盡可能窮盡地搜羅、建立目前全世界這個領域的各種研究資料，包括各種不同語本的原典（各種版本的巴利語本、相關的梵語本、佛教梵語本、犍陀羅語本等）、譯典（各種版本的古代漢譯本、藏譯本，各種現代語譯本，如漢譯本、英譯本、日譯本、德譯本等）、重要的二手資料（中、日、英、德、法、俄等各種語文的重要研究專書、期刊論文）、以及各類工具書等。在這種專業圖書中心的支持下，就可以逐漸匯集這個領域的研究人員，一方面從事相關語言文獻的研究考釋，例如巴利語、梵語、犍陀羅語等各種早期印度語言的研究，還有古代漢譯典籍的精校、注釋，以及編纂相關文法書、辭典等；另一方面有計劃地從事各種不同語本的原典翻譯；再則將各國比較經典而重要的研究專著、論文等二手資料翻譯出版，以便快速吸收各方成果；同時可發行期刊，建立這一領域的交流平台。這些工作的推動，可以結合各方力量，除了內部專職研究人員之外，也可委託各大學、或研究機構、或民間的研究者從事，另外還可提供獎學金，鼓勵在學研究生從事這一領域的研究工作，這樣就可收到向上延伸、向下紮根、及橫向聯繫之效。長期下來，當可以讓這個領域的研究紮根本土，並可為後代子孫留下珍貴的文化資產，不需要每一代都辛苦地重新摸索。當然，這些事情，這幾十年來國內的佛教研究機構已經投注很大心力，相當努力在做了，而且也已經累積不少成果。只是一般而言，都是以全體佛教為對象，這樣自然就分散了力量，若從單一領域的角度來看，就會略顯不足。

我們可以思考，為什麼「巴利聖典學會」能有那樣豐碩的成果？能為佛法的傳承及傳播做出那樣巨大的貢獻？很重要的原因，當然就是「專一」，有計劃、有組織、長期地就「特定領域」去耕耘。如果我們也希望讓這些珍貴的文化資產紮根下來，並傳承給後代，這是很值得我們去思索、去從事的。當然，有個組織或機構專事推動，是最有效率的，不過即使目前還沒有專門的組織，只要有越來越多的研究者認同這些方向及工作，在各自的崗位上點點滴滴的耕耘，相信長久下來，我們同樣可以涓滴成流，逐步地累積出成果。

另外，值得一提的是，今天我們譯經不能夠像古代一樣，「重成果，不重過程」，「要譯典，不要原典」。我們不只要翻譯，而且還應該把語言研究及原典研究的傳統紮根下來，並傳承下去，這樣後代才可能有源源不絕的、更新、更好的翻譯成果乃至經典詮釋出現。

四、一旦完成這些基礎性工作後，它的成果對於國內佛學界與佛教界能提供何種願景？

答：首先，就「原始佛教」而言，現在大家都同意這是佛法的源頭根本。因此，如果我們能將這個領域的根本文獻，比較正確地提供出來（包括巴利本、梵本、犍陀羅語本、藏語本的現代語譯，還有古代漢譯本的精校考釋等），那麼在這個基礎上，我們就能比較全面而細緻地進行初期佛教包括律學、教團、教理、修行法門、乃至語言、文學、歷史、宗教、社會、……等種種方面的深入研究。當然，更可以提供給後期發展的佛教及學說或法門一些比較確實的參照及溯源的基礎，以便了解其間演變的始末，在佛教發展傳播的歷史長河中，觀照抉擇其中哪些是發揚開創的、哪些是方便適應的、而哪些又是曲解偏極的，讓佛法的弘傳，能在中道中健步向前。

其次，就「南傳佛教」而言，儘管它只是佛教傳承中的一支一系，但它保存了較多佛法素樸、純淨的風貌，以及根本、直接的教導，是一個深值寶貴尊重的活的傳承，尤其在解脫道的修學上，當可提供我國佛教一個重要的參考。當然，當我們能將這些早期的根本教典紮根斯土，進而開展比較深刻的原始佛法的「一手論述」時，我們就能對南傳佛教的解脫道，進行「反省的、創發的學習」，不至於片面地接受二手資料，聽習二手意見。

總之，這些早期佛教典籍的精審翻譯、以及精校整理，不管是就佛法的源流來看，或就佛教研究的程序來說，乃至就聞、思、修、證的修學次第而言，都有著根本、優先、而關鍵的重要性。在這個基石之上，我們可以建構種種從佛學到世學、從研究到修行的各種各樣的上層建築。因此可以說，對佛學界及佛教界而言，要正確地傳承、傳播佛法，乃至發揚佛教文化，這無疑是非常重要的一項基礎建設。

特別是，就漢譯「阿含」及「律典」的考校整理及研究而言，這不僅是我們面對先賢文化遺產無可旁貸之責，更是回饋國際學界極好的方式。目前初期佛教的典籍，保存最多的，就是巴利及漢譯兩大系。但西方人士，限於漢語能力，一般較少使用漢譯典籍（或常有誤解的情形）；而日本學界對於漢譯典籍的掌握，也還未臻理想（只要從《大正藏》的句讀問題，就可略窺一二）。因此，在國際化的規模下，我們若能一方面努力吸收國外佛教語言文獻學、教義學等各方面的成果；另方面，積極結合近數十年來漢學界「佛經語言學」的各項成就，❹逐步地將保存在我國的珍貴的漢譯佛典精審化，回饋於國際，讓國際學界可以使用到經過嚴格考校注釋的漢譯佛典的「精審本」（critical edition），這樣將可與世界同步攜手，一起為現代及後世的佛教文化傳承，打造更深厚、更廣博、更穩固的基石。

---

❹ 有關近年「佛經語言學」領域的成果介紹，參見以下二文：⑴竺家寧，〈「佛經語言學」的研究現況〉，《香光莊嚴》第 55 期，1998 年 9 月，頁 14-29；⑵萬金川，〈宗教傳播與語文變遷：漢譯佛典研究的語言學轉向所顯示的意義〉，《正觀》第 19 期，2001 年 12 月，頁 5-52；第 20 期，2002 年 3 月，頁 5-82。

引用書目

一、紙本大藏經

《大正新脩大藏經》，台北：新文豐出版公司，1987 年 1 月修訂版。（＝T）

《大藏經補編》，藍吉富編，台北：華宇出版社，1985 年。

《中華大藏經》（金藏廣勝寺本），中華大藏經編輯局編，上海：中華書局，1992 年。（＝《中》(金)）

《房山石經》，中國佛教協會、中國佛教圖書文物館編，北京：華夏出版社，2000 年。（＝《石》）

《南傳大藏經》（總 70 卷），東京：大正新修大藏經刊行會，昭和 10-16 年（1935-41）。

《漢譯南傳大藏經》，高雄：元亨寺妙林出版社，1990-98 年。

二、巴利語、梵語、犍陀羅語原典

Abhidhammatthasaṅgaha and Abhidhammatthavibhāvinī-ṭīkā, Hammalawa Saddhātissa (ed.), Oxford: PTS, 1989.

"Ākāravattārasutta: an 'apocryphal' sutta from Thailand", P.S. Jaini (ed.), *IIJ* 35:2/3, 1992, pp.193-233.

Anecdota Pâlica, F. Spiegel (ed.), Leipzig, 1845.

The Apadāna, M. E. Lilley (ed.), Vol. I, II, 1925, 1927; reprinted as one, Oxford: PTS, 2000.

The Atthasālinī, Edward Müller (ed.), London: PTS, 1897 (ed. & rev. with index, L.S. Cousins, London: PTS, 1979).

Aṅguttara-nikāya Subcommentary (Sāratthamañjūsā), P. Pecenko (ed.), Vol. I, II, III, Oxford: PTS, 1996, 1997 (1998), 1999.

"Braḥ Māleyyadevattheravatthuṁ", E. Danis (ed.), *JPTS* XVIII, 1993, pp.1-64.

"Brapaṁsukūlānisaṁsaṁ", G. Martini (ed.), *BEFEO* 60 ,1973, pp.55-78.

Buddhaghosuppatti, James Gray (ed. and tr. 1892), Oxford: PTS, 2001.

Buddhavaṁsa and Cariyāpiṭaka, N.A. Jayawickrama (ed.), London: PTS, 1974.

Das Catuṣpariṣatsūtra, E. Waldschmidt (ed.), Eine kanonische Lehrschrift über die Begründung der buddhistishen Gemeinde, Teil III, Berlin, 1960.

The Chronicle of the Thūpa and the Thūpavaṁsa, N.A. Jayawickrama (ed. and tr.), London, SBB 1971.

"Dasabodhisattuddesa", F. Martini (ed.), *BEFEO* 36:2, 1936, pp.287-390.

Dasavatthuppakaraṇa, Jacqueline Ver Eecke (ed. and tr.), Paris, EFEO 1976.

Dhammapada, O. von Hinüber & K.R. Norman (eds), Oxford: PTS, 1994 (1995 with corrections).

Dhammapadam, V. Fausbøll (ed.), Copenhagen 1855.

Dīghanikāyaṭṭhakathāṭīkā Līnatthavaṇṇanā, L. de Silva (ed.), 3 volumes, London: PTS, 1970.

Dīpa-vaṁsa, Hermann Oldenberg (ed. and tr. 1879), Oxford: PTS, 2000.

Extended Mahāvaṁsa, G.P. Malalasekera (ed.), Colombo, 1937.

The Gāndhārī Dharmapada, John Brough (ed.), London: Oxford University Press 1962.

The Inception of Discipline and the Vinaya Nidāna, N.A. Jayawickrama (ed. and tr.), London, SBB 1962.

Jātakatthavaṇṇanā, V. Fausbøll (ed.), London, 6 volumes, Trübner & Co. 1877-96.

Kammavākyaṁ: Liber de officiis sacerdotum buddhicorum, F. Spiegel (ed.), Bonn, 1841.

Kathāvatthuppakaraṇa-aṭṭhakathā, N.A. Jayawickrama (ed.), London: PTS, 1979.

La loka-paññatti et les idées cosmologiques du Buddhisme ancien, E. Denis (ed. and tr.), Lille, 2 volumes, 1977.

Lalita-vistara, Rājendralāla Mitra (ed.), Calcutta, 1877.

Lokaneyyappakaraṇa, P.S. Jaini (ed.), London: PTS, 1986.

Madhuratthavilāsinī nāma Buddhavaṁsaṭṭhakathā, I.B. Horner (ed.), London: PTS, 1978.

Mahābodhivaṁsa, S.A. Strong (ed. 1891), Oxford: PTS, 2000.

Mahāvastu-Avadāna, Émile Senart (ed.), Vol. III, Paris, 1897.

Mahāvastu-Avadāna, Radhagovind Basak (ed.), Vol. III, Calcutta, 1968.

The Milindapañho, V. Trenckner (ed.), London, Williams & Norgate 1880.

Nāmacāradīpaka, H. Saddhātissa (ed.), *JPTS* XV, 1990, pp.1-28.

"Nibbānasutta: an allegedly non-canonical sutta on Nibbāna as a great city", C. Hallisey (ed.), *JPTS* XVIII, 1993, pp.97-130.

Paññāsa-Jātaka, P.S. Jaini (ed.), Volume I, II, London: PTS, 1981, 1983.

Pāli Nīti Texts of Burma, Heinz Bechert & Heinz Braun (eds), London: PTS, 1981.

Paramatthadīpanī, D.L. Barua (ed.), London: PTS, 1979 (2nd ed.).

Paramatthavinicchaya, A.P. Buddhadatta (ed.), *JPTS* X, pp.155-226.

The Pātimokkha, W. Pruitt (ed.) & K.R. Norman (tr.), Oxford: PTS 2001.

"Patna Dhammapada. Part I: Text", M. Cone (ed.), *JPTS* XIII,1989, pp.101-217.

The Peṭakopadesa, Arabinda Barua (ed.), London: PTS, 1949 (ed. & rev. with index, H. Kopp, London: PTS, 1982).

Saddabindu and Saddabinduvinicchaya, F. Lottermoser (ed.), *JPTS* XI, 1987, pp.79-109.

Saddanīti, Helmer Smith (ed. 1928-66), Oxford: PTS, 2001.

"Samuddaghosajātaka: conte pali tiré du Paññāsajātaka", G. Terral(-Martini) (ed.), *BEFEO* 48, 1956, pp.249-351.

Saṁyutta Nikāya, G. A. Somaratne (ed.), Volume I, Oxford: PTS, 1998.

Sārasaṅgaha, Genjun H. Sasaki (ed.), Oxford: PTS, 1992.

Sīhaḷavatthuppakaraṇa, Jacqueline Ver Eecke (ed. and tr.), Paris, EFEO 1980.

Subodhālaṅkāra (Porāṇa-ṭīkā, Abhinava-ṭīkā), P.S. Jaini (ed.), Oxford: PTS, 2000.

Therīgāthā Commentary (Paramatthadīpanī VI), William Pruitt (ed.), Oxford: PTS, 1997.

"Tuṇḍilovāda: an allegedly non-canonical sutta", C. Hallisey (ed.), *JPTS* XV, 1990, pp.155-95.

Udānavarga, Hg. von F. Bernhard (ed.), Band I, II, Göttingen 1965.

"Un jātaka concernant le dernier repas de Buddha", G. Martini (ed.), *BEFEO* 59 ,1972, pp.251-55.

Vimānavatthu and Petavatthu, N.A. Jayawickrama (ed.), London: PTS, 1977.
Śrāvakabhūmi of Ācārya Asaṅga, K. Shukla (ed.), Patna 1973 (TSWS 14).

三、原典翻譯

了參法師（譯）

1991：《南傳法句經》，新店：圓明出版社。

中村元（訳）

1980：《仏弟子の告白—テーラガーター—》（Theragāthā 之譯），東京：岩波書店。

1982：《尼僧の告白—テーリーガーター—》（Therīgāthā 之譯），東京：岩波書店。

1991：《ブッダのことば—スッタニパーター—》（Suttanipāta 之譯，附有詳註），東京：岩波書店。

巴宙（譯）

1972：《南傳大般涅槃經》，台北：慧炬出版社。（1993 年 11 月四版）

1997：《南傳彌蘭王問經》，北京：中國社會科學出版社。

片山一良（訳）

1997,1998：《中部根本五十經篇 I, II》，東京：大蔵出版株式会社。

片山一良、津田直子（訳）

1991-94：〈長部經典〉，載於《原始仏教》第 3-7 期，東京：中山書房仏書林。

丘胱博（譯）

1985：《南傳轉法輪經》（Dhammacakkapavattanasutta），收在藍吉富編，《大藏經補編》第七冊，台北：華宇出版社。

丘寶光、徐鄂雲（譯）

1985：《南傳羯臘摩經》（A 3:65 Kālāmasutta），收在藍吉富編，《大藏經補編》第七冊，台北：華宇出版社。

江百鍊（譯）

1985：《南傳長部經典》（「梵網經」至「弊宿經」共 23 經），收在藍吉富編，《大藏經補編》第六冊，台北：華宇出版社。（單行本：台

北：新文豐出版公司，1987 年）

何俊泰（譯注）

1996：《見微知著——巴利文《小誦》譯注》，台北：中華佛學研究所畢業論文。

村上真完、及川真介（訳）

1985-89：《仏のことば註—パラマッタ。ジョティカ—》(一)~(四)，東京：春秋社。

岫廬（譯）

1985：《轉法輪經》（Dhammacakkapavattanasutta），收在藍吉富編，《大藏經補編》第七冊，台北：華宇出版社。

法舫法師（譯）

1985：《三寶經》(Ratanasutta)、《吉祥經》(Maṅgalasutta)、《南傳大悲經》(Mettasutta)、《婆羅門正法經》(Brāhmaṇadhammikasutta)、《阿毗達摩攝義論》，收在藍吉富編，《大藏經補編》第七冊，台北：華宇出版社。

芝峰（譯）

1985：《南傳中部經典》（「根本法門經」至「呵魔經」共 50 經），收在藍吉富編，《大藏經補編》第六冊，台北：華宇出版社。（單行本：台北：新文豐出版公司，1987 年）

范寄東（譯）

1985：《發趣論》、《大發趣論註》，收在藍吉富編，《大藏經補編》第六冊，台北：華宇出版社。

夏丏尊（譯）

1985：《南傳小部經典：本生經》（「因緣總序」及前 150 篇本生），收在藍吉富編，《大藏經補編》第六冊，台北：華宇出版社。（單行本：台北：新文豐出版公司，1987 年）

淨海法師（譯）

1989：《真理的語言——法句經》；Nārada Thera (tr.), *The Dhammapada or the Way of Truth*, 合訂本，台北：正聞出版社。（三版）

郭良鋆（譯）

1990：《經集》，北京：中國社會科學院；台北：博遠出版有限公司，1994年。

郭良鋆、黃寶生（編譯）

1985：《佛本生故事精選》，人民文學出版社；新店：漢欣文化，2000年。

湯用彤（譯）

1985：《南傳念安般經》（M 118 Ānāpānasatisuttaṁ），收在藍吉富編，《大藏經補編》第七冊，台北：華宇出版社。

黃慧禎（譯註研究）

2002：（6 月）《《相應部·魔相應》譯註與研究》，台北：台灣師範大學國文研究所碩士論文。

黃謹良（譯）

1985：《小誦經》、《法句經》、《自說經》、《如是語經》，收在藍吉富編，《大藏經補編》第六冊，台北：華宇出版社。

葉均（譯）

1997：《攝阿毗達摩義論》，台北，大千出版社；嘉義：嘉義新雨雜誌社，1999年。

2000：《清淨道論》，高雄：正覺學會。

鄧殿臣、威馬萊拉但尼（合譯）

1997：《長老尼偈》；鄧殿臣（譯），《長老偈》，合訂本，北京：中國社會科學出版社；新店：圓明出版社，1999年。

謝美霜（譯注）

2000：《巴利《分別論·諦分別》譯注》，台北：中華佛學研究所畢業論文。

韓廷傑（譯）

1971：《島史》，台北：慧炬出版社。

1996：《大史——斯里蘭卡佛教史》，台北：佛光出版社。

釋祥代（Varavaṁso Bhikkhu）（譯注）

1995：《巴利語《梵網經》「小戒」及其註疏之譯注》，台北：中華佛學研究所畢業論文。

釋祥智（譯注）

1993：《〈吉祥悅意〉《梵網經》的「六十二見」譯註》，台北：中華佛學研究所畢業論文。

Bodhi, Bhikkhu (tr.)

1978 : *The Discourse on the All-Embracing Net of View: The Brahmajāla Sutta and its Commentaries*, Kandy: BPS.

1980 : *The Discourse on the Root of Existence: The Mūlapariyāya Sutta and its Commentaries*, Kandy: BPS. (1992 2nd ed.)

1984 : *The Great Discourse on Causation: The Mahānidāna Sutta and its Commentaries*, Kandy: BPS.

1989 : *The Discourse on the Fruits of Recluseship: The Sāmañña-phala Sutta and its Commentaries*, Kandy: BPS.

2000 : *The Connected Discourses of the Buddha: A New Translation of the Saṁyutta Nikāya*, Boston: Wisdom Publications.

BPA (tr.)

1984 : *Ten Suttas from Dīgha Nikāya*, Rangoon: BPA.

1989 : *Twenty-five Suttas from Mūlapaṇṇāsa,* Rangoon: BPA.

1990 : *Twenty-five Suttas from Majjhimapaṇṇāsa,* Rangoon: BPA.

1990 : *Twenty-five Suttas from Uparipaṇṇāsa,* Rangoon: BPA.

Burlingame, E.W. (tr.)

1921 : *Buddhist Legends*, Cambridge Mass., 3 volumes, Harvard Oriental Series.

Carter, John Ross & Mahinda Palihawadana (trs)

1987 : *The Dhammapada*, Oxford University Press.

Cowell, E.B. (et al. [trs])

1895-1907 : *The Jātaka or Stories of the Buddha's Former Births*, 6 volumes, Cambridge University Press.

Daw Mya Tin (tr.)

1985 : *The Dhammapada: Verses and Stories*, Yangon: BPA.

DPPS (tr.)

1992 : *Nidāna Saṁyutta,* Rangoon: DPPS.

1993 : *Khandha Saṁyutta,* Rangoon: DPPS.
Exell, R. (tr.)
1992 : *The Classification of forms and formless things*, *JPTS* XVI, pp.1-12.
Franke, R.O. (tr.)
1913 : *Dīgha Nikāya in Auswahl übersetzt*, Göttingen.
Hare, E.M. (tr.)
1945, *Woven Cadences*, London, SBB.
Hazelwood, E.A.A. (tr.)
1986 : *In Praise of Mount Samanta*, London, SBB.
1987 : *Illumination of the five Realms of Existence*, *JPTS* XI, pp.133-59.
1988 : *The Gift-offering of the True Dhamma*, *JPTS* XII, pp. 65-168.
Horner, I.B. (tr.)
1954-59 : *The Middle Length Sayings*, 3 vols, London: PTS.
1974 : *Vimānavatthu: Stories of the Mansions*, London, SBB.
1975 : *The Chronicle of Buddhas and Basket of Conduct*, London, SBB.
Horner, I.B. & P.S. Jaini (trs)
1985 : *Apocryphal Birth Stories*, Vol. I, London, SBB.
Ireland, John D. (tr.)
1991 : *The Itivuttaka: The Buddha's Sayings*, Kandy: BPS.
1997 : *The Udāna: Inspired Utterances of the Buddha & The Itivuttaka: The Buddha's Sayings*, Kandy: BPS.
Jaini, P.S. (tr.)
1986 : *Apocryphal Birth-Stories*, Vol. II, London, SBB.
Jones, J.J. (tr.)
1956 : *The Mahāvastu*, Vol. III, London: PTS (1983).
Kalupahana, D. J. (tr.)
1986 : *Dhammapada: The Path of Righteousness,* Lanham.
Masefield, Peter (tr.)
1989 : *Vimāna Stories*, Oxford, SBB.
1994 : *The Udāna*, Oxford: PTS.

1994,1995 : *Udāna Commentary*, Vol. I, II, Oxford: PTS.

2000 : *The Itivuttaka*, Oxford: PTS.

Moore, J. H. (tr.)

1908 : *Sayings of the Buddha*, New York.

Müller, Max. (tr.)

1881 : *The Dhammapada, SBE* X, Oxford.

Ñāṇamoli, Bhikkhu (tr.)

1952 : *Mindfulness of Breathing*, Kandy: BPS. (1982, 5th ed.)

1956 : *The Path of Purification: Visuddhi Magga*, Kandy: BPS. (1976 3rd ed.)

1960 : *The Minor Readings and The Illustrator of Ultimate Meaning*, London: PTS.

1962 : *The Guide*, London: PTS.

1964 : *The Piṭaka Discourse*, London: PTS.

1965 : *The Greater Discourse on Voidness: Mahā-Suññatā Sutta*, Kandy: BPS. (The Wheel Publication No. 87)

1980 : *A Treasury of the Buddha's Words*, Bangkok: Mahāmakutarājavidyālaya.

1982 : *The Path of Discrimination*, London: PTS.

1987,1991 : *The Dispeller of Delusion*, 2 vols. London: PTS.

Ñāṇamoli, Bhikkhu (tr.), Bhikkhu Bodhi (ed. & rev.)

1991 : *The Discourse on Right View: The Sammādiṭṭhi Sutta and its Commentary*, Kandy: BPS. (Wheel Pub. No. 377/379)

Ñāṇamoli, Bhikkhu & Bhikkhu Bodhi (tr.)

1995 : *The Middle Length Discourses of the Buddha*, Boston: Wisdom Publications; Kandy: BPS.

Norman, K.R. (tr.)

1969,1971 : *Elders' Verses* I, II, London: PTS.

1984,1992 : *The Group of Discourses*, Vol. I, II, London: PTS.

1985 : *The Rhinoceros Horn and other early Buddhist poems*, London: PTS.

1992 : *The Group of Discourses II*, Oxford: PTS. (reprinted 1995)

1996 : "The present state of Pāli studies, and future tasks", *Collected Papers*, Vol.

VI, Oxford: PTS, pp.68-87.
1997a : *Poems of Early Buddhist Monks*, Oxford: PTS.
1997b : *The Word of the Doctrine*, Oxford: PTS. (2000 with corrections)
2001 : *The Group of Discourses*, Oxford: PTS. (2nd ed. with corrections)

Pe Maung Tin (tr.)
1923,1929,1931 : *The Path of Purity (Parts I, II, III)*, London: PTS.

Pruitt, William (tr.)
1998 : *The Commentary on the Verses of the Therīs*, Oxford: PTS.

Radhakrishnan, S. (tr.)
1950 : *The Dhammapada,* London.

Rhys Davids, C.A.F. (tr.)
1900 : *A Buddhist Manual of Psychological Ethics*, London: Royal Asiatic Society.
1917,1922 : *The Book of the Kindred Sayings*, Vol. I, II, London: PTS.
1921 : *Dialogues of the Buddha*, Vol. III, London: PTS.
1931 : *Minor Anthologies*, Vol. I (*Dhammapada and Khuddakapāṭha*), London, SBB.

Rhys Davids, T. W. (tr.)
1899 : *Dialogues of the Buddha*, Vol. I, London: PTS.

Rhys Davids, T.W. & C.A.F. (tr.)
1910 : *Dialogues of the Buddha*, Vol. II, London: PTS.

Saddhātissa, H. (tr.)
1987 : *The Summary of Mind and Matter*, *JPTS* XI, pp.5-31.

Soma, Thera (tr.)
1967 : *The Way of Mindfulness*, (3rd ed.) Kandy: BPS. (1st ed. 1941)

U Nārada (tr.)
1969,1979 : *Conditional Relations*, Vol. I, II, London: PTS.

Walshe, Maurice (tr.)
1987 : *Thus Have I Heard: The Long Discourses of the Buddha*, London: Wisdom Publications.

Woodward, F. L. (tr.)

1925,1927,1930 : *The Book of the Kindred Sayings*, Vol. III, IV, V, London: PTS.

1935 : *As It Was Said*, London: PTS.

四、專書、論文

今西順吉

1990：（10 月）〈無我説における我の概念(一)〉，收在《印度哲学仏教学》，第 5 号，北海道印度哲学仏教学会，頁 39-66。

水野弘元

1954：〈無我と空〉，《宮本正尊教授還暦記念・印度学仏教学論集》，頁 109-20，東京：三省堂。又收錄於《水野弘元著作選集・第二卷：仏教教理研究》，東京：春秋社，1997 年，頁 235-46。（中譯：釋惠敏(2000)）

1981：《法句經の研究》，東京：春秋社。

1986：《仏教の真髓》，東京：春秋社。（中譯：香光編譯組(2002)）

王力

1980：《漢語史稿》，北京：中華書局。

1987：《中國語法理論》，台北：藍燈文化。

王開府

2003：〈初期佛教之「我」論〉，《中華佛學學報》第 16 期，台北：中華佛學研究所，頁 1-22。

平川彰

1963：〈無我と主体—自我の緣起的理解、原始仏教を中心として〉，收在中村元編，《自我と無我—インド思想と仏教の根本問題》，京都：平樂寺書店，頁 383-421。

印順法師

1971：《原始佛教聖典之集成》，台北：正聞出版社（1991，修訂二版）。

1983：《雜阿含經論會編》，台北：正聞出版社。

朱慶之

1992：《佛典與中古漢語詞匯研究》，台北：文津出版社。

2000：〈佛經翻譯中的仿譯及其對漢語詞匯的影響〉，《中古漢語研究》第一輯，上海：上海教育出版社，頁 247-62。

呂凱文

2002：（2 月）《初期佛教「緣起」概念析論：緣起與《雜阿含》「雜因誦」諸相應概念之交涉》，輔仁大學哲研所博士論文。

李鳳媚

1999：《巴利律比丘戒研究》，嘉義：嘉義新雨雜誌社。

季羨林

1995：〈原始佛教的語言問題〉、〈再論原始佛教的語言問題〉、〈三論原始佛教的語言問題〉，《季羨林佛教學術論文集》，台北：東初出版社。

竺家寧

1998：（9 月）〈「佛經語言學」的研究現況〉，《香光莊嚴》第 55 期，嘉義：香光莊嚴雜誌社，頁 14-29。

香光編譯組（譯），水野弘元著

2002：《佛教的真髓》，嘉義：香光書鄉。（譯自：水野弘元(1986)）

馬西尼著，黃河清（譯）

1997：《現代漢語詞匯的形成——十九世紀漢語外來詞研究》，上海：漢語大詞典出版社。

高明道

1993：（7 月）〈「頻申欠呿」略考〉，《中華佛學學報》第 6 期，台北：中華佛學研究所，頁 129-85。

張雲凱

1997：《巴利語文法教材之比較研究》，台北：中華佛學研究所畢業論文。

張榮起（整理）

1983：《三遂平妖傳》，北京：北京大學出版社。

莊德明

1995：〈以《心經》為例說明如何利用計算機處理佛經的多版本〉，《佛教圖書館館訊》第 3 期，台北：伽耶山基金會圖書資訊中心，頁 35-

41。

郭良鋆

1997：《佛陀和原始佛教思想》，北京：中國社會科學出版社。

陳紹韻

2000：（3 月）〈以《增壹阿含・善聚品》第 7 經為主之喪親輔導個案初探〉，《中華佛學研究》第 4 期，台北：中華佛學研究所，頁 35-58。

馮志偉

2002：〈中國語料庫研究的歷史與現狀〉，《漢語語言與計算學報》（*Journal of Chinese Language and Computing*），11(2)，頁 127-36，新加坡。

黃希敏

2004：〈語料語言學概述〉，《敦煌英語教學電子雜誌》，11 月號。（http://cet.cavesbooks.com.tw/htm/m0131100.htm）

2005：〈語料語言學研究面面觀〉，《敦煌英語教學電子雜誌》，3 月號。（http://cet.cavesbooks.com.tw/htm/m050307.htm）

黃昌寧、李涓子

2002：《語料庫語言學》，北京：商務印書館。

黃盛璋

1961：（8 月號）〈兩漢時代的量詞〉，《中國語文》，北京：商務印書館，頁 21-28。

楊郁文

2000：〈佛法的人間性與現實性〉，《由人間佛法透視緣起、我、無我、空》，台北縣：甘露道出版社。

楊惠中主編，衛乃興等編著

2002：《語料庫語言學導論》，上海：上海外語教育出版社。

萬金川

2001：（12 月）〈宗教傳播與語文變遷：漢譯佛典研究的語言學轉向所顯示的意義〉（之一），《正觀》第 19 期，南投：正觀雜誌社，頁 5-52。

2002：（3 月）〈宗教傳播與語文變遷：漢譯佛典研究的語言學轉向所顯示的意義〉（之二），《正觀》第 20 期，南投：正觀雜誌社，頁 5-82。

趙淑華

1997：（6 月）《《阿含經》的慈悲思想》，台灣大學哲學研究所碩士論文。

劉世儒

1965：《魏晉南北朝量詞研究》，北京：中華書局。

蔡奇林

2001a：（6 月）〈「大名聲」（vighuṣṭa-śabda）與「離覆障」（vivatta-chadda）——兼談注釋家與文法家對巴利文獻的影響〉，《正觀》第 17 期，南投：正觀雜誌社，頁 105-37。（＝本書【捌】）

2001b：（9 月）（翻譯．補注）〈巴利學的現況與未來任務〉，《正觀》第 18 期，南投：正觀雜誌社，頁 171-209。（＝本書【貳】，譯自：Norman(1994c)）

2001c：（12 月）（翻譯）〈巴利語與異教語言〉，《正觀》第 19 期，南投：正觀雜誌社，頁 95-114。（＝本書【柒】，譯自：Norman (1976)）

2002：（3 月）〈巴利學研究紀要：1995-2001〉，《正觀》第 20 期，南投：正觀雜誌社，頁 227-83。（＝本書【參】）

2004a：（6 月）〈《漢譯南傳大藏經》譯文問題舉示．評析——兼為巴利三藏的新譯催生〉，《成大宗教與文化學報》第 3 期，台南：國立成功大學中文系宗教與文化研究室，頁 1-60。（＝本書【陸】）

2004b：〈文本的異讀與法門的轉變——從安那般那念的二個疑難句談起〉（講稿），6 月、9 月講於中華佛學研究所、南華大學宗教學研究所。

2004c：（7 月）〈「六群比丘」、「六眾苾芻」與「十二眾青衣小道童兒」——論佛典中「數．(群/眾)．名」仿譯式及其對漢語的影響〉，《佛學研究中心學報》第 9 期，台北：國立台灣大學文學院佛學研究中心，頁 37-72。（＝本書【拾】）

2004d：（12 月 4 日），〈「原典語言」與「原典研究」的重要——從「不見水白鶴」的公案談起；兼行「無我相經」勘正〉，內政部暨南華大學宗教學研究所主辦，「宗教教育與宗教研究研討會」講稿。

2004e：〈網海一滴：網路上的巴利教學與研究資源舉隅〉，《佛教圖書館館訊》第 40 期，台北：財團法人伽耶山基金會，頁 21-35。（＝本書【肆】）

2006：（9 月 29 日）〈《雜阿含》「無我相經」勘正：「文獻學」vs.「教義學」的解決方案〉，發表於「第一屆巴利學與佛教學術研討會」，嘉義：南華大學巴利學研究中心暨宗教學研究所主辦。

顏洽茂

1997：《佛教語言闡釋——中古佛經詞匯研究》，杭州：杭州大學出版社。

蘇錦坤（譯），無著法師（Anālayo）著

2007：（9 月）〈他山之石可以攻錯——藉助四阿含解讀巴利經典〉，《正觀》第 42 期，南投：正觀雜誌社，頁 115-34。（譯自：Anālayo(2005)）

釋天襄

1998：《《雜阿含經・受相應》之研究》，台北：法鼓文化。

釋惠敏（譯），水野弘元著

2000：〈無我與空〉，《佛教教理研究——水野弘元著作選集(二)》，台北：法鼓文化，頁 297-310。（譯自：水野弘元(1954)）

釋惠敏、維習安、杜正民、郭麗娟、周邦信

2001：〈漢文電子佛典製作與運用之研究——以《瑜伽師地論》為例〉，《中華佛學學報》第 14 期，台北：中華佛學研究所，頁 43-53。

護法法師、蔡奇林（合編）

1998：《巴利語輕鬆上路》，嘉義。（課堂教本）

Anālayo

2005 : "Some Pāli discourses in the light of their Chinese parallel", *Buddhist Studies Review*, 22.1, pp. 1-14.（中譯：蘇錦坤(2007)）

Basham, A.L.

1951 : *History and Doctrines of the Ājīvikas*, London.

Bechert, H.

1957 : "Über Singhalesisches im Pālikanon", *WZKSO* I, pp.71-75.

1973 : "Notes on the formation of Buddhist sects and the origins of Mahāyāna", *German Scholars on India: contributions to Indian studies*, Varanasi.

1978 : *Buddhism in Ceylon and Studies on Religious Syncretism*, Göttingen.

Bhattacharya, K.

1980 : "Diṭṭhaṁ, sutaṁ, mutaṁ, viññātaṁ", in Balasooriya, Somaratna ...(et al.), *Buddhist Studies in Honour of Walpola Rahula*, London: Gordon Fraser, pp.11-15.

Biber, D., S. Conrad, and R. Reppen

1998 : *Corpus Linguistics: Investigating Language Structure and Use*, Cambridge University Press.

Bingenheimer, Marcus（馬德偉）

2003 : "Issues in the use of electronic markup for the comparative analysis of Āgama literature"，《中華佛學研究》第 7 期，台北：中華佛學研究所，頁 361-84。

Bodhi, Bhikkhu

1993 : (ed.) *A Comprehensive Manual of Abhidhamma*, Kandy: BPS.

2005 : (ed. & intro.) *In the Buddha's Words: An Anthology of Discourses from the Pāli Canon,* Wisdom Publications.

Brand, Quentin and Joe. Lavallee

2005 : "Corpus Linguistics For Teachers"，《敦煌英語教學電子雜誌》，1 月號。 (http://cet.cavesbooks.com.tw/htm/m0140100.htm)

Brough, J.

1962 : *The Gāndhārī Dhammapada*, London.

Burnouf, E. et Chr. Lassen

1826 : *Essai sur le Pali ou langue sacrée de la presqu'île au-delà du Gange*, Paris.

Collins, Steven

1990 : "On the very idea of the Pali canon", *JPTS* XV, pp.89-126.

Cone, Margaret

1998 : "The New Pali-English Dictionary", *Lexicography in the Indian and Buddhist Cultural Field* (Proceedings of the Conference at the University of Strasbourg, 25 to 27 April 1996), Boris Oguibénine (ed.), München, pp.39-46.

Dhammakaya Foundation

1996 : *Palitext Version 1.0 Buddhist Canon CD-ROM Users' Guide*, Thailand: Dhammakaya Foundation.

DPPS

1995 : *Introduction to Dhammasaṅgaṇī*, Yangon: DPPS.

Dschi, H.L.（季羨林）

1944 : "Die Umwandlung der Endung *–aṁ* in *–o* und *–u* im Mittelindischen", *NAWG*, Nr. 6, pp. 121-44.

Geiger W., B. Ghosh (tr.)

1943 : *Pāli Literature and Language*, Calcutta University.

Gombrich, Richard F.

1994 : "What is Pāli ?", in W. Geiger, *A Pāli Grammar* (Introduction), Oxford: PTS.

Hinüber, Oskar von

1982 : "Pāli as an artificial language", *Indologica Taurinensia*, Vol. X, Torino, pp. 133-40.

1983 : "Pāli manuscripts of canonical texts from North Thailand – a preliminary report", *JSS* 71, pp.75-88.

1987 : "The oldest dated manuscript of the Milindapañha", *JPTS* XI, pp.111-19.

1988 : "An additional note on the oldest dated manuscript of the Milinpañha", *JPTS* XII, pp.173-74.

1994a : "On the history of the name of the Pāli language", *Selected Papers on Pāli Studies*, Oxford: PTS, pp.76-90.

1994b : "The development of the clusters *-tm-*, *-dm-* and *-sm-* in Middle and New Indo-Aryan", *Selected Papers on Pāli Studies*, Oxford: PTS, pp.163-65.

1996 : *A Handbook of Pāli Literature*, Berlin-New York: Walter de Gruyter.

1998 : "The Critical Pāli Dictionary: History and prospects", *Lexicography in the Indian and Buddhist Cultural Field* (Proceedings of the Conference at the University of Strasbourg, 25 to 27 April 1996), Boris Oguibénine (ed.), München, pp.65-73.

Jacobi, H.

1879 : *The Kalpasūtra of Bhadrabāhu*, Leipzig.

1884 : *Jain Sūtras*, Part I, Oxford.

Kloppenborg, Ria

1973 : *The Sūtra on the Foundation of the Buddhist Order*, Leiden.

Konow, S.

1929 : *Kharoṣṭhī Inscriptions, CII*, Vol. II, Part 1, Calcutta.

Liebermann, V.B.

1976 : "A new look at the Sāsanavaṁsa", *BSOAS* 39, pp.137-49.

de La Loubère, Simon

1693 : *The Kingdom of Siam*, London (reprinted 1969).

Lüders, H.

1954 : *Beobachtungen über die Sprache des Buddhistischen Urkanons* (ed. E. Waldschmidt), Berlin.

McEnery, T. and A. Wilson

1996 : *Corpus Linguistics*, Edinburgh University Press.

Norman Brown, W.

1933 : *The Story of Kālaka*, Washington.

Norman, K.R.

1976 : "Pāli and the language of the heretics", *Acta Orientalia,* Vol. 37, Copenhagen, pp.117-26 (＝*CP* I, pp.238-46).(中譯：蔡奇林(2001c))

1983a : "The Pāli language and the Theravādin tradition", *Pāli Literature*, chapter 1. (Norman (1983b))

1983b : *Pāli Literature: Including the Canonical Literature in Prakrit and Sanskrit of All the Hīnayāna Schools of Buddhism*, Wiesbaden: Otto Harrassowitz.

1985 : "A report on Pāli dictionaries", *Buddhist Studies*, Vol. XV, Dec., pp.145-52.

1990 : "Pāli philology and the study of Buddhism", *The Buddhist Forum*, Vol. I, pp.31-39 (= *CP* IV, pp.80-91).

1991a : "The dialects in which the Buddha preached", *Collected Papers*, Vol. II, Oxford: PTS, pp. 128-47.

1991b : "The language in which the Buddha taught", *Collected Papers*, Vol. II, Oxford: PTS, pp.84-98.

1991c : "Two Pāli etymologies", *Collected Papers,* Vol. II, Oxford: PTS, pp.71-83.

1992a : "An aspect of external sandhi in Pāli", in *Collected Papers,* Vol. III, Oxford: PTS, pp.219-24.

1992b : "The influence of the Pāli commentators and grammarians upon the Theravādin tradition", *Collected Papers,* Vol. III, Oxford: PTS, pp.93-107.

1992c : "The origin of Pāli and its place among the Indo-European languages", *Collected Papers*, Vol. III, Oxford: PTS, pp. 225-43；

1993 : "The Pāli language and scriptures", *Collected Papers*, Vol. IV, Oxford: PTS, pp.92-123.

1994a : "Pāli Literature: Appendix I: Additions & corrections",《パーリ学仏教文化学》第七期，頁 1-22 (= *CP* V, pp.262-83)。

1994b : "The languages of early Buddhism", *Collected Papers*, Vol. V, Oxford: PTS, pp.146-68。

1994c : "The present state of Pāli studies, and future tasks", *Memoirs of the Chūō Academic Research Institute*, No.23, Dec., pp.1-19 (＝*CP* VI, pp.68-87).（中譯：蔡奇林(2001b)）

1997 : *A Philological Approach to Buddhism*, School of Oriental and African

Studies, University of London.

2001a : "Masculine vocatives in –e in Pāli", *Collected Papers*, Vol. VII, Oxford: PTS, pp.23-32.

2001b : "Book Reviews (*A Dictionary of Pāli, Part I, A-Kh*, Margaret Cone, PTS 2001)", *Buddhist Studies Review*, 18(2), pp.252-53.

Pruitt, William

1987 : "References to Pāli in 17th-century French books", *JPTS* XI, pp.121-31.

Rahula, Walpola

1966 : *History of Buddhism in Ceylon* (2nd ed.), Colombo.

1967 : *What the Buddha Taught* (2nd ed.), The Gordon Fraser.

Sen, Amulyachandra

1936 : *A Critical Introduction to the Paṇhāvāgaraṇāiṁ, the Tenth Aṅga of the Jain Canon,* Würzburg.

Thomas, E. J.

1927 : *The life of the Buddha as legend and history*, London.

Tognini-Bonelli, Elena

2001 : *Corpus Linguistics at Work*, J. Benjamins.

U Ko Lay

1985 : (comp.) *Guide to Tipiṭaka*, Rangoon, BPA.

U Kyaw Htut, Daw Mya Tin (tr. to English)

1994 : *A Guide to the Maṅgala Sutta*, Yangon: DPPS.

U Kyaw Khine

1996 : *The Dhammasaṅgaṇī*, Yangon: DPPS.

U Nu (et al.)

1985 : *Ten Suttas from Dīgha Nikāya: Three Fundamental Concepts and Comments on Salient Points in each Sutta*, Rangoon: BPA.

Waldschmidt, E.

1953 : *Das Mahāvadānasūtra,* Berlin.

Wijayaratne, D.J.

1956 : *History of the Sinhalese Noun*, University of Ceylon.

Williams, R.

1963 : *Jaina Yoga*, London.

五、辭典、文法書

《パーリ語文法》，水野弘元，東京：山喜房佛書林，1955（初版），1985 年（五版）。

《パーリ語佛教辞典》，雲井昭善，東京：山喜房佛書林，1997 年。

《パーリ語辞典》，水野弘元，東京：春秋社，1968 年（二訂版），2005 年（增補改訂）。

《巴利文法》，水野弘元著，許洋主譯，台北：華宇出版社，「世界佛學名著譯叢」冊 5，1986 年。

《巴和小辞典》，全六分冊，雲井昭善著，京都：法藏館，1955-61 年。

《印度佛教固有名詞辭典》，赤沼智善，1931 年（印度版 1994 年）。

《金山詞霸 2000》（電子詞典），北京：北京大學出版社，1999 年。

《國語日報量詞典》，中央研究院詞庫小組（黃居仁、陳克健、賴慶雄），台北：國語日報，1997 年。

《現代漢語頻率詞典》，王還、常寶儒等編著，北京：北京語言學院出版社，1986 年。

《實用巴利語文法》，蔡奇林編，1997 年初版，2000 年修訂第二版。（影印本，課堂教本）

《漢語大詞典》，上海：漢語大詞典出版社，1990 年。

Das ältere Mittelindisch im Überblic, by Oskar von Hinüber, Wien: Verlag der Österreichischen Akademie der Wissenschaften, 2001 (2nd rev. ed.).

Collins COBUILD English Language Dictionary, Collins Publishers and University of Birminham, London : Collins, 1987.

A Compendious Pāli Grammar with a Copious Vocabulary in the Same Language, by B. Clough, Colombo 1824.

A Comprehensive Grammar of the English Language, by R. Quirk, S. Greebbaum, G. Leech, and J. Svartvik, London: Longman, 1985.

Concise Pāli-English Dictionary, by A. P. Buddhadatta, BPS, 1949 (1st ed.), 1952

(2nd ed.), The Colombo Apothecaries' Co.,Ltd., 1968. (＝CPED)

A Critical Pāli Dictionary, V. Trenckner (begun), Vol. I, II, III, Copenhagen, 1926-48, 1960-90, 1992-99. (＝CPD)

A Dictionary of Pāli (Part I,a-kh), by Margaret Cone, Oxford: PTS, 2001.(＝DOP)

Dictionary of Pāli Proper Names, by G. P. Malalasekera, Vol. I, II, London, 1937, 1938. (PTS 1960) (＝DPPN)

A Dictionary of the Pāli Language, by R. C. Childers, London 1875.

An Elementary Pāḷi Course, Nārada, Colombo 1941 (1st ed.);1953 (2nd ed.).

English-Pali Dictionary, A.P. Buddhadatta, London: PTS, 1955.

Frequency Analysis of English Usage: Lexicon and Grammar, by W. N. Fransic, H. Kucera, Boston: Houghton Mifflin, 1967.

Grammatik der Prākrit-Sprachen, by R. Pischel, Strassburg 1900.

Grammatik des Pali, by Achim Fahs, Verlag Enzyklopädie, 1989.

Historical Grammar of Apabhraṁśa, by G. V. Tagare, Poona, 1948.

Introduction to Pali, by A.K. Warder, London: PTS, 1963. (1991, 3rd ed.)

Key to Pāli Primer, by Lily de Silva, Dhammagiri, Igatpuri: VRI, 1998, 1999.

Pali Grammar, by S. J. Vito Perniola, Oxford: PTS, 1997.

A Pāli Grammar, by Wilhelm Geiger, Batakrishna Ghosh (tr.), K.R. Norman (rev. & ed.), Oxford: PTS, 1994 (2000, with corrections).

Pāli Primer, by Lily de Silva, Lanka 1991; VRI 1994.

The Pali Text Society's Pali-English Dictionary, by T. W. Rhys Davids, W. Stede, London: PTS, 1921-25. (=PED)

Pāli, Literatur und Sprache, by Wilhelm Geiger, Strassburg 1916.

A Pali-English Glossary of Buddhist Technical Terms, by Bhikkhu Ñāṇamoli, ed. Bhikkhu Bodhi, Kandy: BPS, 1994.

Sanskrit Grammar, by W.D. Whitney, Cambridge (Mass.) 1889.

Syntax of the Cases in the Pāli Nikāyas, by O.H.de A.Wijesekera, Colombo: University of Kelaniya, 1993.

六、目錄、表格、索引

《南傳大藏經總索引》，水野弘元著，大阪：東方出版社，1986 年。

《新編漢文大藏經目錄》，呂澂編著，濟南：齊魯書局，1980 年。

《漢巴四部四阿含互照錄》，赤沼智善著，台北：華宇出版社，「世界佛學名著譯叢」冊 5，1986 年。

Catalogue of Ceylonese Manuscripts, by C. E. Godakumbura, Copenhagen, 1980.

Catalogue of the Hugh Nevill Collection of Sinhalese Manuscripts in the British Library, by K. D. Somadasa, Vol. I, London 1987.

A Concordance of Buddhist Birth Stories, by L. Grey, Oxford: PTS, 1990 (1st ed.), 1994 (2nd ed.), 2000 (3rd ed.).

Index to the Dhammapada, by M. Yamazaki, Y. Ousaka, M. Miyao, Oxford: PTS, 1997.

Index to the Dhammasaṅgaṇi, by Tetsuya Tabata (et al.), London: PTS, 1987.

Index to the Dīgha-nikāya, by M. Yamazaki, Y. Ousaka, K.R. Norman, M. Cone, Oxford: PTS, 1997.

Index to the Kathāvatthu, by Tetsuya Tabata (et al.), London: PTS, 1982.

Index to the Mahāniddesa, by L.S. Cousins, Oxford: PTS, 1995.

An Index to the Mahāniddesa, by L.S. Cousins, Oxford: PTS, 1995.

Index to the Vinaya-piṭaka, by Y. Ousaka, M. Yamazaki, K.R. Norman, Oxford: PTS, 1996.

Itivuttaka-aṭṭhakathā: Indexes, by Hermann Kopp, London: PTS, 1980.

The Pāli Aṭṭhakathā Correspondence Table, by Sodo Mori (et al.), Oxford: PTS, 1994.

Pāḷi-Tipiṭakaṁ Concordance, Vol. I, II, III, by E.M. Hare, K.R. Norman, A.K. Warder [et al.], London: PTS, 1952-84. (=PTC)

Samantapāsādikā, Vol. VIII, Indexes, by Hermann Kopp, London: PTS, 1977.

七、光碟與網路藏經資源

1. 漢文藏經光碟及網站

《CBETA 電子佛典集成》，台北：中華電子佛典協會。（2006）

（http://www.cbeta.org/index.htm）

2. 巴利藏光碟
   (1) PTS 版：Palitext version 1.0 (Pali-CD),Bangkok: Dhammakaya Fundation, 1996.
   (2) 泰國版：BUDSIR IV on CD-ROM (The Buddhist Scriptures Information Retrieval Release 4.0), Bangkok: Mahidol University Computing Center (MUCC), 1994. BUDSIR IV for Windows, 1997.
   (3) 緬甸版：Chaṭṭha Saṅgāyana CD-ROM (Version 3), Dhammagiri, Igatpuri: VRI, 1999.
3. 巴利藏網站
   (1) 泰國版（BUDSIR IV）：http://budsir.mahidol.ac.th。
   (2) 緬甸版（VRI）：http://www.tipitaka.org/tipitaka/booklistframe2.html。
   (3) 錫蘭版（SLTP）：http://jbe.gold.ac.uk/palicanon.html。
4. 巴利藏英譯網站
   (1) 美國 Access to Insight：http://www.accesstoinsight.org/。
   (2) 斯里蘭卡 MettaNet：http://www.metta.lk/。
   (3) 馬來西亞 Mahindarama：http://www.mahindarama.com/。
5. 初期佛教文獻（多語本)線上對照表：http://www.suttacentral.net/oscp/。
6. 佛教文獻百科(多語本對照語料庫) Thesaurus Literaturae Buddhicae (TLB)：http://folk.uio.no/braarvig/tlb/。

八、語料庫

1. 漢語語料庫

(1) 中央研究院「漢籍電子文獻」資料庫及「上古漢語語料庫」
http://www.sinica.edu.tw/~tdbproj/handy1/

(2) 中央研究院「現代漢語平衡語料庫」
http://www.sinica.edu.tw/ftms-bin/kiwi.sh

(3) 北京大學漢語語言學研究中心「現代漢語語料庫」、「古代漢語語料庫」及「漢英雙語語料庫」
http://ccl.pku.edu.cn:8080/ccl_corpus/jsearch/index.jsp?dir=xiandai

http://ccl.pku.edu.cn/YuLiao_Contents.Asp

(4) 北京大學計算語言學研究所、日本富士通研究中心「現代漢語標注語料庫」

(5) 北京語言文化大學「現代漢語研究語料庫」
http://xinghb.nease.net/keti/cmcr.htm

(6) 北京語言文化大學「現代漢語詞頻統計語料庫」

2. 英美語語料庫

(1) 布朗語料庫(Brown Corpus)
http://www.essex.ac.uk/linguistics/clmt/w3c/corpus_ling/content/corpora/list/private/brown/brown.html

(2) 美國國家語料庫(American National Corpus，ANC)
http://americannationalcorpus.org/

(3) LOB 語料庫(The Lancaster-Oslo/Bergen Corpus)
http://www.essex.ac.uk/linguistics/clmt/w3c/corpus_ling/content/corpora/list/private/LOB/lob.html

(4) SEU 語料庫(The Survey of English Usage)
http://www.ucl.ac.uk/english-usage/

(5) 國際英語語料庫(The International Corpus of English, ICE)
http://www.ucl.ac.uk/english-usage/ice

(6) 英國國家語料庫(British National Corpus, BNC)
http://www.natcorp.ox.ac.uk/

(7) COBUILD 語料庫(Collins Birminham University International Language Database)
http://www.collins.co.uk/books.aspx?group=140

(8) Longman 語料庫 (The Longman-Lancaster English Language Corpus)

國家圖書館出版品預行編目資料

巴利學引論：早期印度佛典語言與佛教文獻之研究
蔡奇林著. – 初版. – 臺北市：臺灣學生，2008[民 97]
面；公分
參考書目：面
ISBN 978-957-15-1409-3(精裝)
ISBN 978-957-15-1408-6(平裝)
1. 佛經 2. 文獻學 3. 文集
224.5707 97010995

巴利學引論
早期印度佛典語言與佛教文獻之研究（全一冊）

著作者：蔡奇林
主編者：國立編譯館
10644臺北市和平東路一段一七九號
電話：(02)33225558
傳眞：(02)33225598
網址：www.nict.gov.tw
著作財產權人：國立編譯館
印行者：臺灣學生書局有限公司
臺北市和平東路一段一九八號
郵政劃撥帳號：00024668
電話：(02)23634156
傳眞：(02)23636334
E-mail：student.book@msa.hinet.net
http：//www.studentbooks.com.tw
展售處：國家書店松江門市
104臺北市松江路209號一樓
電話：02-2518-0207（代表號）
國家網路書店http://www.govbooks.com.tw
台中五南文化廣場
臺中市中區中山路6號
電話：04-22260330 傳眞：04-22258234

定價：精裝新臺幣六〇〇元
平裝新臺幣五〇〇元

西元二〇〇八年九月初版

22402

ISBN 978-957-15-1409-3(精裝)
ISBN 978-957-15-1408-6(平裝)
GPN：精裝 1009702450 平裝 1009702334